Adobe® InDesign® CS6

CLASSROOM IN A BOOK®

Das offizielle Trainingsbuch von Adobe Systems

Bibliografische Information der Deutschen Nationalbibliothek

Die Deutsche Nationalbibliothek verzeichnet diese Publikation in der Deutschen Nationalbibliographie; detaillierte bibliografische Daten sind im Internet über http://dnb.d-nb.de abrufbar.

Die Informationen in diesem Produkt werden ohne Rücksicht auf einen eventuellen Patentschutz veröffentlicht. Warennamen werden ohne Gewährleistung der freien Verwendbarkeit benutzt. Bei der Zusammenstellung von Texten und Abbildungen wurde mit größter Sorgfalt vorgegangen. Trotzdem können Fehler nicht vollständig ausgeschlossen werden. Verlag, Herausgeber und Autoren können für fehlerhafte Angaben und deren Folgen weder eine juristische Verantwortung noch irgendeine Haftung übernehmen. Für Verbesserungsvorschläge und Hinweise auf Fehler sind Verlag und Herausgeber dankbar.

Fast alle Hardware- und Softwarebezeichnungen und weitere Stichworte und sonstige Angaben, die in diesem Buch erwähnt werden, sind als eingetragene Marken geschützt. Da es nicht möglich ist, in allen Fällen zeitnah zu ermitteln, ob ein Markenschutz besteht, wird das ®-Symbol in diesem Buch nicht verwendet.

Authorized Translation from the English language edition, entitled Adobe InDesign CS6, The official training book from Adobe Systems, ISBN 9780321822499 by John Cruise and Kelly Kordes Anton, published by Pearson Education, Inc, publishing as Adobe Press, Copyright © 2012

GERMAN language edition published by PEARSON DEUTSCHLAND GMBH, Copyright © 2012

Autorisierte Übersetzung der englischsprachigen Originalausgabe mit dem Titel „Adobe InDesign CS6, The official training book from Adobe Systems" von John Cruise und Kelly Kordes Anton

ISBN 978-0-321-82249-9, erschienen bei Adobe Press, ein Imprint von Pearson Education Inc; Copyright © 2012

10 9 8 7 6 5 4 3 2 1

14 13 12

ISBN 978-3-8273-3162-5

© der deutschen Ausgabe 2012 Addison-Wesley Verlag,
ein Imprint der PEARSON DEUTSCHLAND GmbH,
Martin-Kollar-Str. 10-12, 81829 München/Germany
Alle Rechte vorbehalten
Übersetzung: Isolde Kommer, Großerlach und Christoph Kommer, Dresden
Lektorat: Kristine Kamm, kkamm@pearson.de
Korrektorat: Petra Kienle, Fürstenfeldbruck
Herstellung: Philipp Burkart, pburkart@pearson.de
Satz: Tilly Mersin, Großerlach
Einbandgestaltung: Eddie Yuen
Druck und Verarbeitung: Graphy Cems
Printed in Spain

INHALT

3   DOKUMENTE EINRICHTEN UND MIT SEITEN ARBEITEN

4   MIT OBJEKTEN ARBEITEN

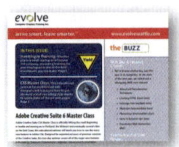

5 TEXT IMPORTIEREN

6 TEXT BEARBEITEN

7 TYPOGRAFIE

8 FARBEN UND VERLÄUFE

9 MIT FORMATEN ARBEITEN

10 BILDER IMPORTIEREN UND BEARBEITEN

14 ADOBE PDF-DATEIEN MIT FORMULARFELDERN ERZEUGEN

15 EIN E-BOOK ERSTELLEN UND EXPORTIEREN

16 UMFANGREICHE DOKUMENTE BEARBEITEN

17 BONUS-LEKTION AUF DER CD: EINE IPAD-VERÖFFENTLICHUNG ERSTELLEN

AUF DER CD

Lektionsdateien und vieles mehr auf der Classroom in a Book-CD

Die *Adobe InDesign CS6 Classroom in a Book*-CD enthält Verzeichnisse mit allen elektronischen Dateien für die Lektionen dieses Buches, Video-Trainings über Adobe InDesign CS6. Das folgende Diagramm zeigt Ihnen Inhalt und Struktur der Buch-CD.

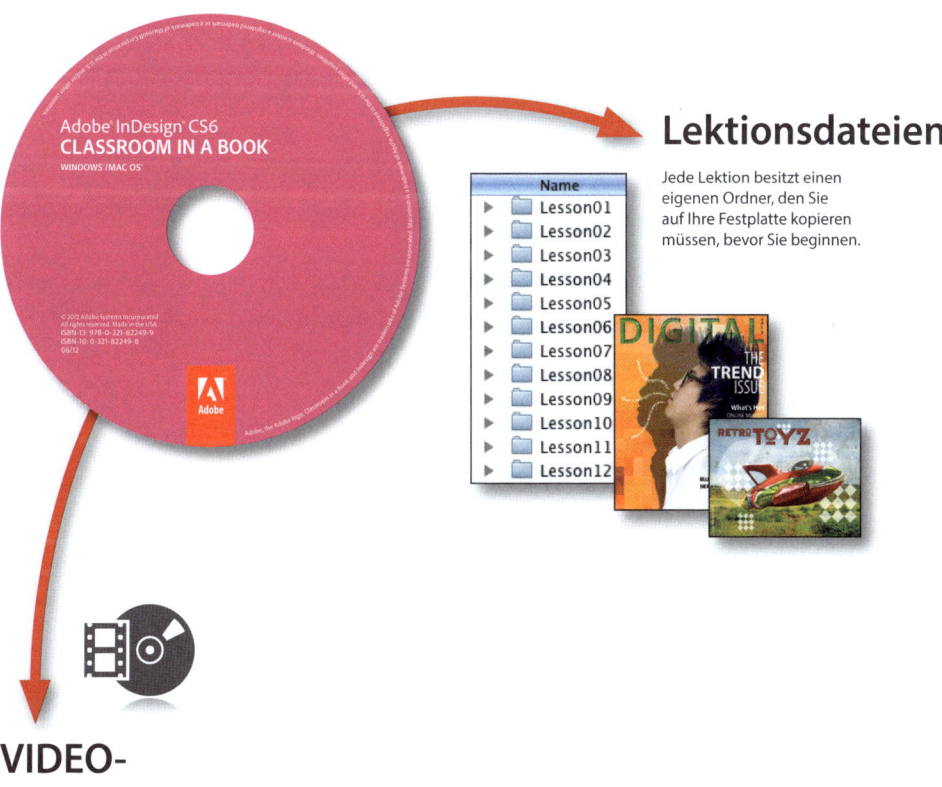

Lektionsdateien

Jede Lektion besitzt einen eigenen Ordner, den Sie auf Ihre Festplatte kopieren müssen, bevor Sie beginnen.

VIDEO-TRAINING

Video-Trainingsfilme zu InDesign CS6 finden Sie im Ordner *Video-Training*. Die Filme laufen ohne Installation unter Mac OS und Windows, öffnen Sie dazu die HTML-Datei *start.html* in Ihrem Standardbrowser.

EINFÜHRUNG

Willkommen zu Adobe® InDesign® CS6, dem leistungsfähigen Design- und Produktionswerkzeug, das Ihnen präzise Kontrolle und nahtlose Integration in die anderen professionellen Grafikprogramme von Adobe bietet. Mit InDesign erstellen Sie Dokumente in professioneller Qualität für den farbigen Auflagendruck oder für eine breite Palette von Ausgabegeräten – vom Desktopdrucker bis hin zu hochauflösenden Bildbelichtern.

Erstellen Sie dynamische Dokumente, die Sie als Flash-Dateien mit Schaltflächen, Hyperlinks und Seitenübergängen oder im Portable Document Format (PDF) mit Lesezeichen, Hyperlinks, Schaltflächen, Filmen und Tönen exportieren können. Sie können Ihre Dokumente auch zur Nutzung im Internet aufbereiten, indem Sie Layouts in das EPUB-Format exportieren.

Autoren, Künstler, Designer und Verlage erreichen heute durch eine nie dagewesene Medienpalette ein breiteres Publikum als je zuvor. InDesign unterstützt diese Entwicklung, indem es sich nahtlos in die übrigen Programme der Creative Suite 6 einfügt.

About Classroom in a Book

Adobe InDesign CS6 Classroom in a Book® gehört zu den offiziellen Trainingsbüchern für Adobe Grafik- und Satzprogramme und wurde von Experten im Hause Adobe entwickelt.

Die Lektionen sind so angelegt, dass Sie Ihren Lernrhythmus selbst bestimmen können. Wenn Sie noch keine Erfahrungen mit Adobe InDesign CS6 haben, lernen Sie alle wichtigen Grundlagen und Möglichkeiten kennen, die Sie für die Arbeit mit dem Programm benötigen. Falls Sie bereits mit der Arbeit in Adobe InDesign CS6 vertraut sind, finden Sie in diesem Buch viele wichtige weitergehende Funktionen und Expertentipps für die aktuelle InDesign-Version.

Jede Lektion bietet Schritt-für-Schritt-Anleitungen für das Erstellen eines bestimmten Projekts. Sie können das Buch von Anfang bis Ende durcharbeiten oder sich nur die Lektionen vornehmen, für die Sie sich interessieren. Alle Lektionen enden mit einem Rückblick mit Fragen und Antworten zum jeweiligen Lernstoff.

Voraussetzungen

Bevor Sie mit Adobe InDesign CS6 Classroom in a Book beginnen, sollten Sie mit dem Betriebssystem Ihres Computers vertraut sein. Sie sollten mit der Maus und den standardmäßigen Menüs und Befehlen umgehen können. Ihnen sollte außerdem bekannt sein, wie man Dateien öffnet, speichert und schließt. Wenn Sie diese Techniken noch einmal auffrischen möchten, informieren Sie sich in der Dokumentation, die mit Microsoft Windows oder Apple Mac OS X ausgeliefert wird.

InDesign CS6 installieren

Bevor Sie mit Adobe InDesign CS6 Classroom in a Book beginnen, muss Ihr System korrekt eingerichtet und die notwendige Hard- und Software installiert sein.

Sie müssen das Programm Adobe InDesign CS6 gesondert erwerben bzw. die 30 Tage nutzbare Testversion von der Buch-DVD installieren. Die vollständigen Hinweise für die Programminstallation finden Sie in den entsprechenden Liesmich-Dateien auf der Installations-DVD von Adobe InDesign CS6 bzw. Adobe Creative Suite 6 oder im Web unter www.adobe.com/de/support.

Die Classroom in a Book-Schriften

Für das Durcharbeiten der Lektionen in diesem Buch benötigen Sie Schriften, die mit Adobe InDesign CS6 installiert wurden. Diese Schriften befinden sich an den folgenden Orten:

- Windows: [Startlaufwerk]\Windows\Fonts\
- Mac OS: [Startlaufwerk]/Library/Fonts/

Weitere Informationen zu Schriften und ihrer Installation finden Sie in der Datei *InDesign CS6 Bitte lesen.pdf*, die mit InDesign CS6 installiert wurde.

Die Classroom in a Book-Dateien kopieren

Jede Lektion besitzt einen eigenen Ordner. Sie müssen diese Ordner auf Ihre Festplatte kopieren, um die entsprechende Lektion durcharbeiten zu können. Um Speicherplatz auf Ihrer Festplatte zu sparen, können Sie die Ordner für jede Lektion auch erst bei Bedarf einrichten und anschließend wieder entfernen.

Die Classroom in a Book-Lektionsdateien installieren:

1 Legen Sie die *Adobe InDesign CS6 Classroom in a Book*-CD in Ihr Laufwerk ein.

2 Erstellen Sie einen Ordner namens **InDesignCIB** auf Ihrer Festplatte.

3 Führen Sie einen der folgenden Schritte aus:

- Kopieren Sie den Ordner *Lektionen* in den Ordner *InDesignCIB*.

- Kopieren Sie nur den jeweils benötigten Lektionsordner in den Ordner *InDesignCIB*.

InDesign-Voreinstellungsdateien speichern und wiederherstellen

In den Voreinstellungsdateien speichert InDesign seine Programm- und Standardeinstellungen wie etwa Werkzeugeinstellungen und Maßeinheiten. Damit die Voreinstellungen und Standardeinstellungen von Adobe InDesign CS6 bei Ihnen so funktionieren, wie es in den Lektionen beschrieben ist, müssen Sie die InDesign-Standardvoreinstellungsdatei an einen anderen Speicherort verschieben, bevor Sie mit den Lektionen in diesem Buch beginnen. Nachdem Sie das Buch durchgearbeitet haben, können Sie diese InDesign-Standardvoreinstellungsdatei wieder in den ursprünglichen Ordner kopieren, um Ihre eigenen Voreinstellungen wiederherzustellen.

Um die aktuelle InDesign-Voreinstellungsdatei zu sichern, führen Sie folgende Schritte aus:

1 Beenden Sie Adobe InDesign CS6.

2 Suchen Sie nach der Datei *InDesign Defaults*.

- Unter Windows Vista und Windows 7 befindet sich die Datei im Ordner *C:\Benutzer\[Benutzername]\AppData\Roaming\Adobe\InDesign\ Version 8.0\de_DE.* (Unter Windows XP befindet sich die Datei *InDesign Defaults* unter *Dokumente und Einstellungen\[Benutzername]\ Anwendungsdaten\Adobe\InDesign\Version 8.0\de_DE.*

- Unter Mac OS liegt die Datei im Ordner */Benutzer/[Ihr Benutzername]/ Library/Preferences/Adobe InDesign/Version 8.0/de_DE.*

3 Ziehen Sie die Datei *InDesign Defaults* in einen anderen Ordner auf Ihrer Festplatte.

Wenn Sie Adobe InDesign CS6 anschließend neu starten, erstellt InDesign eine neue Voreinstellungsdatei mit den ursprünglichen Werkseinstellungen.

Um die gespeicherte Datei *InDesign Defaults* nach dem Durcharbeiten dieses Buchs wiederherzustellen, führen Sie folgende Schritte aus:

1 Beenden Sie Adobe InDesign CS6.

2 Suchen Sie nach der gespeicherten Datei *InDesign Defaults*, ziehen Sie diese wieder in den ursprünglichen Ordner und ersetzen Sie damit die aktuelle Datei *InDesign Defaults*.

● **Hinweis:** Unter Windows XP ist der Ordner *Application Data* standardmäßig ausgeblendet. Dasselbe gilt für den Ordner *AppData* unter Windows Vista und Windows 7. Damit die Ordner sichtbar werden, öffnen Sie in der Systemsteuerung die Ordneroptionen und aktivieren Sie das Register »Ansicht«. In der Liste »Erweiterte Einstellungen« suchen Sie die Option »Versteckte Dateien und Ordner« und aktivieren dort »Ausgeblendete Dateien und Ordner anzeigen« bzw. »Ausgeblendete Dateien, Ordner und Laufwerke anzeigen«.

Weitere Ressourcen

Adobe InDesign CS6 Classroom in a Book kann und soll die Programmhilfe nicht ersetzen und stellt auch keine umfassende Referenz aller Funktionen dar. In diesem Buch werden nur die in den Lektionen verwendeten Befehle erklärt. Ausführliche Informationen über das Programm finden Sie in den folgenden Quellen:

Adobe-Community-Hilfe: Die Community-Hilfe bringt aktive Adobe-Nutzer, Mitglieder des Adobe Produktteams und Experten, die wichtige und aktuelle Informationen zu Adobe-Produkten liefern, zusammen.

Zugriff auf die Community-Hilfe: Um die Hilfe zu öffnen, drücken Sie F1 oder wählen Sie **Hilfe: InDesign-Hilfe**.

Der Adobe-Inhalt wird basierend auf Reaktionen zur Community-Hilfe aktualisiert. Sie selbst können Forumsartikel oder Inhalte inklusive Weblinks kommentieren und eigene Inhalte oder Tutorials veröffentlichen. Wie Sie sich beteiligen können, erfahren Sie unter: www.adobe.com/community/publishing/download.html.

Unter community.adobe.com/help/profile/faq.html finden Sie Antworten auf häufig gestellte Fragen zur Community-Hilfe.

Adobe InDesign Hilfe und Support: Unter www.adobe.com/support/indesign.html können Sie Hilfe- und Support-Inhalte durchsuchen.

Adobe Foren: Unter forums.adobe.com können Sie sich an Diskussionen beteiligen sowie Fragen und Antworten zu Adobe-Produkten finden.

Adobe TV: tv.adobe.com ist eine Online-Video-Ressource mit Expertenratschlägen und Anregungen für die Arbeit mit Adobe-Produkten. Es gibt hier einen How-To-Bereich, der Ihnen eine Starthilfe für Ihr Produkt bietet.

Adobe Design Center: www.adobe.com/designcenter bietet durchdachte Artikel zu Design-Themen, eine Galerie mit den Arbeiten von Top-Designern, Tutorials und vieles mehr.

Adobe Developer Connection: www.adobe.com/devnet ist eine Quelle für technische Artikel, Code-Beispiele und Video-Tutorials zu Themen und Technologien, die für Entwickler interessant sind.

Ressourcen für Trainer: www.adobe.com/education bietet eine Fülle von Informationen für Trainer, die Seminare zu Adobe-Anwendungen abhalten. Hier finden Sie Lösungen für alle Schwierigkeitsgrade, unter anderem kostenlose Lehrpläne, die für die Vorbereitung für die Adobe-Certified-Associate-Prüfungen genutzt werden können.

Beachten Sie auch die folgenden hilfreichen Links:

Adobe Marketplace & Exchange: www.adobe.com/cfusion/exchange ist eine Download-Zentrale zur Erweiterung und Ergänzung Ihrer Adobe-Produkte. Sie finden hier Tools, Erweiterungen, Code-Beispiele und vieles mehr.

Adobe InDesign CS6-Produkt-Homepage: http://www.adobe.com/de/products/indesign.html

Adobe Labs: Über http://labs.adobe.com erhalten Sie Zugriff auf die neuesten Technologien sowie auf Foren, über die Sie nicht nur mit Gleichgesinnten, sondern auch mit den Adobe-Entwicklerteams kommunizieren können.

Adobe-Zertifizierung

Die Adobe-Trainings- und Zertifizierungsprogramme bieten Anwendern und Schulungszentren die Möglichkeit, ihre Professionalität im Umgang mit dem Programm zu verbessern und darzustellen. Dazu gibt es folgende vier Zertifizierungsprogramme:

- Adobe Certified Associate (ACA)
- Adobe Certified Expert (ACE)
- Adobe Certified Instructor (ACI)
- Adobe Authorized Training Center (AATC)

Das Adobe Certified Associate (ACA)-Programm bescheinigt dem Anwender das Beherrschen der Grundlagen für die Planung, Gestaltung, Erstellung und Pflege von Publikationen unter Verwendung verschiedener digitaler Medien.

Mit dem Adobe Certified Expert (ACE)-Programm erweitern Sie Ihre Qualifikationen. Nutzen Sie die Adobe-Zertifizierung als Argument für eine Gehaltserhöhung, als Pluspunkt für die Arbeitssuche oder zur Erweiterung Ihrer Fachkenntnisse.

Wenn Sie als Trainer mit ACE-Zertifizierung arbeiten, können Sie mit dem Adobe Certified Instructor (ACI)-Programm Ihr Fachwissen weiter ausbauen und erlangen Zugriff auf zahlreiche Ressourcen im Hause Adobe.

Ein Adobe Authorized Training Center (AATC) ist eine Schulungseinrichtung, die für Schulungen im Umgang mit Adobe-Produkten ausschließlich Kursleiter mit Adobe Certified Instructor (ACI)-Zertifizierung einsetzt. Ein Verzeichnis von AATCs finden Sie unter http://partners.adobe.com.

Informationen über diese Zertifizierungsprogramme finden Sie auf der Website unter www.adobe.com/support/certification/index.html.

Nach Aktualisierungen suchen

Adobe aktualisiert regelmäßig die Programme. Sofern Sie über eine Internetverbindung verfügen, laden Sie diese Aktualisierungen einfach mit dem Adobe Application Manager herunter.

1 Wählen Sie in InDesign den Befehl **Hilfe: Aktualisierungen**. Der Adobe Application Manager prüft automatisch, ob Updates für die bei Ihnen installierten Adobe-Programme verfügbar sind.

2 Wählen Sie im Dialogfeld »Adobe Application Manager« die zu installierenden Updates und klicken Sie auf »Aktualisieren«.

1 DER ARBEITSBEREICH VON INDESIGN

Überblick

In dieser Lektion lernen Sie Folgendes:

- Werkzeuge auswählen
- Die Anwendungsleiste und das Steuerungsbedienfeld nutzen
- Mit Dokumentfenstern arbeiten
- Mit Bedienfeldern arbeiten
- Einen eigenen Arbeitsbereich speichern
- Die Darstellungsgröße des Dokuments anpassen
- In einem Dokument navigieren
- Kontextmenüs benutzen

 Für diese Lektion benötigen Sie ungefähr 45 Minuten.

Just hum along...

Hummingbird
Named for the humming sound produced by the extremely rapid beating of its narrow wings, the hummingbird is noted for its ability to hover and fly upward, downward and backward in a horizontal position. This very small, nectar-sipping bird of the Trochilidae family is characterized by the brilliant, iridescent plumage of the male.

Die intuitive Benutzeroberfläche von InDesign CS6 erleichtert Ihnen die Gestaltung ansprechender Layouts. Damit Sie die leistungsfähigen Layout- und Gestaltungsfunktionen optimal nutzen können, sollten Sie sich gut mit dem InDesign-Arbeitsbereich auskennen. Dazu gehören die Anwendungsleiste, das Steuerungsbedienfeld, das Dokumentfenster, die Menüs, die Montagefläche, das Werkzeugbedienfeld und die übrigen Bedienfelder.

9

Vorbereitungen

In dieser Lektion machen Sie sich mit dem Arbeitsbereich vertraut und navigieren durch einige Seiten eines einfachen Layouts. Das Dokument ist fertig – Sie müssen also keine Objekte verschieben, Grafiken hinzufügen oder Texte ändern. Es geht nur darum, sich mit dem Arbeitsbereich von InDesign CS6 vertraut zu machen.

● **Hinweis:** Falls Sie die Dateien für diese Lektion noch nicht von der *Adobe InDesign CS 6 Classroom in a Book*-DVD auf Ihre Festplatte kopiert haben, holen Sie dies jetzt nach. Näheres dazu finden Sie unter »Die Classroom-in-a-Book-Dateien kopieren« auf Seite 2.

1 Damit die Vorgaben und Standardeinstellungen von InDesign CS6 wie in dieser Lektion funktionieren, verschieben Sie die Datei »InDesign Voreinstellungen« an einen anderen Speicherort. Näheres dazu finden Sie unter »Voreinstellungsdateien speichern und wiederherstellen« auf Seite 3.

2 Starten Sie Adobe InDesign CS6. Damit alle Bedienfelder und Menübefehle wie in dieser Lektion funktionieren, wählen Sie **Fenster: Arbeitsbereich: [Erweitert]** und dann **Fenster: Arbeitsbereich: Erweitert zurücksetzen**.

3 Wählen Sie **Datei: Öffnen** und öffnen Sie die Datei *01_Start.indd* im Ordner *Lektionen: Lektion_01* auf Ihrer Festplatte. Scrollen Sie nach unten, um die Seiten 2 und 3 des Dokuments anzuzeigen.

4 Wählen Sie **Datei: Speichern unter**, nennen Sie die Datei *01_Introduction. indd* und sichern Sie sie im Ordner *Lektion_01*.

Der Arbeitsbereich

Der InDesign-Arbeitsbereich umfasst alles, was Sie beim erstmaligen Öffnen oder Erstellen eines Dokuments sehen:

▶ **Tipp:** Wenn Sie bereits mit InDesign CS5 vertraut sind, können Sie sich die neuen CS6-Funktionen mit **Fenster: Arbeitsbereich: [Neu in CS6]** anzeigen lassen. Wenn Sie nun auf die einzelnen Menüs klicken, hebt InDesign neue Befehle hervor. Um wieder zu einem anderen Arbeitsbereich zu gelangen, wählen Sie eine der Optionen im oberen Bereich des Menüs **Fenster: Arbeitsbereich**.

- Menüleiste
- Anwendungsleiste
- Werkzeugbedienfeld
- Steuerungsbedienfeld
- Weitere Bedienfelder
- Dokumentfenster
- Montagefläche und Seiten

Sie können den Arbeitsbereich an Ihren eigenen Arbeitsstil anpassen und speichern. Zum Beispiel können Sie sich nur die Bedienfelder anzeigen lassen, die Sie häufig benötigen, Bedienfeldgruppen minimieren oder sie neu zusammenstellen, die Fenstergröße ändern, zusätzliche Dokumentfenster hinzufügen und vieles mehr.

In InDesign wird die Anordnung der Arbeitsfläche als Arbeitsbereich bezeichnet. Dabei können Sie aus bestimmten, voreingestellten Anordnungen (beispielsweise für Typografie, Digitale Veröffentlichung, Druckausgabe und Proofs usw.) wählen und auch eigene Arbeitsbereiche speichern.

● **Hinweis:** Die Konfiguration des Dokumentfensters kann nicht in einem Arbeitsbereich gespeichert werden.

Menüleiste · · · · · Anwendungsleiste · · · · · Standardbedienfelder des Arbeitsbereichs [Erweitert]

Steuerungs-bedienfeld

Werkzeug-bedienfeld

Dokument-fenster

Montagefläche (Arbeitsfläche)

Das Werkzeugbedienfeld

Das Werkzeugbedienfeld enthält Werkzeuge zum Erstellen und Auswählen von Seitenelementen, zum Erstellen und Formatieren von Text und Grafiken sowie für die Arbeit mit Farben. Standardmäßig ist das Werkzeugbedienfeld in der oberen linken Ecke des Arbeitsbereichs angedockt (bzw. verankert). In der folgenden Übung lösen Sie das Werkzeugbedienfeld aus seiner Verankerung, richten es horizontal aus und experimentieren mit den Auswahlwerkzeugen.

1 Betrachten Sie das Werkzeugbedienfeld ganz links oben auf dem Bildschirm.

2 Um das Werkzeugbedienfeld aus seiner Verankerung zu lösen und es frei schwebend im Arbeitsbereich zu platzieren, ziehen Sie es an seiner grauen Titelleiste auf die Montagefläche.

▶ **Tipp:** Um das Werkzeugbedienfeld zu lösen, können Sie entweder an seiner Titelleiste ziehen oder an der grau gepunkteten Leiste unmittelbar darunter.

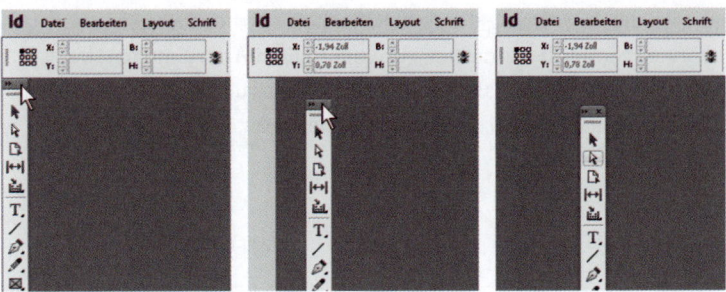

Sobald das Werkzeugbedienfeld frei schwebend angeordnet ist, kann es entweder ein- oder zweispaltig vertikal oder einzeilig horizontal dargestellt werden.

● **Hinweis:** Das Werkzeugbedienfeld muss frei schweben, damit es horizontal dargestellt werden kann.

3 Klicken Sie am oberen Rand des frei schwebenden Werkzeugbedienfelds auf den Doppelpfeil (⏩). Das Werkzeugbedienfeld wird einzeilig horizontal dargestellt.

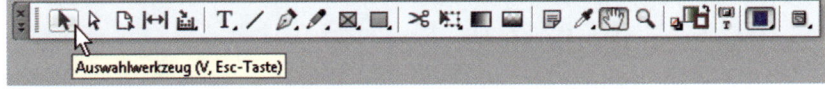

Während Sie die Lektionen in diesem Buch durcharbeiten, lernen Sie die speziellen Funktionen der einzelnen Werkzeuge noch kennen. In dieser Lektion machen Sie sich zunächst damit vertraut, wie Sie diese Werkzeuge auswählen.

4 Zeigen Sie im Werkzeugbedienfeld mit der Maus auf das Auswahlwerkzeug (▶). InDesign zeigt Ihnen den Werkzeugnamen und den entsprechenden Tastaturbefehl als QuickInfo in einem gelben Tooltip.

Einige Werkzeuge im Werkzeugbedienfeld signalisieren durch ein kleines schwarzes Dreieck in der unteren rechten Ecke, dass sich hinter dem Symbol weitere ähnliche, im Moment ausgeblendete Werkzeuge befinden. Um solch ein verborgenes Werkzeug auszuwählen, halten Sie die Maustaste auf dem Symbol gedrückt. Aus dem nun angezeigten Menü wählen Sie das gewünschte Werkzeug.

5 Klicken Sie auf das Buntstift-Werkzeug (✎) und halten Sie die Maustaste gedrückt, um ein Popup-Menü mit weiteren Werkzeugen anzuzeigen. Wählen Sie das Radieren-Werkzeug (✎). Statt des Buntstift-Werkzeugs sehen Sie nun das Symbol des Radieren-Werkzeugs im Werkzeugbedienfeld.

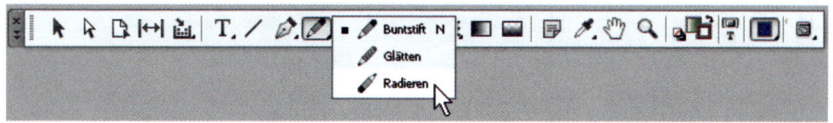

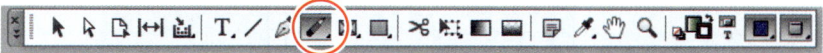

6 Klicken Sie wieder auf das Radieren-Werkzeug. Halten Sie die Maustaste gedrückt, um das Popup-Menü einzublenden, und wählen Sie das Buntstift-Werkzeug. Dies ist das an dieser Stelle standardmäßig angezeigte Werkzeug.

7 Zeigen Sie mit dem Mauszeiger auf die einzelnen Werkzeuge im Werkzeug-bedienfeld. InDesign blendet den Namen des Werkzeugs und den zugehörigen Tastaturbefehl als QuickInfo ein. Bei Werkzeugen mit einem kleinen schwarzen Dreieck halten Sie die Maustaste auf dem Werkzeug gedrückt, um das Popup-Menü mit den übrigen Werkzeugen anzuzeigen. Bei den folgenden Werkzeugen gibt es ein Popup-Menü mit weiteren Werkzeugen:

- Inhaltsaufnahme-Werkzeug
- Textwerkzeug
- Zeichenstift
- Buntstift
- Rechteckrahmen-Werkzeug
- Rechteck-Werkzeug
- Frei-Transformieren-Werkzeug
- Pipette-Werkzeug

8 Klicken Sie im Werkzeugbedienfeld auf den Doppelpfeil (⬇), um es zweispaltig und vertikal darzustellen. Ein weiterer Klick auf den Doppelpfeil bringt Sie zurück zur Standarddarstellung des Werkzeugbedienfelds.

9 Um das Werkzeugbedienfeld wieder anzudocken, ziehen Sie seine graue Titelleiste an die linke Bildschirmkante. Geben Sie die Maustaste frei, sobald eine blaue Linie entlang der Kante des Arbeitsbereichs erscheint.

● **Hinweis:** Die Symbole am unteren bzw. rechten Rand des Werkzeugbedien-felds dienen dem Zuweisen von Farben und dem Ändern des Ansichtsmodus.

▶ **Tipp:** Um ein Werkzeug auszu-wählen, können Sie es entweder im Werkzeugbedienfeld anklicken oder den zugehörigen Tastaturbefehl eingeben (wenn Sie sich nicht gerade im Texteingabemodus befinden). Die Tasta-turbefehle finden Sie in der QuickInfo des jeweiligen Werkzeugs. Beim Auswahlwerkzeug ist dies zum Beispiel (V, Esc-Taste). Also aktivieren Sie mit der V- oder Esc-Taste das Auswahlwerkzeug. Außerdem können Sie ein Werkzeug vorübergehend durch Gedrückthalten der entsprechenden Taste aktivieren. Sobald Sie die Taste loslassen, kehren Sie zum vorherigen Werkzeug zurück.

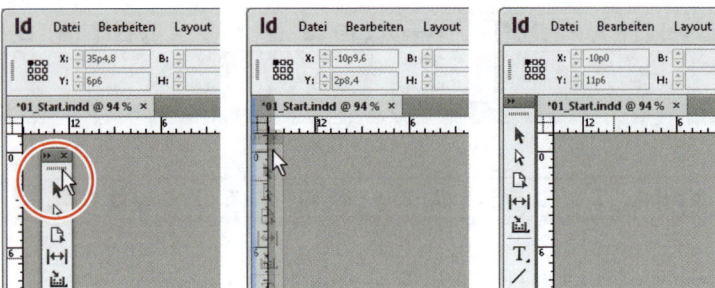

10 Bei Bedarf wählen Sie **Ansicht: Seite in Fenster einpassen**, um die Seite im Dokumentfenster zu zentrieren.

Die Anwendungsleiste

Im oberen Bereich des Standard-Arbeitsbereichs finden Sie die Anwendungsleiste, mit der Sie Adobe Bridge CS6 öffnen, die Zoomstufe des Dokuments ändern, Layouthilfen wie Lineale und Hilfslinien anzeigen und ausblenden, den Anzeigemodus in »Normal«, »Vorschau« oder »Präsentation« ändern und kontrollieren können, wie mehrere geöffnete Dokumentfenster angezeigt werden. Ganz rechts können Sie einen Arbeitsbereich auswählen und die Hilferessourcen von Adobe durchsuchen.

• Machen Sie sich nun mit den Möglichkeiten der Anwendungsleiste vertraut: Zeigen Sie dazu mit dem Mauszeiger auf die einzelnen Elemente, um den jeweils zugehörigen Tooltip anzuzeigen.

▶ **Tipp:** Wenn Sie die Anwendungsleiste unter Mac OS ausblenden, wird die Zoomsteuerung in der linken unteren Ecke des Dokumentfensters angezeigt.

• Um die Anwendungsleiste in Mac OS ein- und auszublenden, wählen Sie **Fenster: Anwendungsleiste**.

• In Mac OS können Anwendungsleiste, Dokumentfenster und Bedienfelder zu einem Ganzen, dem Anwendungsrahmen, kombiniert werden. Damit wird die Arbeitsweise einer Windows-Anwendung nachgeahmt. Um den Anwendungsrahmen zu aktivieren, wählen Sie **Fenster: Anwendungsrahmen**.

• Wenn der Anwendungsrahmen angezeigt wird, können Sie die Anwendungsleiste nicht ausblenden. Unter Windows lässt sich die Anwendungsleiste überhaupt nicht ausblenden.

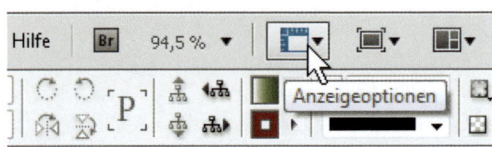

Das Steuerungsbedienfeld

Das Steuerungsbedienfeld (**Fenster: Steuerung**) bietet schnellen Zugriff auf Optionen und Befehle, die für die momentan ausgewählten Seitenelemente oder -objekte relevant sind – das Steuerungsbedienfeld ist also kontextabhängig. Standardmäßig ist das Steuerungsbedienfeld am oberen Bildschirmrand angedockt (unter Mac OS unter der Anwendungsleiste und unter Windows unter der Menüleiste). Sie können es jedoch auch am unteren Rand des Dokumentfensters andocken, es in ein schwebendes Bedienfeld umwandeln oder ganz ausblenden.

1 Zentrieren Sie den Druckbogen mit Hilfe der Bildlaufleisten im Dokumentfenster.

2 Wählen Sie **Ansicht: Bildschirmmodus: Normal**, damit Sie die Grafik- und Textrahmen sehen.

3 Wählen Sie das Auswahlwerkzeug (⬉) und klicken Sie auf den Text »Just hum along …« oben auf der rechten Seite.

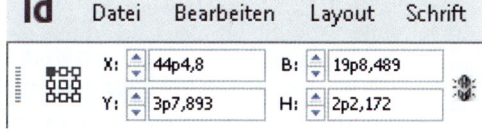

Beachten Sie, dass Sie im Steuerungsbedienfeld nun die Position, Größe und andere Eigenschaften des ausgewählten Objekts ablesen und ändern können.

4 Klicken Sie im Steuerungsbedienfeld auf die Pfeile der X-, Y-, B- und H-Felder, um die Position und Größe des ausgewählten Textrahmens zu ändern.

5 Aktivieren Sie das Textwerkzeug (T) und markieren Sie damit den Text »Just hum along …« Das

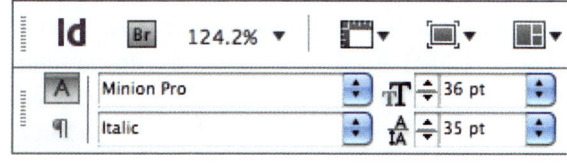

Steuerungsbedienfeld zeigt nun Optionen für die Text- und Zeichenformatierung. Klicken Sie auf die Montagefläche, um die Markierung des Textes aufzuheben.

6 Wählen Sie **Ansicht: Bildschirmmodus: Vorschau**, um die Rahmenkanten wieder auszublenden.

Sie können das Steuerungsbedienfeld verschieben, wenn Sie es nicht am oberen Rand des Dokumentfensters andocken möchten.

> **Tipp:** Sie können
das Steuerungs-
bedienfeld auch über
sein Bedienfeldmenü
verschieben oder
lösen (klicken Sie auf
den Abwärtspfeil am
rechten Bedienfeld-
rand). Wählen Sie
»Oben andocken«,
»Unten andocken«
oder »Verschiebbar«.

7   Ziehen Sie das Steuerungsbedienfeld an der vertikalen gepunkteten Leiste
an der linken Bedienfeldkante in das Dokumentfenster. Geben Sie die
Maustaste frei, um das Bedienfeld frei schwebend abzulegen.

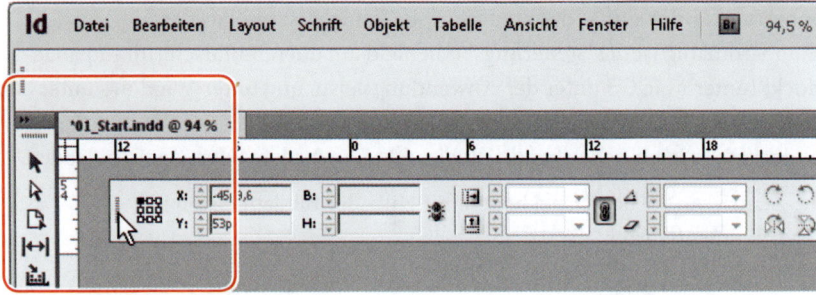

Das Steuerungsbedienfeld kann am oberen oder am unteren Rand des
Arbeitsbereichs angedockt werden.

8   Um das Steuerungsbedienfeld wieder anzudocken, ziehen Sie es an seiner
linken vertikalen Leiste wieder nach oben unter die Anwendungsleiste. Eine
blaue Linie zeigt Ihnen, wo das Steuerungsbedienfeld nach dem Freigeben
der Maustaste angedockt wird.

Das Dokumentfenster und die Montagefläche

Das Dokumentfenster enthält alle Seiten des Dokuments. Jede Seite bzw. jeder
Druckbogen in Ihrem Dokument ist von einer eigenen Montagefläche umgeben. Auf dieser können Sie während der Gestaltung des Dokuments Objekte
ablegen. Objekte auf der Montagefläche werden nicht mit ausgegeben. Die
Montagefläche bietet außerdem Platz für randabfallende Objekte (Objekte, die
über die Kante einer Seite hinausragen). Diese Beschnittzone wird verwendet,
wenn ein Objekt bis an die Seitenkante gedruckt werden soll. So stellen Sie
sicher, dass keine unschönen weißen Ränder (»Blitzer«) auftreten können. Im
linken unteren Bereich des Dokumentfensters befinden sich die Bedienelemente
für die Navigation in den Dokumentseiten.

> **Tipp:** Nutzen Sie
die Montagefläche
als Erweiterung der
Arbeitsfläche. Viele
Anwender nutzen
die Montagefläche
beispielsweise,
um dort komplexe
Grafiken anzufertigen
oder um dort
importierte Bilder
und Texte abzulegen,
bis sie sie im Layout
benötigen.

1   Um mehr Dokumentseiten anzuzeigen, wählen Sie aus dem Zoomfaktor-
Menü der Anwendungsleiste die Option 25 %.

2   Bei Bedarf klicken Sie auf die Maximieren-Schaltfläche, um das
Dokumentfenster zu vergrößern.

• Unter Windows ist dies die mittlere Schaltfläche in der oberen rechten
Dokumentfensterecke.

• Unter Mac OS ist dies die grüne Schaltfläche in der oberen linken
Fensterecke.

3 Möchten Sie die gesamte Montagefläche für die Dokumentseiten
anzeigen, wählen Sie **Ansicht:
Ganze Montagefläche**.

4 Möchten Sie die für dieses Dokument eingerichtete Beschnittzugabe
anzeigen, wählen Sie **Ansicht:
Bildschirmmodus: Anschnitt**.

5 Wählen Sie **Ansicht: Bildschirmmodus: Vorschau** und dann
**Ansicht: Druckbogen in Fenster
einpassen**, um die ursprüngliche
Ansicht wiederherzustellen.

Nun navigieren Sie zu einer anderen
Seite.

6 In der linken unteren Ecke des
Dokumentfensters klicken Sie
auf den nach unten weisenden
Pfeil neben dem Seitenzahlenfeld.
Das Popup-Menü zeigt Ihnen die
vorhandenen Seitenzahlen und
Musterseiten.

7 Wählen Sie den Eintrag »1«, um
die erste Seite im Dokumentfenster
anzuzeigen.

8 Klicken Sie nun auf den nach rechts weisenden Pfeil neben dem
Seitenzahlenfeld, um auf Seite 2 zu gelangen.

Mit mehreren Dokumentfenstern arbeiten

In InDesign können mehrere Dokumentfenster gleichzeitig geöffnet sein. Im folgenden Schritt öffnen Sie daher ein zweites Fenster, so dass Sie gleichzeitig mit zwei unterschiedlichen Ansichten desselben Dokuments arbeiten können.

1 Wählen Sie **Fenster: Anordnen: Neues Fenster für »01_Introduction. indd«**.

   InDesign öffnet ein neues Fenster mit dem Namen »01_Introduction. indd:2«. Das ursprüngliche Fenster hat jetzt den Titel »01_Introduction. indd:1«.

▶ **Tipp:** Die Anwendungsleiste bietet schnellen Zugriff auf Optionen für die Fensterverwaltung. Mit einem Klick auf das Symbol »Dokumente anordnen« werden alle Optionen angezeigt.

2 Unter Mac OS wählen Sie **Fenster: Anordnen: Neben-/Untereinander**, um die Fenster nebeneinander oder untereinander anzuzeigen.

3 Wählen Sie im Werkzeugbedienfeld das Zoomwerkzeug (🔍).

4 Ziehen Sie in einem der beiden Fenster ein Auswahlrechteck um den weißen Rahmen mit der Überschrift »Just hum along ...«, um den Text zu vergrößern.

   Wie Sie sehen, bleibt die Vergrößerungsstufe des anderen Fensters unverändert. Mit dieser Anordnung können Sie die Wirkung von Änderungen im Textrahmen auf das Gesamtlayout beurteilen.

5 Wählen Sie **Fenster: Anordnen: Alle Fenster zusammenführen**. Damit erhält jedes Fenster sein eigenes Register.

6 Klicken Sie auf einen der Registerreiter im linken oberen Bereich (unter dem Steuerungsbedienfeld). So können Sie bestimmen, welches Dokumentfenster angezeigt wird.

7 Schließen Sie das Fenster »01_Introduction.indd:2« mit einem Klick auf die x-Schaltfläche im Registerreiter. Das ursprüngliche Dokumentfenster bleibt geöffnet.

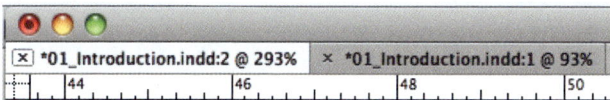

8 Unter Mac OS stellen Sie die Position und Größe des verbleibenden Fensters mit einem Klick auf die Maximieren-Schaltfläche am oberen Rand des Dokumentfensters wieder her.

9 Wählen Sie **Ansicht: Druckbogen in Fenster einpassen**.

Bedienfelder nutzen

Bedienfelder bieten einen schnellen Zugriff auf häufig verwendete Werkzeuge und Funktionen. In der Grundeinstellung sind sie am rechten Bildschirmrand angedockt (bis auf die bereits beschriebenen Steuerungs- und Werkzeug-bedienfelder). Welche Bedienfelder standardmäßig eingeblendet sind, hängt vom gewählten Arbeitsbereich ab. Jeder Arbeitsbereich verfügt über seine eigene Bedienfeldkonstellation. Sie können Bedienfelder auf unterschiedliche Weise neu anordnen. Experimentieren Sie nun mit dem Öffnen, Einklappen und Schließen der Standardbedienfelder im Arbeitsbereich »Erweitert«.

Bedienfelder ein- und ausblenden

In dieser Übung blenden Sie ein Bedienfeld ein und aus, verbergen Bedienfeldnamen und erweitern alle Bedienfelder im Dock.

1 Scrollen Sie bei Bedarf, damit die Bedienfelder nicht über der Dokumentseite, sondern über der Montagefläche liegen.

2 Klicken Sie im Standarddock rechts vom Dokumentfenster auf das Symbol des Seitenbedienfelds, um dieses zu öffnen.

● **Hinweis:** Ein Dock ist eine Sammlung von aneinander »klebenden« Bedienfeldern.

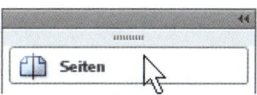

Diese Technik ist praktisch, wenn Sie ein Bedienfeld öffnen, es kurz verwenden und dann gleich wieder schließen möchten.

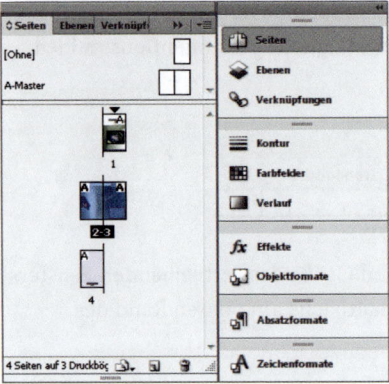

▶ **Tipp:** Um ein ganz ausgeblendetes Bedienfeld anzuzeigen, wählen Sie seinen Namen aus dem Menü **Fenster** (oder dem entsprechenden Untermenü des Menüs **Fenster**). Wenn ein Bedienfeldname mit einem Häkchen versehen ist, ist dieses Bedienfeld bereits eingeblendet und befindet sich in seiner Bedienfeldgruppe im Vordergrund.

Es gibt mehrere Möglichkeiten, um ein Bedienfeld einzuklappen.

3 Wenn Sie das Seitenbedienfeld nicht mehr benötigen, klicken Sie rechts vom Bedienfeldnamen auf den Doppelpfeil oder noch einmal auf das Symbol des Seitenbedienfelds, um dieses wieder auszublenden.

Nun öffnen Sie ein Bedienfeld über die Menüleiste.

4 Wählen Sie **Fenster: Textumfluss**, um das Textumflussbedienfeld einzublenden.

5 Möchten Sie das Textumflussbedienfeld in den unteren Bereich des Docks einfügen, ziehen Sie es an seiner Titelleiste unter das Zeichenformate-bedienfeld. Geben Sie die Maustaste frei, sobald sich eine blaue Linie zeigt.

6 Möchten Sie das Textumflussbedienfeld schnell öffnen, wählen Sie **Fenster: Textumfluss**.

7 Möchten Sie das Textumflussbedienfeld schließen, ziehen Sie es aus dem Dock und klicken auf sein Schließen-Symbol.

8 Möchten Sie das Bedienfelddock verkleinern, ziehen Sie die linke Kante des Bedienfelddocks nach rechts, bis die Namen ausgeblendet werden.

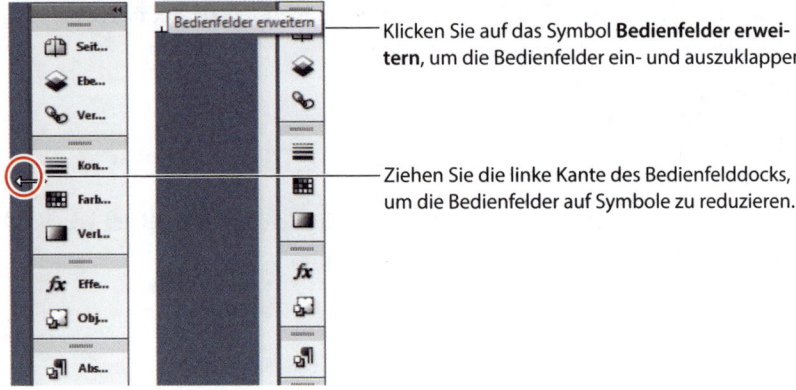

Klicken Sie auf das Symbol **Bedienfelder erweitern**, um die Bedienfelder ein- und auszuklappen.

Ziehen Sie die linke Kante des Bedienfelddocks, um die Bedienfelder auf Symbole zu reduzieren.

9 Möchten Sie alle Bedienfelder im Dock ausklappen, klicken Sie auf den Doppelpfeil in der oberen rechten Ecke des Docks.

Wenn Sie erneut auf den Doppelpfeil klicken, werden die Bedienfelder wieder auf Symbole ohne Namen reduziert. Für die nächste Übung lassen Sie die Bedienfelder ausgeklappt.

Bedienfelder anordnen und anpassen

In der folgenden Übung ziehen Sie ein einzelnes Bedienfeld aus dem Dock und ordnen es frei schwebend an. Anschließend erzeugen Sie eine eigene Bedienfeldgruppe, indem Sie ein weiteres Bedienfeld in das schwebende Bedienfeld ziehen. Außerdem lösen Sie die Gruppierung der Bedienfelder auf, ordnen diese neu an und minimieren sie.

▶ **Tipp:** Ein abgelöstes Bedienfeld wird als schwebendes Bedienfeld bezeichnet. Klicken Sie auf den Doppelpfeil in der Titelleiste eines schwebenden Bedienfelds, um es zu erweitern oder zu minimieren.

1 Von der vorigen Übung ist das Dock noch erweitert. Ziehen Sie am Register des Absatzformatebedienfelds, um dieses aus dem Dock zu lösen.

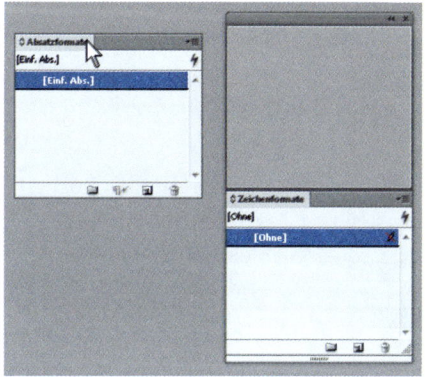

2 Um dem schwebenden Absatzformatebedienfeld das Zeichenformatebedienfeld hinzuzufügen, ziehen Sie sein Register in den grauen Bereich rechts neben dem Register des Absatzformatebedienfelds. Geben Sie die Maustaste frei, sobald eine blaue Linie um das Absatzformatebedienfeld erscheint.

Sie haben nun eine Bedienfeldgruppe angelegt. Sie können beliebige Bedienfelder zu einer Gruppe zusammenfassen.

▶ **Tipp:** Wenn Sie mit Text arbeiten und dabei keine anderen erweiterten Bedienfelder benötigen, ist es praktisch, die Zeichenformate- und die Absatzformatebedienfelder zu gruppieren.

▶ **Tipp:** Sobald Sie
mit InDesign vertraut
sind, sollten Sie mit
der Konfiguration
der Bedienfelder
und Arbeitsbereiche
experimentieren. Sie
werden bald merken,
welche Bedienfelder
Sie besonders häufig
nutzen, an welcher
Stelle und in welcher
Größe Sie sie am
besten darstellen.

3 Um die Gruppierung der Bedienfelder aufzulösen, ziehen Sie eines der
Register wieder aus der Bedienfeldgruppe heraus.

 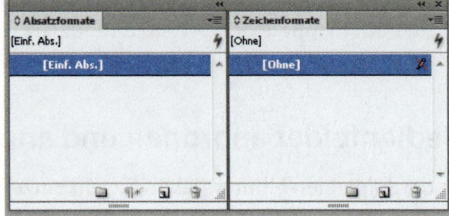

Schwebende Bedienfelder können auch vertikal übereinander gestapelt
werden.
Das probieren Sie nun aus.

4 Ziehen Sie das Register des Zeichenformatebedienfelds an den unteren Rand
des Absatzformatebedienfelds. Geben Sie die Maustaste frei, sobald dort
eine blaue Linie erscheint.

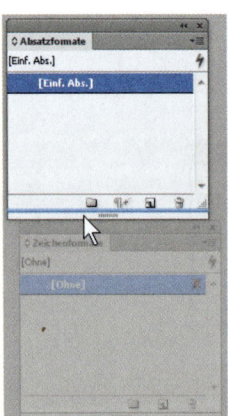 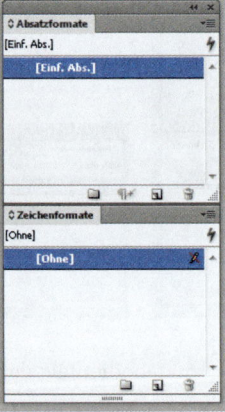

Die Bedienfelder sind nun nicht mehr gruppiert, sondern gestapelt, also
vertikal übereinander angeordnet und miteinander verbunden. Ziehen Sie an
der obersten Titelleiste, um die Bedienfelder als Einheit zu verschieben. Nun
ändern Sie die Größe der gestapelten Bedienfelder.

5 Ziehen Sie an der unteren rechten Ecke eines Bedienfelds, um seine Größe zu ändern.

6 Verändern Sie die Anordnung der Bedienfelder, indem Sie das Register des Zeichenformatebedienfelds nach oben neben das Register des Absatzformatebedienfelds ziehen.

7 Minimieren Sie die Bedienfeldgruppe mit einem Doppelklick in den grauen Bereich neben einem Bedienfeldregister. Mit einem weiteren Doppelklick in diesen Bereich erweitern Sie die Bedienfelder wieder.

8 Behalten Sie diese Bedienfeldkonstellation für eine spätere Übung bei.

Mit den Bedienfeldmenüs arbeiten

Die meisten Bedienfelder bieten Zusatzoptionen, auf die Sie mit einem Klick auf das Symbol des Bedienfeldmenüs zugreifen können. InDesign blendet daraufhin ein Menü mit weiteren Befehlen und Optionen für das gewählte Bedienfeld ein.

In der folgenden Übung ändern Sie die Anzeige des Farbfelderbedienfelds.

1 Ziehen Sie das Farbfelderbedienfeld aus dem Dock im rechten Bildschirmbereich, um es in ein schwebendes Bedienfeld zu verwandeln.

2 Klicken Sie in der rechten oberen Ecke des Farbfelderbedienfelds auf das Symbol des Bedienfeldmenüs (▼≡), um dieses einzublenden.

Mit dem Farbfelderbedienfeldmenü können Sie neue Farbfelder anlegen, Farbfelder aus einem anderen Dokument laden und vieles mehr.

● **Hinweis:** Bei Bedarf klicken Sie auf den Doppelpfeil (▶▶) in der Titelzeile des Bedienfelds, um es auszuklappen.

3 Wählen Sie im Farbfelderbedienfeldmenü die Option »Großes Farbfeld«.

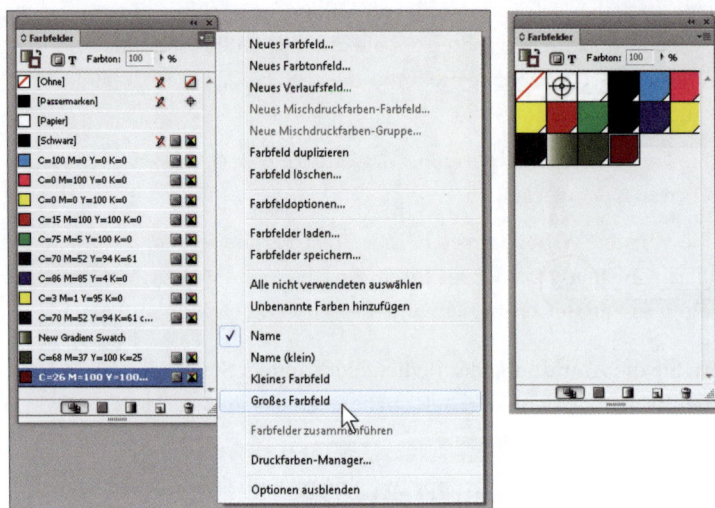

4 Behalten Sie diese Bedienfeldkonstellation bei, um sie in einer späteren Übung in einem Arbeitsbereich zu speichern.

Den Arbeitsbereich anpassen

▶ **Tipp:** Sie können mit **Bearbeiten: Menüs festlegen**, welche Befehle in den InDesign-Menüs angezeigt werden. Auch diese Menüanpassung lässt sich in einem Arbeitsbereich speichern.

Ein Arbeitsbereich ist eine bestimmte Anordnung von Bedienfeldern und Menüs. InDesign bietet für bestimmte Aufgabengebiete zahlreiche vordefinierte Arbeitsbereiche: zum Beispiel Digitale Veröffentlichung, Druckausgabe und Proofs sowie Typografie. Die vordefinierten Arbeitsbereiche können Sie nicht ändern – dafür können Sie jedoch eigene Arbeitsbereiche erstellen. In der folgenden Übung speichern Sie die in den vorhergehenden Übungen erarbeitete Bedienfeldkonstellation.

1 Wählen Sie **Fenster: Arbeitsbereich: Neuer Arbeitsbereich**.

2 In das Feld »Name« des Dialogfelds »Neuer Arbeitsbereich« geben Sie Farbfelder und Formate ein. Aktivieren Sie gegebenenfalls die Optionen »Bedienfeldpositionen« und »Menüanpassung«. Klicken Sie auf OK.

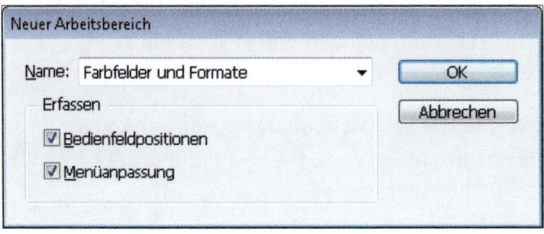

3 Wählen Sie **Fenster: Arbeitsbereich** und prüfen Sie, ob Ihr benutzer-
definierter Arbeitsbereich ausgewählt ist. Wählen Sie auch die übrigen
Arbeitsbereiche aus und betrachten Sie die unterschiedlichen Standard-
konfigurationen. Betrachten Sie nicht nur die verschiedenen Bedienfelder,
sondern auch die Menüs.

4 Wählen Sie **Fenster: Arbeitsbereich: [Erweitert]**, um wieder zum Arbeitsbereich »Erweitert« zu gelangen.

5 Wählen Sie **Fenster: Arbeitsbereich: Erweitert zurücksetzen**, um wieder
zur Standardanordnung zurückzukehren. Anschließend wählen Sie **Ansicht:
Druckbogen in Fenster einpassen**, um die Seiten im Dokumentfenster zu
zentrieren.

Die Darstellung des Dokuments vergrößern oder verkleinern

Sie können die Darstellung Ihres Dokuments in einem Bereich zwischen
5 % und 4000 % vergrößern bzw. verkleinern. InDesign zeigt die aktuelle
Vergrößerungsstufe eines geöffneten Dokuments im Feld »Zoomfaktor« in
der Anwendungsleiste (über dem Steuerungsbedienfeld) und neben dem
Dateinamen im Register des Dokuments und in der Titelleiste.

● **Hinweis:** Wenn
Sie die Anwendungs-
leiste in Mac OS
schließen, erscheinen
die Zoomoptionen
in der linken
unteren Ecke des
Dokumentfensters.

Mit den Ansichtsbefehlen arbeiten

Sie können die Ansicht eines Dokuments mühelos mit einem der folgenden
Schritte vergrößern oder verkleinern:

- Wählen Sie im Menü »Zoomfaktor« in der Anwendungsleiste einen
  Prozentwert, um die Anzeige in den voreingestellten Zoomstufen zu
  vergrößern oder zu verkleinern.

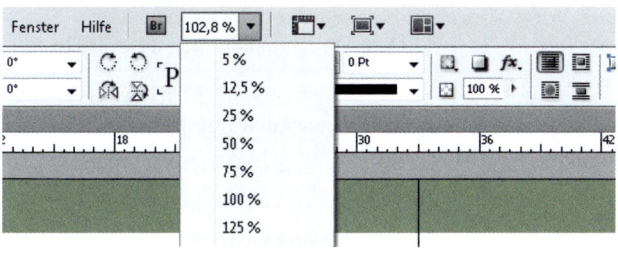

- Geben Sie einen Prozentwert in das Feld »Zoomfaktor« ein. Klicken Sie dazu
  in das Feld, geben Sie den gewünschten Prozentwert ein und drücken Sie die
  Eingabetaste.

- Wählen Sie **Ansicht: Einzoomen**, wird die Anzeige auf den nächsten voreingestellten Prozentwert vergrößert.

- Mit **Ansicht: Auszoomen** verkleinern Sie die Anzeige auf den nächsten voreingestellten Prozentwert.

- Wählen Sie **Ansicht: Seite in Fenster einpassen**, wird die gewünschte Seite komplett im Fenster angezeigt.

- Mit **Ansicht: Druckbogen in Fenster einpassen** zeigen Sie den gewünschten Druckbogen vollständig im Fenster an.

- Wählen Sie **Ansicht: Originalgröße**, zeigen Sie das Dokument mit 100 %. (Wie viel von dem Dokument in der 100 %-Ansicht zu sehen ist, hängt von der tatsächlichen Dokumentgröße und Ihrer Bildschirmauflösung ab.)

Das Zoomwerkzeug

Außer mit den Ansichtsbefehlen lässt sich die Dokumentansicht mit dem Zoomwerkzeug vergrößern und verkleinern. Experimentieren Sie nun mit diesem Werkzeug.

▶ **Tipp:** Sie können die Vergrößerung auch mit Tastaturbefehlen ändern. Mit Strg+Plus (Windows) bzw. Befehl+Plus (Mac OS) vergrößern Sie die aktuelle Ansicht, während Sie mit Strg+Minus (Windows) bzw. Befehl+Minus (Mac OS) die Ansicht verkleinern.

▶ **Tipp:** Mit einfachen Tastenkombinationen können Sie die Ansicht schnell auf 200 %, 400 % und 50 % ändern: Unter Windows drücken Sie für 200 % Strg+2 , für 400 % Strg+4 und für 50 % Strg+5. Unter Mac OS drücken Sie für 200 % Befehl+2 , für 400 % Befehl+4 und für 50 % Befehl+5.

1 Wählen Sie **Ansicht: Druckbogen in Fenster einpassen**, um die Seiten 2 und 3 im Fenster zu zentrieren.

2 Aktivieren Sie das Zoomwerkzeug (🔍) im Werkzeugbedienfeld und zeigen Sie auf den Text rechts. In der Mitte des Zoomwerkzeugs wird ein Pluszeichen (+) dargestellt.

3 Klicken Sie einmal. Das Dokument wird auf die nächste voreingestellte Vergrößerungsstufe gezoomt und auf den angeklickten Punkt zentriert.

   Verkleinern Sie die Ansicht nun.

4 Zeigen Sie dazu mit dem Zoomwerkzeug auf den Text und halten Sie die Alt-Taste gedrückt. InDesign zeigt in der Mitte des Zoomwerkzeugs ein Minuszeichen (–) an.

5 Bei weiterhin gedrückter Alt-Taste klicken Sie einmal auf den Text. InDesign verkleinert die Ansicht.

   Sie können mit dem Zoomwerkzeug auch einen Auswahlrahmen im Dokument aufziehen, um einen bestimmten Bereich fensterfüllend zu vergrößern.

6 Das Zoomwerkzeug ist noch aktiv. Halten Sie die Maustaste gedrückt, ziehen Sie ein Auswahlrechteck um den Text auf und geben Sie die Maustaste frei.

   Wie stark der Bereich dabei vergrößert wird, hängt von der Größe des Auswahlrahmens ab: je kleiner das Auswahlrechteck, desto stärker die Vergrößerung.

Just hum along...

7   Doppelklicken Sie im Werkzeugbedienfeld auf das Zoomwerkzeug, um zur 100 %-Ansicht zurückzukehren.

Da das Zoomwerkzeug häufig zum Vergrößern oder Verkleinern der Dokumentansicht verwendet wird, können Sie es jederzeit vorübergehend über die Tastatur auswählen, ohne dafür ein gerade aktives anderes Werkzeug deaktivieren zu müssen. Probieren Sie das jetzt aus.

8   Aktivieren Sie das Auswahlwerkzeug (⬈) im Werkzeugbedienfeld und platzieren Sie den Mauszeiger im Dokumentfenster.

9   Halten Sie Strg+Leer (Windows) bzw. Befehl+Leer (Mac OS) gedrückt, so dass das Auswahlwerkzeug-Symbol zum Zoomwerkzeug-Symbol wird. Klicken Sie auf den Kolibri, um die Ansicht zu vergrößern. Sobald Sie die Tasten loslassen, wird der Zeiger wieder zum Auswahlwerkzeug.

10 Halten Sie Strg+Alt+Leer (Windows) bzw. Befehl+Alt+Leer (Mac OS) gedrückt und klicken Sie, um die Darstellung wieder zu verkleinern.

11 Wählen Sie **Ansicht: Seite in Fenster einpassen**, um die Seiten wieder zu zentrieren.

● **Hinweis:** Mac OS X fängt diesen Tastaturbefehl möglicherweise ab und öffnet stattdessen das Spotlight-Fenster. Sie können einzelne System-Tastaturbefehle jedoch in den Systemeinstellungen deaktivieren.

Durch ein Dokument navigieren

InDesign bietet verschiedene Möglichkeiten für das Navigieren durch ein Dokument: beispielsweise das Seitenbedienfeld, das Hand-Werkzeug, das Dialogfeld »Gehe zu Seite« und die Steuerelemente im Dokumentfenster.

Zwischen Seiten wechseln

Zum Wechseln der Seiten verwenden Sie das Seitenbedienfeld, die Seiten-Schaltflächen am unteren Dokumentfensterrand, die Bildlaufleisten (Rollbalken) oder verschiedene andere Befehle. Im Seitenbedienfeld finden Sie für jede Seite in Ihrem Dokument eine eigene Miniaturseite. Mit einem Doppelklick auf eine Miniaturseite oder eine Seitenzahl in diesem Bedienfeld zeigen Sie die entsprechende Seite bzw. den entsprechenden Druckbogen an. Experimentieren Sie in dieser Übung mit dem Seitenwechsel.

▶ **Tipp:** Sie können zum Wechseln zwischen Seiten auch die Befehle im Menü »Layout« verwenden: »Erste Seite«, »Vorherige Seite«, »Nächste Seite«, »Letzte Seite«, »Nächster Druckbogen« und »Vorheriger Druckbogen«.

1 Klicken Sie auf das Symbol des Seitenbedienfelds, um dieses Bedienfeld zu öffnen.

2 Doppelklicken Sie auf das Symbol der Seite 1, um die erste Seite im Dokumentfenster zu zentrieren.

3 Doppelklicken Sie über den Seitensymbole auf das Symbol »A-Master«, um diese Musterseite im Dokumentfenster anzuzeigen.

4 Verwenden Sie das Menü im linken unteren Dokumentfensterbereich, um zurück zur ersten Dokumentseite zu gelangen. Klicken Sie auf den nach unten weisenden Pfeil und wählen Sie »1«.

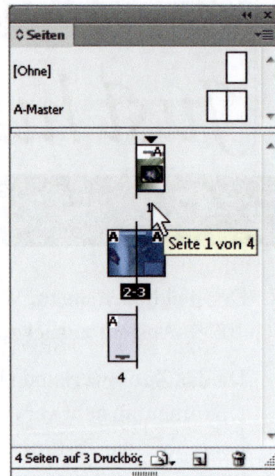

Verwenden Sie nun die Seiten-Schaltflächen im unteren Dokumentfensterbereich, um zwischen Seiten zu wechseln.

5 Klicken Sie auf die Schaltfläche »Nächste Seite« (den nach rechts weisenden Pfeil) neben dem Seitenzahlfeld, bis die vierte Seite angezeigt wird.

6 Klicken Sie auf die Schaltfläche »Vorherige Seite« (den nach links weisenden Pfeil) neben dem Seitenzahlfeld, bis die erste Seite wieder angezeigt wird.

7 Wählen Sie **Layout: Gehe zu Seite**.

8 Geben Sie in das Feld »Seite« 2 ein und klicken Sie auf OK.

Das Hand-Werkzeug

Bei aktiviertem Hand-Werkzeug im Werkzeugbedienfeld lassen sich die Seiten eines Dokuments mit gedrückter Maustaste auf dem Bildschirm frei »umher-schieben«. Nun experimentieren Sie mit dem Hand-Werkzeug.

1 Aktivieren Sie das Hand-Werkzeug (🖐).

2 Klicken und verschieben Sie die Seite mit gedrückter Maustaste zunächst in beliebige Richtungen und dann im Dokumentfenster nach unten, um zur Seite 1 zu navigieren.

3 Wählen Sie aus dem Menü »Zoomfaktor« in der Anwendungsleiste die Vergrößerungsstufe 400 %.

4 Klicken Sie mit weiterhin ausgewähltem Hand-Werkzeug in die Seite und halten Sie die Maustaste gedrückt, bis InDesign ein rotes Rechteck einblendet.

   • Verschieben Sie das Rechteck, um einen anderen Seitenbereich oder eine andere Seite anzuzeigen.

   • Lassen Sie die Maustaste los, um den vom Rechteck eingeschlossenen Bereich einzublenden.

   • Die Größe des eingeblendeten Auswahlrechtecks vergrößern bzw. verkleinern Sie durch Drücken der rechten bzw. linken Pfeiltaste auf Ihrer Tastatur.

▶ **Tipp:** Bei aktivier-tem Auswahlwerk-zeug können Sie die Leertaste drücken, um vorübergehend das Hand-Werkzeug zu aktivieren. Bei aktiviertem Text-werkzeug drücken Sie die Alt-Taste, um das Hand-Werkzeug zu nutzen.

5 Doppelklicken Sie im Werkzeugbedienfeld auf das Hand-Werkzeug, um den Druckbogen in das Fenster einzupassen.

Mit Kontextmenüs arbeiten

Neben den Menüs am oberen Bildschirmrand können Sie auch die Kontext-
menüs verwenden, um Befehle zum aktiven Werkzeug oder zur aktuellen
Auswahl einzublenden. Um das jeweilige Kontextmenü einzublenden, zeigen
Sie mit der Maus auf ein markiertes Objekt oder auf eine beliebige Stelle im
Dokumentfenster und klicken mit der rechten Maustaste (Windows und ggf.
Mac OS) bzw. mit gedrückter Ctrl-Taste (Mac OS).

▶ **Tipp:** Beim
Bearbeiten von Text
mit dem Textwerk-
zeug können Sie
ein Kontextmenü
einblenden, das
Ihnen zum Beispiel
Sonderzeichen, die
Rechtschreibprüfung
und andere text-
bezogene Befehle
bietet.

1 Klicken Sie mit dem Auswahlwerkzeug (▶) auf ein beliebiges Seitenobjekt
(etwa den Rahmen mit dem Text »If you don't know the words ...«).

2 Klicken Sie mit der rechten Maustaste auf den Textrahmen und sehen Sie
sich im eingeblendeten Kontextmenü die verfügbaren Optionen an.

3 Markieren Sie verschiedene Objekttypen auf der Seite, blenden Sie die
zugehörigen Kontextmenüs ein und betrachten Sie die jeweils verfügbaren
Befehle.

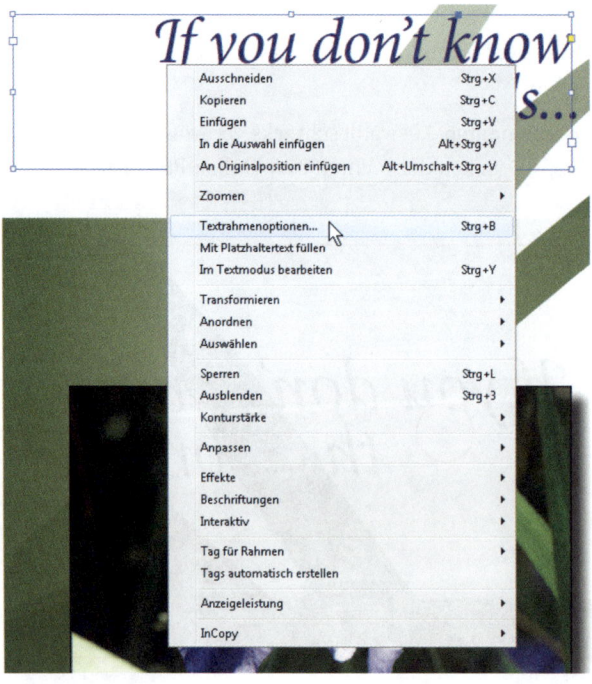

Eigene Übung

Nachdem Sie den Arbeitsbereich erkundet haben, beschäftigen Sie sich mit einigen der folgenden Aufgaben. Verwenden Sie dazu entweder das Dokument *01_Introduction.indd* oder auch ein eigenes Dokument.

1 Wählen Sie **Fenster: Hilfsprogramme: Werkzeughinweise**, um Informationen über das ausgewählte Werkzeug anzuzeigen. Aktivieren Sie verschiedene Werkzeuge, um mehr über diese zu erfahren.

2 Wählen Sie **Fenster: Informationen**, um das Informationenbedienfeld zu öffnen. Schauen Sie sich die Dokumentinformationen an, wenn kein Objekt ausgewählt ist. Klicken Sie auf einzelne Elemente des Dokuments und beobachten Sie, wie sich dabei der Inhalt des Informationenbedienfelds ändert.

3 Informieren Sie sich über weitere Tastaturbefehle und beschäftigen Sie sich damit, wie Sie diese über das Dialogfeld »Tastaturbefehle« nach Ihren Vorstellungen ändern können (Befehl **Bearbeiten: Tastaturbefehle**).

4 Betrachten Sie die Menükonfigurationen und beschäftigen Sie sich damit, wie Sie diese mit dem Dialogfeld »Menüanpassung« bearbeiten können (Befehl **Bearbeiten: Menüs**).

5 Ordnen Sie die Bedienfelder nach Ihren Wünschen an und richten Sie mit **Fenster: Arbeitsbereich: Neuer Arbeitsbereich** Ihren eigenen Arbeitsbereich ein.

Quellen zur Nutzung von InDesign

Für umfassende und aktuelle Informationen zur Verwendung von Bedienfeldern, Werkzeugen und anderen Programmfunktionen in InDesign nutzen Sie das Hilfe-Menü sowie das Suchen-Eingabefeld in der Anwendungsleiste.

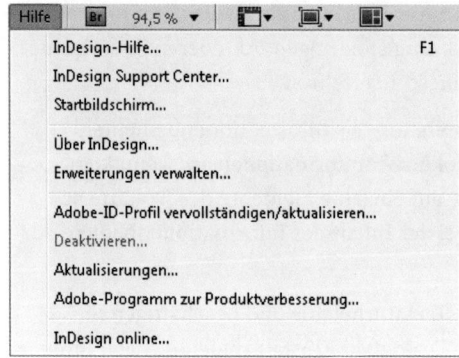

Fragen

1 Nennen Sie einige Möglichkeiten, um den Vergrößerungsfaktor eines Dokuments zu ändern.

2 Wie wählen Sie die Werkzeuge in InDesign?

3 Nennen Sie drei Möglichkeiten, um ein Bedienfeld zu öffnen.

4 Wie erstellen Sie eine Bedienfeldgruppe?

Antworten

1 Mit den Befehlen im Menü »Ansicht« können Sie die Darstellung des Dokuments vergrößern oder verkleinern, die Seite in das Fenster einpassen usw. Alternativ aktivieren Sie das Zoomwerkzeug im Werkzeugbedienfeld und klicken damit in das Dokument oder Sie ziehen einen Rahmen auf, um die Ansicht zu vergrößern oder zu verkleinern. Außerdem können Sie die Ansicht über verschiedene Tastaturbefehle vergrößern oder verkleinern. Und nicht zuletzt können Sie für diese Aufgabe das Feld »Zoomfaktor« in der Anwendungsleiste oder im Dokumentfenster nutzen.

2 Um ein Werkzeug zu wählen, klicken Sie es im Werkzeugbedienfeld an oder geben den entsprechenden Tastaturbefehl ein. Drücken Sie zum Beispiel V für das Auswahlwerkzeug; halten Sie die Taste gedrückt, wenn Sie das Werkzeug nur vorübergehend benötigen. Ausgeblendete Werkzeuge im Werkzeugbedienfeld aktivieren Sie, indem Sie den Mauszeiger auf dem entsprechenden Werkzeug platzieren, die Maustaste gedrückt halten und dann das gewünschte Werkzeug im Einblendmenü wählen.

3 Um ein Bedienfeld zu öffnen, klicken Sie auf das zugehörige Bedienfeld-Symbol oder das Bedienfeld-Register oder wählen Sie seinen Namen im Menü »**Fenster**« aus – zum Beispiel **Fenster: Objekt und Layout: Ausrichten**. Schriftspezifische Bedienfelder öffnen Sie außerdem über das Menü »**Schrift**«.

4 Möchten Sie ein schwebendes Bedienfeld erzeugen, ziehen Sie das zugehörige Bedienfeld-Symbol aus dem Dock. Ziehen Sie dann das Register eines weiteren Bedienfelds in die Titelleiste des schwebenden Bedienfelds. Eine Bedienfeldgruppe lässt sich wie ein einzelnes Bedienfeld verschieben und verkleinern bzw. vergrößern.

2 INDESIGN KENNENLERNEN

Überblick

Diese Tour durch Adobe InDesign bietet Ihnen einen Überblick über die wichtigsten Programmfunktionen:

- Mit Adobe Bridge auf Dateien zugreifen
- Potenzielle Produktionsprobleme mit dem Bedienfeld »Preflight« erkennen
- Dokumente anzeigen und handhaben
- Text eingeben und formatieren
- Text platzieren und Textrahmen verketten
- Bilder platzieren, beschneiden und verschieben
- Mit Objekten arbeiten
- Textformatierung mit Absatz-, Zeichen- und Objektformaten automatisieren
- Ein Dokument im Präsentationsmodus anzeigen

 Für diese Lektion benötigen Sie ungefähr 60 Minuten.

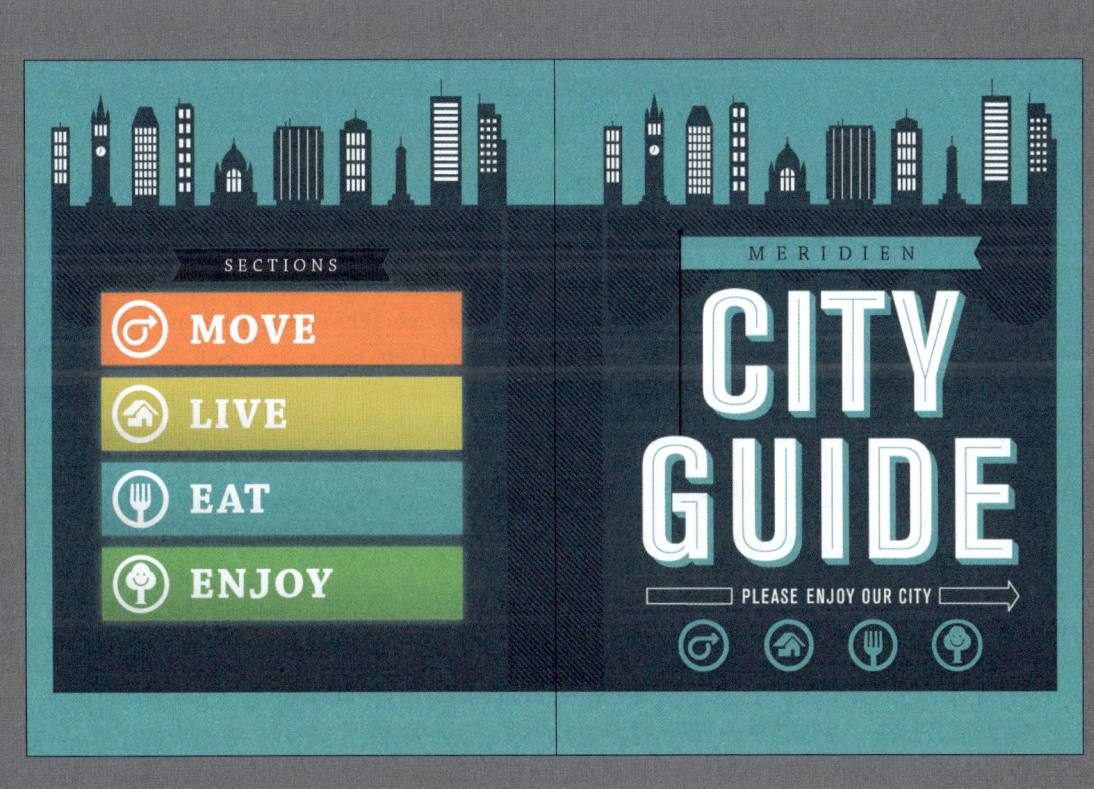

Das Grundgerüst eines InDesign-Dokuments sind Objekte, Texte und Grafiken. Mit Hilfslinien und anderen Layouthilfen erleichtern Sie sich das Skalieren und Ausrichten von Elementen. Mit Hilfe von Formaten versehen Sie Seitenelemente automatisch mit bestimmten Eigenschaften.

Vorbereitungen

In dieser Lektion arbeiten Sie am Layout eines Stadtführers, das sowohl interaktiv als auch zur Druckausgabe genutzt werden soll. Dabei werden Sie sehen, dass der grundlegende Aufbau eines InDesign-Dokuments vom Ausgabemedium unabhängig ist. Sie werden alle Dokumentseiten betrachten und einen Druckbogen fertigstellen.

● **Hinweis:** Falls nötig, kopieren Sie jetzt die Lektionsdateien von der *Adobe InDesign CS6 Classroom in a Book-*DVD auf Ihre Festplatte. Informationen dazu finden Sie unter »Die Classroom in a Book-Dateien kopieren« auf Seite 2.

1 Damit die Voreinstellungen von InDesign wie in der Lektion funktionieren, bewegen Sie die Datei *Voreinstellungen InDesign* an einen anderen Speicherort. Nähere Informationen zur Vorgehensweise finden Sie unter »Voreinstellungsdateien speichern und wiederherstellen« auf Seite 3.

2 Starten Sie Adobe InDesign CS6. Falls der Willkommensbildschirm erscheint, schließen Sie ihn.

3 Damit alle Bedienfelder und Menübefehle wie in dieser Lektion funktionieren, wählen Sie **Fenster: Arbeitsbereich: [Erweitert]** und dann **Fenster: Arbeitsbereich: Erweitert zurücksetzen**.

4 Klicken Sie in der Anwendungsleiste über dem Dokumentfenster auf die Schaltfläche »Gehe zu Bridge« (Br).

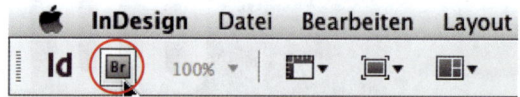

5 Suchen Sie im Ordnerbedienfeld in Adobe Bridge CS6 im Ordnerpfad *Lektionen* nach dem Ordner *Lektion_02* und klicken Sie diesen an.

6 Klicken Sie im Teilfenster »Inhalt« im Zentrum des Adobe Bridge-Fensters auf die Datei *02_End.indd*. Das Metadatenbedienfeld rechts im Adobe Bridge-Fenster zeigt Informationen zu dieser Datei an.

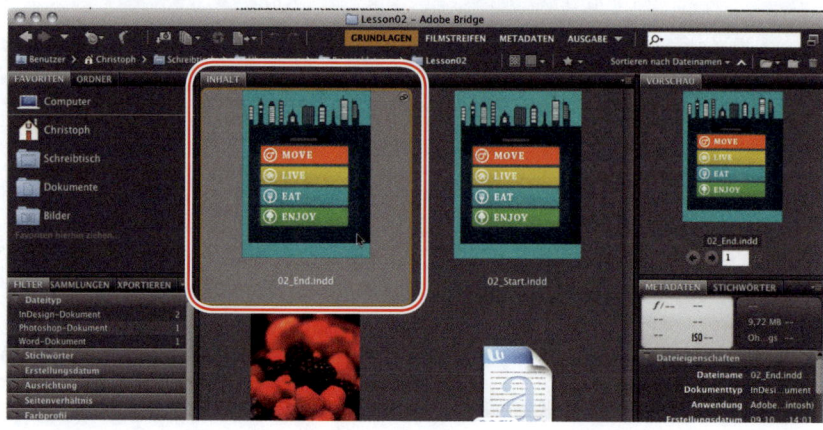

Beim Scrollen durch das Metadatenbedienfeld erhalten Sie Informationen über das ausgewählte Dokument, zum Beispiel über verwendete Farben, Schriften und die zur Erstellung genutzte InDesign-Version. Mit dem Schieberegler am unteren Rand des Adobe Bridge-Fensters ändern Sie die Größe der Miniaturen im Inhaltsbereich.

7 Doppelklicken Sie in Adobe Bridge auf die Datei *02_End.indd*, um sie zu öffnen.

8 Wählen Sie **Layout: Gehe zu Seite**. Geben Sie »8« ein und klicken Sie auf OK. Wählen Sie **Ansicht: Druckbogen in Fenster einpassen**, um den Druckbogen zu zentrieren. So wird die Seite aussehen, wenn Sie mit dieser Lektion fertig sind.

9 Scrollen Sie durch das Dokument, um alle Seiten zu betrachten. Sie können die Datei zu Vergleichszwecken geöffnet lassen oder **Datei: Schließen** wählen.

Das Lektionsdokument betrachten

Bevor Sie mit der Arbeit an den unvollständigen Seiten des Stadtführers beginnen, betrachten Sie die übrigen Seiten, um sich einen Überblick über ihren Aufbau zu verschaffen.

▶ **Tipp:** Sie können die Bedienfelder in dieser Lektion nach Ihren Wünschen frei anordnen. Mehr über den Umgang mit Bedienfeldern erfahren Sie in Lektion 1.

1 Adobe Bridge bleibt geöffnet, bis Sie die Anwendung beenden. Kehren Sie zu Adobe Bridge zurück und doppelklicken Sie auf die Datei *02_Start.indd*.

2 Wählen Sie **Datei: Speichern unter** und geben Sie in das Dialogfeld »Speichern unter« den neuen Namen *02_City.indd* ein. Übernehmen Sie den Dateityp »InDesign CS6 Dokument« und speichern Sie das Dokument im Ordner *Lektion_02*.

3 Klicken Sie rechts im Dock auf das Seiten-Symbol ( ), um das Seitenbedienfeld einzublenden.

4 Ziehen Sie das Seitenbedienfeld an seinem Register nach links aus der Bedienfeldgruppe. Jetzt können Sie es frei auf dem Bildschirm anordnen und seine Größe ändern.

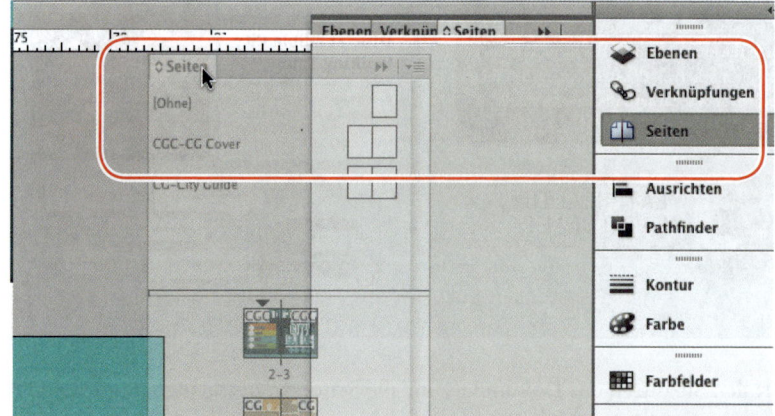

▶ **Tipp:** In der Grundeinstellung beginnen Dokumente stets mit einer rechten Seite. Damit ein Dokument mit einer linken Seite beginnt, markieren Sie die erste Seite im Seitenbedienfeld und wählen dann im Bedienfeldmenü den Befehl »Nummerierungs- und Abschnittsoptionen«. Geben Sie in das Eingabefeld der Option »Seitennummerierung beginnen bei« den Wert 2 (oder eine andere gerade Zahl) ein und klicken Sie auf OK.

Wie Sie sehen, beginnt das Lektionsdokument mit der linken Seite 2. Diese Einstellung ist bei Broschüren oder Multimedia-Projekten üblich.

5 Scrollen Sie im Seitenbedienfeld ganz nach unten bis zum letzten Druckbogen des Dokuments. Doppelklicken Sie auf die Zahlen »12–13« unter den Seiten-Symbolen, um diesen Druckbogen im Dokumentfenster anzuzeigen.

6 Betrachten Sie die übrigen Dokumentseiten mit Hilfe des Seitenbedienfelds. Nutzen Sie dabei folgende Techniken:

- Doppelklicken Sie auf die Zahlen unter den Seiten-Symbolen, um den Druckbogen vollständig im Dokumentfenster darzustellen.

- Doppelklicken Sie auf ein einzelnes Seiten-Symbol, um nur diese Seite im Dokument-fenster darzustellen.

- Möchten Sie den Druckbogen im Fenster zentrieren, doppelklicken Sie im Werkzeug-bedienfeld auf das Hand-Werkzeug (🖑).

Tipp: Alternativ können Sie mit dem Hand-Werkzeug durch das Dokument navigieren, die Bildlaufleisten nutzen oder Befehle wie »Nächste Seite« oder »Letzte Seite« verwenden. Auf Ihrer Tastatur finden Sie Tasten, mit denen Sie zur nächsten oder vorhe-rigen Seite springen können. Außerdem befinden sich unten links im Dokumentfenster entsprechende Schaltflächen.

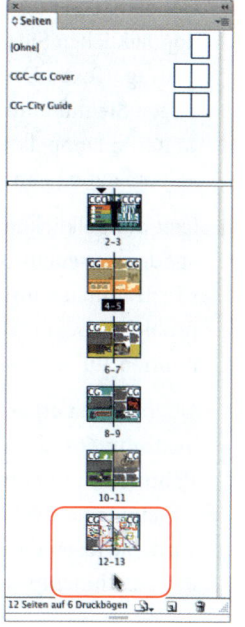

● **Hinweis:** Wenn Sie einen einzelnen Klick auf ein Seitensymbol ausführen, wird diese Seite zur Bearbeitung ausgewählt. Möchten Sie eine Seite ansteuern, führen Sie im Seitenbedienfeld einen Doppelklick darauf aus.

Preflight während der Arbeit

Bei der Druckvorbereitung können Sie mit dem Preflight prüfen, ob ein Dokument für die geplante Ausgabe korrekt angelegt wurde. So können Sie etwa sicherstellen, dass die Farben für einen bestimmten Druckprozess richtig eingerichtet sind. Mit dem Preflight können Sie Dokumente in Echtzeit schon während der Produktion überwachen und damit potenziellen Druckproblemen vorbeugen.

Zur Prüfung Ihrer Dokumente können Sie passende Produktionsvorgaben (so genannte Profile) erstellen oder importieren. InDesign prüft mit dem Standard-profil unter anderem, ob Schriften fehlen und ob Übersatztext (Text, der nicht vollständig in den Textrahmen passt) vorhanden ist.

▶ **Tipp:** Wenn InDesign während Ihrer Arbeit Preflight-Probleme entdeckt, zum Beispiel Übersatztext, weist Sie der rote Punkt unten links im Dokumentfenster auf das Problem hin. Zur stetigen Kontrolle Ihrer Arbeit können Sie das Preflight-Bedienfeld geöffnet lassen.

1 Wählen Sie **Fenster: Ausgabe: Preflight**, um das Preflight-Bedienfeld zu öffnen. Alternativ doppelklicken Sie auf die »Preflight«-Schaltfläche unten links im Dokumentfenster.

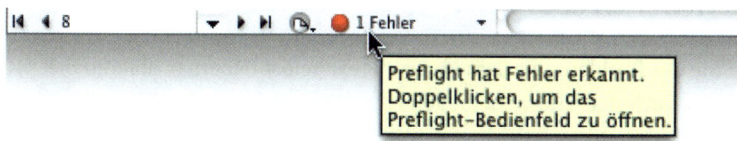

Bei aktiviertem Standard-Arbeitsprofil »[Grundprofil] (Arbeitsprofil)« findet InDesign einen Fehler und zeigt daher in der linken unteren Ecke des Preflight-Bedienfelds das rote Preflight-Symbol an. Die Fehlerliste im Preflight-Bedienfeld zeigt, dass es ein Problem mit Text gibt.

2 Um den Fehler anzuzeigen, doppelklicken Sie auf den Eintrag »Text«. Die Details zeigen Sie mit einem weiteren Doppelklick auf »Übersatztext« an.

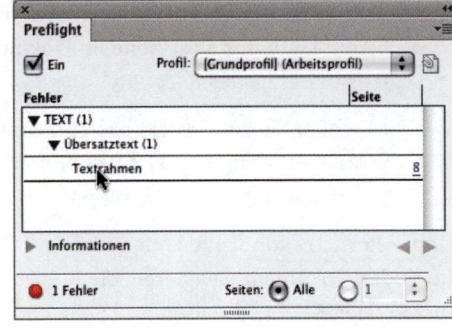

3 Jetzt doppelklicken Sie auf den Listeneintrag »Textrahmen«, um den problematischen Text-rahmen auf Seite 8 auszuwählen.

Übersatztext erkennen Sie an dem roten Pluszeichen (+) im Ausgang des Textrahmens (dem kleinen Quadrat über der unteren rechten Ecke des Rahmens). Oft entsteht Übersatztext, wenn beim Layouten durch veränderte Absatzformate oder verschobene Objekte unbeabsichtigt Text abgeschnitten wird. Sie lösen das Problem, indem Sie den Textrahmen vergrößern, so dass der Text hineinpasst.

● **Hinweis:** Lassen Sie die Maustaste bei einer Rahmenhöhe von 15p5,6 los, um das fertige Lektions-dokument exakt nachzubauen.

4 Aktivieren Sie das Auswahlwerkzeug (▶) und ziehen Sie damit den unteren Anfasser des Textrahmens so weit nach unten, bis dieser den Text vollständig aufnimmt. Klicken Sie auf die Montagefläche, um die Auswahl des Textrahmens aufzuheben.

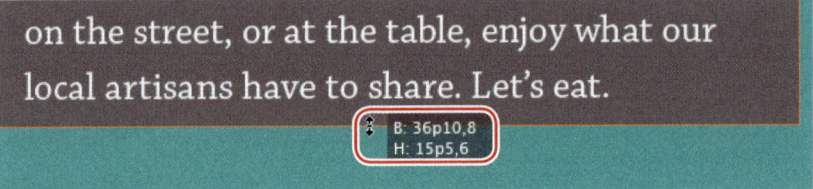

▶ **Tipp:** Zusätzlich gibt es die Ansichts-modi »Anschnitt« (zur Kontrolle des vordefi-nierten Anschnitt-bereichs, der über die Seitenränder hinausreicht) und »Infobereich« (zur Kontrolle des Infobereichs, der außerhalb des Anschnittbereichs zum Beispiel Hinweise für die Druckerei oder Jobfreigaben enthalten kann).

5 Wählen Sie **Datei: Speichern**, um Ihre bisherige Arbeit zu speichern.

Hilfslinien anzeigen

Nachdem Sie das Problem mit dem Übersatztext gelöst haben, probieren Sie nun einige Layouthilfen und verschiedene Ansichtsmodi aus. Im Augenblick ist der Vorschau-Modus aktiv. Dieser zeigt das Layout in einem normalen Fenster an und blendet nichtdruckende Elemente wie Hilfslinien, Raster, Rahmenkanten und verborgene Zeichen aus. Für die weitere Arbeit blenden Sie nun die Hilfslinien sowie die verborgenen Zeichen (beispielsweise Leerzeichen und Tabulatoren) ein.

1 Klicken Sie unten im Werkzeugbedienfeld auf die Modus-Schaltfläche (▣) und halten Sie die Maustaste gedrückt. Wählen Sie »Präsentation« (▣) aus dem Menü.

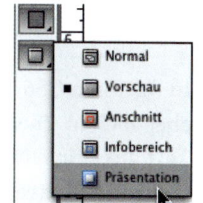

Im Präsentationsmodus verschwindet die gesamte Benutzeroberfläche von InDesign und das Dokument erscheint bildschirmfüllend. Dieser Modus ist gut geeignet, wenn Sie Ihren Kunden Designvorschläge auf dem Laptop präsentieren möchten. Mit den Pfeiltasten Ihrer Tastatur können Sie durch die Layoutseiten blättern.

2 Drücken Sie die Escape-Taste, um den Präsentationsmodus zu verlassen. Wechseln Sie dann in den Modus »Normal« (▣), um die ausgewählten Layouthilfen einzublenden.

3 Öffnen Sie in der Anwendungsleiste das Anzeigeoptionen-Menü (▣▾) und wählen Sie den Eintrag »Hilfslinien«. Vergewissern Sie sich, dass dieser Menüeintrag markiert ist. Alternativ können Sie den Befehl **Ansicht: Raster und Hilfslinien: Hilfslinien einblenden** wählen.

Mit eingeblendeten Hilfslinien können Sie Texte und andere Elemente bequem und präzise ausrichten und sie automatisch an den Hilfslinien einrasten lassen. Die Hilfslinien werden nicht gedruckt und nehmen auch keinen Einfluss auf den Druck- oder Exportbereich.

4 Wählen Sie in demselben Menü den Eintrag »Verborgene Zeichen«. Diesen Befehl finden Sie auch als untersten Eintrag im Menü »**Schrift**«.

Die Einblendung verborgener (nichtdruckender) Zeichen wie etwa Tabulatoren, Leerzeichen oder Absatzumbrüchen erleichtert die exakte Textverarbeitung. Daher ist es in der Regel ratsam, diese Funktion während der Bearbeitung und Gestaltung von Text zu aktivieren.

Text einfügen

In InDesign CS6 befindet sich Text meist in einem Textrahmen. Er kann sich aber auch in einer Tabellenzelle befinden oder auf einem Pfad. Sie können Text direkt in einem bereits vorhandenen Rahmen eingeben oder eine Datei aus einem Textverarbeitungsprogramm importieren. Dabei füllen Sie entweder einen vorhandenen Textrahmen oder erzeugen einen neuen Textrahmen. Wenn der Text zu umfangreich für diesen Rahmen ist, können Sie mehrere Textrahmen miteinander verketten.

Text eingeben und gestalten

Nun bearbeiten Sie den unvollständigen Druckbogen des Stadtführers. Zunächst füllen Sie den wie eine Sprechblase geformten Textrahmen auf Seite 8 mit Text. Anschließend formatieren Sie den Text und richten ihn innerhalb des Rahmens aus.

1 Zeigen Sie Seite 8 an.

▶ **Tipp:** Neue Textrahmen erzeugen Sie auch durch Klicken und Aufziehen mit dem Textwerkzeug.

2 Aktivieren Sie das Textwerkzeug (T) und klicken Sie in die Sprechblase im unteren Bereich von Seite 8.

3 Geben Sie »Eat healthy, eat local!« ein.

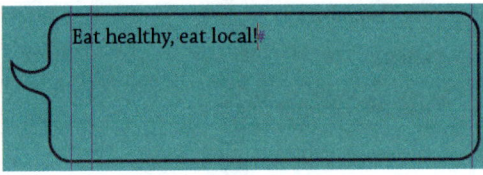

▶ **Tipp:** Mit dem Textwerkzeug können Sie einzelne Wörter oder Zeichen auswählen und formatieren, wie Sie dies aus Textverarbeitungsprogrammen gewohnt sind.

4 Lassen Sie die Einfügemarke im Text stehen und wählen Sie **Bearbeiten: Alles auswählen**.

5 Klicken Sie im Steuerungsbedienfeld auf die Schaltfläche »Zeichenformatierung« (◻) und gehen Sie folgendermaßen vor:

- Wählen Sie im Menü »Schriftfamilie« die Schrift »Letter Gothic Std« und im Untermenü den Eintrag »Bold«.

- Geben Sie in das »Schriftgrad«-Eingabefeld rechts neben dem »Schriftfamilien«-Menü »28« ein.

- Darunter befindet sich das Eingabefeld für den Zeilenabstand. Geben Sie hier ebenfalls »28« ein.

- Klicken Sie auf die Schaltfläche »Großbuchstaben« (◻) rechts neben dem »Schriftgrad«-Eingabefeld.

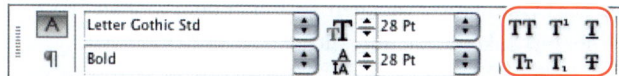

6 Klicken Sie auf die Montagefläche, um die Markierung des Textes aufzuheben.

Damit der Text besser im Rahmen steht, können Sie einen inneren Versatz definieren.

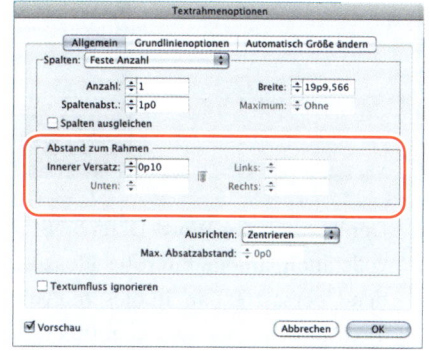

7 Markieren Sie den sprech-blasenförmigen Textrahmen. Wählen Sie **Objekt: Textrahmenoptionen**.

8 Geben Sie in das Eingabefeld »Abstand zum Rahmen: Innerer Versatz« »p10« ein.

9 Aktivieren Sie das Vorschau-Kontrollfeld in der linken unteren Ecke und klicken Sie dann auf OK.

10 Wählen Sie **Datei: Speichern**, um Ihre Arbeit zu sichern.

Textimport und Textfluss

Autoren und Redakteure verwenden in ihrem Arbeitsablauf häufig Textverarbei-tungsprogramme und übergeben das fertige Manuskript dem Grafiker. Um nun auch die EAT-Seite des Stadtführers zu komplettieren, importieren Sie mit dem Befehl **Platzieren** den Text aus einem Microsoft Word-Dokument in einen der weißen Textrahmen auf Seite 9. Anschließend verketten Sie den ersten Textrahmen mit den beiden anderen weißen Rahmen.

1 Scrollen Sie nach rechts, so dass Seite 9 angezeigt wird. Wählen Sie **Bearbeiten: Auswahl aufheben** oder klicken Sie einen leeren Bereich der Montagefläche an, um die Auswahl aller Objekte aufzuheben.

2 Wählen Sie **Datei: Platzieren**. Achten Sie darauf, dass im unteren Bereich des Dialogfelds »Platzieren« das Kontrollfeld »Importoptionen anzeigen« deaktiviert ist.

3 Öffnen Sie den Ordner *Lektion_02* im Ordner *Lektionen* und doppelklicken Sie auf die Datei *Eat.docx*.

Der Mauszeiger wird zum Symbol »Geladener Text« (🖿). Fügen Sie den Text jetzt in den weißen Textrahmen in der oberen linken Ecke von Seite 9 ein.

▶ **Tipp:** Das Cursor-symbol »Geladener Text« bietet verschie-dene Optionen: Sie können einen neuen Textrahmen aufziehen, in einen vorhandenen Rah-men klicken oder einen neuen Text-rahmen durch Klicken innerhalb einer Spalte erzeugen.

4 Dazu platzieren Sie das Symbol für geladenen Text über dem weißen Textrahmen in der oberen linken Ecke und klicken.

▶ **Tipp:** Sie können Übersatztext mit einem anderen Rahmen verketten, einen neuen Rahmen erzeugen, in den der Übersatztext fließen soll, oder die Rahmengröße so einstellen, dass der Übersatztext noch hineinpasst.

Der Text aus der Word-Datei fließt in den Rahmen, passt jedoch nicht vollständig hinein. Ein rotes Pluszeichen (+) im Ausgang des Rahmens zeigt den Übersatztext an. In diesem Projekt hat der Autor für jeden der drei Textrahmen einen Zwischentitel und einen Absatz vorgesehen. Verketten Sie die Textrahmen nun, damit der Text hindurchfließt.

5 Markieren Sie mit dem Auswahlwerkzeug (⬥) den Textrahmen, der den Text enthält.

6 Klicken Sie auf den Ausgang in der unteren rechten Ecke des markierten Rahmens. Der Mauszeiger wird zum Symbol »Geladener Text«. Klicken Sie nun in den direkt darunterliegenden Textrahmen.

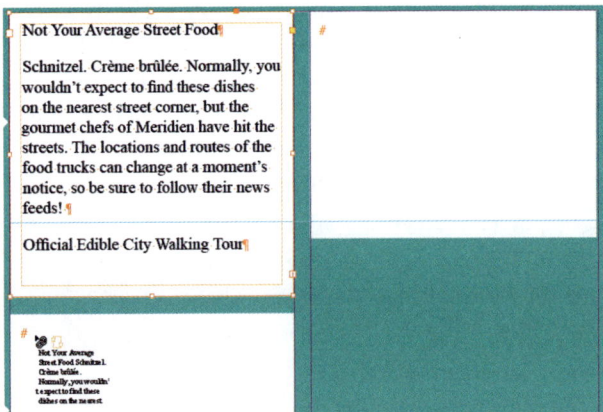

7 Wiederholen Sie Schritt 6, um den ausgewählten Rahmen mit dem leeren Rahmen in der oberen rechten Ecke zu verketten.

Jetzt findet der Text vollständig Platz in den drei verketteten Textrahmen. Sobald die Absatzformate zugewiesen sind, werden die Zwischentitel und der Fließtext korrekt ausgerichtet in den Textrahmen stehen.

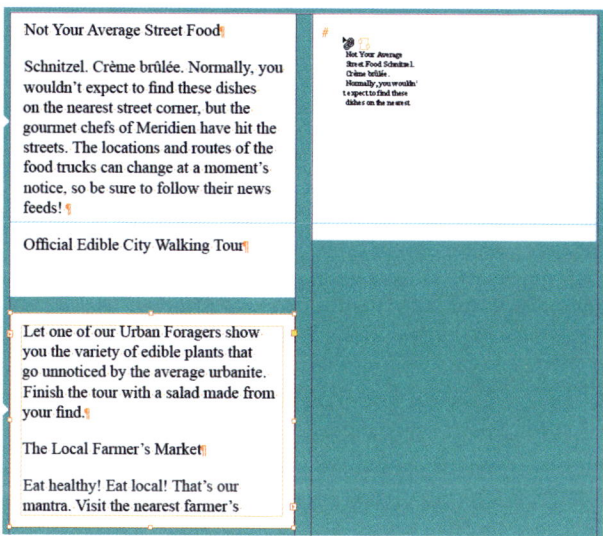

8   Wählen Sie **Datei: Speichern**.

Mit Formaten arbeiten

Als Nächstes weisen Sie Formate zu. Sie werden sehen, dass Sie Texte und Objekte damit schnell und einheitlich formatieren können und – weitaus wichtiger – dass Sie mühelos Änderungen im ganzen Dokument vornehmen können, indem Sie einfach nur das Format bearbeiten. Dokumente werden zur bequemeren Handhabung meist mit verschiedenen Formaten aufgebaut – Absatz-, Zeichen- und Objektformaten:

- Ein Absatzformat beinhaltet Formatierungsattribute, die sich auf den gesamten Text des jeweiligen Absatzes erstrecken. Sie können einen Absatz durch einfaches Anklicken auswählen.

- Ein Zeichenformat enthält nur Zeichenattribute und dient der Formatierung von Wörtern und Sätzen innerhalb eines Absatzes.

- Mit einem Objektformat versehen Sie markierte Objekte mit Gestaltungsmerkmalen wie etwa Flächen- und Konturfarben, Kontur- und Eckenoptionen, Transparenz, Schlagschatten, Verläufen, Textrahmenoptionen und sogar Textumfluss um ein markiertes Objekt.

▶ **Tipp:** Ein Absatzformat kann eingebettete Formate für den Absatzanfang und die Zeilen innerhalb des Absatzes enthalten. Dadurch lassen sich gängige Absatzformatierungen automatisieren, zum Beispiel ein Absatz, der mit Initiale beginnt, gefolgt von Kapitälchen für das erste Wort.

Absatzformate anwenden

Der Stadtführer ist fast fertig; die benötigten Absatzformate wurden bereits angelegt. Zunächst weisen Sie dem gesamten Text in den drei verketteten Textrahmen das Absatzformat »Body Copy« zu und versehen die Zwischenüberschriften anschließend mit dem Absatzformat »Location Header«.

1 Aktivieren Sie das Textwerkzeug (T) und klicken Sie in einen der drei weißen Textrahmen mit dem importierten Text.

▶ **Tipp:** Der gesamte Inhalt verketteter Textrahmen wird als Textabschnitt bezeichnet.

2 Wählen Sie **Bearbeiten: Alles auswählen**, um den Text in allen verketteten Textrahmen des Beitrags auszuwählen.

3 Blenden Sie mit **Schrift: Absatzformate** das Absatzformatebedienfeld ein.

4 Klicken Sie im Absatzformatebedienfeld auf das kleine Dreieck neben dem Formatgruppenordner »City Guide«, um diesen zu öffnen. Klicken Sie dann auf das Format »Body Copy«, um den markierten Text damit zu formatieren.

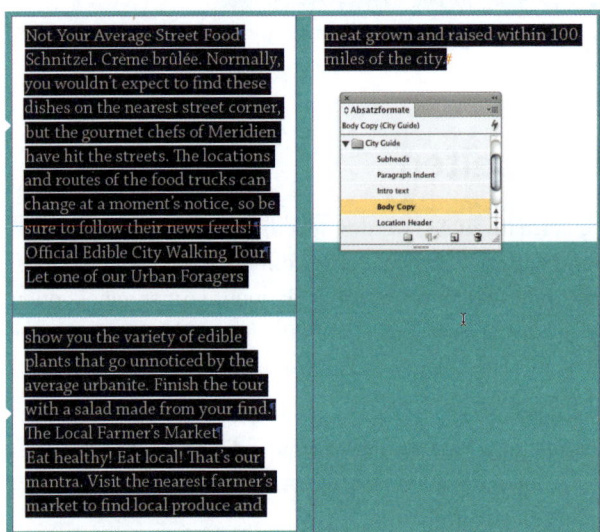

▶ **Tipp:** Denken Sie daran, dass Sie während der Arbeit Bedienfelder ablösen, ihre Größe ändern und sie nach Bedarf auf Ihrem Bildschirm anordnen können. Die Konfiguration der Bedienfelder hängt zu einem großen Teil vom verfügbaren Bildschirmplatz ab. Viele InDesign-Nutzer verwenden einen zweiten Bildschirm für ihre Bedienfelder.

5 Klicken Sie auf einen leeren Bereich der Montagefläche, um die Markierung des Textes aufzuheben.

6 Klicken Sie mit dem Textwerkzeug auf eine beliebige Stelle in der ersten Textzeile (»Not Your Average Street Food«).

Das verborgene Zeichen (der Absatzumbruch) am Ende der Zeile zeigt Ihnen, dass die Zeile einen eigenständigen Absatz darstellt. Daher eignet sich hier ein Absatzformat zur Formatierung. In solchen Fällen ist es sehr sinnvoll, wenn Sie während der Textformatierung die verborgenen Zeichen eingeblendet haben.

7 Klicken Sie im Absatzformatebedienfeld auf den Eintrag »Location Header«.

8 Wiederholen Sie die Schritte 6 und 7 mit den anderen beiden Zwischenüberschriften »Official Edible City Walking Tour« und »The Local Farmer's Market«.

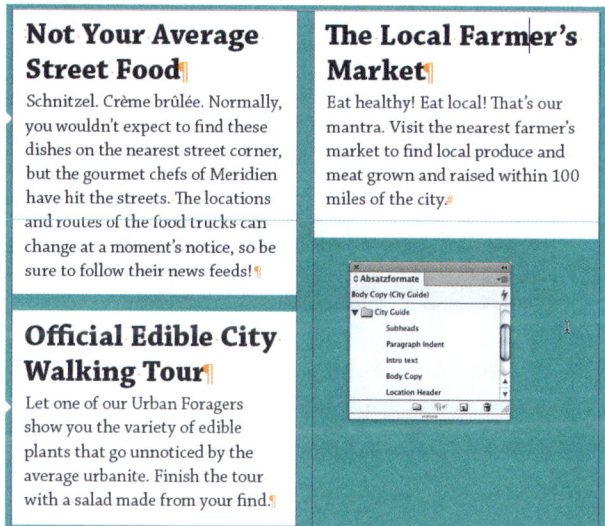

9 Wählen Sie **Datei: Speichern**.

Text für das Zeichenformat formatieren

Oft werden in einem Absatz ein paar Wörter hervorgehoben, um das Interesse des Lesers zu wecken. In der Eat-Rubrik formatieren Sie nun einige Wörter so, dass sie herausstechen, und erstellen anschließend auf Grundlage dieser Formatierung ein Zeichenformat. Anschließend können Sie das Zeichenformat bequem weiteren Wörtern zuweisen.

1 Vergrößern Sie mit dem Zoomwerkzeug (🔍) die Darstellung des ersten Textrahmens auf Seite 9. Dieser beginnt mit der Zwischenüberschrift »Not Your Average Street Food«.

2 Markieren Sie mit dem Textwerkzeug (T) die Wörter »gourmet chefs« in der vierten Zeile des Fließtextes.

3 Klicken Sie im Steuerungsbedienfeld auf die Schaltfläche »Zeichenformatierung« (🄰). Klicken Sie anschließend auf den Pfeil neben dem Fläche-Menü und wählen Sie die Farbe »Dark Red«.

4 Wählen Sie im Schriftstil-Menü ganz links im Steuerungsbedienfeld den Eintrag »Bold Italic«. Die Schriftart »Chaparral Pro« lassen Sie unverändert.

5 Klicken Sie einmal, um die Textmarkierung aufzuheben und Ihre Bearbeitungen zu betrachten.

dishes·on·the·nearest·street·corner,
but·the ***gourmet·chefs*** ·of·Meridien·
have·hit·the·streets.·The·locations·

6 Wählen Sie **Datei: Speichern**.

Ein Zeichenformat erstellen und anwenden

Nachdem Sie den Text nun formatiert haben, erstellen Sie daraus ein Zeichenformat.

1 Aktivieren Sie das Textwerkzeug (T), um die Wörter »gourmet chefs« erneut auszuwählen.

2 Wählen Sie **Schrift: Zeichenformate**, um das Zeichenformatebedienfeld einzublenden.

3 Halten Sie die Alt-Taste gedrückt und klicken Sie am unteren Rand des Zeichenformatebedienfelds auf die Schaltfläche »Neues Format erstellen«.

InDesign öffnet das Dialogfeld »Neues Zeichenformat« und legt ein neues Zeichenformat namens »Zeichenformat 1« an. Dieses enthält die Eigenschaften des markierten Textes. Sie werden im Bereich »Formateinstellungen« des Dialogfelds angezeigt.

4   Geben Sie in das Feld »Formatname« **Red Bold Italic** ein.

5   Aktivieren Sie unten im Dialogfeld »Neues Zeichenformat« das Kontrollfeld »Format auf Auswahl anwenden« und klicken Sie dann auf OK.

● **Hinweis:** Wenn Sie beim Anklicken der Schaltfläche »Neues Format erstellen« die Alt-Taste gedrückt halten, öffnet sich das Dialogfeld »Neues Zeichenformat« und Sie können sofort einen Namen für Ihr Format vergeben. Diese Funktionalität steht Ihnen auch im Absatzformate- und im Objektformatebedienfeld zur Verfügung.

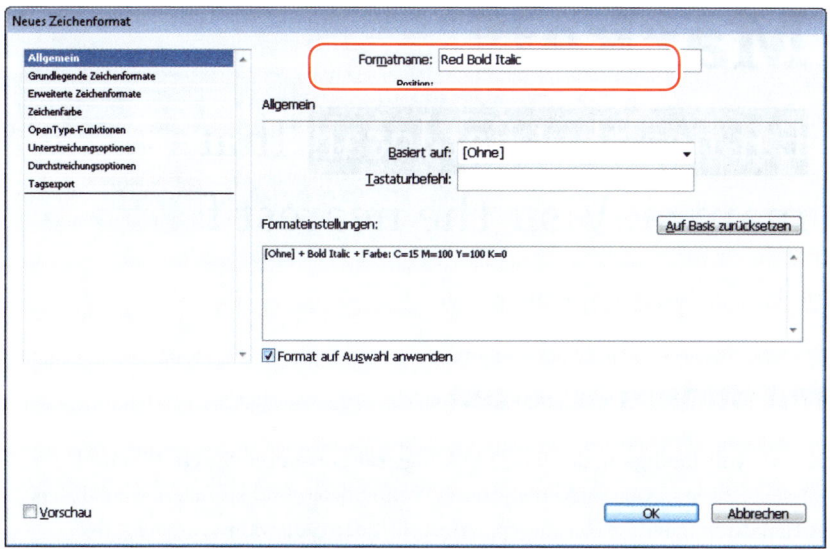

Jetzt sortieren Sie das neue Zeichenformat alphabetisch in den Formatgruppenordner »City Guide« ein. Formatgruppen ermöglichen Ihnen eine übersichtliche Verwaltung Ihrer Formate.

6   Klicken Sie im Zeichenformatebedienfeld auf das kleine Dreieck neben dem Formatgruppenordner »City Guide«, um diesen zu öffnen. Ziehen Sie das Format »Red Bold Italic« unter das Format »Pop-up Location« in der Gruppe »City Guide« und geben Sie die Maustaste frei.

7   Scrollen Sie nach unten zum Textrahmen mit der Überschrift »Official Edible City Walking Tour«.

▶ **Tipp:** Sie können Absatz- und Zeichenformate auch über das Steuerungsbedienfeld zuweisen.

8   Markieren Sie mit dem Textwerkzeug (T) die Wörter »edible plants«. Klicken Sie anschließend im Zeichenformatebedienfeld auf den Eintrag »Red Bold Italic«.

Da Sie statt eines Absatzformats ein Zeichenformat verwendet haben, wirkt sich das angewendete Format lediglich auf die markierten Zeichen aus, nicht jedoch auf den gesamten Absatz.

▶ **Tipp:** Üblicher-
weise wird ein auf
ein formatiertes
Wort folgendes
Satzzeichen genauso
wie das Wort selbst
formatiert.

9 Wiederholen Sie Schritt 8, um das Zeichenformat »Red Bold Italic« den Wörtern »Eat healthy! Eat local!« und »Local Farmer's Market« zuzuweisen.

10 Wählen Sie **Datei: Speichern**.

Mit Bildern arbeiten

Zur Vervollständigung des Eat-Druckbogens importieren Sie ein Bild und passen dessen Größe und Position an. Wenn Sie ein Bild einfügen, wird dieses automatisch in einem Rahmen platziert. Mit dem Auswahlwerkzeug (⬉) passen Sie gegebenenfalls die Abmessungen des Rahmens an und verändern die Positionierung des Bildes innerhalb des Rahmens. Mehr zum Umgang mit Bildern erfahren Sie in Lektion 10, »Bilder importieren und bearbeiten«.

▶ **Tipp:** Sie können
ein Bild in einen
ausgewählten
Rahmen platzie-
ren oder einen
neuen Rahmen für
das Bild erzeugen.
Alternativ können
Sie ein Bild vom
Schreibtisch oder
aus dem MiniBridge-
Bedienfeld
(**Fenster**-Menü)
in eine InDesign-
Dokumentseite oder
die Montagefläche
ziehen.

1 Wählen Sie **Ansicht: Seite in Fenster einpassen**. Scrollen Sie bei Bedarf, damit Sie Seite 9 vollständig sehen.

Fügen Sie das Bild jetzt direkt unter dem Textrahmen »Local Farmer's Market« ein.

2 Sorgen Sie mit **Bearbeiten: Auswahl aufheben** dafür, dass kein Objekt markiert ist.

3 Wählen Sie **Datei: Platzieren** und achten Sie darauf, dass im Dialogfeld »Platzieren« das Kontrollfeld »Importoptionen anzeigen« deaktiviert ist.

4 Navigieren Sie zum Ordner *Lektion_02* im Ordner *Lektionen* und doppelklicken Sie auf die Datei *Berries.psd*.

Das Symbol »Geladene Grafik« (▨) zeigt eine Bildvorschau. Sobald Sie auf die Seite klicken, erzeugt InDesign einen Grafikrahmen und platziert das Bild in Originalgröße. In unserem Fall erstellen Sie jedoch selbst einen Grafikrahmen, der das Bild aufnimmt.

5 Platzieren Sie das Symbol »Geladene Grafik« wie abgebildet unter dem Textrahmen am Schnittpunkt der beiden Hilfslinien.

6 Ziehen Sie den Mauszeiger nach rechts, bis der Rahmen die ganze Spalten- breite ausfüllt.

Die Höhe des Grafikrahmens ergibt sich automatisch aus den Bildproportionen.

7 Klicken Sie mit dem Auswahlwerkzeug (➤) auf den mittleren Anfasser an der Unterkante des Grafikrahmens und ziehen Sie diesen nach oben. Richten Sie die Unterkante des Bildrahmens an der Unterkante des Textrahmens links davon aus.

Durch die Verkleinerung des Grafikrahmens wird das Bild beschnitten.

▶ **Tipp:** Wenn Sie beim Platzieren einen neuen Grafikrahmen aufziehen, wird das Bild automatisch in den Rahmen eingepasst. Mit den Skalierungsoptionen im Steuerungs- bedienfeld können Sie die Bildgröße präzise steuern. Mehr dazu erfahren Sie in Lektion 10.

8 Mit weiterhin aktiviertem Auswahlwerkzeug bewegen Sie den Mauszeiger in die Grafik, um das Inhaltsauswahlwerkzeug (den Kreisring) anzuzeigen. Klicken Sie auf das Inhaltsauswahlwerkzeug und verändern Sie den Bildausschnitt nach Ihren Wünschen.

9 Wählen Sie **Datei: Speichern**.

Mit Objekten arbeiten

Das Grundgerüst einer InDesign-Seite besteht aus Objekten – Text- und Grafikrahmen, Linien, Tabellen usw. Normalerweise verschieben und skalieren Sie diese Elemente mit dem Auswahlwerkzeug. Sie können Objekte mit einer Füllfarbe (Hintergrund) und einer Konturlinie in wählbarer Strichstärke und -farbe versehen. Sie können Objekte frei verschieben oder an anderen Objekten ausrichten. Alternativ können Sie Objekte an Hilfslinien ausrichten oder ihre Position numerisch festlegen. Außerdem können Sie die Abmessungen und Skalierung der Objekte bestimmen und festlegen, wie die Objekte von Text umflossen werden. Mehr dazu erfahren Sie in Lektion 4, »Mit Objekten arbeiten«. Im Folgenden lernen Sie einige grundlegende Techniken kennen.

Umfließen von Objekten mit Text

Um die Wirkungsweise des Textumflusses zu sehen, verschieben Sie ein InDesign-Objekt von der Montagefläche auf einen Textrahmen.

1 Scrollen Sie nach links zur Seite 8, bis Sie die Montagefläche (den Arbeitsbereich außerhalb der Seite) sehen.

● **Hinweis:** Falls die Montagefläche grau dargestellt wird und der Wurm nicht zu sehen ist, wählen Sie **Ansicht: Bildschirmmodus: Normal.**

2 Aktivieren Sie das Auswahlwerkzeug (⬉) und markieren Sie die Wurmgrafik, die aus gruppierten InDesign-Objekten besteht.

3 Ziehen Sie den Wurm auf den Textrahmen, der mit den Worten »We like food« beginnt. Wie Sie sehen, verdeckt das Objekt den darunterliegenden Text.

4 Richten Sie das Objekt grob am linken Spaltenrand und der Oberlänge des großen »W« in der ersten Textzeile aus. Auf die genaue Position kommt es nicht an.

5 Wählen Sie **Fenster: Textumfluss**. Klicken Sie im Textumflussbedienfeld auf die dritte Schaltfläche von links (▣).

6 Klicken Sie auf die Schaltfläche »Alle Einstellungen gleichsetzen« (▣) in der Mitte des Textumflussbedienfelds, um diese Option zu deaktivieren. So können Sie den Abstand für jede Rahmenkante separat bestimmen.

7 Tippen Sie »p6« in das Eingabefeld »Versatz rechts« und drücken Sie die Eingabe-Taste. Schließen Sie das Textumflussbedienfeld.

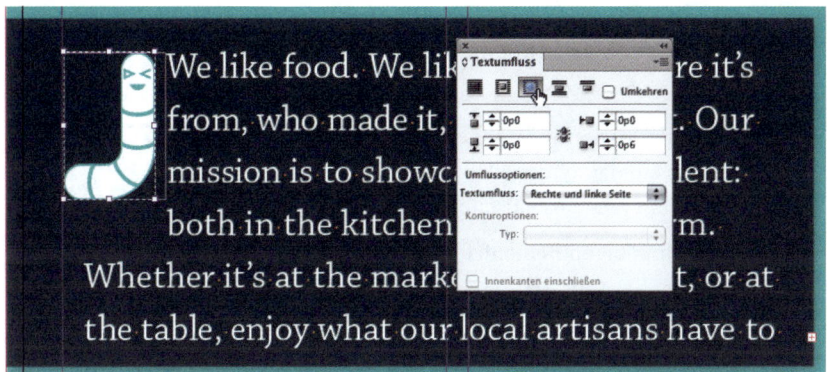

8 Ihr Text umfließt nun das Objekt und es entsteht Übersatztext im Textrahmen. Passen Sie daher die Größe des Textrahmens mit dem Auswahlwerkzeug (⬉) entsprechend an.

9 Wählen Sie **Datei: Speichern**.

Objekte verschieben und Kontur ändern

Mit dem Auswahlwerkzeug ausgewählte Objekte lassen sich verschieben und
in ihrer Formatierung verändern. Jetzt verschieben Sie die Sprechblase so, dass
die Worte aus dem Mund des Wurms kommen. Anschließend ändern Sie die
Konturstärke und -farbe.

1 Scrollen Sie zur unteren Hälfte von Seite 8.

2 Markieren Sie mit dem Auswahlwerkzeug (⬉) den Textrahmen der
   Sprechblase.

3 Richten Sie den Mauszeiger auf den Textrahmen, so dass er zum Verschie-
   ben-Symbol wird (⬉). Ziehen Sie den Rahmen dann wie unten abgebildet
   etwas nach links und nach unten.

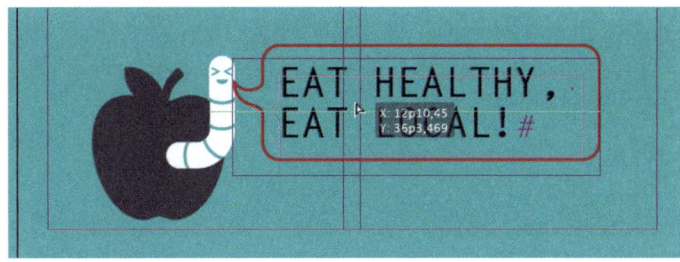

▶ **Tipp:** InDesign
CS6 bietet viele
Möglichkeiten zum
Verschieben von
Objekten. Neben dem
Ziehen mit der Maus
können Sie diese
mit den Pfeiltasten
»anstubsen«
oder die Position
durch Eingabe der
genauen X- und
Y-Koordinaten im
Steuerungsbedienfeld
festlegen.

4 Lassen Sie den Textrahmen markiert und klicken Sie am rechten Bildschirm-rand auf das Symbol des Konturbedienfelds. Wählen Sie »2 pt« aus dem Popup-Menü »Stärke«.

5 Klicken Sie bei weiterhin ausgewähltem Textrahmen auf das Symbol des Farbfelder-bedienfelds am rechten Bildschirmrand.

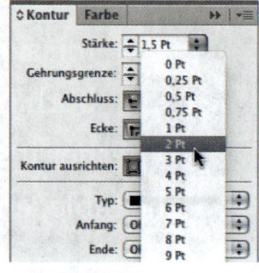

6 Klicken Sie im oberen Bedienfeldbereich auf die Schaltfläche »Kontur« (⊡).

Damit legen Sie fest, dass die Kontur des Textrahmens die ausgewählte Farbe annimmt.

7 Klicken Sie auf das Farbfeld »Dark Red«. Falls nötig, scrollen Sie nach unten, um es anzuzeigen.

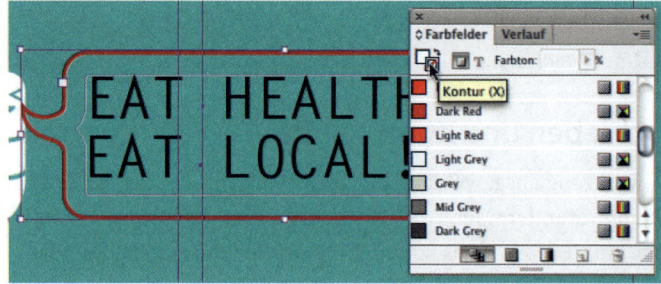

8 Klicken Sie auf die Montagefläche, um die Auswahl aller Objekte aufzuheben.

9 Wählen Sie **Datei: Speichern**.

Mit Objektformaten arbeiten

Nicht nur mit Absatz- und Zeichenformaten, sondern auch mit Objektformaten können Sie Objekte schnell und einheitlich formatieren. In dieser Übung erstel-len Sie ein Objektformat auf Basis eines formatierten Objekts und weisen das Format anschließend anderen Objekten zu.

1 Scrollen Sie nach rechts, um die weißen Sprechblasen auf Seite 9 zu sehen.

2 Aktivieren Sie das Auswahlwerkzeug (▶)und klicken Sie in den Textrahmen mit dem Inhalt »@thegreasecart«. Dieser Rahmen hat einen Schlagschatten.

3 Wählen Sie **Fenster: Formate: Objektformate**, um das Objektformate-bedienfeld zu öffnen.

4 Klicken Sie bei gedrückter Alt-Taste am unteren Rand des Objektformate-
bedienfelds auf die Schaltfläche »Neues Format erstellen«.

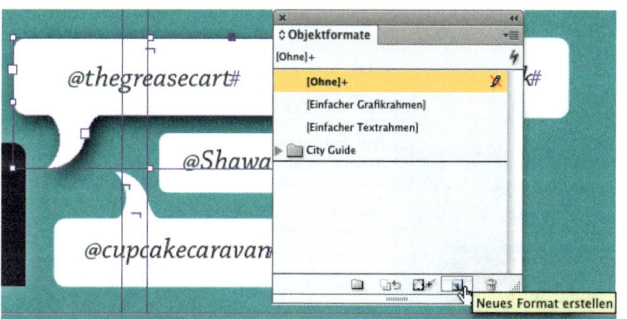

● **Hinweis:** Wenn
Sie ohne gedrückte
Alt-Taste auf die
Schaltfläche »Neues
Format erstellen«
klicken, legt InDesign
ein neues Objekt-
format im Bedien-
feld an, ohne das
zugehörige Dialog-
feld zu öffnen. Mit
einem Doppelklick
auf das Format
können Sie es
benennen.

5 Vergeben Sie im Dialogfeld »Neues Objektformat« den Formatnamen »Drop
Shadow«.

6 Wählen Sie die Option »Format auf Auswahl anwenden« und klicken Sie auf
OK.

7 Ziehen Sie das neue Format »Drop Shadow« mit
gedrückter Maustaste in den Formatgruppenordner unter den Eintrag »Category Intro«.

8 Markieren Sie mit dem Auswahlwerkzeug eine
der übrigen Sprechblasen und nehmen Sie mit
gedrückter Umschalt-Taste die übrigen drei
Sprechblasen durch Klicken mit in die Auswahl
auf.

9 Klicken Sie im Objektformatebedienfeld auf
den Eintrag »Drop Shadow«.

10 Wählen Sie **Datei: Speichern**.

11 Wählen Sie **Ansicht: Druckbogen in Fenster einpassen**.

12 Wechseln Sie über das Bildschirmmodus-Menü in der Anwendungsleiste auf Vorschau (▣).

13 Drücken Sie die Tab-Taste, um vorübergehend alle Bedienfelder auszublenden.

Glückwunsch! Sie haben eine Ihrer ersten InDesign-Touren prima bewältigt.

Eigene Übung

Um noch mehr über InDesign zu erfahren, experimentieren Sie mit dem Layout des Stadtführers:

• Verändern Sie die Textformatierung mit den Optionen im Steuerungs-bedienfeld und experimentieren Sie mit dem Absatz- und Zeichenbedienfeld (**Schrift**-Menü).

• Wenden Sie verschiedene Absatz- und Zeichenformate auf den Text an.

• Verschieben Sie Objekte und Bilder. Verändern Sie ihre Größe.

• Weisen Sie Objekten unterschiedliche Objektformate zu.

• Doppelklicken Sie auf ein Absatz-, Zeichen- oder Objektformat und ändern Sie dessen Formatierung. Achten Sie darauf, wie sich die Veränderungen auf Texte oder Objekte auswirken, auf die das Format angewendet wurde.

• Wählen Sie **Hilfe: InDesign-Hilfe** und erforschen Sie das eingebaute Hilfesystem.

• Arbeiten Sie die übrigen Lektionen des Buches durch.

Fragen

1 Woran erkennen Sie, ob ein Bestandteil des Layouts Probleme bei der Ausgabe verursachen wird?

2 Mit welchem Werkzeug können Sie Textrahmen erstellen?

3 Mit welchem Werkzeug können Sie Textrahmen verketten?

4 Welches Symbol zeigt an, dass ein Textrahmen über den sichtbaren Text hinaus weiteren Text – also Übersatztext – enthält?

5 Mit welchem Werkzeug lassen sich sowohl Rahmen als auch die enthaltenen Bilder verschieben?

6 Welches Bedienfeld bietet Optionen zur Bearbeitung von ausgewählten Rahmen, Bildern oder Text?

Antworten

1 Das Preflight-Bedienfeld meldet Fehler, wenn ein Layout nicht den Vorgaben des gewählten Preflight-Profils entspricht. Wenn das Preflight-Profil beispielsweise die Ausgabe in CMYK vorsieht und Sie ein RGB-Bild importieren, meldet das Preflight-Bedienfeld einen Fehler. Außerdem werden Preflight-Fehler unten links im Dokumentfenster aufgeführt.

2 Mit dem Textwerkzeug legen Sie Textrahmen an.

3 Mit dem Auswahlwerkzeug verketten Sie Textrahmen.

4 Ein rotes Pluszeichen unten rechts im Textrahmen weist auf Übersatztext hin.

5 Mit dem Auswahlwerkzeug ziehen Sie einen Rahmen an die gewünschte Position. Wenn Sie den Mauszeiger auf das Inhaltsauswahlwerkzeug (den Kreisring) bewegen, können Sie die enthaltene Grafik verschieben.

6 Das Steuerungsbedienfeld bietet verschiedene Optionen, um die aktuelle Auswahl zu verändern: Zeichen, Absätze, Bilder, Rahmen, Tabellen und vieles mehr.

3 DOKUMENTE EINRICHTEN UND MIT SEITEN ARBEITEN

Überblick

Sie erfahren nun, wie Sie einen mehrseitigen Newsletter mit einer vierseitigen Beilage einrichten, und lernen dabei Folgendes:

- Benutzerdefinierte Dokumenteinstellungen als Dokumentvorgaben speichern

- Ein neues Dokument anlegen und Voreinstellungen verwenden

- Eine Musterseite gestalten

- Dokumentseiten Musterseiten zuweisen

- Dokumentseiten hinzufügen

- Seiten umsortieren und löschen

- Die Seitengröße ändern

- Abschnitte erzeugen und Paginierung festlegen

- Dokumentseiten gestalten

- Druckbogen drehen

 Für diese Lektion benötigen Sie ungefähr 90 Minuten.

Build Your Skills

As you'll see in this guide, HockeyShot has all kinds of great training aids for taking your ice hockey game to the next level. But most people want to start with the basics—the most obvious skills. When it comes to hockey, the first thing that comes to mind is shooting the puck. Then you might start thinking about stickhandling and passing, then finally improving skating and overall strength and agility. So, sticking with the obvious, the bare minimum you need for off-ice training is:

1. A hockey stick, preferably not your on-ice stick

2. A simulated ice surface such as a shooting pad or dryland flooring tiles

3. A puck, training puck or ball

Shooting pads work well if you have limited space, as they are easy to move and store. If you're lucky enough to have dedicated space such as a basement or unused garage, the *Hockey-Shot Dryland Flooring* Tiles let you create a slippery, smooth, custom surface area for training.

Shooting

Want to improve your shot? Shoot 100 pucks per day—or at least *shoot for* shooting 100 pucks per day! No matter how many shots you actually take, practicing your shot is one of the easiest things you can do off-ice. Be sure to shoot off a shooting pad or use your "outdoor" stick, and be careful not to hit anything (cars, windows, passersby). If accuracy is an issue, look into a backstop, cage or shooting tarp.

"You miss 100% of the shots you never take." — *Wayne Gretzky*

Accuracy… How can my son develop a more accurate shot? He seems to use the goalie as a target, and we all know it's not going to go through his body.

Practicing any sport that involves shooting—from archery to basketball to hockey—benefits from having a target. With hockey, of course, your target is anywhere the goalie is not (and can't reach in time). Since the four corners and five hole are the most likely spots to score, those are generally the targets your son can practice on from home. All you need to do is make simple modifications to your net such as adding:

· Pockets such as EZ Goal 4 Corner Netting Targets

· Hanging targets such as X-Targets

· A "goalie" tarp such as the Ultimate Goalie

growthegame:

Die Funktionen für das Einrichten der Dokumente erleichtern ein einheitliches Seitenlayout und vereinfachen Ihre Arbeit erheblich. In dieser Lektion erfahren Sie, wie Sie ein neues Dokument einrichten, Musterseiten erstellen und mit Dokumentseiten umgehen.

Vorbereitungen

● **Hinweis:** Falls nötig, kopieren Sie jetzt die Lektions-dateien von der *Adobe InDesign CS6 Classroom in a Book*-DVD auf Ihre Festplatte. Informationen dazu finden Sie unter »Die Classroom in a Book-Dateien kopieren« auf Seite 2.

In dieser Lektion legen Sie einen achtseitigen Newsletter an und platzieren dann Texte und Bilder auf einem der Druckbögen. Außerdem integrieren Sie eine kleinere Beilage mit einer abweichenden Seitengröße in den Newsletter.

1 Damit die Voreinstellungen von InDesign CS6 wie in dieser Lektion funktionieren, verschieben Sie die Datei *InDesign Voreinstellungen* an einen anderen Speicherort. Näheres dazu finden Sie unter »Voreinstellungsdateien speichern und wiederherstellen« auf Seite 3.

2 Starten Sie Adobe InDesign CS6. Damit alle Bedienfelder und Menübefehle wie in dieser Lektion funktionieren, wählen Sie **Fenster: Arbeitsbereich: [Erweitert]** und dann **Fenster: Arbeitsbereich: Erweitert zurücksetzen**. Zunächst öffnen Sie ein InDesign-Dokument, das bereits teilweise fertiggestellt ist.

3 Öffnen Sie die Datei *03_End.indd* im Ordnerpfad *Lektionen/Lektion_03* auf Ihrer Festplatte, um das Ergebnis dieser Lektion vorab zu betrachten.

● **Hinweis:** Ordnen Sie während der Arbeit die Bedien-felder nach Belieben an und passen Sie die Vergrößerung Ihren Bedürfnissen an.

4 Scrollen Sie durch das Dokument und betrachten Sie die Druckbögen; die meisten enthalten nur Hilfslinien und Platzhalterrahmen. Zeigen Sie die Seiten 2–3 an. In dieser Lektion werden Sie diesen Druckbogen und zwei neue Musterseiten gestalten.

5 Wenn Sie die Datei *03_End.indd* betrachtet haben, schließen Sie sie wieder. Alternativ lassen Sie sie während der Arbeit an dieser Lektion zu Vergleichszwecken geöffnet.

Benutzerdefinierte Dokumenteinstellungen anlegen und speichern

In InDesign können Sie häufig genutzte Dokumenteinstellungen wie Seiten-anzahl und -format, Spalten und Seitenränder speichern. Mit diesen gespeicher-ten Dokumentvorgaben, auch Voreinstellungen genannt, layouten Sie schnell neue Dokumente.

1 Wählen Sie **Datei: Dokumentvorgaben: Definieren**.

2 Klicken Sie im Dialogfeld »Dokumentvorgaben« auf »Neu«.

3 Nehmen Sie im Dialogfeld »Neue Dokumentvorgabe« folgende Einstellungen vor:

- Geben Sie in das Eingabefeld »Dokumentvorgabe« den Namen **Newsletter** ein.

- Als »Seitenanzahl« wählen Sie »**8**«.

- Achten Sie darauf, dass die Option »Doppelseite« aktiviert ist.

- Verwenden Sie die in den USA übliche Seitengröße »Letter«.

- Geben Sie in das Eingabefeld »Anzahl« im Abschnitt »Spalten« den Wert 3 ein. Lassen Sie den Wert »1p0« für den »Spaltenabstand« unverändert.

- Achten Sie darauf, dass im Abschnitt »Ränder« die Schaltfläche »Alle Einstellungen gleichsetzen« (🦟) in der Mitte der Eingabefelder ausgeschaltet (das Kettenglied unterbrochen) ist, damit Sie unterschiedliche Werte für die vier Ränder eingeben können. Geben Sie in die Eingabefelder »Unten«, »Innen« und »Außen« jeweils **4p0** ein, in das Feld »Oben« **6p0**.

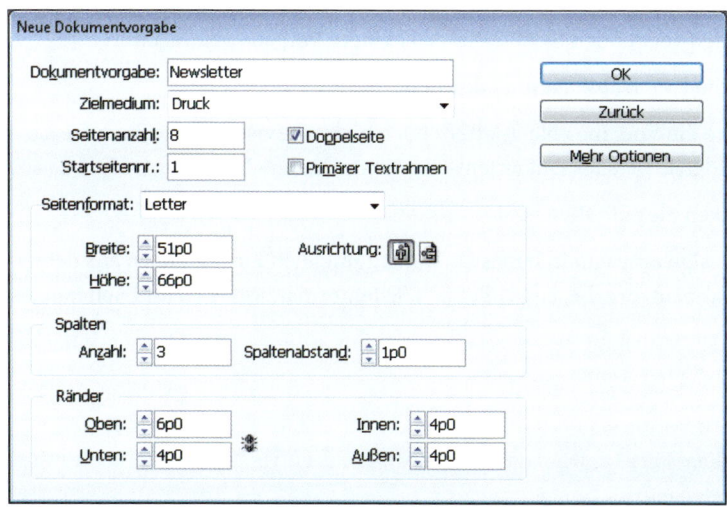

> ▶ **Tipp:** Sie können in allen Dialog- und Bedien-feldern beliebige Maßeinheiten verwenden (sofern sie von InDesign unterstützt werden). Wenn Sie eine andere als die in den Voreinstellungen festgelegte Maßein-heit benutzen möchten, geben Sie einfach zusammen mit dem Wert die Abkürzung der gewünschten Maßeinheit ein, beispielsweise **p** für Pica, **pt** für Punkt, **mm** für Millimeter oder Zoll bzw. " (Anführungszeichen) für Zoll/Inches. InDesign rechnet diese automatisch in die in den Voreinstellungen festgelegte Maß-einheit um. Die Standardvorein-stellungen können Sie mit **Bearbeiten: Voreinstellungen: Einheiten und Einteilungen** bzw. **InDesign: Voreinstel-lungen: Einheiten und Einteilungen** (Mac OS) ändern. Für die Übungen in dieser Lektion stellen Sie die Linealeinheiten sowohl horizontal als auch vertikal auf den in USA üblichen Wert Pica um.

Tipp: Sie können ein neues Dokument auch aufgrund einer Dokumentvorgabe erstellen. Wählen Sie dazu **Datei: Dokumentvorgaben: [Vorgabenname].** Wenn Sie beim Auswählen einer Vorgabe im Dialogfeld »Neues Dokument« die Umschalt-Taste gedrückt halten, wird das Dialogfeld nicht angezeigt.

4   Klicken Sie auf die Schaltfläche »Mehr Optionen«, um das Dialogfeld zu erweitern. Im Abschnitt »Anschnitt und Infobereich« geben Sie neben »Anschnitt« in das Feld »Oben« den Wert 0p9 ein. Achten Sie darauf, dass die Schaltfläche »Ermöglicht die Festlegung, dass alle Einstellungen identisch sind« aktiviert ist, damit dieser Wert automatisch für alle Ränder im Dokument – Oben, Unten, Innen und Außen – übernommen wird.

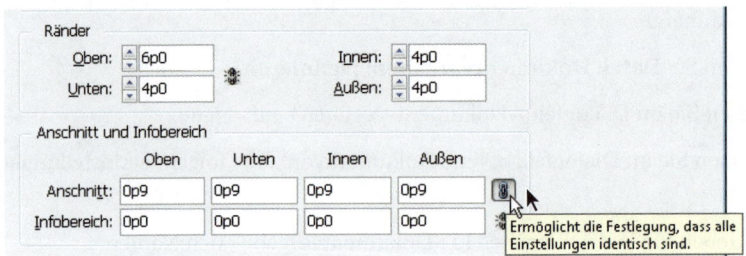

Mit den Werten in der Zeile »Anschnitt« erzeugen Sie einen Bereich außerhalb des Seitenformats. Bis zu diesem Bereich werden über den Seitenrand hinausragende Elemente, etwa Bilder oder ein farbiger Seitenhintergrund, gedruckt. Nach dem Druck wird dieser Bereich abgeschnitten.

5   Klicken Sie in beiden Dialogfeldern auf OK, um die Dokumenteinstellung zu sichern.

Ein neues Dokument anlegen

Zum Erstellen eines neuen Dokuments verwenden Sie das Dialogfeld »Neues Dokument«. Hier können Sie eine Dokumentvorgabe auswählen oder die Anzahl der Seiten, das Seitenformat und die Anzahl der Spalten eingeben. Im Folgenden verwenden Sie die gerade erzeugte Vorgabe »Newsletter«.

1   Wählen Sie **Datei: Neu: Dokument**.

2   Sollte die Vorgabe »Newsletter« noch nicht aktiviert sein, wählen Sie sie im Dialogfeld »Neues Dokument« im Popup-Menü »Dokumentvorgabe« aus.

3   Klicken Sie auf OK.

InDesign erzeugt ein neues Dokument mit allen Einstellungen aus der Dokumentvorgabe, einschließlich Seitenformat, Rändern und Seitenanzahl.

Tipp: Im Dialogfeld »Neues Dokument« ist die Startseitennummer standardmäßig auf 1 gesetzt, damit beginnt das Dokument mit einer Vorderseite, also einer rechten Seite. Sie können ein Dokument auch mit einer linken Seite beginnen lassen. Setzen Sie dafür die Startseitennummer auf einen geraden Wert (zum Beispiel 2, 4 oder 8). Der eingegebene Wert wird der ersten Dokumentseite zugewiesen.

4 Öffnen Sie das Seitenbedienfeld über **Fenster: Seiten** (falls es noch nicht angezeigt wird). Bei Bedarf ziehen Sie die linke untere Ecke des Bedienfelds nach unten, bis alle Seiten-Symbole sichtbar sind.

Im Seitenbedienfeld ist die momentan im Dokumentfenster angezeigte Seite 1 blau hervorgehoben. Das Seitenbedienfeld ist in zwei Abschnitte unterteilt. Im oberen Abschnitt zeigt InDesign die Symbole für die Musterseiten. (Eine Musterseite lässt sich mit einer Hintergrundschablone vergleichen, die Sie beliebigen Dokumentseiten zuweisen können.) Der untere Abschnitt zeigt die Symbole für die Dokumentseiten. In diesem Dokument besteht die Musterseite (mit dem Standardnamen »A-Musterseite«) aus einem zweiseitigen Druckbogen für gegenüberliegende Seiten.

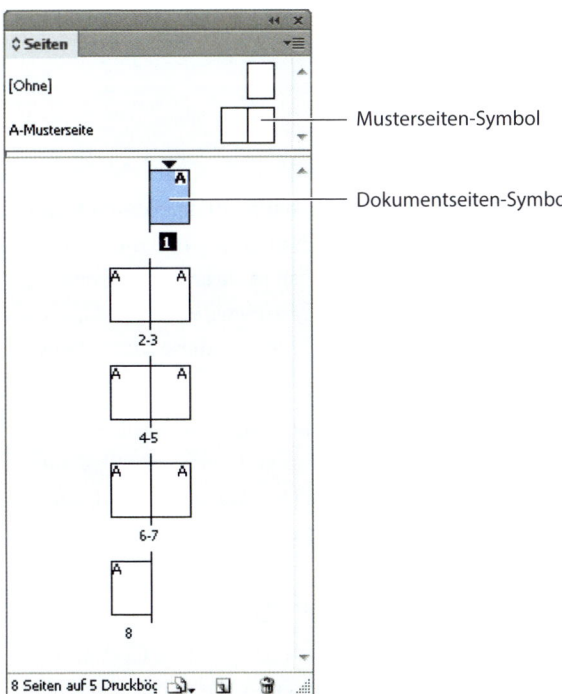

Musterseiten-Symbol

Dokumentseiten-Symbol

5 Wählen Sie **Datei: Speichern unter**, nennen Sie die Datei *03_Setup.indd* und sichern Sie sie im Ordner *Lektion_03*.

Zwischen geöffneten InDesign-Dokumenten wechseln

Während der Arbeit können Sie zu Vergleichszwecken zwischen Ihrem neuen und dem fertigen Lektionsdokument wechseln. Wenn beide Dokumente geöffnet sind, können Sie jeweils das eine oder das andere in den Vordergrund holen.

1 Wählen Sie das Menü »Fenster«. InDesign zeigt im unteren Menübereich alle geöffneten InDesign-Dokumente an.

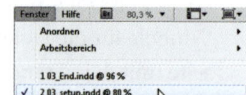

2 Klicken Sie auf das gewünschte Dokument. Es wird im Vordergrund angezeigt.

Mit Musterseiten arbeiten

Bevor Sie Ihrem Dokument Text- und Grafikrahmen hinzufügen, kann es sinnvoll sein, Musterseiten einzurichten. Stellen Sie sich diese wie im Hintergrund liegende Schablonen vor, die Sie schnell auf die Seiten in Ihrem Dokument anwenden können. Jedes Objekt, das Sie auf einer Musterseite platzieren, erscheint automatisch auf allen Dokumentseiten, denen Sie diese Musterseite zugewiesen haben.

In diesem Dokument erzeugen Sie zwei Musterseiten. Die erste enthält ein Raster und Fußzeilen und die zweite Platzhalterrahmen. Durch verschiedene Musterseiten-Sätze können Sie die Seiten in einem Dokument variieren, dabei aber zugleich eine konsistente Gestaltung beibehalten.

Hilfslinien auf der Musterseite hinzufügen

▶ **Tipp:** Falls InDesign die beiden Seiten des Musterseiten-Druckbogens nicht zentriert im Dokumentfenster anzeigt, doppelklicken Sie auf das Hand-Werkzeug im Werkzeugbedienfeld, um die Seiten zu zentrieren.

Hilfslinien sind nichtdruckende Linien, die Ihnen bei der präzisen Gestaltung Ihrer Layouts helfen. Hilfslinien, die Sie auf Musterseiten platzieren, erscheinen auf allen Dokumentseiten, denen die Musterseite zugewiesen wurde. Sie versehen das Lektionsdokument nun mit mehreren Hilfslinien. Diese ergeben zusammen mit den Spaltenhilfslinien ein Raster, an dem Sie Bild- und Textrahmen ausrichten können.

1 Doppelklicken Sie im oberen Abschnitt des Seitenbedienfelds auf »A-Musterseite«. Die linke und rechte Seite des Musterseiten-Druckbogens wird im Dokumentfenster angezeigt.

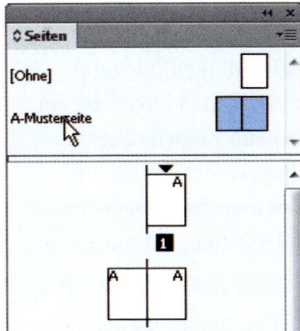

2 Wählen Sie **Ansicht: Druckbogen in Fenster einpassen**, damit beide Seiten des Musterseiten-Druckbogens im Dokumentfenster dargestellt werden.

3 Wählen Sie **Layout: Hilfslinien erstellen**.

4 Aktivieren Sie das Kontrollfeld »Vorschau«.

5 Unter »Zeilen« geben Sie in das Feld »Anzahl« den Wert 4, in das Feld »Spaltenabstand« den Wert **0** ein.

6 Unter »Spalten« geben Sie in das Feld »Anzahl« den Wert **2** ein, in das Feld »Spaltenabstand« den Wert **0**.

7 Unter »Hilfslinien anpassen an« aktivieren Sie das Optionsfeld »Ränder«. Betrachten Sie die horizontalen Hilfslinien auf Ihrer Musterseite.

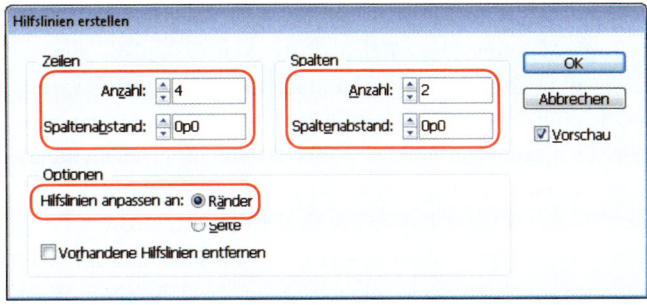

Weil Sie nicht »Seite«, sondern »Ränder« aktiviert haben, werden die Hilfs-linien nicht innerhalb der Seiten-, sondern innerhalb der Randbegrenzungen ausgerichtet. Weil Ihr Dokument bereits Spaltenhilfslinien enthält, müssen Sie keine hinzufügen.

8 Klicken Sie auf OK.

▶ **Tipp:** Mit dem Befehl »Hilfslinien erstellen« können Sie auch einzelnen Dokumentseiten ein Raster hinzufügen, wenn Sie statt auf einer Musterseite auf einer Dokumentseite arbeiten.

Hilfslinien aus dem Lineal ziehen

▶ **Tipp:** Sie können eine Linealhilfslinie auch ohne gedrückte Strg- bzw. Befehl-Taste ziehen und sie auf der Montage-fläche freigeben, um sie allen Seiten eines Druckbogens und der Montagefläche zuzuweisen.

Auch aus dem horizontalen (oberen) und dem vertikalen (linken) Lineal können Sie Hilfslinien ziehen, um einzelnen Seiten zusätzliche Hilfsmittel zur Ausrichtung von Elementen hinzuzufügen. Wenn Sie beim Ziehen die Strg-(Windows) bzw. Befehl-Taste (Mac OS) gedrückt halten, erweitern Sie die Hilfslinie auf den ganzen Druckbogen. Mit der Alt-Taste wechseln Sie beim Ziehen von einer waagerechten zu einer senkrechten Hilfslinie und umgekehrt.

In dieser Lektion platzieren Sie oberhalb des oberen Seitenrands eine Kopfzeile und unter dem Rand, wo keine Spaltenhilfslinien mehr zu sehen sind, eine Fußzeile. Damit Sie die Kopf- und Fußzeilen genau platzieren können, fügen Sie zwei horizontale und zwei vertikale Hilfslinien hinzu.

1 Doppelklicken Sie im Seitenbedienfeld auf den Namen »A-Musterseite« (falls diese noch nicht aktiviert ist). Sollte die A-Musterseite nicht im oberen Bereich des Seitenbedienfelds zu sehen sein, scrollen Sie im oberen Bereich ein wenig. Sie können auch den horizontalen Trennbalken zwischen den Musterseiten-Symbolen und den Dokumentseiten-Symbolen nach unten ziehen, damit sie alle Musterseiten ohne Scrollen sehen.

2 Bewegen Sie den Mauszeiger im Dokument, ohne zu klicken. Achten Sie dabei darauf, wie sich die Haarlinien-Anzeige im horizontalen und vertikalen Lineal entsprechend der Position des Mauszeigers ändert. Auch die abgeblendeten X- und Y-Werte im Steuerungsbedienfeld zeigen die Mauszeigerposition.

● **Hinweis:** Die Bedienelemente im Transformieren-bedienfeld ähneln denen im Steuerungs-bedienfeld. Viele Befehle wie Positions-, Größen-, Skalierungs- und Drehwinkelände-rungen können Sie in beiden Bedienfeldern ausführen.

3 Drücken Sie die Strg- (Windows) bzw. Befehl-Taste (Mac OS), platzieren Sie den Mauszeiger im horizontalen Lineal und ziehen Sie mit gedrückter Maustaste eine Linealhilfslinie an die Position 2p6 Pica. Achten Sie dabei auf den Y-Wert direkt am Mauszeiger und im Y-Feld des Steuerungsbedienfelds sowie des Transformierenbedienfelds (**Fenster: Objekt und Layout: Transformieren**). Wenn Sie beim Ziehen die Strg- (Windows) bzw. Befehl-Taste (Mac OS) gedrückt halten, erweitern Sie die Hilfslinie auf den gesamten Druckbogen sowie auf die Montagefläche auf beiden Seiten. Wenn Sie die Strg- (Windows) bzw. Befehl-Taste (Mac OS) nicht gedrückt halten, erstreckt sich die Hilfslinie nur auf die Dokumentseite, über der Sie die Maustaste loslassen.

4 Drücken Sie die Strg- (Windows) bzw. Befehl-Taste (Mac OS) und ziehen Sie zwei weitere Hilfslinien aus dem horizontalen Lineal – eine auf 5p, die andere auf 63p.

5 Drücken Sie die Strg- (Windows) bzw. Befehl-Taste (Mac OS) und ziehen Sie eine Linealhilfslinie aus dem vertikalen Lineal an die Position 17p8. Beachten Sie beim Ziehen den X-Wert im Steuerungsbedienfeld. Die Hilfslinie schnappt an dieser Position an der Spaltenhilfslinie ein.

6 Drücken Sie die Strg- (Windows) bzw. Befehl-Taste (Mac OS) und ziehen Sie eine weitere Hilfslinie aus dem vertikalen Lineal an die Position 84p4.

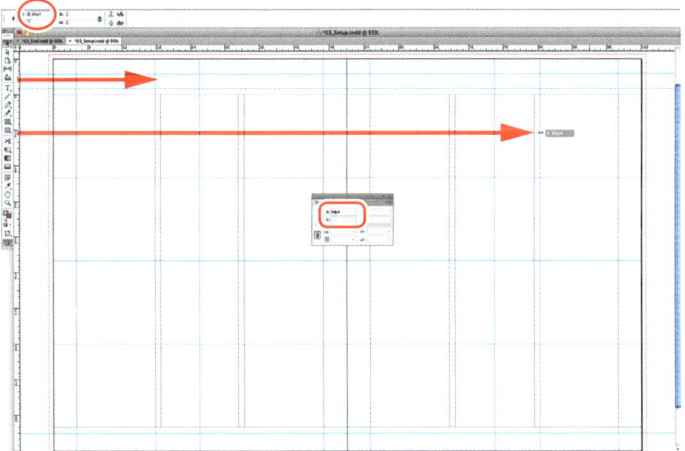

7 Schließen Sie das Transformierenbedienfeld oder docken Sie es an. Anschließend wählen Sie **Datei: Speichern**.

Einen Textrahmen auf der Musterseite anlegen

Auf einer Musterseite platzierte Texte oder Bilder erscheinen auf allen Seiten, denen diese Musterseite zugewiesen ist. Nun legen Sie am unteren Rand des doppelseitigen Musterseiten-Druckbogens eine Fußzeile an, die auf der Widerseite (links) und der Schönseite (rechts) jeweils den Namen der Publikation (»HockeyShot Essentials Guide«) und eine Seitenzahl enthält.

1 Achten Sie darauf, dass der untere Rand der Musterseite zu sehen ist. Gegebenenfalls zoomen Sie dazu ein und nutzen die Bildlaufleisten oder das Hand-Werkzeug (✋).

2 Wählen Sie das Textwerkzeug (T) im Werkzeugbedienfeld. Ziehen Sie auf der linken Musterseite unterhalb der Spalte ganz links, wo sich die beiden neuen Hilfslinien überschneiden, einen Textrahmen auf. Betrachten Sie

● **Hinweis:** Wenn Sie einen Rahmen mit dem Textwerkzeug aufziehen, beginnt der Rahmen am Schnittpunkt der Einfügemarke und der horizontalen Grundlinie – nicht am oberen Rand der Einfügemarke.

dazu die folgende Abbildung. Die rechte Kante des Textrahmens sollte an der vertikalen Linealhilfslinie in der Mitte der Seite ausgerichtet sein; seine Unterkante sollte an der Unterkante der Seite ausgerichtet sein.

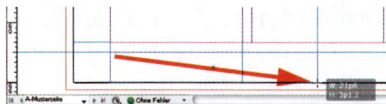

3 Die Einfügemarke blinkt im neuen Textrahmen. Wählen Sie **Schrift: Sonderzeichen einfügen: Marken: Aktuelle Seitenzahl**.

Im Textrahmen erscheint der Buchstabe A. Damit erhalten sämtliche Dokumentseiten, denen diese Musterseite zugewiesen ist, die korrekte Seitenzahl, zum Beispiel »2« auf der Dokumentseite 2.

4 Fügen Sie nach der Seitenzahl ein Geviert (ein Leerzeichen mit der ungefähren Breite des Großbuchstaben M) ein. Dazu klicken Sie mit der rechten Maustaste in den Textrahmen mit der Einfügemarke. Aus dem nun angezeigten Kontextmenü wählen Sie **Leerraum einfügen: Geviert**. Alternativ wählen Sie **Schrift: Leerraum einfügen: Geviert**.

5 Geben Sie nach dem Geviert **HockeyShot Essentials Guide** ein.

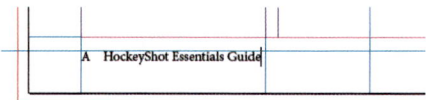

6 Klicken Sie an eine leere Stelle in Ihrem Dokumentfenster, um die Auswahl des Textrahmens aufzuheben. Alternativ wählen Sie **Bearbeiten: Auswahl aufheben**.

Nun duplizieren Sie die Fußzeile der linken Musterseite, platzieren die Kopie auf der rechten Musterseite und passen den Text so an, dass er gegenüber der anderen Fußzeile spiegelbildlich angeordnet ist.

7 Wählen Sie **Ansicht: Druckbogen in Fenster einpassen**, so dass Sie den unteren Bereich beider Musterseiten sehen können.

8 Markieren Sie mit dem Auswahlwerkzeug (➤) den Fußzeilen-Textrahmen auf der linken Musterseite. Halten Sie die Alt-Taste gedrückt und ziehen Sie den Textrahmen so auf die rechte Musterseite, dass er dort wie ein Spiegelbild der linken Musterseite auf den Hilfslinien einrastet (siehe folgende Abbildung).

▶ **Tipp:** Wenn Sie beim Ziehen eines Textrahmens mit gedrückter Alt-Taste zusätzlich die Umschalt-Taste gedrückt halten, werden die Bewegungen auf 45-Grad-Schritte eingeschränkt.

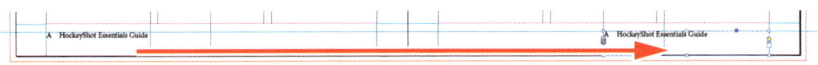

9 Wählen Sie das Textwerkzeug (T) und klicken Sie damit irgendwo in den Textrahmen auf der rechten Musterseite, um die Einfügemarke zu platzieren.

15 Klicken Sie im Steuerungsbedienfeld auf die Schaltfläche »Absatz-formatierung« (¶) und dann auf die Schaltfläche »Rechtsbündig ausrichten«.

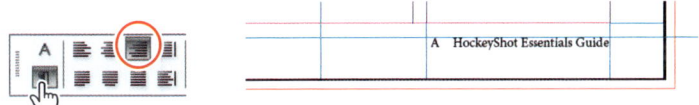

Klicken Sie oben links im Steuerungsbedienfeld auf die Schaltfläche »Absatzformatierung«, um die Ausrichtungsoptionen einzublenden.

Der Text ist jetzt im Fußzeilenrahmen auf der rechten Musterseite rechts-bündig ausgerichtet. Nun bearbeiten Sie die rechte Musterseite und plat-zieren die Seitenzahl rechts neben den Wörtern »HockeyShot Essentials Guide.«

11 Löschen Sie das Geviert und die Seitenzahl am Beginn der Fußzeile.

12 Platzieren Sie die Einfügemarke nun hinter den Wörtern »HockeyShot Essentials Guide« und wählen Sie **Schrift: Leerraum einfügen: Geviert**.

13 Wählen Sie **Schrift: Sonderzeichen einfügen: Marken: Aktuelle Seitenzahl**, um die aktuelle Seitenzahl nach dem Geviert einzufügen.

Linke und rechte Fußzeile

14 Wählen Sie **Bearbeiten: Auswahl aufheben** und dann **Datei: Speichern**.

Die Musterseite umbenennen

In Dokumenten mit mehreren Musterseiten sollten Sie jede Musterseite zur besseren Unterscheidung mit einem aussagekräftigen Namen versehen. Sie nennen die erste Musterseite nun »3-column Layout«.

1   Falls das Seitenbedienfeld nicht geöffnet ist, wählen Sie **Fenster: Seiten**. Achten Sie darauf, dass die A-Musterseite noch markiert ist. Wählen Sie oben im Menü des Seitenbedienfelds (▦) die Option »Musterseitenoptionen für »A-Musterseite«.

2   Geben Sie in das Feld »Name« die Bezeichnung »3-column Layout« ein und bestätigen Sie mit OK.

▶ **Tipp:** Sie können im Dialogfeld »Musterseitenopti-onen« noch weitere Eigenschaften bestehender Muster-seiten ändern.

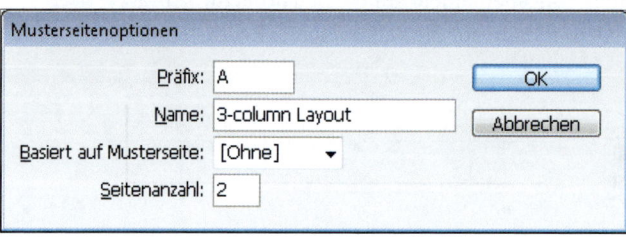

Platzhalterrahmen für Text hinzufügen

Jede Seite im Innenteil des Newsletters enthält Texte und Grafiken. Der Haupttextrahmen und die zugehörigen Grafiken sind auf jeder Seite identisch. Darum erstellen Sie jetzt für die linken und rechten Seiten der Musterseite »A-3-column Layout« einen Platzhalter-Textrahmen und einen Platzhalter-Grafikrahmen.

1   Um die linke Seite im Dokumentfenster zu zentrieren, doppelklicken Sie im Seitenbedienfeld auf das linke Symbol der Musterseite »A-3-column Layout«.

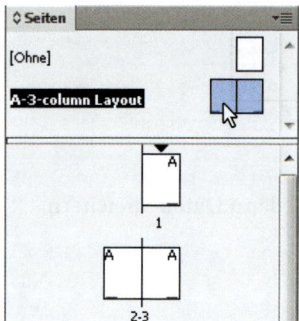

2   Aktivieren Sie das Textwerkzeug (T). Klicken Sie in der linken oberen
    Seitenecke auf den Schnittpunkt der horizontalen und der vertikalen
    Hilfslinie. Ziehen Sie einen Textrahmen auf, der sich in der Waagerechten
    über zwei Spalten und in der Senkrechten vom oberen zum unteren Rand
    erstreckt.

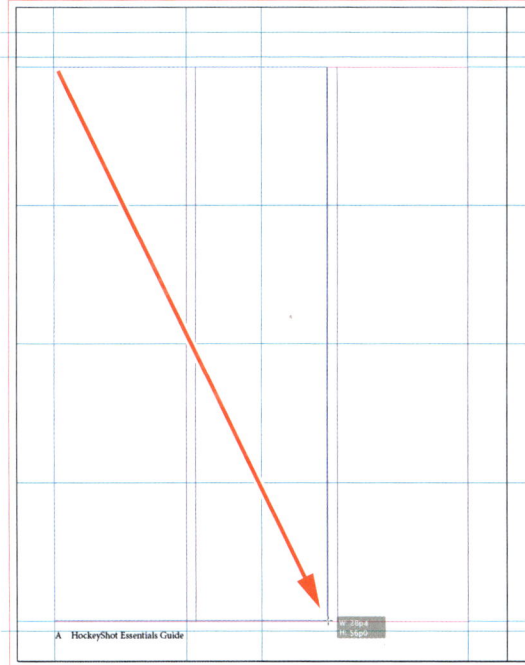

3   Doppelklicken Sie im Seitenbedienfeld auf das rechte Symbol der Muster-
    seite »A-3-column Layout«, um die rechte Seite im Dokumentfenster zu
    zentrieren.

4   Erzeugen Sie mit dem Textwerkzeug (T) einen weiteren Textrahmen auf der
    rechten Seite. Dieser sollte identisch mit dem soeben auf der linken Seite
    erzeugten Textrahmen sein.

5   Klicken Sie auf einen leeren Bereich der Seite oder Montagefläche oder
    wählen Sie **Bearbeiten: Auswahl aufheben**.

6   Wählen Sie **Datei: Speichern**.

Platzhalterrahmen für Bilder hinzufügen

● **Hinweis:** Nicht für jedes Dokument benötigen Sie Platzhalterrahmen. Für manche kleineren Dokumente benötigen Sie möglicherweise weder Muster-seiten noch Platzhalterrahmen.

Sie haben bereits Platzhalter-Textrahmen für den Haupttext auf den einzelnen Seiten angelegt. Als Nächstes fügen Sie in die Musterseite »A-3-column Layout« zwei Bildrahmen ein. Wie Textrahmen dienen auch diese Rahmen als Platzhalter auf den Dokumentseiten und sorgen für ein einheitliches Design.

Auch wenn das Rechteck-Werkzeug (□) und das Rechteckrahmen-Werkzeug (☒) mehr oder weniger austauschbar sind, verwenden Sie zum Anlegen von Grafikplatzhaltern normalerweise das Rechteckrahmen-Werkzeug. Dessen Verwendung erzeugt ein X innerhalb des leeren Platzhalterrahmens, das aber nicht mit ausgegeben wird.

1 Aktivieren Sie im Werkzeugbedienfeld das Rechteckrahmen-Werkzeug (☒) .

2 Zeigen Sie mit dem Fadenkreuz auf den Schnittpunkt der oberen und der rechten Randhilfslinie auf der rechten Seite.

Ziehen Sie nach unten und nach links, um einen Rahmen zu erzeugen, der sich in der Breite über eine Spalte und in der Höhe bis zur nächsten Linealhilfslinie erstreckt.

3 Erzeugen Sie auf der linken Seite einen identischen Platzhalterrahmen.

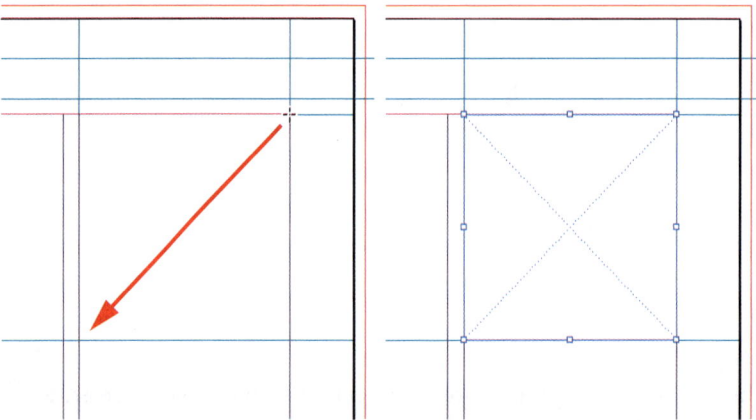

4 Wählen Sie **Datei: Speichern.**

Eine weitere Musterseite anlegen

Sie können in einem Dokument mehrere unabhängige oder aufeinander auf-bauende Musterseiten einrichten. Bei aufeinander aufbauenden Musterseiten erscheinen Änderungen auf der übergeordneten Musterseite automatisch auch auf den nachrangigen Musterseiten.

In unserem Beispiel ist die Musterseite »A-3-column Layout« für die meisten Newsletter-Seiten geeignet und lässt sich als Grundlage für einen weiteren Musterseiten-Satz verwenden, der grundlegende Layoutelemente wie Seitenränder und Paginierung übernimmt.

Damit Sie unterschiedliche Layouts verwirklichen können, erzeugen Sie nun einen neuen Musterseiten-Druckbogen mit einem zweispaltigen Layout.

1 Wählen Sie im Menü des Seitenbedienfelds die Option »Neue Musterseite«.

2 Geben Sie in das Feld »Name« »2-column Layout« ein.

3 Wählen Sie im Menü »Basiert auf Musterseite« die Option »A-3-column Layout« und klicken Sie auf OK.

Beachten Sie, dass im Seitenbedienfeld neben »B-2-column Layout« in den beiden Seiten-Symbolen jeweils ein A erscheint. Daran erkennen Sie, dass die Musterseite »B-2-column Layout« auf der Musterseite »A-3-column Layout« basiert. Änderungen an der Musterseite »A-3-column Layout« würden sich auch auf die Musterseite »B-2-column Layout« auswirken. Möglicherweise ist Ihnen außerdem aufgefallen, dass Sie Objekte wie etwa Fußzeilen von anderen Musterseiten nicht ohne Weiteres markieren können. Weiter hinten in dieser Lektion erfahren Sie mehr über das Auswählen und Übergehen von Musterseitenobjekten.

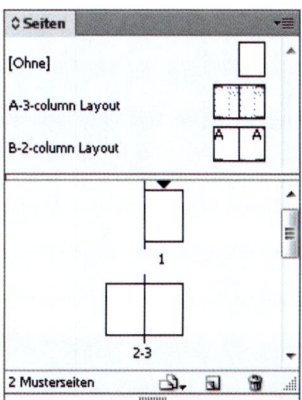

▶ **Tipp:** Falls im Seitenbedienfeld nicht alle Musterseiten-Symbole zu sehen sind, klicken Sie auf die horizontale Leiste zwischen dem Musterseiten- und dem Dokumentseitenbereich und ziehen Sie diese nach unten, bis Sie alle Musterseiten-Symbole sehen können.

4 Wählen Sie **Layout: Ränder und Spalten**.

5 Setzen Sie im Dialogfeld »Ränder und Spalten« die Anzahl der »Spalten« auf »2« und klicken Sie auf OK.

Musterseitenelemente übergehen

Die Dokumentseiten mit dem zweispaltigen Layout benötigen keine Platzhalter-rahmen. Nur die Textrahmen in der Fußzeile und die Linealhilfslinien aus der Musterseite »A-3-column Layout« sind also erforderlich. Entfernen Sie deshalb die Platzhalterrahmen von der Musterseite »B-2-column Layout«:

1 Aktivieren Sie das Auswahlwerkzeug (). Klicken Sie in den Grafikrahmen auf der linken Seite der Musterseite »B-2-column Layout«. Nichts geschieht. Weil dieser Rahmen von der anderen Musterseite »ererbt« ist, können Sie ihn nicht mit einem einfachen Klick auswählen.

2 Klicken Sie mit gedrückter Tastenkombination Umschalt+Strg (Windows) bzw. Umschalt+Befehl (Mac OS) in den Grafikrahmen. Dieser ist nun ausgewählt und kein Musterseitenelement mehr. Drücken Sie die Rück- oder die Entf-Taste, um den Rahmen zu löschen.

3 Löschen Sie den Platzhalter-Grafikrahmen auf der rechten Seite und dann die Platzhalter-Textrahmen auf den linken und rechten Seiten.

4 Wählen Sie **Datei: Speichern**.

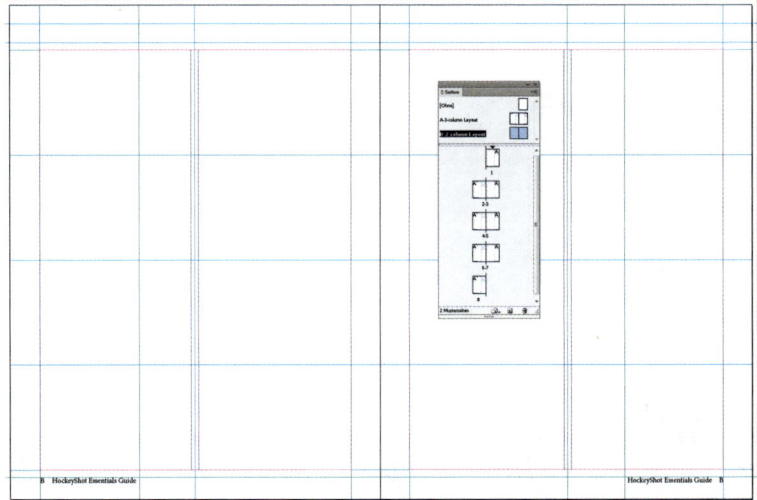

Eine übergeordnete Musterseite verändern

Zur Vervollständigung des Musterseitenlayouts für den Newsletter fügen Sie am oberen Rand der Musterseite »A-3-column Layout« mehrere Kopfzeilen-elemente und auf der rechten Seite eine andere Fußzeile hinzu. Dann betrachten Sie die Musterseite »B-2-column Layout« – die neuen Objekte wurden dieser Musterseite automatisch hinzugefügt.

Die Rahmen für die zusätzliche Kopf- und Fußzeile gestalten Sie nicht manuell, sondern importieren ein *Snippet*. Ein Snippet ähnelt einer Grafikdatei – es kann mehrere InDesign-Objekte und deren relative Position zueinander auf einer Seite oder einem Druckbogen enthalten. Sie können in InDesign ausgewählte Objekte als Snippet-Datei exportieren und diese wieder in beliebigen Dokumenten platzieren. (Mehr zum Umgang mit Snippets erfahren Sie in Lektion 10, »Bilder importieren und bearbeiten«.)

● **Hinweis:** Mehr über das Erstellen und Bearbeiten von Textrahmen, Grafikrahmen und anderen Objektarten lernen Sie in Lektion 4, »Mit Objekten arbeiten«.

1 Doppelklicken Sie im Seitenbedienfeld auf den Namen der Musterseite »A-3-column Layout«, um den Druckbogen anzuzeigen.

2 Wählen Sie **Datei: Platzieren**. Öffnen Sie den Unterordner *Links* im Ordnerpfad *Lektionen/Lektion_03*. Klicken Sie auf die Datei *Snippet1.idms* und dann auf »Öffnen«.

3 Platzieren Sie den Mauszeiger mit dem Symbol »Geladenes Snippet« (⊠) außerhalb der linken oberen Druckbogenecke am Schnittpunkt der roten Anschnitthilfslinien. Klicken Sie, um das Snippet zu platzieren.

Das Snippet platziert oben auf jeder Seite eine Kopfzeile und am unteren Rand der rechten Seite eine importierte Grafik. Jede Kopfzeile enthält einen leeren Grafikrahmen und einen Textrahmen mit weißem Text.

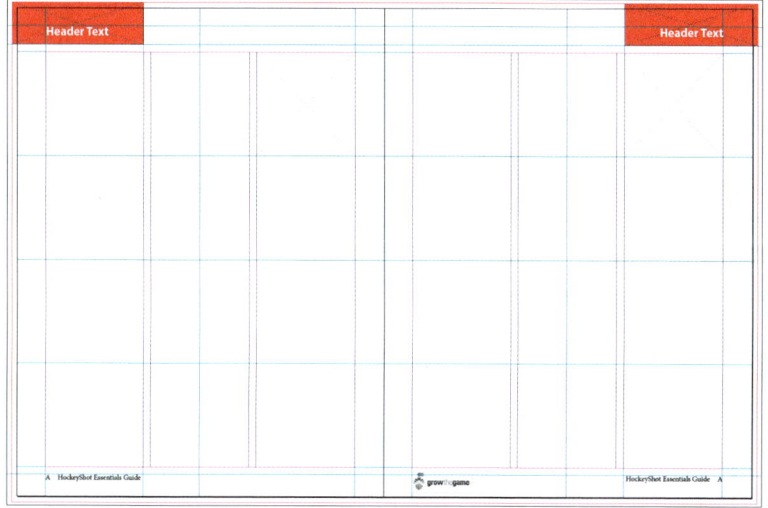

▶ **Tipp:** Zum Erstellen eines Snippets markieren Sie beliebig viele Objekte auf einer Seite oder einem Druckbogen. Wählen Sie **Datei: Exportieren** und verwenden Sie im Menü »Dateityp« (Windows) bzw. »Format« (Mac OS) den Eintrag »InDesign-Snippet«. Bestimmen Sie den Ordnerpfad, vergeben Sie einen Dateinamen und klicken Sie auf »Speichern« (Windows) bzw. »Sichern« (Mac OS).

4 Doppelklicken Sie auf den Namen der Musterseite »B-2-column Layout« im Seitenbedienfeld. Beachten Sie, dass die Elemente, die Sie soeben der Musterseite »A-3-column Layout« zugewiesen haben, automatisch auch auf der untergeordneten Musterseite erscheinen.

5 Wählen Sie **Datei: Speichern**.

Musterseiten auf Dokumentseiten anwenden

Sobald Sie alle erforderlichen Musterseiten angelegt haben, können Sie sie den Seiten in Ihrem Layout zuweisen. Standardmäßig werden alle Dokumentseiten mit der Musterseite »A-3-column Layout« formatiert. Sie möchten jedoch der letzten Seite im Newsletter die Musterseite »B-2-column Layout« zuweisen. Der Titelseite weisen Sie die Musterseite »[Ohne]« zu, weil hier keine Kopf- und Fußzeile und damit keine Musterseite benötigt wird.

Um eine Musterseite zuzuweisen, ziehen Sie das entsprechende Musterseitensymbol auf das Symbol der Dokumentseite. Alternativ wählen Sie den entsprechenden Befehl aus dem Menü des Seitenbedienfelds. In umfangreichen Dokumenten ist es übersichtlicher, die Seiten-Symbole im Seitenbedienfeld waagerecht anzuzeigen.

1 Doppelklicken Sie im Seitenbedienfeld auf den Namen der Musterseite »B-2-column Layout«. Vergewissern Sie sich, dass alle Muster- und Dokumentseiten im Bedienfeld sichtbar sind.

2 Ziehen Sie das linke Seiten-Symbol der Musterseite »B-2-column Layout« auf das Symbol der Dokumentseite 4. Sobald Seite 4 mit einem schwarzen Rahmen angezeigt wird, geben Sie die Maustaste frei. Die Musterseite »B-2-column Layout« wird auf die Dokumentseite 4 angewandt.

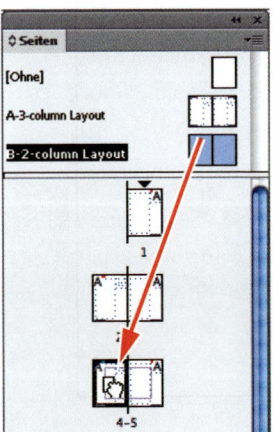

3 Ziehen Sie das rechte Seiten-Symbol der Musterseite »B-2-column Layout« auf das Seiten-Symbol der Dokumentseite 5 und dann das linke Seiten-Symbol auf die Dokumentseite 8.

4 Doppelklicken Sie im Seitenbedienfeld auf die Seitennummern 4–5, um diesen Druckbogen anzuzeigen. Beachten Sie, dass die beiden Seiten dieses

Druckbogens das zweispaltige Layout der zugewiesenen Musterseite und die auf der übergeordneten Musterseite platzierten Kopf- und Fußzeilenelemente aufweisen.

5 Doppelklicken Sie auf das Symbol für die Dokumentseite 1. Weil ihr die Musterseite »A-3-column Layout« zugewiesen wurde, enthält sie Kopf- und Fußzeilenelemente, die auf dem Cover des Newsletters nicht benötigt werden.

6 Wählen Sie aus dem Seitenbedienfeldmenü den Befehl »Musterseite auf Seiten anwenden«. Im Dialogfeld »Musterseite anwenden« vergewissern Sie sich, dass im Popup-Menü »Musterseite anwenden« die Option »[Ohne]« ausgewählt ist und dass im Feld »Auf Seiten« die Seitennummer »1« steht. Klicken Sie auf OK.

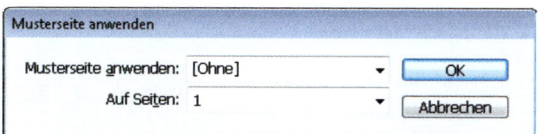

7 Wählen Sie **Datei: Speichern**.

Neue Dokumentseiten hinzufügen

Sie können Ihrem bestehenden Dokument neue Seiten hinzufügen. Ergänzen Sie Ihren Newsletter jetzt um sechs weitere Seiten. Weiter hinten in dieser Lektion verwenden Sie vier dieser Seiten für eine Beilage in Ihrem Newsletter, die eine andere Seitengröße und eigene Seitennummerierung hat.

1 Wählen Sie im Seitenbedienfeldmenü den Befehl »Seiten einfügen«.

2 Im Dialogfeld »Seiten einfügen« geben Sie **6** in das Feld »Seiten« ein, wählen aus dem Popup-Menü »Einfügen« den Befehl »Nach Seite« und geben **4** in das zugehörige Feld für die Seitennummer ein. Aus dem Popup-Menü »Musterseite« wählen Sie »[Ohne]«.

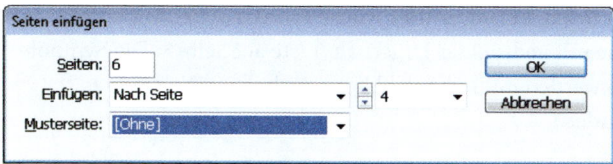

3 Klicken Sie auf OK. In der Mitte des Dokuments werden sechs leere Seiten hinzugefügt. Vergrößern Sie das Seitenbedienfeld so, dass Sie alle Dokumentseiten sehen können.

Dokumentseiten neu anordnen und löschen

● **Hinweis:** Wenn Sie nur einmal auf ein Seiten-Symbol klicken, wird diese Seite zur Bearbeitung ausgewählt. Möchten Sie zu einer Seite navigieren, klicken Sie doppelt auf ihr Seiten-Symbol.

Sie können das Seitenbedienfeld nutzen, um die Abfolge der Seiten zu ändern und überflüssige Seiten zu löschen.

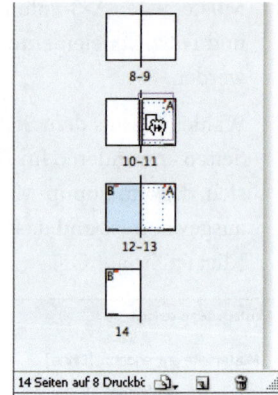

1 Klicken Sie im Seitenbedienfeld auf Seite 12, um diese auszuwählen. Beachten Sie, dass diese Seite auf der Musterseite »A-3-column Layout« basiert. Ziehen Sie sie nach oben auf das Symbol für Seite 11, die auf der Musterseite »B-2-column Layout« basiert. Sobald der kleine Pfeil innerhalb der Hand nach rechts zeigt und Ihnen damit signalisiert, dass Seite 11 in diese Richtung »gedrückt« wird, geben Sie die Maustaste frei.

Beachten Sie, dass Seite 11 nun auf der Musterseite »A-3-column Layout« basiert und dass die vormalige Seite 11 nun zu Seite 12 geworden ist. Die Seiten ab 13 bleiben unverändert.

2 Klicken Sie auf Seite 5, halten Sie die Umschalt-Taste gedrückt und klicken Sie auf Seite 6, um diese beiden (zwei der sechs zuvor eingefügten Seiten) auszuwählen.

3 Klicken Sie auf das Symbol »Ausgewählte Seiten löschen« (🗑) am unteren Bedienfeldrand. Die Seiten 5 und 6 werden aus dem Dokument gelöscht.

4 Wählen Sie **Datei: Speichern**.

Die Größe von Seiten ändern

Als Nächstes gestalten Sie innerhalb des Newsletters eine Beilage, indem Sie die Größe der im vorigen Abschnitt erzeugten Seiten ändern. Dann gestalten Sie die beiden Druckbögen, aus denen dieser Abschnitt besteht.

1 Aktivieren Sie das Seitenwerkzeug (🔲). Klicken Sie im Seitenbedienfeld auf Seite 5. Klicken Sie mit gedrückter Umschalt-Taste auf Seite 8. Die Symbole für die Seiten 5–8 werden im Bedienfeld hervorgehoben. Diese Seiten werden Sie nun ändern.

2 Geben Sie in das Feld »Breite« des Steuerungsbedienfelds **36p** ein, in das Feld »Höhe« **25p6**. Drücken Sie anschließend jeweils die Eingabetaste, um den neu eingetragenen Wert den ausgewählten Seiten zuzuweisen. (Mit diesen Werten erhalten Sie eine Beilage mit den Abmessungen 6 x 4,25 Zoll – dies sind die in den USA üblichen Maße für Postkarten.)

3 Doppelklicken Sie im Seitenbedienfeld auf Seite 4 und wählen Sie **Ansicht: Druckbogen in Fenster einpassen**. Wie Sie sehen, enthält der Druckbogen nun Seiten mit ungleichen Abmessungen.

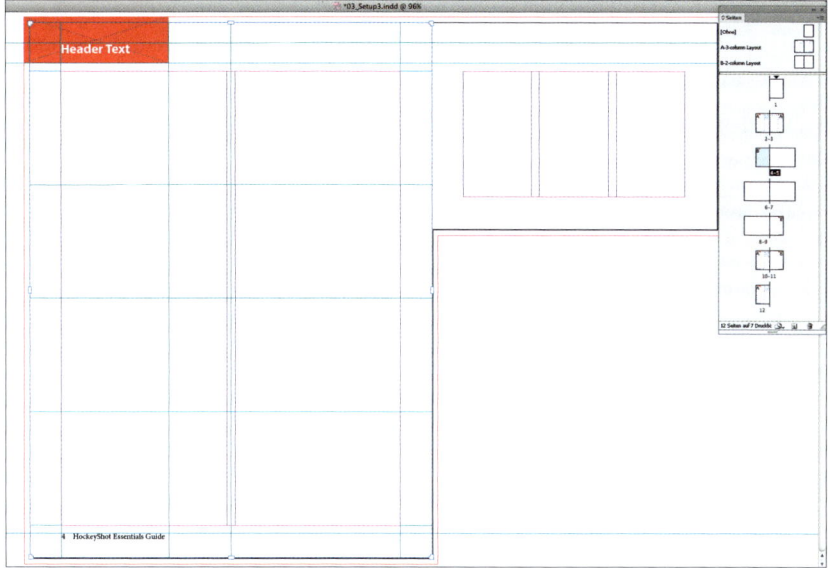
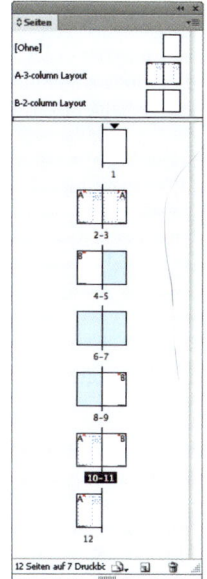

4 Verwenden Sie das Seitenwerkzeug, um die Seiten 5–8 auszuwählen.

5 Um neue Rand- und Spaltenhilfslinien für die gewählten Seiten einzurichten, wählen Sie **Layout: Ränder und Spalten**. Im Abschnitt »Ränder« des Dialogfelds »Ränder und Spalten« vergewissern Sie sich, dass das Symbol »Alle Einstellungen gleichsetzen« (⊞) aktiviert (geschlossen) ist, so dass die Eingabe in ein Feld genügt, um in allen vier Feldern dieselben Werte zu erhalten. Geben Sie **1p6** in das Feld »Oben« ein. Im Bereich »Spalten« geben Sie in das Feld »Anzahl« **1** ein und klicken Sie auf OK.

Die Seitennummerierung durch Hinzufügen von Abschnitten ändern

Die gerade erstellte Beilage soll eine eigene Seitennummerierung erhalten. Sie können innerhalb eines Dokuments unterschiedliche Seitennummerierungen nutzen, indem Sie Abschnitte hinzufügen. Als Nächstes erstellen Sie auf der ersten Seite der Beilage einen neuen Abschnitt und passen dann die Nummerierung der folgenden Newsletter-Seiten so an, dass sie korrekt nummeriert sind.

1 Doppelklicken Sie im Seitenbedienfeld auf das Symbol der Seite 5, um diese auszuwählen und anzuzeigen.

2 Wählen Sie im Seitenbedienfeldmenü den Eintrag »Nummerierungs- und Abschnittsoptionen«. Stellen Sie im Dialogfeld »Neuer Abschnitt« sicher, dass die Optionen »Abschnittsanfang« und »Seitennummerierung beginnen mit« aktiviert sind und dass die Startseitennummer 1 ist.

3 Wählen Sie im Abschnitt »Seitenzahlen« im Popup-Menü »Format« den Eintrag »i, ii, iii, iv…« und klicken Sie auf OK.

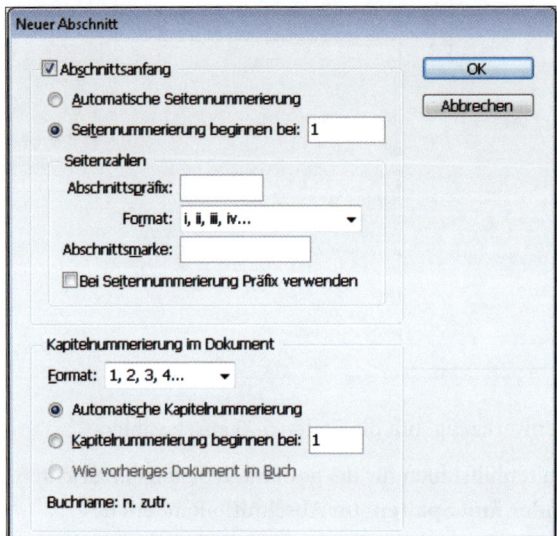

4 Betrachten Sie die Seiten-Symbole im Seitenbedienfeld. Ab der fünften Dokumentseite erscheint die Seitennummerierung jetzt in kleingeschriebenen römischen Ziffern. Die Seitenzahlen in den Fußzeilen auf den Seiten sind ebenfalls kleingeschriebene römische Ziffern.

Nun nummerieren Sie die Newsletter-Seiten, die auf die Beilage folgen, mit arabischen Ziffern und führen die Nummerierung von der letzten Seite vor der Beilage (Seite 4) fort.

5 Klicken Sie im Seitenbedienfeld auf das Symbol der Seite v, um diese auszuwählen.

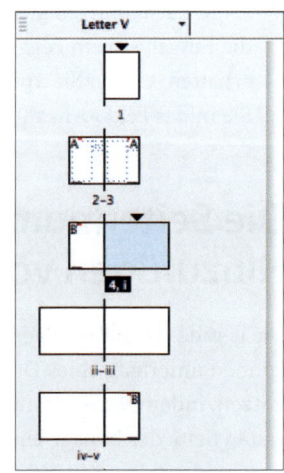

Das Dreieck über dem Seitensymbol i markiert den Beginn eines Abschnitts.

6 Wählen Sie im Seitenbedienfeldmenü den Befehl »Nummerierungs- und Abschnittsoptionen«.

7 Vergewissern Sie sich im Dialogfeld »Neuer Abschnitt«, dass die Option »Abschnittsanfang« aktiviert ist.

8 Wählen Sie »Seitennummerierung beginnen bei« und geben Sie in das zugehörige Feld den Wert **5** ein. Die Abschnittsnummerierung beginnt nun mit der Seite 5.

9 Wählen Sie im Popup-Menü »Format« den Eintrag »1, 2, 3, 4...« und klicken Sie auf OK.

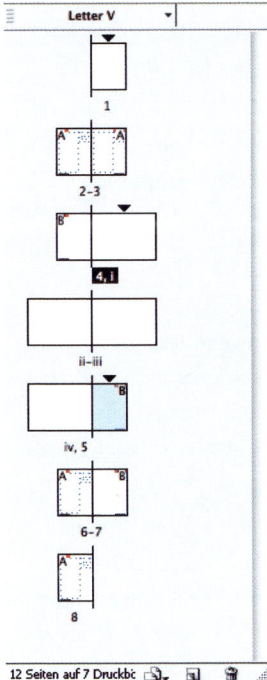

Jetzt sind Ihre Seiten richtig nummeriert. Beachten Sie, dass im Seitenbedienfeld über den Seiten 1, i und 5 ein kleines schwarzes Dreieck erscheint. Diese Dreiecke weisen auf den Beginn eines neuen Abschnitts hin.

10 Wählen Sie **Datei: Speichern**.

Texte und Bilder auf den Dokumentseiten platzieren

Nachdem Sie das Gerüst für die zwölfseitige Publikation geschaffen haben, beginnen Sie mit der Gestaltung der Einzelseiten. Sie prüfen nun, wie sich die in den Musterseiten vorgenommenen Änderungen auf die Dokumentseiten auswirken. Dazu fügen Sie den Seiten 2 und 3 Texte und Grafiken hinzu. Mehr über das Erstellen und Bearbeiten von Objekten erfahren Sie in Lektion 4, »Mit Objekten arbeiten«. Für diese Lektion haben wir den Layoutvorgang so weit wie möglich vereinfacht.

1 Wählen Sie **Datei: Speichern unter**, nennen Sie die Datei *03_Newsletter. indd*, öffnen Sie den Ordner *Lektion_03* und klicken Sie auf »Speichern« (Windows) bzw. »Sichern« (Mac OS).

2 Im Seitenbedienfeld doppelklicken Sie auf das Symbol der Seite 2 (nicht das der Seite ii) und wählen **Ansicht: Druckbogen in Fenster einpassen**.

   Da den Seiten 2 und 3 die Musterseite »A-3-column Layout« zugewiesen wurde, enthalten sie das Raster, die Kopf- und Fußzeile sowie die Platzhalterrahmen dieser Musterseite.

   Zum Import von Texten und Bildern aus anderen Anwendungen, beispielsweise Bildern aus Adobe Photoshop oder Texten aus Microsoft Word, verwenden Sie den Befehl »Platzieren«. Bevor Sie jedoch Texte und Grafiken in die Platzhalterrahmen importieren, wählen Sie diese Musterseitenelemente aus, wie Sie es früher in dieser Lektion getan haben.

3 Aktivieren Sie das Auswahlwerkzeug (↖). Halten Sie die Tastenkombination Umschalt+Strg (Windows) bzw. Umschalt+Befehl (Mac OS) gedrückt und klicken Sie in den Bildrahmen-Platzhalter auf Seite 3. Der Rahmen ist nun ausgewählt.

4 Halten Sie die Tastenkombination Umschalt+Strg (Windows) bzw. Umschalt+Befehl (Mac OS) weiterhin gedrückt und wählen Sie den Textrahmen-Platzhalter auf der linken Seite von Seite 3 sowie die beiden Platzhalterrahmen auf Seite 2 aus.

5 Wählen Sie **Bearbeiten: Auswahl aufheben** oder klicken Sie auf einen leeren Bereich der Seite oder der Montagefläche, um die Markierung aller Objekte aufzuheben. Nun können Sie Texte und Grafiken in die Platzhalterrahmen einfügen.

6 Wählen Sie **Datei: Platzieren**. Öffnen Sie bei Bedarf den Ordner *Links* im Ordnerpfad *Lektionen/Lektion_03* auf Ihrer Festplatte. Klicken Sie auf die Word-Datei *Article1.docx*. Dann klicken Sie mit gedrückter Umschalt-Taste auf die Datei *Graphic2.jpg*. Damit haben Sie vier Dateien ausgewählt: *Article1.docx, Article2.docx, Graphic1.jpg* und *Graphic2.jpg*. Klicken Sie auf »Öffnen«.

Der Mauszeiger wird zum Symbol »Geladene Grafik« (⬚) mit einer Vorschau der ersten paar Zeilen des Textes aus der Datei *Article1.docx*.

7 Zeigen Sie mit dem Geladene-Grafik-Symbol in den Textrahmen-Platzhalter auf Seite 2 und klicken Sie. Der Text aus der Datei *Article1.docx* wird in dem Rahmen platziert.

▶ **Tipp:** Das Symbol »Geladene Grafik« wird beim Import von Texten oder Grafiken in Ihr Layout mit runden Klammern versehen, wenn InDesign einen vorhandenen Rahmen erkennt. InDesign nutzt dann den vorhandenen Rahmen, statt einen neuen Text- oder Grafikrahmen zu erzeugen.

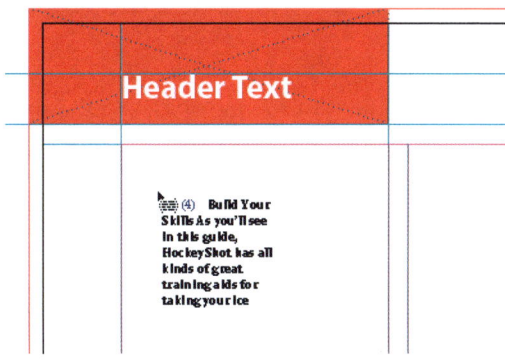

8 Um die drei übrigen Dateien zu platzieren, klicken Sie in den Textrahmen auf Seite 3 (der Text aus *Article2.docx* wird eingefügt). Anschließend klicken Sie in den Grafikrahmen auf Seite 2 (das Bild *Graphic1.jpg* wird eingefügt) sowie in den Grafikrahmen auf Seite 3 (das Bild *Graphic2.jpg* wird platziert).

9 Wählen Sie **Bearbeiten: Auswahl aufheben**.

Sie werden das Layout des Druckbogens nun mit dem Import eines Snippets vervollständigen.

10 Wählen Sie **Datei: Platzieren**. Klicken Sie auf die Datei *Snippet2.idms* und dann auf »Öffnen«.

11 Positionieren Sie das Symbol des geladenen Snippets (⊠) außerhalb der linken oberen Druckbogenecke auf dem Schnittpunkt der roten Anschnitthilfslinien. Platzieren Sie das Snippet mit einem Klick.

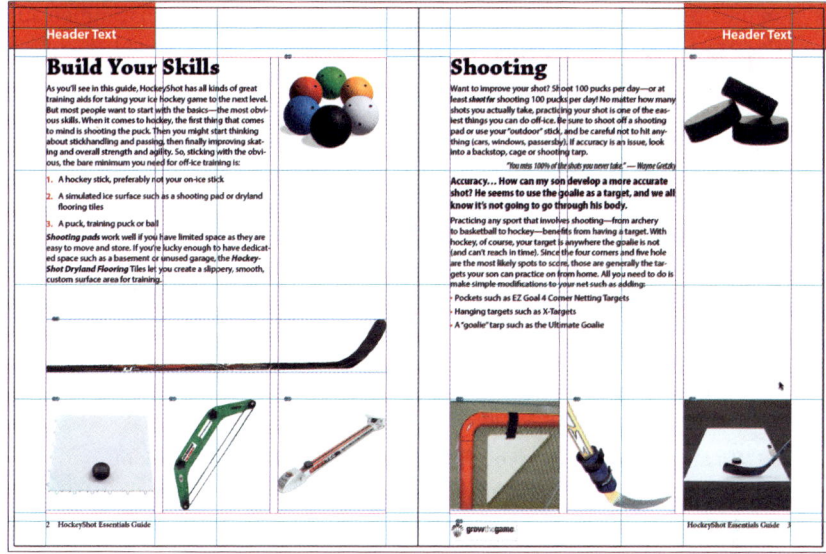

12 Wählen Sie **Bearbeiten: Auswahl aufheben** oder klicken Sie in einen leeren Bereich auf der Seite oder Montagefläche, um die Auswahl aller Objekte aufzuheben.

13 Wählen Sie **Datei: Speichern**.

Musterseitenobjekte auf Dokumentseiten übergehen

Beim Erzeugen einer zweiten Musterseite weiter vorne in dieser Lektion, haben Sie die Musterseitenelemente auf der untergeordneten Musterseite gelöst, so dass Sie sie bearbeiten konnten. Jetzt lösen Sie zwei Musterseitenelemente auf Ihrem Druckbogen – die Textrahmen, die den Kopfzeilentext enthalten – und ersetzen den Platzhaltertext anschließend durch neuen Text.

1 Aktivieren Sie das Text-Werkzeug (**T**). Halten Sie die Tastenkombination Umschalt+Strg (Windows) oder Umschalt+Befehl (Mac OS) gedrückt und klicken Sie in den Textrahmen-Platzhalter auf Seite 2 mit dem Inhalt »Header Text.« Ersetzen Sie den Text durch **Skills**.

2 Wiederholen Sie Schritt 1, um den Kopfzeilentext auf Seite 3 in **Shots** zu ändern.

3 Wählen Sie **Datei: Speichern**.

Druckbögen drehen

In manchen Fällen ist es sinnvoll, den Inhalt einer Seite oder eines Druckbogens zu drehen, damit Sie leichter daran arbeiten können. Ein Beispiel ist eine querformatige Kalenderseite in einer sonst hochformatigen Zeitschrift. Dafür könnten Sie alle Objekte um 90° drehen, müssten dann aber den Kopf zur Seite legen oder den Monitor drehen, um das gedrehte Layout richtig zu betrachten und bearbeiten oder Text ändern zu können. Einfacher ist es, die Ansicht des Druckbogens zu drehen und diese Drehung später wieder rückgängig zu machen. Ein Beispiel dafür finden Sie im Dokument *03_End.indd* im Ordner *Lektion_03*.

1   Doppelklicken Sie im Seitenbedienfeld auf das Symbol der Seite 4, um diese auszuwählen und zentriert im Dokumentfenster anzuzeigen.

2   Wählen Sie **Ansicht: Druckbogen drehen: 90° im UZS** (Uhrzeigersinn).

Nach dem Drehen der Druckbogenansicht (rechts) lassen sich die Objekte auf der Seite einfacher bearbeiten.

3   Wählen Sie **Ansicht: Druckbogen drehen: Drehung löschen**.

4   Schließen Sie das Dokument, ohne die Änderungen zu speichern.

Den fertigen Druckbogen betrachten

Nun ist es so weit: Sie können die Hilfslinien und Rahmenkanten ausblenden und den fertigen Druckbogen betrachten.

1 Aktivieren Sie das Auswahlwerkzeug (➤) und doppelklicken Sie im Seitenbedienfeld auf das Symbol der Seite 2, um diese anzuzeigen.

2 Wählen Sie **Ansicht: Druckbogen in Fenster einpassen** und blenden Sie bei Bedarf die Bedienfelder aus.

3 Wählen Sie **Ansicht: Bildschirmmodus: Vorschau**, um alle Hilfslinien, Raster, Rahmenkanten und die Montagefläche auszublenden.

▶ **Tipp:** Um Bedienfelder einschließlich des Werkzeug- und Steuerungsbedienfelds aus- und wieder einzublenden, drücken Sie die Tab-Taste.

Beim Gestalten des zwölfseitigen Dokuments haben Sie gelernt, wie Sie durch das Hinzufügen von Objekten auf Musterseiten ein konsistentes Design für das komplette Dokument erzielen können.

4 Wählen Sie **Datei: Speichern**.

Glückwunsch, damit haben Sie die Lektion erfolgreich abgeschlossen.

Eigene Übung

▶ **Tipp:** Für Ihre eigenen Experimente wählen Sie **Ansicht: Bildschirmmodus: Normal**.

Am besten festigen Sie die Fertigkeiten, die Sie in dieser Lektion erlernt haben, durch eigene Experimente. Probieren Sie einige der folgenden Übungen aus, um mehr Erfahrung im Umgang mit den Arbeitstechniken in InDesign zu sammeln.

1 Platzieren Sie die *GraphicExtra.jpg* im Ordner *Lektion_03* in der dritten Spalte auf Seite 3. Nachdem Sie im Dialogfeld »Platzieren« auf »Öffnen« geklickt haben, klicken Sie auf den Schnittpunkt von horizontaler Linealhilfslinie und linkem Rand der dritten Spalte. Ziehen Sie, bis der Rahmen so breit ist wie die Spalte, und geben Sie die Maustaste dann frei.

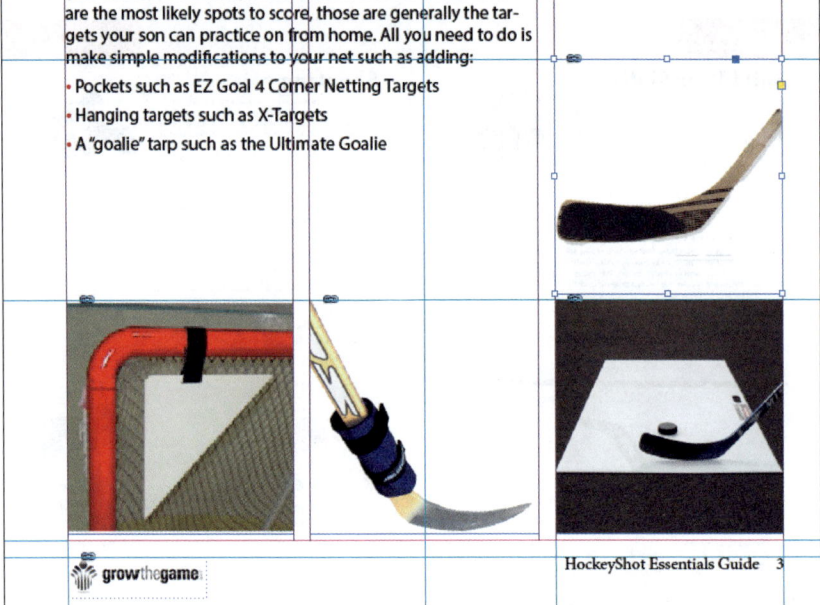

2 Erzeugen Sie eine weitere Musterseite für das Dokument. Als Grundlage nehmen Sie die Musterseite »A-3-column Layout«. Geben Sie ihr den Namen »C-4-column Layout« und ändern Sie sie so ab, dass sie vier statt drei Spalten enthält. Weisen Sie die neue Musterseite einer bisher leeren Seite zu.

Fragen

1 Welche Vorteile bietet das Anlegen von Objekten auf Musterseiten?

2 Wie ändern Sie das Schema für die Seitennummerierung?

3 Wie wählen Sie ein Musterseitenelement auf einer Dokumentseite aus?

Antworten

1 Durch das Anlegen von Objekten auf Musterseiten, zum Beispiel Hilfslinien, Fußzeilen und Platzhalterrahmen, sorgen Sie für ein einheitliches Layout auf den Dokumentseiten, denen Sie die Musterseite zuweisen.

2 Klicken Sie im Seitenbedienfeld auf das Symbol der Seite, mit der die neue Seiten- nummerierung beginnen soll. Wählen Sie dann aus dem Seitenbedienfeldmenü die Option »Nummerierungs- und Abschnittsoptionen« und legen Sie das neue Schema für die Seitennummerierung fest.

3 Halten Sie die Tasten Umschalt+Strg (Windows) bzw. Umschalt+Befehl (Mac OS) gedrückt und klicken Sie auf das gewünschte Objekt, um es auszuwählen. Anschließend können Sie das Objekt bearbeiten, löschen oder anderweitig ändern.

4 MIT OBJEKTEN ARBEITEN

Überblick

In dieser Einführung zur Arbeit mit Objekten lernen Sie Folgendes:

- Mit Ebenen arbeiten
- Text- und Grafikrahmen erstellen und bearbeiten
- Bilder in Grafikrahmen importieren
- Mehrere Bilder in ein Grafikraster importieren
- Ein Bild beschneiden, verschieben und skalieren
- Den Raum zwischen Rahmen anpassen
- Grafikrahmen mit Beschriftungen versehen
- Grafikrahmen platzieren und verknüpfen
- Die Rahmenform ändern
- Objekte mit Text umfließen
- Komplexe Rahmen erstellen
- Rahmenformen in andere Formen umwandeln
- Objekte transformieren und ausrichten
- Mehrere Objekte gleichzeitig auswählen und bearbeiten

 Für diese Lektion benötigen Sie ungefähr 90 Minuten.

In InDesign können Rahmen Texte, Bilder oder Farb-
flächen enthalten. Bei der Arbeit mit unterschiedlichen
Rahmen bietet Adobe InDesign CS6 viel Flexibilität und
damit eine optimale Kontrolle über Ihre Layouts.

● **Hinweis:** Falls
nötig, kopieren
Sie jetzt die
Lektionsdateien von
der *Adobe InDesign
CS6 Classroom in
a Book*-DVD auf
Ihre Festplatte.
Informationen dazu
finden Sie unter »Die
Classroom in a Book-
Dateien kopieren« auf
Seite 2.

Vorbereitungen

In dieser Lektion bearbeiten Sie die beiden Druckbögen eines vierseitigen
Rundschreibens, fügen Texte und Bilder ein und passen das Layout für das
gewünschte Ergebnis an.

1 Damit die Voreinstellungen von InDesign CS6 wie in der Lektion
funktionieren, verschieben Sie die Datei InDesign Voreinstellungen an einen
anderen Speicherort. Näheres dazu finden Sie unter »Voreinstellungsdateien
speichern und wiederherstellen« auf Seite 3.

2 Starten Sie InDesign. Damit alle Bedienfelder und Menübefehle wie in dieser
Lektion funktionieren, wählen Sie **Fenster: Arbeitsbereich: [Erweitert]** und
dann **Fenster: Arbeitsbereich: Erweitert zurücksetzen**. Zunächst öffnen
Sie ein bereits teilweise fertiggestelltes InDesign-Dokument.

3 Wählen Sie **Datei: Öffnen** und öffnen Sie die Datei *04_a_Start.indd* im
Ordnerpfad *Lektionen/Lektion_04* auf Ihrer Festplatte.

4 Wählen Sie **Datei: Speichern unter** und sichern Sie die Datei unter dem
neuen Namen *04_Objects.indd* im Ordner *Lektion_04*.

5 Um das fertige Dokument zu betrachten, öffnen Sie die Datei *04_b_End.
indd* in demselben Ordner. Sie können dieses Dokument während der
Arbeit zu Vergleichszwecken offen lassen. Wenn Sie mit der Bearbeitung des
Übungsdokuments fortfahren möchten, wählen Sie **Fenster: 04_Objects.indd**.

● **Hinweis:** Ordnen
Sie während
der Arbeit die
Bedienfelder nach
Belieben an und
passen Sie die
Vergrößerung Ihren
Bedürfnissen an.

Das Rundschreiben in dieser Lektion umfasst zwei Druckbögen mit gegenüberliegenden
Seiten: Der linke Druckbogen besteht aus der Seite 4 (der Rückseite) und der Seite 1 (der
Titelseite); der rechte Druckbogen enthält die Seiten 2 und 3 (den Ausfalter). Hier sehen Sie das
fertige Ergebnis.

Mit Ebenen arbeiten

Bevor Sie Objekte erstellen und bearbeiten, sollten Sie sich mit der
Funktionsweise von InDesign-Ebenen vertraut machen. Ein neues Dokument
enthält standardmäßig eine einzige Ebene, die »Ebene 1«. Während der Arbeit

an Ihren Dokumenten können Sie die Ebene jederzeit umbenennen und weitere Ebenen hinzufügen. Wenn Sie Objekte auf unterschiedlichen Ebenen platzieren, lassen sich diese strukturieren und mühelos auswählen bzw. bearbeiten. Über das Ebenenbedienfeld können Sie verschiedene Ebenen einzeln, in Gruppen oder gemeinsam auswählen, bearbeiten oder drucken.

Das Dokument *04_Objects.indd* enthält zwei Ebenen. Mit diesen experimentieren Sie nun. Dabei erfahren Sie, welche Vorteile die Arbeit mit Ebenen bei der Dokumentgestaltung hat.

Ebenen verstehen

Stellen Sie sich Ebenen als teilweise transparente Folien vor, die übereinander angeordnet sind. Beim Erstellen eines Objekts wählen Sie aus, auf welcher Ebene es liegen soll. Objekte lassen sich auch von einer auf eine andere Ebene verschieben. Die Objekte auf den einzelnen Ebenen sind voneinander unabhängig.

Das Ebenenbedienfeld (**Fenster: Ebenen**) listet die Ebenen des Dokuments auf. Sie können hier Ebenen erstellen, verwalten und löschen. Es bietet Ihnen auch die Möglichkeit, alle Objekte einer Ebene namentlich anzuzeigen und diese einzeln ein- oder auszublenden oder zu sperren. Mit einem Klick auf das kleine Dreieck links neben dem Ebenennamen blenden Sie die Auflistung der darin enthaltenen Objekte ein und aus.

Durch den Einsatz mehrerer Ebenen können Sie bestimmte Bereiche oder Inhalte in Dokumenten erstellen und bearbeiten, ohne dass andere Bereiche oder Inhalte verändert werden. Kann ein Dokument z. B. nur langsam gedruckt werden, da es zahlreiche große Grafiken enthält, können Sie eine Ebene nur für den Text im Dokument verwenden. Zum Korrekturlesen des Textes können Sie dann alle anderen Ebenen ausblenden und ohne großen Zeitaufwand nur die Textebene drucken. Mit Ebenen können Sie außerdem alternative Entwürfe für ein Layout oder unterschiedliche Versionen von Werbeanzeigen für verschiedene Regionen realisieren.

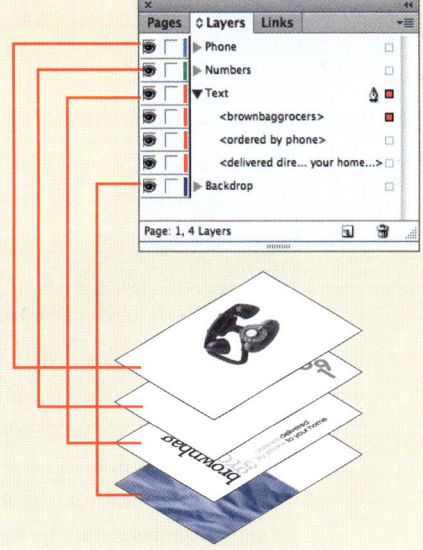

1 Öffnen Sie das Ebenenbedienfeld mit einem Klick auf sein Register oder über den Befehl **Fenster: Ebenen**.

2 Falls die Ebene »Text« noch nicht im Ebenenbedienfeld markiert ist, wählen Sie sie nun mit einem Klick aus. Die farbige Hervorhebung zeigt, dass die Ebene ausgewählt ist. InDesign blendet rechts neben dem Ebenennamen ein Zeichenstift-Symbol (✎) ein und zeigt damit, dass diese Ebene die (aktive) Zielebene ist, auf der alles, was Sie nun platzieren oder erstellen, eingefügt wird.

3 Klicken Sie auf das kleine Dreieck links neben dem Namen der Ebene »Text«. Alle Gruppen und Objekte auf dieser Ebene werden unter der Ebenenbezeichnung aufgelistet. Verwenden Sie die Bildlaufleisten des Bedienfelds, um die aufgelisteten Namen zu betrachten. Anschließend blenden Sie die Liste mit einem erneuten Klick auf das Dreieck wieder aus.

4 Klicken Sie auf das Auge-Symbol (👁) links neben der Ebenenbezeichnung »Graphics«. Alle Objekte auf dieser Ebene werden nun ausgeblendet. Mit dieser Schaltfläche können Sie eine Ebene jederzeit ein- oder ausblenden. Ist eine Ebene ausgeblendet, ist im Bedienfeld anstelle des Auge-Symbols eine leere (graue) Fläche sichtbar. Klicken Sie erneut auf die Fläche, um den Ebeneninhalt wieder einzublenden.

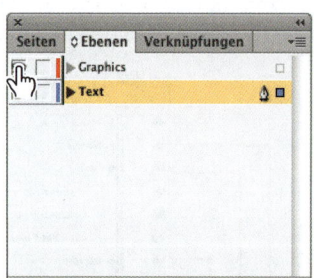

Ebeneninhalt mit einem Klick ausblenden

Der Druckbogen mit ausgeblendeter Ebene »Graphics«

5 Vergrößern Sie die Darstellung des dunkelblauen Rahmens auf der Titelseite (Seite 1) mit dem Zoomwerkzeug (🔍).

6 Aktivieren Sie das Auswahlwerkzeug (➤) und bewegen Sie den Mauszeiger in die Grafik des Yield-Zeichens. Achten Sie auf das hervorgehobene blaue Rechteck um den Rahmen. Der blaue Rand signalisiert, dass sich der Rahmen auf der Textebene befindet, der eine blaue Farbe zugewiesen ist. In der Mitte des Rahmens wird ein transparenter Kreisring, das so genannte Inhaltsauswahlwerkzeug, angezeigt. Zeigen Sie mit dem Mauszeiger in diesen Ring, verwandelt er sich in ein Hand-Symbol.

7 Steuern Sie nun mit dem Mauszeiger den runden Grafikrahmen unterhalb des Yield-Zeichens an. Beachten Sie, dass dieser Rahmen einen roten Rand erhalten wird. Daran erkennen Sie seine Zugehörigkeit zur roten Grafikebene.

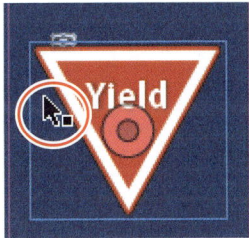 

Links: Wenn der Mauszeiger sichtbar ist, können Sie einen Rahmen anklicken und mit gedrückter Maustaste zusammen mit seinem Inhalt verschieben. Rechts: Wenn die Hand erscheint, können Sie die Grafik mit gedrückter Maustaste innerhalb des Rahmens verschieben.

8 Zeigen Sie mit der Maus zunächst wieder auf das Yield-Zeichen und vergewissern Sie sich, dass der Mauszeiger sichtbar ist. Klicken Sie auf den Grafikrahmen, um ihn auszuwählen.

Betrachten Sie das Ebenenbedienfeld: Die Ebene »Text« ist ausgewählt und zeigt rechts neben der Ebenenbezeichnung einen Punkt in der Ebenenfarbe – im Beispiel Blau. Damit zeigt InDesign, dass das gewählte Objekt zu dieser Ebene gehört. Objekte lassen sich von einer Ebene auf eine andere verschieben, indem Sie diesen Punkt im Ebenenbedienfeld auf eine andere Ebene ziehen.

9 Ziehen Sie den Punkt im Ebenenbedienfeld von der Ebene »Text« auf die Ebene »Graphics«. Jetzt gehört das Bild zur Ebene »Graphics« und ist nun das oberste Objekt auf der obersten Ebene.

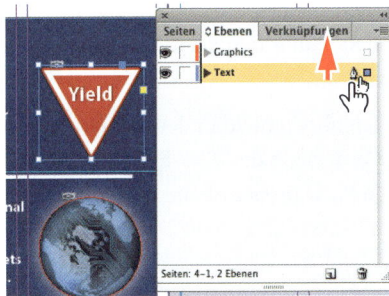

Wählen Sie das Bild aus und ziehen Sie sein Symbol in das Ebenenbedienfeld.

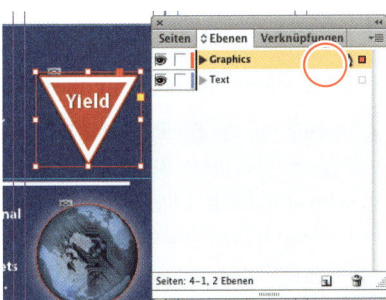

Ergebnis

10 Klicken Sie links neben der Ebene »Graphics« auf das Schloss-Symbol (🔒), um die Ebene zu sperren.

11 Wählen Sie **Ansicht: Seite in Fenster einpassen**.

Als Nächstes erzeugen Sie eine neue Ebene und verschieben bereits vorhandene Elemente darauf.

▶ **Tipp:** Wenn Sie mit gedrückter Alt-Taste auf die Schaltfläche »Neue Ebene erstellen« klicken, öffnet sich das Dialogfeld »Neue Ebene«. Dort können Sie dann gleich einen neuen Ebenennamen vergeben.

12 Klicken Sie am unteren Rand des Ebenenbedienfelds auf das Symbol »Neue Ebene erstellen« (🔲). Da zuvor die Ebene »Graphics« ausgewählt war, wird die neue Ebene im Ebenenbedienfeld oberhalb dieser Ebene eingefügt.

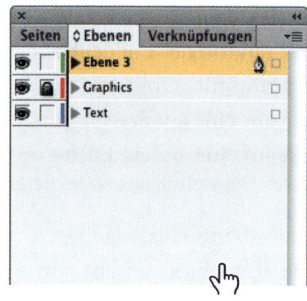

Halten Sie beim Anklicken der Schaltfläche »Neue Ebene erstellen« die Strg-(Windows) oder Befehl-Taste (Mac OS) gedrückt, wird die neue Ebene unterhalb der aktuell ausgewählten Ebene angelegt.

Verwenden Sie stattdessen die Tastenkombination Strg-Alt (Windows) oder Befehl-Alt (Mac OS), erscheint ebenfalls das Dialogfeld »Neue Ebene«, und die neue Ebene wird nach dem Schließen unterhalb der aktuell gewählten Ebene angelegt.

13 Doppelklicken Sie auf den Namen der neuen Ebene (»Ebene 3«), um das Dialogfeld »Ebenenoptionen« einzublenden. Ändern Sie den Namen in **Background** (Hintergrund) und klicken Sie auf OK.

14 Ziehen Sie die *Background*-Ebene im Ebenenbedienfeld in der Stapelreihenfolge nach unten. Beim Ziehen zeigt sich unterhalb der *Text*-Ebene eine schwarze Linie. Diese zeigt die zukünftige Position der Ebene nach dem Loslassen des Mauszeigers.

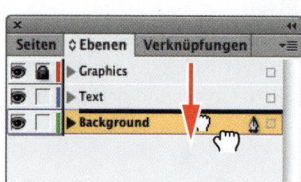

15 Wählen Sie **Datei: Speichern**.

Intelligente Hilfslinien verwenden

Die Funktion »Intelligente Hilfslinien« ist eine enorme Erleichterung beim präzisen Erstellen und Platzieren von Objekten. Sie können Objekte an den Kanten oder Mittelpunkten anderer Objekte ausrichten, sich an den vertikalen und horizontalen Mitten von Seiten orientieren oder die Mittelpunkte von Spalten oder Spaltenzwischenräumen anpeilen. Intelligente Hilfslinien werden dynamisch aktualisiert und geben Ihnen während der Arbeit eine optische Kontrolle.

In den Voreinstellungen stehen unter »Hilfslinien und Montagefläche« (**Bearbeiten: Voreinstellungen: Hilfslinien und Montagefläche [Windows]** bzw. **InDesign: Voreinstellungen: Hilfslinien und Montagefläche [Mac OS]**) vier Optionen für intelligente Hilfslinien zur Verfügung:

- »An Objektmitte ausrichten« ermöglicht beim Anlegen oder Verschieben eines Objekts eine einfache Ausrichtung der Objektmitte auf der Seite oder dem Druckbogen.

- »An Objektkanten ausrichten« erleichtert beim Anlegen oder Verschieben eines Objekts die Ausrichtung der Objektkanten auf der Seite oder dem Druckbogen.

- »Intelligente Abmessungen« sorgt beim Anlegen, Ändern oder Drehen für den Abgleich der Breite, Höhe oder Drehung eines Objekts mit den Eigenschaften anderer Objekte.

- »Intelligente Abstände« ermöglicht das schnelle Anordnen von Seitenobjekten mit identischen Abständen.

Mit dem Befehl »Intelligente Hilfslinien« (**Ansicht: Raster und Hilfslinien: Intelligente Hilfslinien**) schalten Sie die intelligenten Hilfslinien ein und aus. Sie können die intelligenten Hilfslinien auch über das Menü »Anzeigeoptionen« in der Anwendungsleiste aktivieren und deaktivieren. Standardmäßig sind die intelligenten Hilfslinien aktiviert.

Legen Sie ein neues einseitiges Dokument mit mehreren Spalten an, um sich mit den intelligenten Hilfslinien vertraut zu machen. (Geben Sie im Dialogfeld »Neues Dokument« im Bereich »Spalten« im Feld »Anzahl« eine Zahl größer als 1 ein.)

1   Wählen Sie im Werkzeugbedienfeld das Rechteckrahmen-Werkzeug (⊠), klicken Sie damit auf die linke Randhilfslinie und ziehen Sie sie nach rechts. Wenn der Mauszeiger die Mitte einer Spalte oder eines Spaltenzwischenraums bzw. die horizontale Seitenmitte erreicht, während Sie den Mauszeiger über die Seite bewegen, blendet InDesign eine Hilfslinie ein. Geben Sie die Maustaste frei, wenn InDesign eine intelligente Hilfslinie anzeigt.

2   Das Rechteckrahmen-Werkzeug ist noch aktiv; klicken Sie auf die Hilfslinie am oberen Rand und ziehen Sie sie nach unten. Wenn der Mauszeiger die obere Kante, die Mitte oder die untere Kante des ersten angelegten Objekts oder die vertikale Mitte der Seite erreicht, zeigt InDesign eine intelligente Hilfslinie an.

3   Legen Sie in einem leeren Bereich der Seite mit dem Rechteckrahmen-Werkzeug ein weiteres Objekt an. Ziehen Sie die Maus langsam und beobachten Sie den Bildschirm. InDesign blendet intelligente Hilfslinien ein, wenn der Mauszeiger die Ränder oder einen der Mittelpunkte der übrigen Objekte erreicht. Auch wenn die Höhe oder die Breite des neuen Objekts die Höhe oder die Breite eines der anderen beiden Objekte erreicht, zeigt InDesign eine vertikale oder horizontale Linie (oder beide Linien) mit Pfeilen an beiden Enden neben dem neuen Objekt und dem Objekt mit der passenden Höhe oder Breite an.

4   Schließen Sie das Dokument, ohne die Änderungen zu sichern.

Textrahmen anlegen und bearbeiten

Normalerweise befindet sich Text innerhalb von Textrahmen. (Mit dem Text-
auf-Pfad-Werkzeug (✐) können Sie Text auch entlang eines Pfades anordnen.)
Größe und Position dieser Textrahmen bestimmen die Darstellung von Text auf
einer Seite. Zum Anlegen von Textrahmen verwenden Sie das Textwerkzeug;
zum Bearbeiten verwenden Sie unterschiedliche Werkzeuge – das probieren Sie
jetzt gleich einmal aus.

Textrahmen anlegen und ihre Größe ändern

Legen Sie nun einen neuen Textrahmen an, passen Sie seine Größe an und
ändern Sie die Größe eines weiteren Rahmens.

1 Doppelklicken Sie im Seitenbedienfeld auf das Seiten-Symbol der Rückseite
(Seite 4), um diese anzuzeigen. Wählen Sie dann **Ansicht: Seite in Fenster
einpassen**.

2 Wählen Sie die *Text*-Ebene im Ebenenbedienfeld mit einem Klick aus. Damit
sorgen Sie dafür, dass InDesign neue Inhalte auf dieser Ebene platziert.

3 Aktivieren Sie im Werkzeugbedienfeld das Textwerkzeug (**T**) und platzieren
Sie den Mauszeiger auf dem Schnittpunkt des linken Rands der ersten Spalte
und der horizontalen Hilfslinie auf der vertikalen Position 22p0. Ziehen Sie
einen Rahmen mit einer Höhe von etwa 8p auf und lassen Sie ihn am rechten
Rand der zweiten Spalte einrasten.

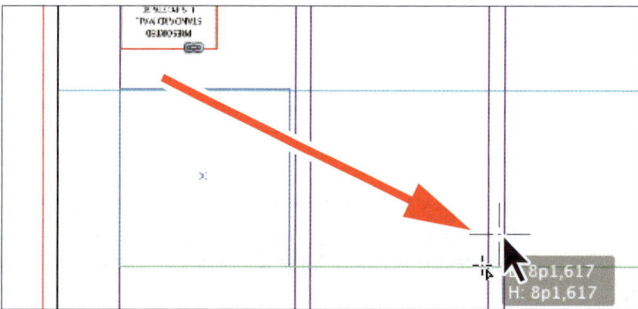

4 Verwenden Sie das Zoomwerkzeug (🔍), um die Darstellung des
Textrahmens zu vergrößern, und aktivieren Sie wieder das Textwerkzeug.

5 Geben Sie in den neuen Textrahmen **Customer** ein, drücken Sie für
einen Zeilenumbruch ohne Absatzmarke die Tastenkombination
Umschalt+Eingabetaste und geben Sie **Testimonials** ein. Klicken Sie an eine
beliebige Stelle innerhalb des Textes, um den Absatz auszuwählen.

Jetzt weisen Sie dem Text ein Absatzformat zu.

6 Klicken Sie auf das Register des Absatzformatebedienfelds oder wählen Sie **Schrift: Absatzformate**, um das Bedienfeld zu öffnen. Klicken Sie auf das Format »Testimonials«, um es dem ausgewählten Absatz zuzuweisen.

▶ **Tipp:** Sie müssen einen Absatz nicht komplett markieren, um ihm ein Absatzformat zuzuweisen. Es genügt, wenn Sie die Einfügemarke an eine beliebige Stelle des Absatzes setzen.

Mehr über Formate erfahren Sie in Lektion 9, »Mit Formaten arbeiten«.

7 Doppelklicken Sie mit dem Auswahlwerkzeug (▶) auf den unteren mittleren Anfasser des Textrahmens, um den Rahmen vertikal an den Text anzupassen.

Anpassung des Rahmens an den Inhalt mit einem Doppelklick

Ergebnis

8 Wählen Sie **Ansicht: Druckbogen in Fenster einpassen** und halten Sie die Taste Z gedrückt, um vorübergehend zum Zoomwerkzeug (🔍) zu wechseln (alternativ klicken Sie dieses Werkzeug regulär im Werkzeugbedienfeld an). Zoomen Sie in die rechte Spalte der Titelseite (Seite 1). Wählen Sie mit dem Auswahlwerkzeug (▶) den Textrahmen (mit dem Text »NEW Day & Evening Classes …«) unter dem Text »the Buzz« aus.

Das rote Pluszeichen in der unteren rechten Textrahmenecke weist auf Übersatztext hin, der aus Platzmangel nicht dargestellt werden kann. Sie lösen das Problem, indem Sie die Größe und Proportion des Textrahmens anpassen.

9 Ziehen Sie den unteren mittleren Anfasser des markierten Rahmens nach unten, bis die untere Kante an der Hilfslinie auf der vertikalen Position 48p0 einrastet. Sobald der Mauszeiger den Rand erreicht, ändert er sein Aussehen. Daran erkennen Sie, dass er hier einrasten kann.

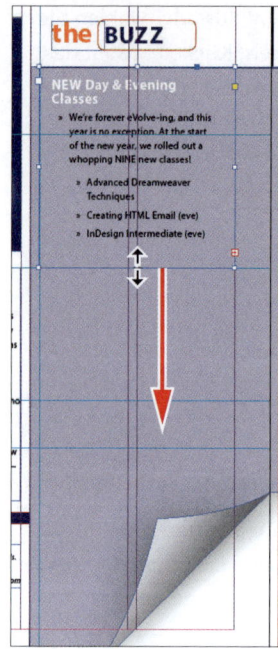

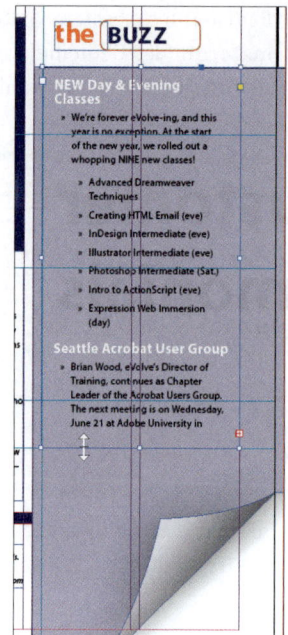

Auf mittleren Anfasser klicken und ziehen, um die Rahmenhöhe zu ändern

Ergebnis

▶ **Tipp:** Um die Größe eines Textrahmens und des darin enthaltenen Texts gleichzeitig zu ändern, markieren Sie den Rahmen und doppelklicken auf das Skalieren-Werkzeug (▦), das sich im Werkzeugbedienfeld ein Popup-Menü mit dem Frei-Transformieren-, Drehen- und Scheren-Werkzeug teilt. Alternativ können Sie auch die Strg- (Windows) oder Befehlstaste (Mac OS) gedrückt halten, während Sie mit dem Auswahlwerkzeug an einem Anfasser des Textrahmens ziehen. Wenn Sie beim Ziehen gleichzeitig die Umschalt-Taste drücken, erhalten Sie damit die Proportionen von Text und Rahmen.

10 Wählen Sie **Bearbeiten: Auswahl aufheben** und anschließend **Datei: Speichern**.

Form eines Textrahmens ändern

Bisher haben Sie die Größe von Textrahmen durch Ziehen an einem Anfasser mit dem Auswahlwerkzeug angepasst. Nun ändern Sie den Rahmen mit dem Direktauswahl-Werkzeug durch Anpassen eines Ankerpunkts bzw. Anfassers.

1 Wählen Sie im Werkzeugbedienfeld das Direktauswahl-Werkzeug (⬚) und klicken Sie auf den soeben bearbeiteten Textrahmen. InDesign blendet an den Ecken des gewählten Textrahmens vier sehr kleine, unausgefüllte Ankerpunkte ein. Letzteres signalisiert Ihnen, dass keiner von ihnen ausgewählt ist.

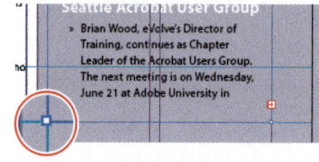

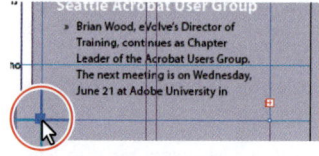

Nicht ausgewählter Ankerpunkt

Ausgewählter Ankerpunkt

2 Klicken Sie auf den linken unteren Ankerpunkt und ziehen Sie ihn senkrecht nach unten, bis er auf der unteren Randhilfslinie der Seite einrastet. Während Sie ziehen, wird der Text in Echtzeit neu umbrochen. Sobald Sie die Maustaste freigeben, erkennen Sie, dass das Symbol für Übersatztext (das rote Pluszeichen) in der unteren rechten Ecke des Textrahmens verschwunden und der gesamte Text sichtbar ist.

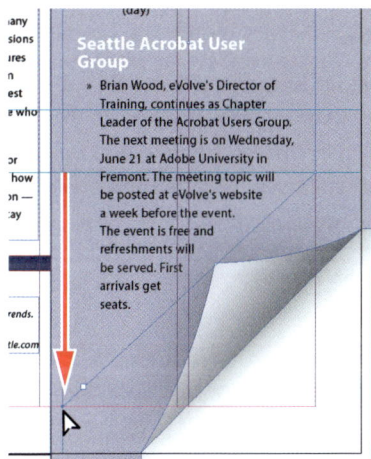

Achten Sie darauf, tatsächlich den Anfasser zu ziehen – klicken Sie versehentlich darüber oder rechts daneben, verschieben Sie auch die anderen Ecken des Textrahmens.

3 Wechseln Sie mit der V-Taste zum Auswahlwerkzeug.

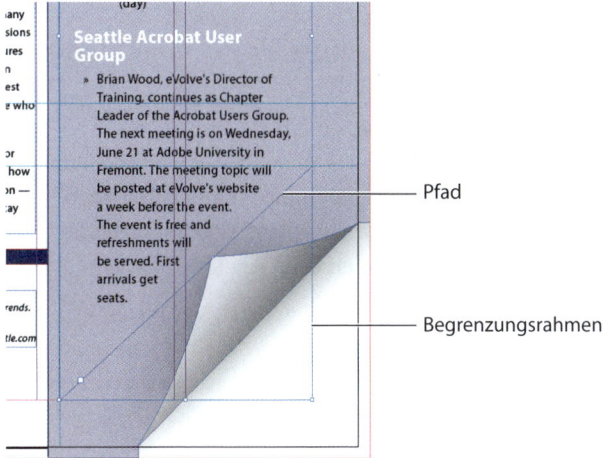

Pfad

Begrenzungsrahmen

4 Heben Sie die Auswahl aller Objekte auf und wählen Sie **Datei: Speichern**.

Mehrere Spalten anlegen

Als Nächstes versehen Sie einen vorhandenen Textrahmen mit mehreren Spalten.

1 Wählen Sie **Ansicht: Druckbogen in Fenster einpassen** und zeigen Sie mit dem Zoomwerkzeug (🔍) das untere rechte Viertel der Rundschreiben-Rückseite (Seite 4) an. Wählen Sie den Textrahmen, der mit »John Q.« beginnt, mit dem Auswahlwerkzeug (🔧) aus.

2 Wählen Sie **Objekt: Textrahmenoptionen**. Im folgenden Dialogfeld geben Sie im Bereich »Spalten« in das Feld »Anzahl« den Wert **3** ein. In das Feld »Spaltenabstand« geben Sie bei Bedarf **0p11** (11 Punkt) ein. Der Spaltenabstand bestimmt den Abstand zwischen den Spalten. Klicken Sie auf OK.

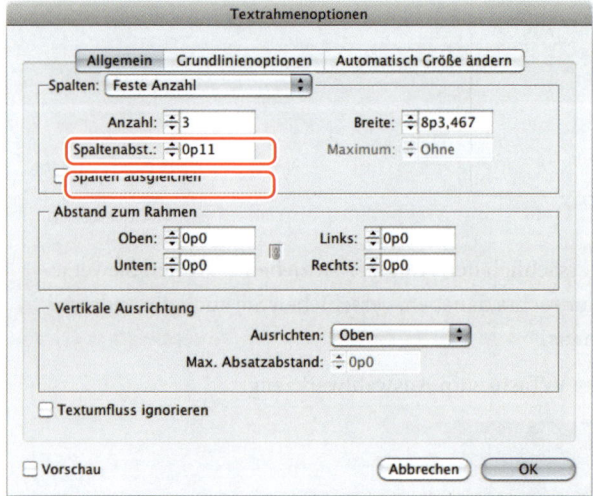

3 Damit jede Spalte mit einer Überschrift beginnt, platzieren Sie die Einfügemarke mit dem Textwerkzeug (T) vor dem Namen »Amy O.« und wählen **Schrift: Umbruchzeichen einfügen: Spaltenumbruch**. Damit verschieben Sie »Amy O.« oben in die zweiten Spalte. Wiederholen Sie diesen Schritt mit der Einfügemarke vor »Jeff G.«.

4 Zeigen Sie die Umbruchzeichen mit dem Befehl **Schrift: Verborgene Zeichen einblenden** an. (Falls am unteren Ende des Schrift-Menüs stattdessen »Verborgene Zeichen ausblenden« steht, werden die verborgenen Zeichen bereits angezeigt.)

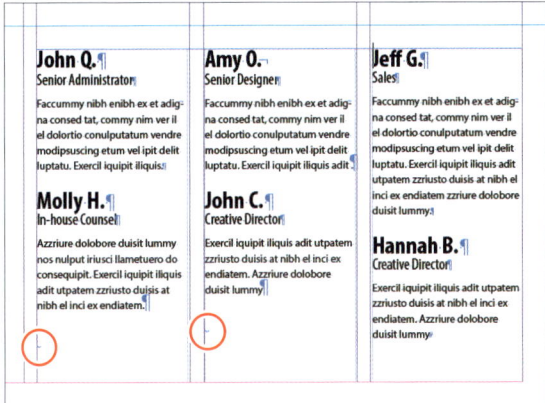

Die Spaltenumbruchzeichen sind rot markiert.

Vertikale Ausrichtung und Textversatz einstellen

Nun vervollständigen Sie den blauen Balken auf der Titelseite und richten den darin enthaltenen Text im Rahmen aus. Durch die Anpassung des Versatzabstands zwischen Rahmenkanten und Text wird der Text besser lesbar.

1 Wählen Sie **Ansicht: Druckbogen in Fenster einpassen** und vergrößern Sie mit dem Zoomwerkzeug (🔍) den roten Textrahmen oben auf der Titelseite (Seite 1) mit dem Text »arrive smart. leave smarter.« Klicken Sie den roten Textrahmen mit dem Auswahlwerkzeug (▶) an.

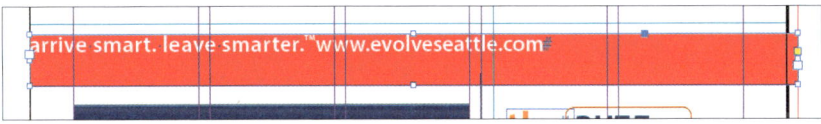

2 Wählen Sie **Objekt: Textrahmenoptionen**. Bei Bedarf verschieben Sie das Dialogfeld »Textrahmenoptionen«, damit Sie die Leiste beim Einstellen der Optionen sehen können.

3 Vergewissern Sie sich, dass im Dialogfeld »Textrahmenoptionen« die Option »Vorschau« eingeschaltet ist. Klicken Sie dann im Bereich »Abstand zum Rahmen« auf die Schaltfläche »Alle Einstellungen gleichsetzen« (🔗), damit Sie den linken Abstand unabhängig von den übrigen Abständen anpassen können. Ändern Sie den Wert für »Links« in **3p0**, damit der linke Rand des Textes 3 Pica nach rechts weg vom linken Rand des Rahmens verschoben wird. Setzen Sie den Wert »Rechts« auf **3p9**.

4 Wählen Sie im Popup-Menü »Ausrichten« des Bereichs »Vertikale Ausrichtung« die Option »Zentrieren« und klicken Sie auf OK.

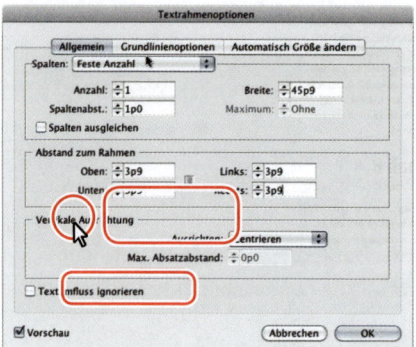

5 Aktivieren Sie das Textwerkzeug (**T**) und klicken Sie links neben »www. evolveseattle.com«. Damit die Internetadresse den zuvor definierten rechten Textversatzabstand einhält, wählen Sie **Schrift: Sonderzeichen einfügen: Andere: Tabulator für rechte Ausrichtung**.

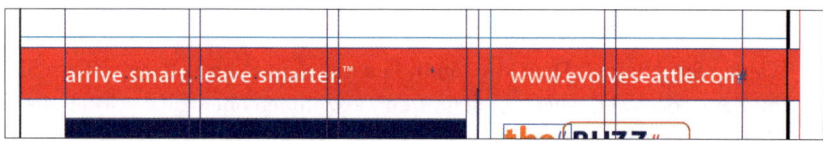

6 Wählen Sie **Bearbeiten: Auswahl aufheben** und anschließend **Datei: Speichern**.

Grafikrahmen anlegen und bearbeiten

Nun fügen Sie das Firmenlogo sowie die Bilder der Mitarbeiter in den Druckbogen ein. In diesem Abschnitt konzentrieren Sie sich auf unterschiedliche Techniken für das Anlegen und Ändern von Grafikrahmen und ihren Inhalten.

Da Sie nun nicht mehr mit Text, sondern mit Bildern arbeiten, sorgen Sie zuerst dafür, dass die Bilder auf der Ebene »Graphics« erscheinen und nicht auf der Ebene »Text«. Wenn Sie Elemente auf unterschiedlichen Ebenen isolieren, vereinfachen Sie Ihren Arbeitsablauf: Die einzelnen Layoutelemente sind dann leichter auffindbar und lassen sich bequem bearbeiten.

Einen neuen Grafikrahmen aufziehen

Zunächst erstellen Sie oben auf der Titelseite einen Rahmen für das Firmenlogo (der rechten Seite des ersten Druckbogens).

1 Sollte das Ebenenbedienfeld ausgeblendet sein, klicken Sie auf sein Register oder wählen Sie **Fenster: Ebenen**.

2 Klicken Sie im Ebenenbedienfeld auf die zweite Schaltfläche von links (🔒), um die Sperrung der Ebene »Graphics« aufzuheben. Sperren Sie außerdem die Ebene »Text«, indem Sie auch dort auf die Schaltfläche links neben der Ebenenbezeichnung klicken. Wählen Sie dann die Ebene »Graphics« mit einem Klick auf den Ebenennamen, damit die neuen Elemente auf dieser Ebene erstellt werden.

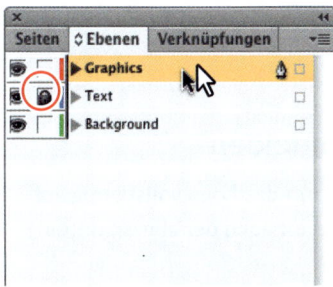

3 Wählen Sie **Ansicht: Druckbogen in Fenster einpassen** und vergrößern Sie mit dem Zoomwerkzeug (🔍) die Darstellung der oberen linken Ecke der Titelseite (Seite 1).

4 Wählen Sie im Werkzeugbedienfeld das Rechteckrahmen-Werkzeug (⊠). Platzieren Sie den Mauszeiger am Schnittpunkt der oberen und der linken Randhilfslinie. Ziehen Sie nach unten bis zur horizontalen Hilfslinie und nach rechts bis zum rechten Rand der ersten Spalte.

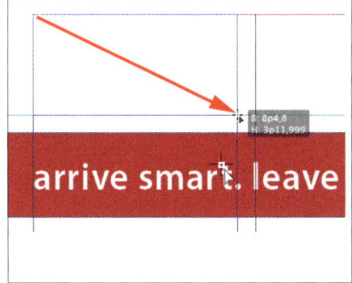

Grafikrahmen aufziehen

5 Wechseln Sie zum Auswahlwerkzeug (▶) und vergewissern Sie sich, dass der Grafikrahmen noch gewählt ist.

Bilder in einem vorhandenen Grafikrahmen platzieren

Jetzt platzieren Sie das Firmenlogo in dem ausgewählten Rahmen.

● **Hinweis:** Falls der Grafikrahmen beim Platzieren des Bilds nicht gewählt ist, ändert sich der Mauszeiger in das Geladene-Grafik-Symbol (🖋). Sie können dann in den gewünschten Rahmen klicken, um das Bild dort zu platzieren.

1 Wählen Sie **Datei: Platzieren** und doppelklicken Sie auf die Datei *logo_paths.ai* im Ordnerpfad *Lektion_04/Links*. InDesign zeigt das Bild im Grafikrahmen an.

2 Für die bestmögliche Bilddarstellung wählen Sie **Objekt: Anzeigeleistung: Anzeige mit hoher Qualität**.

Bilder mit dem Grafikrahmen beschneiden

Der zuvor angelegte Grafikrahmen ist zu schmal, um das Logo vollständig auf-zunehmen. Sie werden ihn deshalb vergrößern, damit auch der abgeschnittene Bereich dargestellt wird.

1 Klicken Sie mit dem Auswahlwerkzeug (▶) auf das Firmenlogo. Achten Sie darauf, dass Sie nicht auf das Inhaltsauswahlwerkzeug in der Mitte des Rahmens klicken. Damit würden Sie nicht den Rahmen, sondern die Grafik auswählen.

2 Ziehen Sie den mittleren rechten Anfasser des Grafikrahmens so weit nach rechts, dass das Logo vollständig sichtbar wird. Wenn Sie nach dem Anklicken des Rahmens kurz warten, sehen Sie während des Ziehvorgangs den neuen Bildausschnitt und können problemlos feststellen, wann die Rahmenkante hinter der Kante des Logos liegt. Vergewissern Sie sich, dass Sie den kleinen weißen Anfasser ziehen und nicht den größeren gelben Anfasser. Der gelbe Anfasser ist für Eckeneffekte zuständig, die Sie weiter hinten in dieser Lektion kennenlernen.

3 Wählen Sie **Bearbeiten: Auswahl aufheben** und anschließend **Datei: Speichern**.

Bilder ohne vorhandenen Rahmen platzieren

Das Logo kommt im Rundschreiben zweimal vor – einmal auf der Titelseite und einmal auf der Rückseite. Sie könnten nun das soeben platzierte Logo über die Zwischenablage mit **Bearbeiten: Kopieren** und **Bearbeiten: Einfügen** auf die Rückseite duplizieren. Dazu werden wir in dieser Lektion auch noch kommen. Im Folgenden platzieren Sie das Logo aber, ohne zuvor einen Grafikrahmen aufzuziehen.

1　Wählen Sie **Ansicht: Druckbogen in Fenster einpassen** und vergrößern Sie mit dem Zoomwerkzeug (🔍) das obere rechte Viertel der Rückseite (Seite 4).

2　Wählen Sie **Datei: Platzieren** und doppelklicken Sie auf die Datei *logo_paths.ai* im Ordnerpfad *Lektion_04/Links*. Der Mauszeiger wird zum Geladene-Grafik-Symbol (🖋).

3　Positionieren Sie den Platzierungscursor (🖋) am linken Rand der rechten Spalte knapp unter dem gedrehten Textrahmen mit der Rücksendeadresse. Ziehen Sie den Rahmen über die ganze Spaltenbreite auf und geben Sie die Maustaste frei. InDesign zeigt beim Aufziehen ein Rechteck mit den Proportionen des platzierten Logos.

▶ **Tipp:** Wenn Sie keinen Rahmen aufziehen, sondern mit dem Platzierungscursor in einen leeren Bereich der Seite klicken, platziert InDesign das Bild dort in der Originalgröße (100 %).

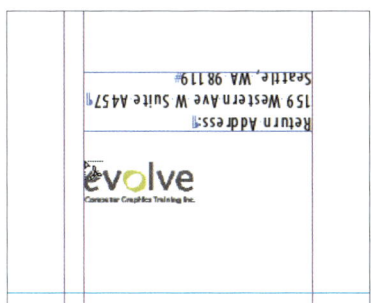 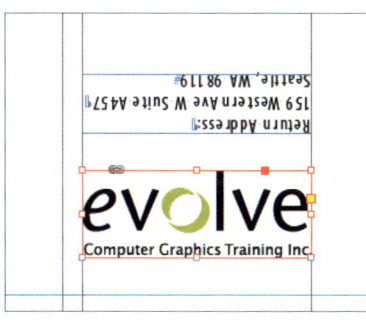

Dieses Mal müssen Sie die Rahmengröße nicht anpassen, weil der Rahmen bereits das vollständige Bild zeigt. Das Bild muss noch gedreht werden – das erledigen Sie weiter hinten in dieser Lektion.

4　Wählen Sie **Bearbeiten: Auswahl aufheben** und danach **Datei: Speichern**.

Mehrere Bilder in einem Grafikrahmen-Raster platzieren

Auf der Rückseite des Rundschreibens sollen sechs Fotos erscheinen. Sie könnten die Bilder einzeln importieren und ausrichten. Da die Bilder jedoch in einem Raster angeordnet werden sollen, können Sie sie in einem Arbeitsschritt platzieren und anordnen.

1　Wählen Sie **Ansicht: Druckbogen in Fenster einpassen**.

2 Wählen Sie **Datei: Platzieren** und öffnen Sie den Ordnerpfad *Lektion_04/ Links*. Wählen Sie die Datei *01JohnQ.tif* mit einem Klick aus. Klicken Sie anschließend mit gedrückter Umschalt-Taste auf die Datei *06HannahB.tif*, um alle sechs Bilder auszuwählen. Klicken Sie anschließend auf »Öffnen«.

3 Positionieren Sie den Platzierungscursor (🗺) am Schnittpunkt der horizontalen Hilfslinie in der oberen Seitenhälfte und dem linken Rand der dritten Spalte.

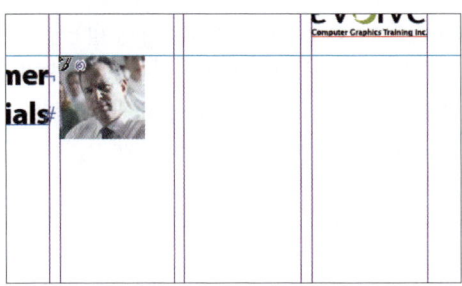

▶ **Tipp:** Sie können mit allen Werkzeugen zur Erstellung von Rahmen (Rechteck, Polygon, Text usw.) mehrere gleichmäßig angeordnete Elemente erzeugen, indem Sie beim Aufziehen die Pfeiltasten drücken.

4 Ziehen Sie den Mauszeiger zur rechten Randhilfslinie und drücken Sie dabei einmal die obere und zweimal die rechte Pfeiltaste. Dadurch wird das Vorschaubild durch eine Matrix von Rechtecken ersetzt. Diese stellen das Bildraster dar.

5 Lassen Sie den Mauszeiger am Schnittpunkt der rechten Randhilfslinie und der unteren horizontalen Hilfslinie einrasten und geben Sie die Maustaste frei. Sie erhalten ein Raster aus sechs Grafikrahmen, in denen die ausgewählten Bilder bereits platziert sind.

6 Wählen Sie **Bearbeiten: Auswahl aufheben** und **Datei: Speichern**.

Bilder innerhalb ihrer Rahmen skalieren und verschieben

Nachdem Sie die sechs Bilder platziert haben, passen Sie noch ihre Größe den Rahmen an und wählen jeweils den richtigen Ausschnitt.

Inhalt und Rahmen jeder platzierten Grafik sind voneinander unabhängige Elemente. Im Gegensatz zu Textobjekten besitzen sowohl der Rahmen als auch der Inhalt einer Grafik eigene Begrenzungsrahmen. Das Skalieren der Grafikinhalte entspricht exakt dem Skalieren der Rahmen. Der einzige Unterschied ist, dass Sie zuerst den Begrenzungsrahmen des Inhalts markieren müssen, bevor Sie diesen skalieren können.

1 Aktivieren Sie das Auswahlwerkzeug (↖) und zeigen Sie auf das Inhaltsauswahlwerkzeug des Bilds von John Q. (das obere linke Foto). Sobald sich der Mauszeiger innerhalb des Inhaltsauswahlwerkzeugs befindet, ändert er seine Form und wird zum Hand-Symbol (☝). Klicken Sie, um den Rahmeninhalt (das Foto) zu markieren.

Vor dem Anklicken   Ergebnis

2 Ziehen Sie mit gedrückter Umschalt-Taste den unteren mittleren Anfasser zum unteren Rand des Grafikrahmens. Mit derselben Technik ziehen Sie den oberen mittleren Anfasser zum oberen Rand des Rahmens. Durch die gedrückte Umschalt-Taste bewahren Sie die Proportionen des Bilds und verhindern eine Verzerrung. Wenn Sie vor dem Ziehen kurz warten, stellt InDesign die abgeschnittenen Bildbereiche abgeblendet dar. Diese Funktion nennt sich »dynamische Grafikvorschau«.

● **Hinweis:** In früheren InDesign-Versionen war es üblich, das Direktauswahl-Werkzeug zum Skalieren eines Bilds innerhalb seines Grafikrahmens einzusetzen. Seit InDesign CS5 können Sie mit Hilfe der Inhaltsauswahl alle Bildbearbeitungen auch mit dem Auswahlwerkzeug durchführen.

▶ **Tipp:** Wenn Sie ein Bild mit dem Auswahlwerkzeug skalieren, drücken Sie Umschalt+Alt, um das Bild proportional von der Bildmitte nach außen zu skalieren.

▶ **Tipp:** Für den
Druck vorbereitete
Pixelbilder, die auf
mehr als 120 % ihrer
ursprünglichen
Abmessungen
vergrößert werden,
verfügen möglicher-
weise nicht über
genügend Bild-
informationen für
hochauflösenden
Offset-Druck.
Stimmen Sie sich
im Zweifelsfall mit
Ihrer Druckerei bzw.
Ihrem Dienstleister
über die notwendige
Auflösung und
Skalierungs-
anforderungen
ab, bevor Sie Ihre
Dokumente in
Auftrag geben.

▶ **Tipp:** Die
Anpassen-Befehle
erreichen Sie auch
über das Kontext-
menü, indem Sie
mit der rechten
Maustaste auf
den gewünschten
Rahmen klicken.

3 Vergewissern Sie sich, dass das Bild den Rahmen ganz ausfüllt.

4 Wiederholen Sie die Schritte 1 bis 3 mit den übrigen beiden Bildern in der oberen Reihe.

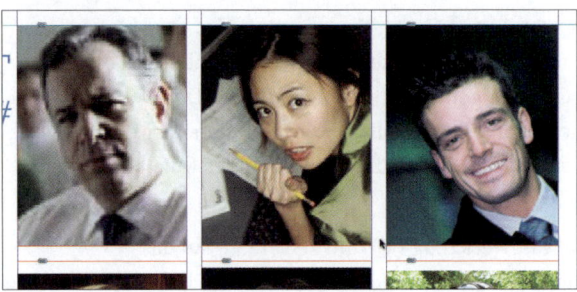

Die restlichen drei Bilder skalieren Sie mit einer anderen Technik:

5 Wählen Sie das linke Bild in der zweiten Reihe aus. Sie können entweder den Rahmen oder seinen Inhalt auswählen.

6 Wählen Sie **Objekt: Anpassen: Rahmen proportional füllen**. InDesign vergrößert das Bild so, dass es den Rahmen komplett ausfüllt. Ein kleiner Teil des Bilds wird von der rechten Kante des Grafikrahmens abgeschnitten.

7 Wiederholen Sie die Schritte 5 und 6 für die beiden übrigen Bilder in der unteren Reihe.

8 Wählen Sie **Bearbeiten: Auswahl aufheben** und **Datei: Speichern**.

Sie können einen Grafikrahmen und seinen Inhalt gleichzeitig skalieren, indem Sie den Rahmen (und nicht seinen Inhalt) markieren und mit gedrückter Tastenkombination Umschalt+Strg (Windows) bzw. Umschalt+Befehl (Mac OS) an einem Anfasser des Rahmens ziehen. Mit der Umschalt-Taste bewahren Sie die Proportionen des Begrenzungsrahmens, so dass das Bild nicht verzerrt wird. Sollte ein verzerrtes Bild Ihr Layout nicht beeinträchtigen, müssen Sie die Umschalt-Taste nicht drücken.

Für den Feinschliff verschieben Sie nun die Lücken zwischen einigen Bildern.

Lücken zwischen Rahmen anpassen

Mit dem Lückenwerkzeug (⊷) können Sie Größe und Position einer Lücke zwischen Rahmen anpassen. Im Folgenden verschieben Sie die Lücke zwischen jeweils zwei Fotos in der oberen und unteren Reihe.

1 Wählen Sie **Ansicht: Seite in Fenster einpassen**. Halten Sie die Z-Taste gedrückt, um vorübergehend zum Zoomwerkzeug (🔍) zu wechseln, und vergrößern Sie die Darstellung der beiden oberen rechten Fotos. Sobald Sie die Z-Taste loslassen, ist das Auswahlwerkzeug wieder aktiv.

2 Aktivieren Sie das Lückenwerkzeug (⊷) und bewegen Sie den Mauszeiger in die vertikale Lücke zwischen den beiden Bildern. Die Lücke wird bis zur Unterkante der darunter befindlichen Bilder hervorgehoben.

3 Halten Sie die Umschalt-Taste gedrückt und ziehen Sie die Lücke um einen Spaltenabstand nach rechts, so dass das linke Bild um einen Spaltenabstand breiter und das rechte Bild um einen Spaltenabstand schmaler wird. (Wenn Sie die Umschalt-Taste nicht drücken, wird auch die Lücke der beiden Bilder darunter verschoben.)

4 Wählen Sie **Ansicht: Seite in Fenster einpassen**. Wechseln Sie mit gedrückter Z-Taste vorübergehend zum Zoomwerkzeug und vergrößern Sie die Darstellung der beiden linken unteren Fotos.

5 Aktivieren Sie das Lückenwerkzeug (⊷) und zeigen Sie auf die vertikale Lücke zwischen den beiden Bildern. Halten Sie die Tastenkombination Umschalt+Strg (Windows) bzw. Umschalt+Befehl (Mac OS) gedrückt und ziehen Sie, um die Lücke von einem einfachen auf einen etwa dreifachen Spaltenabstand zu vergrößern. (Je nachdem, ob Sie näher am linken oder am rechten Bild geklickt haben, müssen Sie den Mauszeiger nach links oder rechts ziehen.) Achten Sie darauf, dass Sie zuerst die Maustaste loslassen und danach die übrigen Tasten.

6 Wählen Sie **Ansicht: Seite in Fenster einpassen** und **Datei: Speichern**.

Damit ist das Bildraster auf der Rückseite (Seite 4) fertiggestellt.

Grafikrahmen mit Beschriftungen aus Metadaten versehen

In InDesign können Sie platzierte Bilder automatisch mit Beschriftungen versehen. Diese basieren auf Metadaten aus der Bilddatei. Nun ergänzen Sie die Bilder jeweils um einen Bildnachweis, der den Metadaten entnommen wird.

▶ **Tipp:** Das Dialogfeld »Beschriftung einrichten« erreichen Sie auch über **Objekt: Beschriftungen: Beschriftung einrichten**.

1 Klicken Sie die sechs Bilder mit dem Auswahlwerkzeug (▶) und gedrückter Umschalt-Taste an, um sie auszuwählen.

2 Klicken Sie auf das Register des Verknüpfungenbedienfelds und wählen Sie im Bedienfeldmenü den Befehl »Beschriftungen: Beschriftung einrichten«.

3 Nehmen Sie im Dialogfeld »Beschriftung einrichten« die folgenden Einstellungen vor:

- Schreiben Sie in das Eingabefeld »Text davor« **Photo by**. (Vergessen Sie nicht das Leerzeichen hinter **by**.)

- Wählen Sie im Popup-Menü »Metadaten« die Option »Autor« und lassen Sie das Eingabefeld »Text danach« leer.

- Wählen Sie im Popup-Menü »Ausrichtung« die Option »Unter dem Bild«.

- Weisen Sie über das entsprechende Popup-Menü das Absatzformat »Photo Credit« zu.

- Geben Sie in das Eingabefeld »Versatz« **0p2** ein.

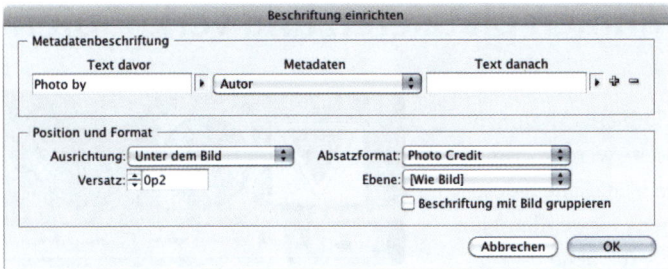

4 Klicken Sie auf OK, um die Einstellungen zu speichern und das Dialogfeld zu schließen.

5 Wählen Sie im Menü des Verknüpfungenbedienfelds den Befehl **Beschriftungen: Statische Beschriftung erstellen**.

Jede der Bilddateien enthält ein Metadatenelement namens »Autor« mit dem Namen des Fotografen. Aus dieser Information wird der Bildnachweis erstellt.

6 Wählen Sie **Bearbeiten: Auswahl aufheben** und **Datei: Speichern**.

Grafikrahmen platzieren und verknüpfen

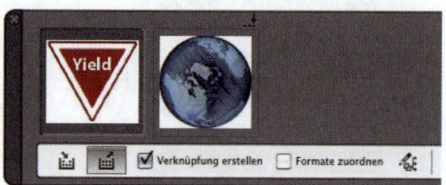

Die beiden importierten Grafiken im »IN THIS ISSUE«-Rahmen auf der Titelseite werden erneut in den Artikeln auf Seite 3 des Rundschreibens verwendet. Nun verwenden Sie die neue »Platzieren und Verknüpfen«-Funktion von InDesign CS6, um Kopien dieser Grafiken anzufertigen und auf Seite 3 zu platzieren.

▶ **Tipp:** Sie können Objekte innerhalb von Dokumenten als auch dokumentübergreifend platzieren und verknüpfen.

Im Gegensatz zu den Befehlen »Kopieren« und »Einfügen« erstellen Sie mit »Platzieren und Verknüpfen« nicht einfach ein Duplikat des Originalobjekts, sondern eine hierarchische Beziehung zwischen dem Originalobjekt (übergeordneter Inhalt) und der Kopie (verknüpfter Inhalt). Wenn Sie Änderungen am übergeordneten Inhalt vornehmen, haben Sie auch die Möglichkeit, den verknüpften Inhalt entsprechend zu aktualisieren.

1 Wählen Sie **Ansicht: Druckbogen in Fenster einpassen**.

▶ **Tipp:** Sie können Objekte auch dem Inhaltsüberträger-bedienfeld hinzufügen, indem Sie sie auswählen und dann **Bearbeiten: Platzieren und Verknüpfen** wählen.

2 Aktivieren Sie das Inhaltsaufnahme-Werkzeug (🖿). Daraufhin wird am unteren Rand des Fensters das noch leere Inhaltsüberträgerbedienfeld eingeblendet.

3 Bewegen Sie den Mauszeiger über die Yield-Grafik auf Seite 1. Sie sehen, dass sie von einem fetten roten Rahmen umgeben ist, was ihre Zugehörigkeit zur *Graphics*-Ebene signalisiert. Klicken Sie in den Rahmen. Der Grafikrahmen wird zum Inhaltsüberträgerbedienfeld hinzugefügt.

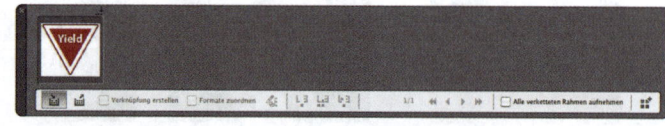

4 Klicken Sie auf den runden Grafikrahmen unter dem Yield-Zeichen, um ihn ebenfalls dem Inhaltsüberträgerbedienfeld hinzuzufügen.

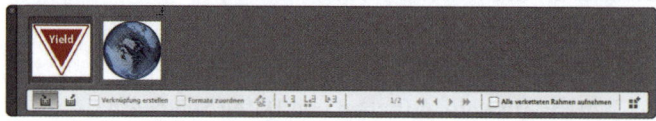

5   Öffnen Sie das Seitenbedienfeld und doppelklicken Sie auf Seite 3, um sie im Dokumentfenster zu zentrieren.

6   Aktivieren Sie das Inhaltsplatzierung-Werkzeug (🖾). (Es befindet sich zusammen mit dem Inhaltsaufnahme-Werkzeug im Werkzeugbedienfeld und ist außerdem in der linken unteren Ecke des Inhaltsüberträger-bedienfelds zu finden.) Der Mauszeiger wird zu einer Miniatur der Yield-Grafik.

7   Wählen Sie in der linken unteren Ecke des Inhaltsüberträgerbedienfelds den Befehl »Verknüpfung erstellen«. Wenn Sie diese Option nicht aktivieren, erstellen Sie lediglich Kopien des Originalobjekts ohne Inhaltsverknüpfung.

8   Klicken Sie rechts neben dem oberen Artikel auf die Montagefläche, um eine Kopie der Yield-Grafik einzufügen, und klicken Sie dann auf die Montagefläche rechts neben dem unteren Artikel, um eine Kopie der runden Grafik einzufügen. Das kleine Kettensymbol in der linken oberen Ecke der Grafikrahmen signalisiert, dass sie mit übergeordneten Inhalten verknüpft sind.

9   Schließen Sie das Inhaltsüberträgerbedienfeld.

Übergeordnete Grafikrahmen bearbeiten und verknüpfte Inhalte aktualisieren

Nun haben Sie zwei Grafikrahmen platziert und verknüpft und können sich die Funktionsweise der Verknüpfung zwischen den übergeordneten Originalobjekten und den verknüpften Kopien ansehen.

1   Öffnen Sie das Verknüpfungenbedienfeld und vergrößern Sie es so weit, dass alle Dateinamen der importierten Grafiken in der Liste zu sehen sind. Die markierte kreisförmige Grafik (<ks88169.jpg>) ist in der Liste hervorgehoben. Die andere von Ihnen platzierte und verknüpfte Grafik (<yield.ai>) ist der nächste Dateiname in der Liste. Die Größer- und Kleiner-als-Zeichen (<>) vor bzw. nach den Dateinamen weisen darauf hin, dass diese Grafiken mit übergeordneten Objekten verknüpft sind. Beachten Sie, dass diese beiden Grafikdateien – die übergeordneten Objekte – weiter unten in der Liste ebenfalls aufgeführt werden.

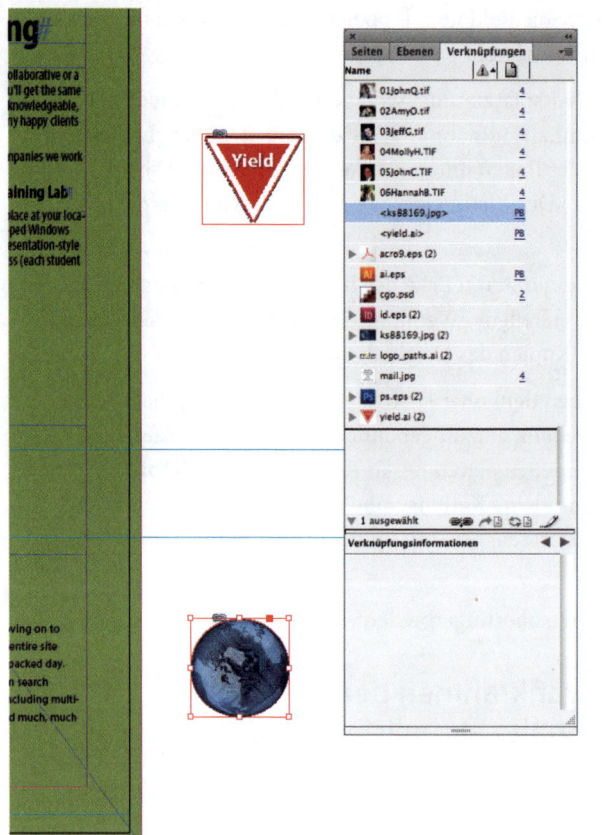

2 Wählen Sie das Auswahlwerkzeug (⭢), um den runden Grafikrahmen links neben dem »CSS Master Class«-Artikel zu platzieren. Richten Sie die Oberseite des Grafikrahmens an der Oberkante des Textrahmens aus; richten Sie die rechte Seite des Grafikrahmens an der Spaltenhilfslinie links neben dem Textrahmen aus.

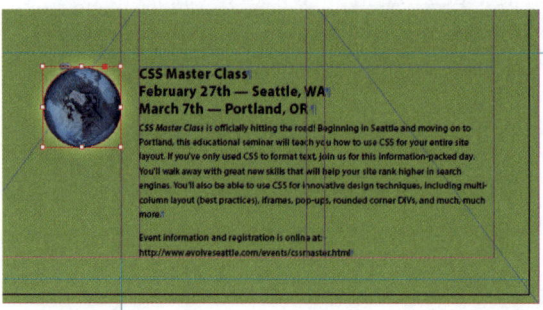

3 Navigieren Sie zu Seite 1 und wählen Sie den runden Grafikrahmen aus.

4 Weisen Sie dem Rahmen mit Hilfe des Steuerungsbedienfelds eine 5 Punkt starke weiße [Papier] Kontur zu.

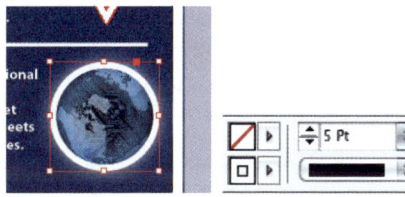

5 Beachten Sie, dass im Verknüpfungenbedienfeld der Status der Grafik `<ks88169.jpg>` als »Geändert« dargestellt wird. Das liegt daran, dass das übergeordnete Objekt verändert wurde.

6 Navigieren Sie zu Seite 3. Beachten Sie, dass der runde Grafikrahmen nicht mehr der aktuellen Version auf der Titelseite entspricht. Wählen Sie den runden Grafikrahmen aus und klicken Sie dann im Verknüpfungenbedienfeld auf die Schaltfläche »Verknüpfung aktualisieren« (🔄📄). Jetzt gleicht der Rahmen seinem übergeordneten Objekt.

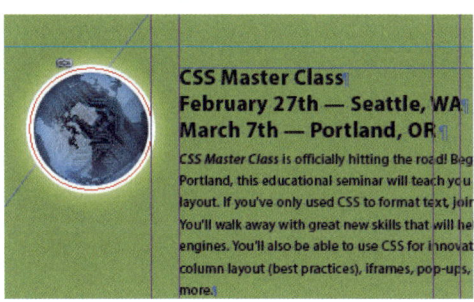

Als Nächstes ersetzen Sie die Yield-Grafik durch eine neuere Version und aktualisieren dann ihren verknüpften Rahmen.

1 Navigieren Sie zu Seite 1 und wählen Sie die Yield-Grafik aus.

2 Wählen Sie **Datei: Platzieren**. Vergewissern Sie sich, dass im Dialogfeld »Platzieren« die Option »Ausgewähltes Objekt ersetzen« markiert ist, und doppelklicken Sie dann auf die Datei *yield_new.ai* im Verzeichnis *Lektion_04/Links*.

Im Verknüpfungenbedienfeld lautet der Status der Datei <yield_new.ai> nun »Geändert«, weil Sie die übergeordnete Grafik ersetzt haben.

3 Wählen Sie aus der Liste die Datei <yield_new.ai> aus und klicken Sie dann auf die Schaltfläche »Verknüpfung aktualisieren« (⟳🗎). Danach können Sie sich die veränderte Grafik auf Seite 3 ansehen und anschließend wieder auf Seite 1 zurückkehren.

4 Klicken Sie auf die Montagefläche, um alle Objekte abzuwählen, wählen Sie anschließend **Ansicht: Seite in Fenster einpassen** und dann **Datei: Speichern**.

Rahmenform ändern

Beim Ändern der Größe des Grafikrahmens mit dem Auswahlwerkzeug behielt der Rahmen seine rechteckige Form bei. Nun ändern Sie die Form eines Rahmens auf Seite 3 (der rechten Seite des innen liegenden Druckbogens) mit dem Direktauswahl-Werkzeug und dem Zeichenstift-Werkzeug.

1 Wählen Sie im Seitenmenü am unteren Dokumentfensterrand den Eintrag »3« und dann **Ansicht: Seite in Fenster einpassen**.

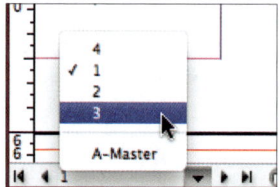

2 Klicken Sie auf das Register des Ebenenbedienfelds oder wählen Sie **Fenster: Ebenen**. Klicken Sie im Ebenenbedienfeld auf das Schloss-Symbol der Ebene »Text«, um sie zu entsperren. Gegebenenfalls wählen Sie die Textebene erneut mit einem Klick aus.

Nun ändern Sie die Form des Rechteckrahmens und dabei auch den Seitenhintergrund.

3 Drücken Sie die A-Taste, um das Direktauswahl-Werkzeug (◤) zu aktivieren. Bewegen Sie die Spitze des Mauszeigers auf den rechten Rand des grünen Rahmens, der die Seite bedeckt. Klicken Sie, sobald der Mauszeiger eine

kleine diagonale Linie ($k_\diagdown$) zeigt. Damit markieren Sie den Pfad und blenden die vier Ankerpunkte und den Mittelpunkt des Rahmens ein. Lassen Sie den Pfad ausgewählt.

4 Drücken Sie die P-Taste, um zum Zeichenstift-Werkzeug (✒) zu wechseln.

5 Platzieren Sie den Mauszeiger vorsichtig oben auf dem Schnittpunkt des Rahmenpfadrands und der vertikalen Hilfslinie in der ersten Spalte auf Seite 3. Klicken Sie, sobald sich der Mauszeiger in das Ankerpunkt-hinzufügen-Werkzeug (✒₊) ändert. InDesign fügt einen neuen Ankerpunkt ein. Wenn Sie mit dem Zeichenstift-Werkzeug auf einen vorhandenen Pfad zeigen, wird es automatisch zum Ankerpunkt-hinzufügen-Werkzeug.

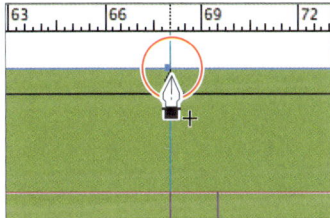

6 Bewegen Sie den Mauszeiger auf den Schnittpunkt der horizontalen Hilfslinie unterhalb des zweispaltigen Textrahmens und der Beschnitthilfslinie und klicken Sie erneut mit dem Zeichenstift-Werkzeug, um dort einen weiteren Ankerpunkt einzufügen. Wählen Sie anschließend **Bearbeiten: Auswahl aufheben**.

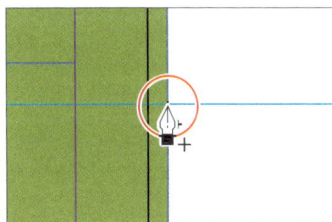

Dieser und der im vorigen Schritt angelegte Ankerpunkt werden zu den Ecken der unregelmäßigen Form, die Sie im nächsten Schritt erzeugen werden. Mit der Ausrichtung des oberen rechten Ankerpunkts des grünen Rahmens schließen Sie die Umformung des Rahmens ab.

7 Wechseln Sie zum Direktauswahl-Werkzeug (⤓), klicken Sie auf den oberen rechten Eckpunkt des grünen Rahmens und ziehen Sie ihn nach unten links. (Wenn Sie vor dem Ziehen kurz pausieren, können Sie die Änderung des Rahmens beim Ziehen beobachten). Geben Sie die Maustaste frei, wenn der Ankerpunkt am Schnittpunkt des rechten Rands der ersten Spalte und der ersten horizontalen Hilfslinie oben auf der Seite (an der Position 40p9 auf dem vertikalen Lineal) einrastet.

Damit ist der Grafikrahmen an das gewünschte Layout angepasst.

8 Wählen Sie **Datei: Speichern**.

Textumfluss um Grafiken

Sie können Text um den Rahmen eines Objekts oder um das Objekt selbst herum führen. Während Sie den Text in dieser Lektion um das Yield-Symbol führen, lernen Sie den Unterschied zwischen dem Textumfluss von Text um den Begrenzungsrahmen bzw. um das Bild selbst kennen.

Zuerst müssen Sie dafür das Bild mit dem Yield-Symbol verschieben. Um es exakt zu positionieren, verwenden Sie die intelligenten Hilfslinien, die InDesign beim Anlegen, Verschieben oder Skalieren von Objekten dynamisch einblendet.

1 Wählen Sie mit dem Auswahlwerkzeug (⤓) den Grafikrahmen des Yield-Symbols auf der rechten Montagefläche des innen liegenden Druckbogens (Seite 3). Vergewissern Sie sich, dass beim Klicken der Mauszeiger zu sehen ist. Wenn Sie bei angezeigtem Hand-Symbol klicken, wird anstatt des Grafikrahmens der Inhalt markiert.

2 Achten Sie darauf, keinen einzelnen Griff zu markieren, und ziehen Sie den Rahmen nach links, so dass sein Mittelpunkt mit dem Mittelpunkt des Textrahmens, der den Artikel enthält, deckungsgleich ist. Sobald dies der Fall ist, blendet InDesign dort eine vertikale und eine horizontale intelligente Hilfslinie ein. Lassen Sie dann die Maustaste los.

Vergewissern Sie sich, dass Sie den Rahmen ohne Größenänderung auf die Seite bewegt haben. Das Bild verdeckt nun den Spaltentext. Das ändern Sie jetzt mit dem Textumfluss.

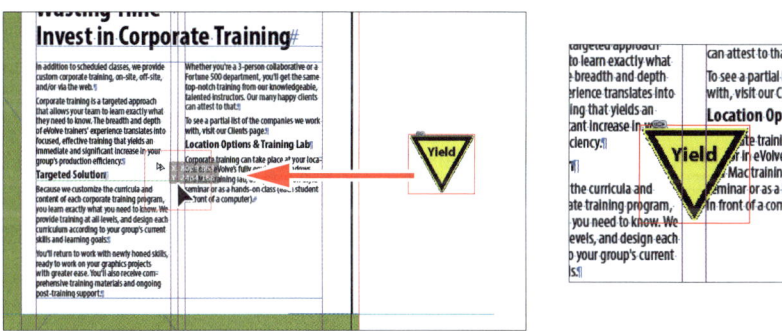

3 Wählen Sie **Fenster: Textumfluss** und anschließend im Textumflussbedienfeld die zweite Option von links, »Umfließen der Bounding Box«, damit der Text um den Begrenzungsrahmen und nicht um die Dreiecksform des Yield-Symbols läuft. Falls nötig, wählen Sie im Bedienfeldmenü den Befehl »Optionen einblenden«, um alle Optionen des Textumflussbedienfelds anzuzeigen.

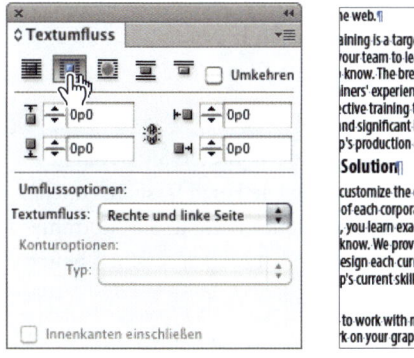
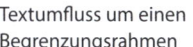
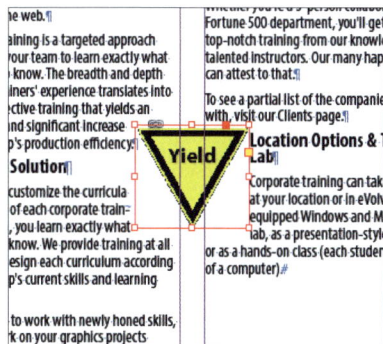

Textumfluss um einen Begrenzungsrahmen

Ergebnis

Diese Option verursacht zu viel Weißraum in Ihrem Entwurf; probieren Sie daher eine andere Textumflussoption aus.

Hinweis: Das Popup-Menü »Textumfluss« ist im Textumflussbedienfeld nur verfügbar, wenn oben im Bedienfeld eine der beiden Optionen »Umfließen der Bounding Box« oder »Umfließen der Objektform« gewählt ist.

4 Wählen Sie die dritte Option von links, »Umfließen der Objektform«. Vergewissern Sie sich, dass im Abschnitt »Umflussoptionen« im Popup-Menü »Textumfluss« die Option »Rechte und linke Seite« gewählt ist. Wählen Sie im Bereich »Konturoptionen« im Popup-Menü »Typ« die Option »Kanten suchen«. Geben Sie in das Feld »Versatz oben« den Wert **1p** ein, um oben etwas mehr Abstand zwischen der Bildkante und dem Text zu schaffen. Klicken Sie in einen leeren Bereich oder wählen Sie **Bearbeiten: Auswahl aufheben**.

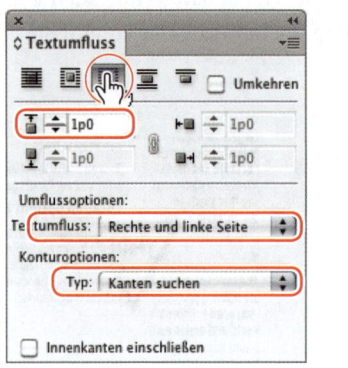 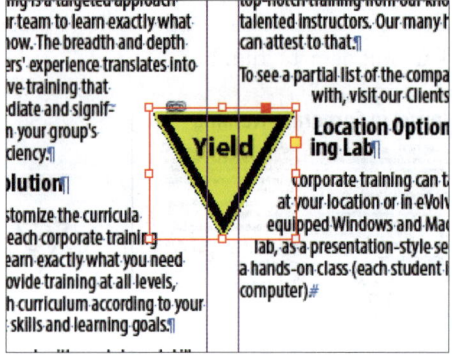

Textumfluss um ein Objekt   Ergebnis

5 Schließen Sie das Textumflussbedienfeld und wählen Sie **Datei: Speichern**.

Rahmen

In diesem Abschnitt nutzen Sie unterschiedliche Funktionen, um nichtrechteckige Rahmen zu erstellen. Zuerst subtrahieren Sie einen Bereich einer Form von einer anderen Form. Anschließend erstellen Sie einen polygonförmigen Rahmen und versehen einen Rahmen mit abgerundeten Ecken.

Zusammengesetzte Formen

Die Form eines vorhandenen Rahmens lässt sich ändern, indem Sie Bereiche hinzufügen (addieren) oder abziehen (subtrahieren). Die Form lässt sich auch dann ändern, wenn der Rahmen bereits Text oder Bilder enthält. Sie subtrahieren nun eine Form von dem grünen Hintergrund und erzeugen so einen neuen weißen Hintergrund.

1 Wählen Sie **Ansicht: Seite in Fenster einpassen**, um die Seite 3 formatfüllend in das Fenster einzupassen.

2 Ziehen Sie mit dem Rechteckrahmen-Werkzeug (⊠) einen Rahmen von dem Punkt, an dem sich der rechte Rand der ersten Spalte mit der

horizontalen Hilfslinie auf der Position 46p6 auf dem vertikalen Lineal schneidet, bis zum unteren rechten Seitenrand am Schnittpunkt der roten Beschnittmarkierungen.

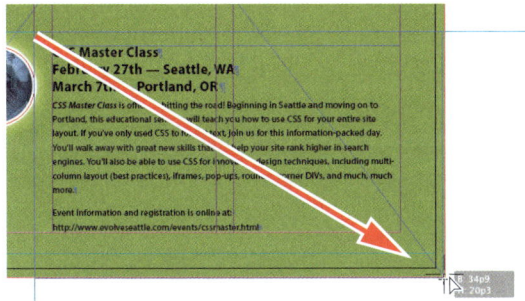

Rechteckrahmen aufziehen und auf Beschnittmarkierungsschnittpunkt einrasten

3 Aktivieren Sie das Auswahlwerkzeug (▶), halten Sie die Umschalt-Taste gedrückt und klicken Sie (außerhalb vom soeben aufgezogenen Rahmen) auf den grünen Rahmen, der einen großen Teil der Seite 3 verdeckt, um ihn und den neuen Rahmen gemeinsam auszuwählen.

4 Wählen Sie **Objekt: Pathfinder: Subtrahieren**, um die Form im Vordergrund (den neuen Rahmen) von der grünen Form zu subtrahieren. Der Textrahmen im unteren Seitenbereich liegt nun vor einem weißen Hintergrund.

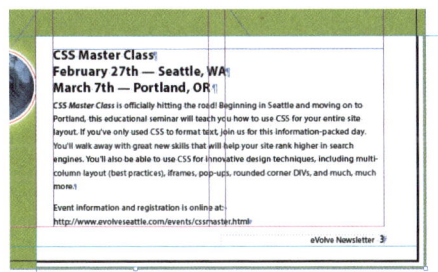

5 Lassen Sie den grünen Rahmen markiert. Wählen Sie **Objekt: Sperren**. Damit verhindern Sie ein versehentliches Verschieben des Rahmens.

▶ **Tipp:** An gesperrten Rahmen ist in der oberen linken Ecke ein Schloss-Symbol (🔒) zu sehen. Klicken Sie einfach darauf, um den Rahmen zu entsperren.

Polygone anlegen und Formen konvertieren

Mit dem Polygon-Werkzeug (⬠) oder dem Polygonrahmen-Werkzeug (⊗) erzeugen Sie regelmäßige Vielecke mit beliebig vielen Ecken. Sie können auch die Form eines bestehenden Rahmens verändern, selbst wenn dieser bereits Text oder Bilder enthält. In dieser Lektion erstellen Sie einen achteckigen Rahmen, platzieren eine Grafik darin und skalieren ihn anschließend.

1. Klicken Sie auf das Register des Ebenenbedienfelds oder wählen Sie **Fenster: Ebenen**.

2. Wählen Sie die Ebene »Graphics« mit einem Klick aus.

3. Aktivieren Sie im Werkzeugbedienfeld das Polygonrahmen-Werkzeug (⊗) (es ist mit dem Rechteckrahmen-Werkzeug (⊠) und dem Ellipsenrahmen-Werkzeug (⊗) gruppiert).

4. Klicken Sie auf der Seite 3 an eine beliebige Stelle links neben dem Text »Wasting Time«. Ändern Sie im Dialogfeld »Polygon« die Polygonbreite und -höhe in **9p0** und die »Anzahl der Seiten« in **8**. Klicken Sie auf OK.

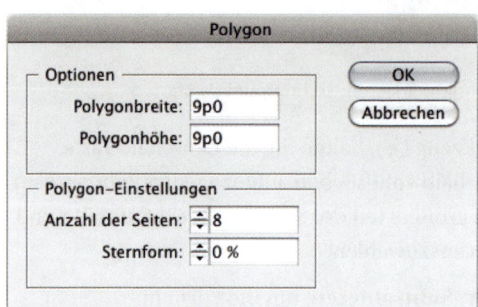 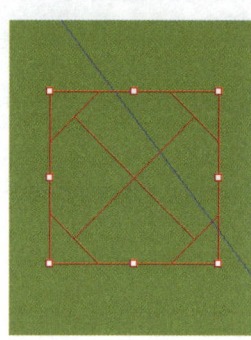

5. Lassen Sie die Polygonform markiert. Wählen Sie **Datei: Platzieren**, klicken Sie auf die Datei *stopsign.tif* im Ordner *Lektion_04/Links* und anschließend auf »Öffnen«.

6. Verwenden Sie das Zoomwerkzeug (🔍), um das Bild vergrößert anzuzeigen. Wählen Sie **Objekt: Anzeigeleistung: Anzeige mit hoher Qualität**, um die Grafik so präzise wie möglich darzustellen.

7 Aktivieren Sie das Auswahlwerkzeug (⬉) und ziehen Sie den mittleren Anfasser auf der Rahmenoberseite nach unten, bis die Rahmenkante bündig mit der Oberkante des Stoppschilds ist. Ziehen Sie die übrigen drei mittleren Anfasser ebenfalls nach innen, so dass der gesamte umgebende Weißraum abgeschnitten wird und nur noch das rote Stoppschild zu sehen ist.

8 Wählen Sie **Ansicht: Seite in Fenster einpassen** und verwenden Sie das Auswahlwerkzeug (⬉), um den Rahmen so zu verschieben, dass seine Oberkante an der Oberkante des rechts gelegenen Textrahmens mit der Überschrift ausgerichtet ist; seine rechte Kante sollte dabei etwa einen Spaltenabstand links von der rechten Kante des grünen Hintergrundrahmens liegen.

Abgerundete Ecken zuweisen

Im Folgenden versehen Sie einen Textrahmen mit abgerundeten Ecken.

1 Wählen Sie im Seitenmenü am unteren Dokumentfensterrand den Eintrag »1« und dann **Ansicht: Seite in Fenster einpassen**.

2 Das Auswahlwerkzeug (⬉) ist noch ausgewählt. Halten Sie die Z-Taste gedrückt, um vorübergehend zum Zoomwerkzeug (🔍) zu wechseln und damit die Darstellung des dunkelblauen Textrahmens auf Seite 1 zu vergrößern. Nachdem Sie die Z-Taste loslassen, wird das Auswahlwerkzeug wieder aktiv.

3 Markieren Sie den dunkelblauen Textrahmen und klicken Sie auf das kleine gelbe Quadrat, das sich knapp unterhalb des Anfassers in der oberen rechten Ecke des Rahmens befindet. InDesign zeigt nun anstelle der Anfasser vier kleine Rauten an den Rahmenecken.

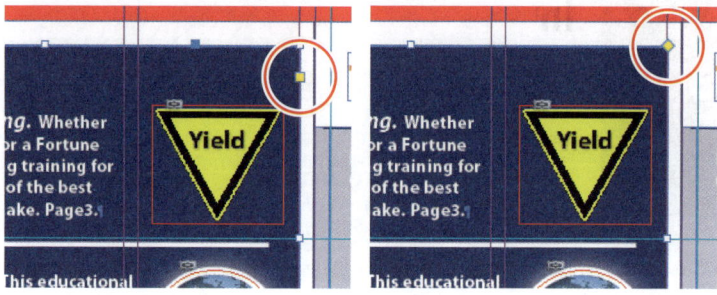

Gelbes Quadrat anklicken   Ergebnis

▶ **Tipp:** Wenn Sie mit den abgerundeten Ecken fertig sind, können Sie bei gedrückter Alt-Taste auf eine der Rauten klicken, um zwischen den verschiedenen Eckeneffekten zu wechseln.

4 Ziehen Sie die Raute in der oberen rechten Ecke des Rahmens nach links und geben Sie die Maustaste frei, sobald ein Radius (R:) von 1p0 angezeigt wird. Die übrigen drei Ecken werden beim Ziehen gleichzeitig angepasst. (Wenn Sie die Umschalt-Taste gedrückt halten, können Sie die jeweilige Ecke einzeln bearbeiten.)

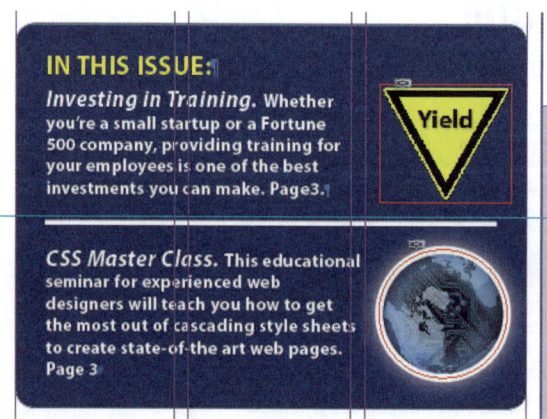

5 Wählen Sie **Bearbeiten: Auswahl aufheben**, um die Bearbeitung der Eckeneffekte zu beenden, und anschließend **Datei: Speichern**.

Objekte transformieren und ausrichten

InDesign bietet zahlreiche Werkzeuge und Befehle, um Größe und Form von Objekten zu ändern und sie auf der Dokumentseite auszurichten. Alle Transformationen – Drehen, Skalieren, Beschneiden und Spiegeln – können Sie im Transformieren- und im Steuerungsbedienfeld präzise bestimmen. Außerdem können Sie die Objekte hier horizontal oder vertikal an Auswahlen, Rändern, Seiten oder Druckbögen ausrichten oder verteilen.

Sie experimentieren jetzt mit einigen dieser Funktionen.

Ein Objekt drehen

Zum Drehen von Objekten bietet InDesign mehrere Optionen. In diesem Teil der Lektion verwenden Sie das Steuerungsbedienfeld zum Drehen eines Logos, das Sie zuvor in dieser Lektion platziert haben.

1   Zeigen Sie Seite 4 (die erste Seite des Dokuments) entweder über das Seitenbedienfeld oder über das Seitenmenü unten im Dokumentfenster an und wählen Sie **Ansicht: Seite in Fenster einpassen**.

2   Wählen Sie mit dem Auswahlwerkzeug (▶) das zuvor importierte »evolve«-Logo aus.

3   Vergewissern Sie sich, dass in der linken oberen Ecke des Steuerungsbedienfelds im Bezugspunkt-Symbol der Mittelpunkt (⊞) aktiviert ist, damit sich das Objekt um seinen Mittelpunkt dreht. Wählen Sie im Popup-Menü »Drehwinkel« den Winkel »180°«.

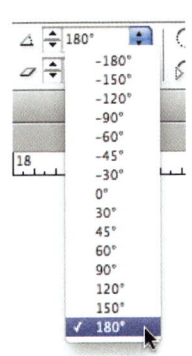

▶ Tipp: Sie können ein ausgewähltes Objekt auch mit **Objekt: Transformieren: Drehen** drehen. Geben Sie dazu einen Wert in das Feld »Winkel« des Dialogfelds »Drehen« ein.

Ein Bild in seinem Rahmen drehen

Sie können den Inhalt eines Grafikrahmens mit dem Auswahlwerkzeug drehen.

1 Aktivieren Sie das Auswahlwerkzeug (🔍) und klicken Sie im Bild von Jeff G. (oben rechts) auf das Inhaltsauswahlwerkzeug. Sobald sich der Mauszeiger im Kreisring befindet, wird er zum Hand-Symbol.

Mauszeiger auf dem Inhaltsauswahlwerkzeug (Kreisring) platzieren

Inhalt durch Anklicken des Kreisrings auswählen.

2 Vergewissern Sie sich, dass im Bezugspunkt-Symbol in der linken oberen Ecke des Steuerungsbedienfelds der Mittelpunkt (▦) gewählt ist.

3 Positionieren Sie den Mauszeiger etwas außerhalb des Anfassers in der oberen rechten Ecke des Bilds. Der Mauszeiger wird zum Drehen-Symbol (↱).

4 Klicken Sie und ziehen Sie im Uhrzeigersinn, bis der Kopf einigermaßen aufrecht erscheint (ungefähr -25°), und geben Sie die Maustaste frei. Beim Ziehen sehen Sie neben der Bildvorschau den momentanen Drehwinkel.

5 Nach der Drehung ist der Rahmen nicht mehr vollständig ausgefüllt. Um dies zu ändern, vergewissern Sie sich zunächst, dass die Schaltfläche »Proportionen beim Skalieren beibehalten« rechts neben den Eingabefeldern für die x- und y-Skalierung aktiviert ist (🔒). Geben Sie in das Eingabefeld »x-Skalierung« **55** ein und drücken Sie die Eingabetaste.

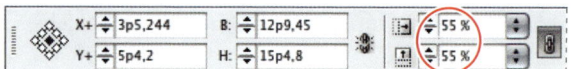

6 Wählen Sie **Bearbeiten: Auswahl aufheben** und dann **Datei: Speichern**.

Mehrere Objekte ausrichten

Am leichtesten gelingt das präzise Ausrichten mit dem Ausrichtenbedienfeld. Sie zentrieren nun mehrere Objekte horizontal auf der Dokumentseite und richten anschließend mehrere Bilder an einem gewählten Bild aus.

1 Wählen Sie **Ansicht: Seite in Fenster einpassen** und dann im Seitenmenü unten im Dokumentfenster die Seite 2. Aktivieren Sie das Auswahlwerkzeug (🔺), halten Sie die Umschalt-Taste gedrückt und klicken Sie oben auf der Seite auf den Textrahmen mit dem Text »Partial Class Calendar« und das Logo »evolve« darüber. (Anders als die zuvor platzierten Logos entstand dieses Logo direkt in InDesign und besteht aus einer Gruppe von Objekten. Sie kommen in dieser Lektion noch auf diese Gruppe zurück.)

2 Wählen Sie **Fenster: Objekt und Layout: Ausrichten**, um das Ausrichtenbedienfeld zu öffnen.

3 Wählen Sie im Ausrichtenbedienfeld im Popup-Menü »Ausrichten an:« die Option »An Seite ausrichten« und klicken Sie auf die Schaltfläche »An horizontaler Mittelachse ausrichten« (🔳). InDesign richtet die Objekte mittig auf der Seite aus.

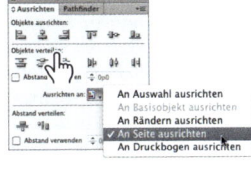

4 Klicken Sie in einen leeren Bereich oder wählen Sie **Bearbeiten: Auswahl aufheben**.

5 Verwenden Sie den Scrollbalken unten im Dokumentfenster, um die Montagefläche links von Seite 2 anzuzeigen

6 Mit dem Auswahlwerkzeug (🔺) markieren Sie zunächst den Grafikrahmen in der oberen linken Ecke des Kalenders. Halten Sie dann die Umschalt-Taste gedrückt und klicken Sie nacheinander auf die sieben Grafikrahmen auf der Montagefläche, um sie mit in die Auswahl aufzunehmen.

7 Wählen Sie im Ausrichtenbedienfeld im Popup-Menü »Ausrichten an:« die Option »An Auswahl ausrichten«. Der von Ihnen zuerst ausgewählte Grafikrahmen hat eine dicke blaue Umrandung, weil er als Referenzobjekt dient.

8 Klicken Sie auf die Schaltfläche »Rechte Kanten ausrichten« (🔳).

▶ **Tipp:** InDesign verwendet das von Ihnen zuerst gewählte Objekt automatisch als Referenzobjekt. Zum Ändern des Referenzobjekts können Sie nach erfolgter Mehrfachauswahl auch eines der gewählten Elemente anklicken, an dem die anderen ausgerichtet werden sollen. Es erscheint dann ein dickerer Auswahlrahmen um dieses Objekt.

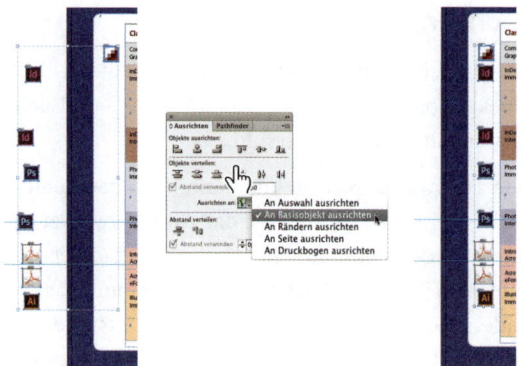

9 Wählen Sie **Bearbeiten: Auswahl aufheben** und dann **Datei: Speichern**.

Mehrere Objekte gleichzeitig skalieren

Bis zur InDesign-Version CS4 mussten Sie mehrere Objekte erst gruppieren, um diese gleichzeitig mit dem Auswahl-, Skalieren- oder Drehen-Werkzeug zu skalieren oder zu drehen. Inzwischen ist dieses Gruppieren nicht mehr nötig, Sie wählen nur noch die Objekte aus und nehmen die Änderungen direkt vor.

Als Nächstes markieren Sie zwei der Symbole und skalieren beide gleichzeitig.

1 Mit dem Zoomwerkzeug (🔍) vergrößern Sie die Darstellung der beiden Acrobat PDF-Symbole am linken Seitenrand.

2 Aktivieren Sie das Auswahlwerkzeug (🔖), halten Sie die Umschalt-Taste gedrückt und wählen Sie beide Symbole durch Anklicken aus.

3 Halten Sie Umschalt+Strg (Windows) bzw. Umschalt+Befehl (Mac OS) gedrückt und ziehen Sie den oberen linken Anfasser des Begrenzungsrahmens nach unten, bis die beiden Symbole ungefähr gleich groß wie das darunter befindliche Adobe Illustrator-Symbol erscheinen.

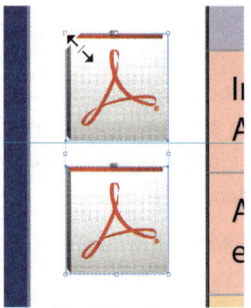
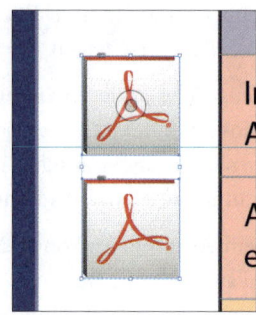

Ziehen, um die markierten Symbole zu skalieren   Ergebnis

4 Wählen Sie **Bearbeiten: Auswahl aufheben** und dann **Datei: Speichern**.

Gruppierte Objekte auswählen und ändern

Nachdem Sie vorhin das »evolve«-Logo oben auf Seite 2 mittig ausgerichtet haben, ändern Sie jetzt die Füllfarbe einzelner Buchstaben im Logo. Da sie gruppiert sind, können Sie sie als Einheit auswählen und bearbeiten. Sie ändern nun die Füllfarbe einiger weniger Formen in der Gruppe, ohne dazu die Gruppe aufzulösen oder die übrigen Elemente der Gruppe zu verändern.

Einzelne Elemente in einem gruppierten Objekt wählen Sie mit dem Direktauswahl-Werkzeug oder verschiedenen Befehlen im Menü **Objekt: Auswählen**.

1 Klicken Sie mit dem Auswahlwerkzeug (➤) auf die Gruppe »evolve« im oberen Bereich der Seite 2. Sie können den Arbeitsbereich mit dem Zoomwerkzeug (🔍) vergrößern.

2 Klicken Sie im Steuerungsbedienfeld auf die Schaltfläche »Inhalt auswählen« (🖐), um ein einzelnes Objekt der Gruppe zu markieren, ohne zuvor die Gruppierung zu lösen.

▶ **Tipp:** Sie können ein Objekt innerhalb einer Gruppe auch per Doppelklick mit dem Auswahlwerkzeug auswählen; alternativ markieren Sie die Gruppe und wählen **Objekt: Auswählen: Inhalt** oder Sie wählen nach einem Rechtsklick auf die Gruppe die Option **Auswählen: Inhalt** aus dem Kontextmenü.

 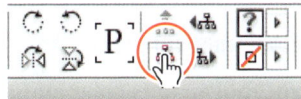 

Gruppe mit Auswahl-   Inhalt auswählen   Ergebnis
werkzeug markieren

3 Klicken Sie im Steuerungsbedienfeld sechsmal auf die Schaltfläche »Vorheriges Objekt auswählen« (◀🔢), um das erste »e« im Wort »evolve« zu markieren. Mit der darunter angeordneten Schaltfläche »Nächstes Objekt auswählen« können Sie in die entgegengesetzte Richtung markieren.

▶ **Tipp:** Zur schnellen Auswahl des ersten Objekts der Gruppe klicken Sie mit gedrückter Strg- (Windows) oder Befehl-Taste (Mac OS) auf die Schaltfläche »Vorheriges Objekt auswählen« im Kontrollbedienfeld.

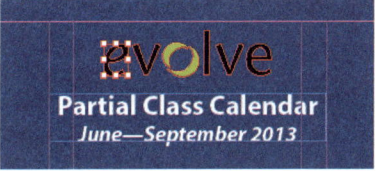

Sechsmal auf »Vorheriges Objekt   Ergebnis
auswählen« klicken

4 Aktivieren Sie das Direktauswahl-Werkzeug (▷), halten Sie die Umschalt-Taste gedrückt und wählen Sie die Logobuchstaben »v«, »l«, »v« und »e« nacheinander mit Klicks aus.

5 Klicken Sie auf das Register des Farbfelderbedienfelds oder wählen Sie **Fenster: Farbe: Farbfelder**. Klicken Sie im Farbfelderbedienfeld auf die »Fläche«-Schaltfläche und wählen Sie »[Papier]«, um die Buchstaben weiß zu füllen.

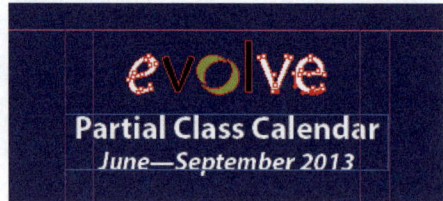

Flächenfüllung markierter
Objekte in [Papier] ändern

Ergebnis

Zum Abschluss

Jetzt sehen Sie sich das Ergebnis Ihrer Arbeit an.

1 Wählen Sie **Bearbeiten: Auswahl aufheben**.

2 Wählen Sie **Ansicht: Druckbogen in Fenster einpassen**.

3 Klicken Sie ganz unten im Werkzeugbedienfeld auf die Schaltfläche für
den aktuellen Bildschirmmodus (🖼), halten Sie die Maustaste gedrückt
und wählen Sie im Einblendmenü die Option »Vorschau«. Dieser
Bildschirmmodus zeigt das Dokument wie im gedruckten Zustand. Nicht
druckende Elemente (Raster, Hilfslinien, nicht druckende Objekte) sind nicht
sichtbar und die Montagefläche hat die in den Voreinstellungen gewählte
Vorschau-Hintergrundfarbe.

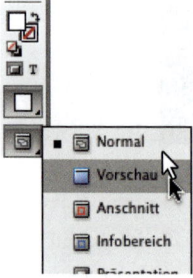

4 Drücken Sie die Tab-Taste, um alle Bedienfelder zu schließen. Drücken Sie
die Tab-Taste erneut, um alle Bedienfelder wieder einzublenden.

5 Wählen Sie **Datei: Speichern**.

Glückwunsch! Damit haben Sie auch diese Lektion erfolgreich abgeschlossen.

Eigene Übung

Am besten erlernen Sie den Umgang mit Rahmen, wenn Sie auf eigene Faust experimentieren.

In diesem Abschnitt erfahren Sie, wie Sie ein Objekt in eine Form einbetten können. In den folgenden Schritten lernen Sie mehr über das Markieren und Ändern von Rahmen.

1 Erstellen Sie ein neues Dokument und verwenden Sie im Dialogfeld »Neues Dokument« die Standardeinstellungen.

2 Ziehen Sie einen kleinen Textrahmen von ungefähr 2 x 2 Zoll auf und wählen Sie **Schrift: Mit Platzhaltertext füllen**, um den Rahmen mit Text zu füllen.

3 Wechseln Sie durch Drücken der Esc-Taste zum Auswahlwerkzeug und versehen Sie den Textrahmen im Farbfelderbedienfeld mit einer Füllfarbe.

4 Ziehen Sie mit dem Polygon-Werkzeug (◯) eine Form auf der Seite auf. (Sie können vorher auf das Polygon-Werkzeug doppelklicken, um die Anzahl der Seiten sowie unter »Sternform« einen Prozentwert für die Länge der Sternzacken einzugeben.)

▶ **Tipp:** Sie können ein bestehendes Polygon auch in eine andere Polygonform umwandeln, indem Sie es auswählen und anschließend auf das Polygon-Werkzeug doppelklicken. Ändern Sie dann im Dialogfeld »Polygon-Einstellungen« die Einstellungen.

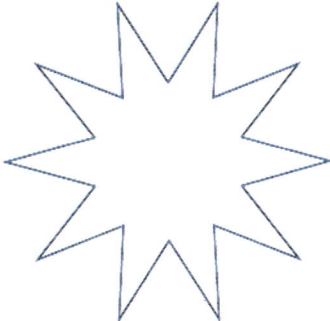

Lesciis et et laboreh enihiciis mi, sunt aborestiam volupta quiaeca esenda vel magnam aut idemossunt venimpel molupta dolor reribus sum eatende ndaecum quunt moluptis voluptas a que officipiet reium voluptur, ut ea nonseque soluptatum doluptatem repe voloren imporib usamus

5 Markieren Sie mit dem Auswahlwerkzeug (▶) den zuvor erstellten Textrahmen und wählen Sie **Bearbeiten: Kopieren**.

6 Wählen Sie das Polygon aus und anschließend **Bearbeiten: In die Auswahl einfügen**, um den Textrahmen in das Polygon einzubetten. (Wenn Sie **Bearbeiten: Einfügen** wählen, platziert InDesign das Objekt nicht in dem gewählten Rahmen.)

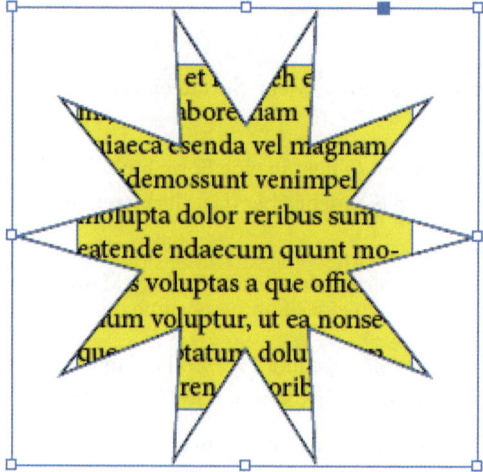

7 Verschieben Sie den Textrahmen mit dem Auswahlwerkzeug, indem Sie den Mauszeiger auf den Kreisring (das Inhaltsauswahlwerkzeug) in der Mitte des Polygons bewegen und bei gedrückter Maustaste ziehen.

8 Bewegen Sie den Mauszeiger aus dem Inhaltsauswahlwerkzeug heraus und verschieben Sie nun das Polygon bei gedrückter Maustaste.

9 Wählen Sie **Bearbeiten: Auswahl aufheben**.

10 Klicken Sie mit dem Direktauswahl-Werkzeug (k) auf das Polygon und ändern Sie seine Form, indem Sie an den Ankerpunkten ziehen.

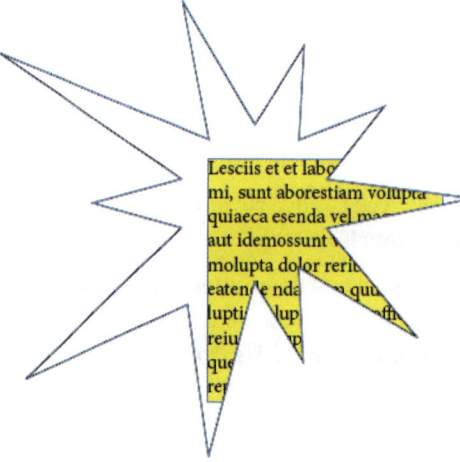

11 Wenn Sie genügend experimentiert haben, schließen Sie das Dokument, ohne es zu speichern.

Fragen

1 Wann sollten Sie das Auswahlwerkzeug und wann das Direktauswahl-Werkzeug zum Wählen eines Objekts benutzen?

2 Wie ändern Sie gleichzeitig die Größe eines Rahmens und seines Inhalts?

3 Wie drehen Sie ein Bild innerhalb eines Rahmens, ohne dabei den Rahmen selbst zu drehen?

4 Wie können Sie ein Objekt innerhalb einer Gruppe wählen, ohne dafür die Gruppierung aufheben zu müssen?

Antworten

1 Das Auswahlwerkzeug verwenden Sie für allgemeine Layoutaufgaben, etwa zum Positionieren und Drehen von Objekten sowie zum Anpassen ihrer Größe. Das Direktauswahl-Werkzeug benutzen Sie für Aufgaben wie das Bearbeiten von Pfaden oder Rahmen, beispielsweise das Verschieben von Ankerpunkten auf Pfaden, oder um Objekte innerhalb einer Gruppe auszuwählen und ihre Farbe zu verändern.

2 Um einen Rahmen und seinen Inhalt gleichzeitig zu ändern, wählen Sie das Auswahlwerkzeug, halten die Strg- (Windows) bzw. Befehlstaste (Mac OS) gedrückt und ziehen an einem Anfasser des Rahmens. Wenn Sie dabei zusätzlich die Umschalt-Taste drücken, behalten Sie außerdem die Proportionen des Objekts bei.

3 Ein Bild in einem Rahmen drehen Sie, indem Sie das Auswahlwerkzeug wählen, den Mauszeiger auf dem Inhaltsauswahlwerkzeug in der Mitte des Rahmens positionieren und mit einem Klick den Bildinhalt auswählen. Dann bewegen Sie den Mauszeiger leicht außerhalb eines Anfassers in einer der vier Ecken, so dass das Drehen-Symbol erscheint und Sie das Bild durch Ziehen bei gedrückter Maustaste drehen können.

4 Um ein Objekt innerhalb einer Gruppe auszuwählen, wählen Sie zunächst die Gruppe mit dem Auswahlwerkzeug (▶) aus, klicken dann im Steuerungsbedienfeld auf die Schaltfläche »Inhalt auswählen« (⊕) und anschließend auf das gewünschte Objekt in der Gruppe. Mit den Schaltflächen »Vorheriges Objekt auswählen« und »Nächstes Objekt auswählen« springen Sie zwischen den verschiedenen Objekten der Gruppe. Alternativ können Sie ein Objekt in einer Gruppe gezielt mit dem Direktauswahl-Werkzeug (▷) anklicken.

5

TEXT IMPORTIEREN

Überblick

In dieser Einführung zum Importieren und Einfügen von Text lernen Sie Folgendes:

- Text importieren und in einen bestehenden Textrahmen einfließen lassen

- Text mit Absatzformaten versehen

- Den Zeilenumbruch anpassen

- Mit manuellem und automatischem Textfluss arbeiten

- Die Größe von Textrahmen automatisch ändern

- Textrahmen automatisch verketten

- Seiten und verkettete Rahmen beim Textfluss automatisch anlegen

- Einen Fortsetzungshinweis einfügen

- Einen Spaltenumbruch einfügen

 Für diese Lektion benötigen Sie ungefähr 45 Minuten.

Bikes continued on page 2

Mit Adobe InDesign importieren Sie kurze Texte in bestehende Textrahmen. Alternativ erstellen Sie neue Textrahmen, in die Sie den Text einfließen lassen. Optional werden automatisch neue Seiten mit verketteten Text-rahmen erstellt. So verarbeiten Sie bequem Texte in den verschiedensten Dokumentarten – vom Katalog über einen Zeitschriftenartikel bis hin zu einem E-Book.

137

Vorbereitungen

In dieser Lektion bearbeiten Sie einen Zeitschriftenartikel. Die Gestaltung des einleitenden Druckbogens ist fast fertig. Einige Seiten sind bereits vorbereitet und können mit Text gefüllt werden. Bei der Arbeit mit dem Artikel probieren Sie verschiedene Textflussmethoden aus und fügen einen Fortsetzungshinweis ein, mit dem Sie angeben, auf welcher Seite der Artikel fortgesetzt wird.

● **Hinweis:** Falls nötig, kopieren Sie jetzt die Lektionsdateien von der *Adobe InDesign CS6 Classroom in a Book*-DVD auf Ihre Festplatte. Informationen dazu finden Sie unter »Die Classroom in a Book-Dateien kopieren« auf Seite 2.

1. Damit die Voreinstellungen von InDesign CS6 wie in dieser Lektion funktionieren, verschieben Sie die Datei *InDesign Voreinstellungen* an einen anderen Speicherort. Näheres dazu finden Sie unter »Voreinstellungsdateien speichern und wiederherstellen« auf Seite 3.

2. Starten Sie Adobe InDesign CS6. Damit alle Bedienfelder und Menübefehle wie in dieser Lektion funktionieren, wählen Sie **Fenster: Arbeitsbereich: [Erweitert]** und dann **Fenster: Arbeitsbereich: Erweitert zurücksetzen**.

3. Wählen Sie **Datei: Öffnen** und öffnen Sie die Datei *05_Start.indd* im Ordnerpfad *Lektionen/Lektion_05* auf Ihrer Festplatte.

4. Wählen Sie **Datei: Speichern unter** und speichern Sie die Datei unter dem neuen Namen *05_FlowText.indd* im Ordner *Lektion_05*.

● **Hinweis:** Wenn die Bilder im Dokument aufgepixelt erscheinen, wählen Sie **Ansicht: Anzeigeleistung: Anzeige mit hoher Qualität.**

5. Wenn Sie sehen möchten, wie das fertige Dokument aussieht, öffnen Sie die Datei *05_End.indd* in demselben Ordner. (In diesem Fall entspricht das fertige Dokument nicht der finalen Gestaltung, weil noch einige Bilder, Beschriftungen und Gestaltungselemente fehlen.) Sie können dieses Dokument während der Arbeit zu Vergleichszwecken geöffnet lassen.

6. Wenn Sie mit der Bearbeitung des Lektionsdokuments fortfahren möchten, klicken Sie oben links im Dokumentfenster auf seinen Reiter.

Text in einen bestehenden Rahmen importieren

Sie können Text wahlweise in einen neuen Rahmen importieren oder einen bestehenden Textrahmen verwenden. Ist der Rahmen leer, klicken Sie einfach mit dem Geladener-Text-Symbol in den Rahmen.

Auf der linken Seite des einleitenden Druckbogens für diesen Artikel ist ein leerer Kasten mit der Überschrift »local stats«. Dieser soll eine Beschreibung der im Artikel vorgestellten Frau aufnehmen. Sie importieren in diesen Textrahmen ein Microsoft Word-Dokument, weisen dem Text ein Absatzformat zu und beseitigen auf zweierlei Weise so genannte Waisenkinder (in unserem Fall: einzelne Worter in einer Zeile).

▶ **Tipp:** Neben Dokumenten von Textverarbeitungs-programmen wie Microsoft Word können Sie auch Dateien im Adobe InCopy- oder Adobe Buzzword-Format platzieren. Adobe Buzzword ist eine webbasierte Textverarbeitung, die bequemes Arbeiten im Team erlaubt.

1 Falls nötig, zoomen Sie, so dass Sie den seitlichen Textrahmen auf der linken Seite des einleitenden Druckbogens gut erkennen können. Stellen Sie sicher, dass nichts ausgewählt ist.

   Zur Bearbeitung von Text verwenden Sie das Textwerkzeug, zum Verketten von Textrahmen das Auswahlwerkzeug. Beim Textimport spielt es jedoch keine Rolle, welches Werkzeug ausgewählt ist.

2 Wählen Sie **Datei: Platzieren** und achten Sie darauf, dass am unteren Rand des Dialogfelds »Platzieren« die Kontrollfelder »Importoptionen anzeigen« und »Statische Beschriftungen erstellen« deaktiviert sind.

3 Doppelklicken Sie auf die Datei *05_LocalStats.doc* im Ordner *Lektion_05*.

   Der Mauszeiger wird zum Geladener-Text-Symbol (🖹) und zeigt eine Vorschau des importierten Textes. Wenn Sie das Symbol über einen leeren Textrahmen ziehen, erscheint es in Klammern (🖹).

4 Positionieren Sie das Geladener-Text-Symbol auf dem Platzhalterrahmen (unter dem Textrahmen mit dem Untertitel »local stats«).

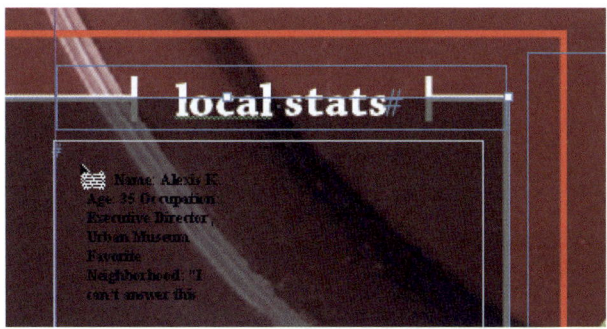

5 Platzieren Sie den Text mit einem Mausklick.

6 Wählen Sie das Textwerkzeug (**T**) und klicken Sie in den Rahmen, um den Text zu bearbeiten. Wählen Sie **Bearbeiten: Alles auswählen**, um den gesamten Text im Rahmen zu markieren.

▶ **Tipp:** Um alle lokalen Abweichungen zu löschen – und somit sicherzustellen, dass die Textformatierung exakt den gewählten Formaten entspricht –, wählen Sie aus dem Absatzformate-bedienfeldmenü den Befehl »Abweichungen löschen«. Weitere Informationen über Formate erhalten Sie in Lektion 9.

7 Wählen Sie **Schrift: Absatzformate**, um das Absatzformatebedienfeld zu öffnen.

8 Klicken Sie auf das Absatzformat »White Sidebar Text«. (Falls nötig, scrollen Sie im Absatzformatebedienfeld, um es anzuzeigen.)

Neben dem Namen des Absatzformats erscheint ein Pluszeichen, das lokale Abweichungen vom Absatzformat anzeigt, weil einige Textstellen fett ausgezeichnet sind. Oft sind lokale Abweichungen unerwünscht, hier stören sie jedoch nicht.

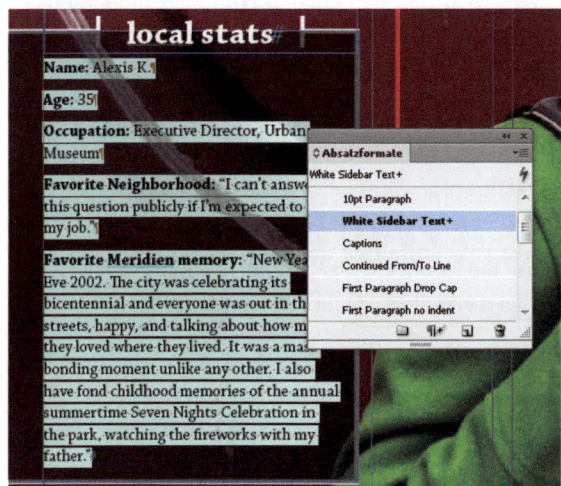

Jetzt kümmern Sie sich um das verwaiste letzte Wort des dritten Absatzes, der mit »Occupation« beginnt. Fügen Sie dazu einen manuellen Zeilenumbruch ein.

9 Zoomen Sie bei Bedarf, damit Sie den Text gut lesen können.

▶ **Tipp:** Wenn Sie die Tastenkombination für den manuellen Zeilenumbruch vergessen, können Sie **Schrift: Umbruchzeichen einfügen: Harter Zeilenumbruch** wählen.

10 Klicken Sie mit dem Textwerkzeug unmittelbar vor das Wort »Urban« im dritten Absatz des Kastens. Drücken Sie Umschalt+Eingabetaste, um das Wort »Urban« in die nächste Zeile des Absatzes zu umbrechen.

Als Nächstes widmen Sie sich dem Waisenkind am unteren Ende des Kastens, indem Sie die Laufweite, also den Zwischenraum zwischen den ausgewählten Zeichen, verändern.

11 Scrollen Sie bei Bedarf nach unten, damit Sie den kompletten letzten Absatz sehen, der mit »Favorite Meridien memory« beginnt. Wechseln Sie zum Textwerkzeug und klicken Sie viermal in Folge in den Absatz, um diesen vollständig auszuwählen.

12 Öffnen Sie das Zeichenbedienfeld mit **Schrift: Zeichen**. Geben Sie in das Eingabefeld »Laufweite« den Wert **-10** ein und drücken Sie die Eingabetaste.

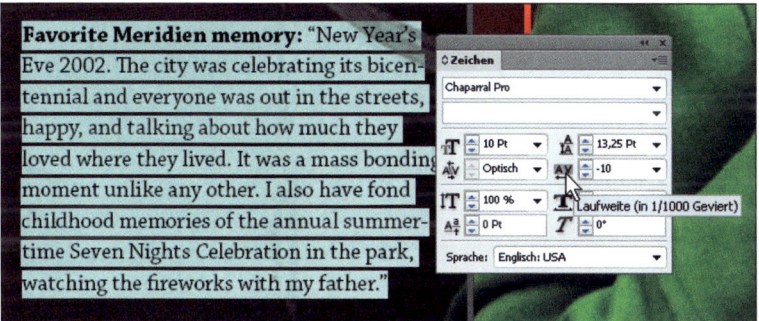

13 Wählen Sie **Bearbeiten: Auswahl aufheben** und dann **Datei: Speichern**.

Mehrere Textdateien in das Textwerkzeug laden

Sie können das Textwerkzeug im Dialogfeld »Platzieren« mit mehreren Textdateien »laden« und diese anschließend einzeln platzieren. Verfahren Sie dazu folgendermaßen:

- Öffnen Sie mit **Datei: Platzieren** das Dialogfeld »Platzieren«.

- Klicken Sie mit gedrückter Strg-Taste (Windows) bzw. Befehlstaste (Mac OS), um mehrere, nicht aufeinanderfolgende Dateien auszuwählen.

- Klicken Sie mit gedrückter Umschalt-Taste, um mehrere aufeinanderfolgende Dateien auszuwählen.

- Klicken Sie auf »Öffnen«. InDesign zeigt am Geladener-Text-Symbol die Anzahl der geladenen Dateien in Klammern an, beispielsweise (4).

- Platzieren Sie die Textdateien mit Klicks einzeln nacheinander.

▶ **Tipp:** Sind mehrere Textdateien in das Textwerkzeug geladen, drücken Sie die Pfeiltasten auf der Tastatur, um durch die Textdateien zu »blättern«. Drücken Sie die Esc-Taste, um eine Textdatei aus dem Platzierungs-cursor zu entfernen.

Text manuell in Textrahmen fließen lassen

Wenn Sie Text etwa aus einer Textverarbeitung importieren und ihn in mehrere, miteinander verbundene Textrahmen ließen lassen, wird dieser Vorgang als Verkettung bezeichnet. InDesign ermöglicht es Ihnen, Text manuell (mit mehr Kontrollmöglichkeiten) oder automatisch (um Zeit zu sparen) in ein Dokument einfließen zu lassen. Auch neu hinzugefügte Dokumentseiten können verkettet werden.

In dieser Lektion lassen Sie den Artikeltext in die beiden Spalten unten auf der rechten Seite fließen. Zunächst wählen Sie eine Word-Datei für den Import in den bestehenden Textrahmen der linken Spalte aus. Anschließend verketten Sie diesen Textrahmen mit dem zweiten Textrahmen und erstellen auf Seite 3 weitere Textrahmen, die den übrigen Text aufnehmen.

1   Wählen Sie zur besseren Orientierung **Ansicht: Druckbogen in Fenster einpassen**. Zoomen Sie bei Bedarf in die beiden Textrahmen.

2   Klicken Sie mit dem Textwerkzeug (T) direkt unter der Hand der Frau in den linken Textrahmen.

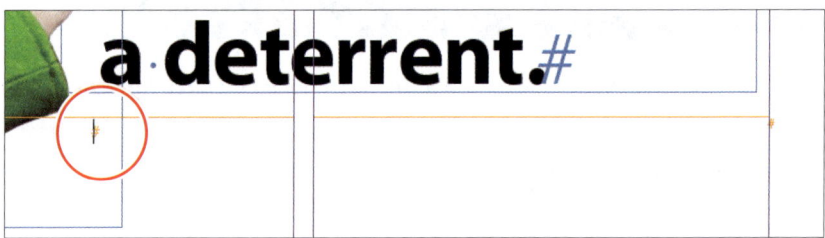

3   Wählen Sie **Datei: Platzieren**.

4   Markieren Sie im Ordner *Lektion_05* die Datei *05_Long_Biking_Feature_ JanFeb2012.docx*. Vergewissern Sie sich, dass »Ausgewähltes Objekt ersetzen« aktiviert ist, und klicken Sie auf »Öffnen«.

Der Text fließt in den bestehenden Rahmen in der linken Spalte. In der rechten unteren Ecke des Textrahmens sehen Sie einen Ausgang. Das rote Pluszeichen (+) zeigt an, dass noch Übersatz (also über den Platz im Textrahmen hinausgehender Text) vorhanden ist. Sie lassen diesen Text jetzt in einen weiteren Textrahmen in der rechten Spalte einfließen.

5 Klicken Sie mit dem Auswahlwerkzeug (▶) auf den Ausgang des Rahmens, um den Mauszeiger zu »laden«. (Wählen Sie, falls nötig, den Textrahmen zuerst mit einem Klick aus und klicken Sie dann auf den Ausgang.)

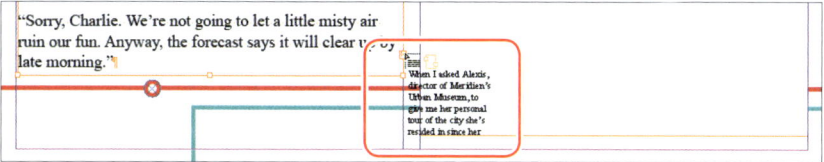

6 Positionieren Sie das Geladener-Text-Symbol (⊞) an beliebiger Stelle im rechten Textrahmen und klicken Sie.

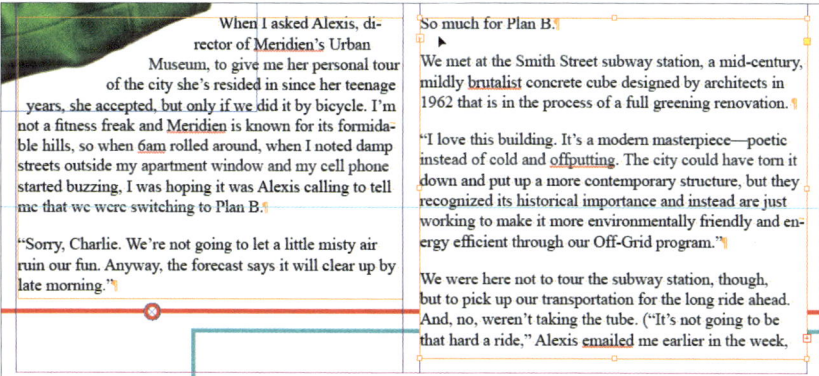

Der Text fließt in die zweite Spalte. Der Ausgang des zweiten Textrahmens zeigt wiederum ein rotes Pluszeichen (+), der Rahmen enthält also noch weiteren Übersatztext.

7 Wählen Sie **Datei: Speichern** und belassen Sie die Seite für die nächste Übung an dieser Stelle.

▶ **Tipp:** Wenn Sie sich nach dem Anklicken eines Ausgangs einmal anders entscheiden, können Sie im Werkzeugbedienfeld auf ein beliebiges Werkzeug klicken oder die Esc-Taste drücken, um das Geladener-Text-Symbol wirkungslos zu machen. Dabei geht kein Text verloren.

Textrahmen durch halbautomatischen Textfluss platzieren

▶ **Tipp:** Das Aussehen des Geladener-Text-Symbols ändert sich etwas – abhängig davon, ob Sie den Text manuell verketten oder halbautomatisch oder automatisch einfließen lassen.

Jetzt wenden Sie zwei unterschiedliche Textflussmethoden an. Zuerst verwenden Sie den halbautomatischen Textfluss, um Text in eine Spalte einfließen zu lassen. Beim halbautomatischen Textfluss legen Sie die verketteten Textrahmen nacheinander an. Der Mauszeiger verwandelt sich in das Geladener-Text-Symbol, das nach dem Platzieren eines Rahmens »neu geladen« wird. Anschließend ziehen Sie mit dem Geladener-Text-Symbol einen Textrahmen auf.

1 Wählen Sie das Auswahlwerkzeug (▶) und klicken Sie auf den Ausgang des Textrahmens in der zweiten Spalte von Seite 2. Der Mauszeiger wird mit dem Übersatztext »geladen«.

   Sie erstellen weitere Textrahmen auf Seite 3, die den übrigen Text aufnehmen. Hilfslinien signalisieren die für die Textrahmen vorgesehene Position.

▶ **Tipp:** Auch wenn das Geladener-Text-Symbol aktiviert ist, können Sie auf andere Dokumentseiten navigieren oder neue Seiten anlegen.

2 Zeigen Sie die Seiten 3 und 4 mit **Layout: Nächster Druckbogen** an. Anschließend wählen Sie **Ansicht: Druckbogen in Fenster einpassen**.

3 Platzieren Sie das Geladener-Text-Symbol (▦) wie abgebildet in der oberen linken Ecke am Schnittpunkt der Hilfslinien.

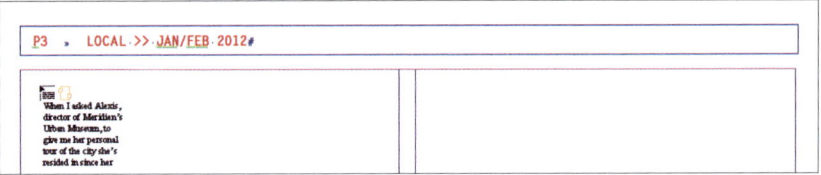

4 Klicken Sie mit gedrückter Alt-Taste.

   Der Text fließt in die erste Spalte. Wegen der gedrückten Alt-Taste zeigt InDesign immer noch das Geladener-Text-Symbol an – Sie können den Text sofort in einen weiteren Rahmen ließen lassen.

5 Geben Sie die Alt-Taste frei und platzieren Sie das Geladener-Text-Symbol (▦) in der durch Hilfslinien markierten zweiten Spalte.

6 Ziehen Sie innerhalb der violetten Spaltenhilfslinien einen Rahmen auf.

Eine Layoutskizze für diesen Artikel sieht weitere Gestaltungselemente oberhalb und unterhalb der beiden neuen Spalten vor. Daher passen Sie die Höhe der Rahmen so an, dass sie sich zwischen den beiden horizontalen blauen Hilfslinien erstrecken.

7 Ziehen Sie die oberen und unteren Kanten der beiden Textrahmen mit dem Auswahlwerkzeug, so dass sie wie abgebildet auf den blauen Hilfslinien liegen.

● **Hinweis:** Die Textmenge, die in den Rahmen passt, kann variieren – je nachdem, welche Schriftart auf Ihrem System aktiviert ist. Bei der Druckausgabe ist es wichtig, dass alle Beteiligten exakt dieselben Schriftarten verwenden. Für diese Lektion ist es gleichgültig, welche Schriftarten Sie wählen.

"Meridien's flatter than you think. Especially if you know the secret routes.") Meridien has its own bike-sharing program—called HUB—that has become increasingly popular with the locals, especially now with hundreds of bike drop-off/pickup stations scattered across the city.

One swipe of your credit or debit card and you're off to the races. Amazingly, the program has reduced traffic in the city center almost 50%, even in the chilly winter.

We grab our bikes and zoom across the street to the bike lane that skirts the northern edge of the park. Part of the bike-sharing program's popularity is that Meridien has invested heavily in creating dedicated cycling paths to accompany the thousands of new bikes on the streets. We rush past the pastiche of architectural styles and eras that characterize Meridien's eclectic urbanism, something Alexis has made a career of celebrating. "A real city is never homogenous," she remarks.

One of Meridien's urban success stories is the rejuvenation of the Old Town district. Just five years ago, the area's cobblestone streets were strewn with trash and drug paraphernalia. The city's homeless would congregate here, and the historical buildings, some dating back to the 18th century, were primarily abandoned. But with the election of Mayor Pierre H. in 2006, the government allocated funds for a renewal project that provided new businesses and nonprofits with startup funding to renovate and occupy these empty structures. Before long, artists were occupying the upper floors, and boutiques, galleries, and cafés began to spring up to fit their lifestyles. Combine this with

more robust social service programs that provided housing and drug counseling programs, and the area underwent a speedy, remarkable renaissance.

Cobblestones, gentrification and local produce

The bumpy roads result in a precarious ride that makes steering the bikes in a straight line virtually impossible. Luckily, auto traffic is mostly banned from Old Town, making it a favorite destination for those who disdain cars and much safer for our own clumsy veering. We stop in front of Frugal Grounds, an airy café/gallery/performance space hybrid that was one of Old Town's first new businesses, to meet Scott G., Meridien's supervisor of urban renewal. He, too, arrives on a HUB bicycle, stylishly dressed for the weather in a medium-length Nehru-style jacket and knit cap, the ensemble nicely complemented by a pair of stylish spectacles and a worn leather shoulder bag.

"There are some hard-core purists who dismiss this development as negative—gentrification to ease the fears of yuppies who wouldn't come near here before," Scott remarks, "but I find their argument difficult to support in light of all the good that has come to Old Town. We didn't move the blight out and then hide it somewhere else. We helped the people who needed assistance and let them stay as long as they weren't committing any violent crimes. They receive housing and there has been phenomenal success in getting many back into the workforce and making them part of the community again. How can this be bad?"

Das rote Pluszeichen in der unteren rechten Ecke des zweiten Textrahmens deutet auf weiteren Übersatztext hin.

8 Wählen Sie **Datei: Speichern** und belassen Sie die Seite für die nächste Übung in dieser Position.

Automatischer Textfluss

Sie lassen nun den verbleibenden Text automatisch in den nächsten Druckbogen einfließen. Beim automatischen Textfluss legt InDesign innerhalb der Spaltenhilfslinien neue Textrahmen an – und zwar Seite für Seite, bis der gesamte Übersatztext platziert ist.

1   Klicken Sie mit dem Auswahlwerkzeug (▶) auf den Ausgang in der unteren rechten Ecke des Textrahmens in der rechten Spalte von Seite 3. Der Mauszeiger wird mit dem Übersatztext geladen. (Wählen Sie, falls nötig, erst den Textrahmen mit einem Klick aus und klicken Sie dann auf den Ausgang.)

▶ **Tipp:** Wenn Sie mit dem Geladener-Text-Symbol klicken, erzeugt InDesign einen Textrahmen mit der Breite der angeklickten Spalte. Der Rahmen befindet sich innerhalb der Spaltenhilfslinien, Sie können ihn aber nach Belieben verschieben, skalieren oder umformen.

2   Wählen Sie **Layout: Nächster Druckbogen**, um die Seiten 5 und 6 anzuzeigen.

3   Platzieren Sie das Geladener-Text-Symbol (▦) am Schnittpunkt der linken Spaltenhilfslinie und der Randhilfslinie auf Seite 5. (Die Höhe der Rahmen gleichen Sie später an.)

4   Klicken Sie mit gedrückter Umschalt-Taste.

InDesign hat auf den Seiten 5 und 6 innerhalb der Spaltenhilfslinien neue Textrahmen eingefügt. Mit der Umschalt-Taste hatten Sie den automatischen Textfluss aktiviert. Damit ist der importierte Text jetzt vollständig platziert. Nun passen Sie die Höhe der Rahmen so an, dass sich diese zwischen den beiden horizontalen blauen Hilfslinien erstrecken.

5   Ziehen Sie mit dem Auswahlwerkzeug die oberen und unteren Kanten der Textrahmen, so dass sie wie abgebildet auf den blauen Hilfslinien liegen.

▶ **Tipp:** Sie können den Textfluss innerhalb der Rahmen anpassen, indem Sie Umbruchzeichen in den Text einfügen, zum Beispiel den Spaltenumbruch und den Rahmenumbruch (**Schrift: Umbruchzeichen einfügen**).

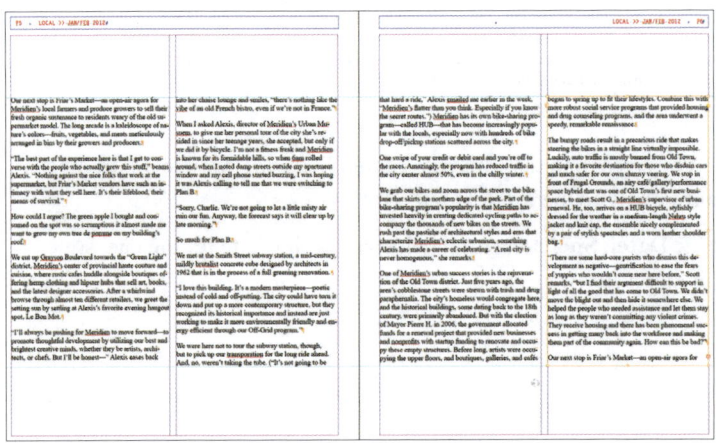

Im Ausgang der rechten Spalte sehen Sie, dass erneut Übersatztext besteht.

6   Wählen Sie **Datei: Speichern** und belassen Sie die Seite unverändert für die nächste Übung.

Textrahmen automatisch verketten

Verkettete Textrahmen für die Spalten können Sie zügig und bequem mit einem Tastaturbefehl erstellen. Sobald Sie mit dem Textwerkzeug einen Textrahmen aufziehen und dabei die rechte Pfeiltaste drücken, zerlegt InDesign den Rahmen in mehrere miteinander verkettete Rahmen. Wenn Sie die rechte Pfeiltaste beim Aufziehen beispielsweise einmal betätigen, unterteilt InDesign den Rahmen in zwei gleich breite Rahmen. Drücken Sie die rechte Pfeiltaste hingegen fünfmal, wird der Rahmen auch fünfmal unterteilt und Sie erhalten sechs gleich breite Rahmen. (Wenn Sie die rechte Pfeiltaste zu häufig gedrückt haben, drücken Sie die linke Pfeiltaste, um Spalten zu löschen.)

Sie fügen jetzt eine weitere Seite am Ende des Dokuments ein und lassen den verbleibenden Übersatztext in einen unterteilten Textrahmen einfließen.

1 Wählen Sie **Fenster: Seiten**, um das Seitenbedienfeld anzuzeigen.

2 Scrollen Sie im oberen Bereich des Seitenbedienfelds zum Musterseiten-Druckbogen »FEA-2 Col
Feature«.

3 Klicken Sie auf die linke Musterseite und ziehen Sie
diese in den unteren Bereich des
Seitenbedienfelds. Lassen Sie die Maustaste los,
sobald sich das Musterseiten-Symbol unter Seite 5
befindet.

4 Doppelklicken Sie auf das Symbol von Seite 7, um
die neue Seite im Dokumentfenster zu zentrieren.

5 Wählen Sie das Textwerkzeug (T) und positionieren Sie es ungefähr am Schnittpunkt der
vertikalen violetten Hilfslinie und der horizontalen blauen Hilfslinie in der ersten Spalte von Seite 7.

6 Ziehen Sie das Textwerkzeug nach unten und nach rechts, damit sich
der Rahmen über beide Spalten erstreckt. Drücken Sie einmal die rechte
Pfeiltaste, während Sie ziehen.

InDesign unterteilt den Textrahmen automatisch in zwei gleich breite,
verkettete Textrahmen.

▶ **Tipp:** Außer der Möglichkeit, Textrahmen mit bereits platziertem Text zu verketten, können Sie auch noch leere Textrahmen verketten. Aktivieren Sie das Auswahlwerkzeug, klicken Sie in den Ausgang eines Rahmens und dann in den nächsten Textrahmen. Wiederholen Sie den Vorgang, bis alle Rahmen verkettet sind.

● **Hinweis:** Wenn Sie versehentlich mehr als einmal auf die rechte Pfeiltaste gedrückt haben und dadurch mehr verkettete Textrahmen als gewollt produziert haben, wählen Sie **Bearbeiten: Rück-gängig**. Alternativ können Sie auch beim Aufziehen die linke Pfeiltaste drücken, um die Anzahl der Unterteilungen zu reduzieren.

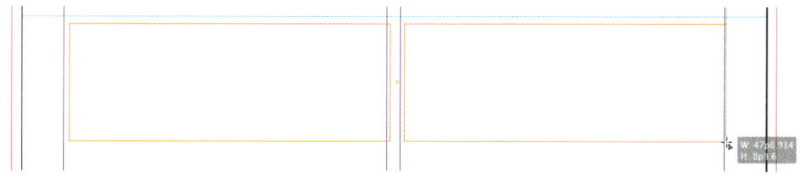

7 Scrollen Sie nach oben, bis Sie die untere Hälfte von Seite 6 sehen können.

8 Klicken Sie mit dem Auswahlwerkzeug (⬉) den rechten Textrahmen auf Seite 6 an. Anschließend klicken Sie auf den Ausgang in der unteren rechten Ecke des Rahmens, um den Mauszeiger mit dem Übersatztext zu laden.

9 Scrollen Sie zurück auf Seite 7 und klicken Sie mit dem Geladener-Text-Symbol (📄) in den linken Textrahmen.

Der Text fließt in die beiden verketteten Textrahmen.

10 Wählen Sie **Datei: Speichern**. Lassen Sie die Seite in dieser Position für die nächste Übung.

Die Größe von Textrahmen automatisch anpassen

Wenn Sie Texte hinzufügen, löschen und bearbeiten, müssen Sie oft die Größe von Textrahmen ändern. Mit der Funktion »Automatisch Größe ändern« können Sie festlegen, dass sich der Textrahmen Ihren Vorgaben entsprechend automatisch ändert.

Nun nutzen Sie die Funktion »Automatisch Größe ändern«, um die Größe des letzten Textrahmens aufgrund der Länge des enthaltenen Textes zu ändern.

1 Aktivieren Sie das Auswahlwerkzeug (⬉) und klicken Sie in den Textrahmen in der zweiten Spalte rechts auf Seite 7. Wählen Sie **Objekt: Textrahmenoptionen.**

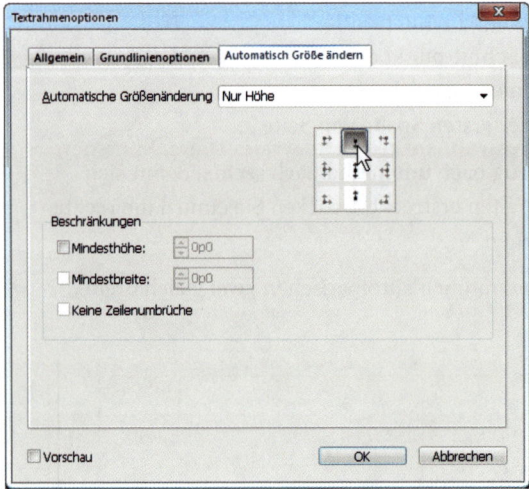

2 Im Dialogfeld »Textrahmenoptionen« klicken Sie auf das Register »Automatisch Größe ändern«. Aus dem Popup-Menü »Automatische Größenänderung« wählen Sie »Nur Höhe«.

3 Klicken Sie auf das mittlere Symbol in der oberen Reihe (ı). Damit legen Sie fest, dass sich der Textrahmen nach unten vergrößern soll – so, als würden Sie den unteren Anfasser des Textrahmens nach unten ziehen. Klicken Sie auf OK.

4 Mit dem Textwerkzeug (T) klicken Sie an das Textende nach »France.« und drücken anschließend die Eingabetaste. Sie sehen, wie sich der Textrahmen ausdehnt.

5 Mit dem Auswahlwerkzeug wählen Sie den linken Textrahmen aus. Ziehen Sie den mittleren Anfasser an der unteren Textrahmenkante nach oben, um die Größe des Textrahmens zu verringern.

Der Text wird in die zweite Spalte umbrochen und die Größe dieses Textrahmens vergrößert sich automatisch.

6 Lassen Sie die Spalten in beliebiger Position – solange es keinen Übersatztext gibt.

7 Wählen Sie **Bearbeiten: Auswahl aufheben** und dann **Datei: Speichern**.

Seiten automatisch hinzufügen

Neben der automatischen Verkettung von Textrahmen auf bestehen
den Seiten ermöglicht InDesign mit der Funktion »Intelligenter Textumfluss«
auch das automatische Hinzufügen von Seiten beim Importieren von Text. Dies
hilft besonders bei der Arbeit mit längeren Textpassagen, zum Beispiel den
Kapiteln eines Buchs. Durch den intelligenten Textumfluss wird beim Platzieren
oder Eingeben von Text in einen primären Textrahmen automatisch die nötige
Anzahl von Seiten mit verketteten Textrahmen hinzugefügt. Verkürzt sich der
Text beim Bearbeiten oder Formatieren, entfernt InDesign die überzähligen
Seiten auf Wunsch automatisch. Sie probieren den intelligenten Textumfluss
jetzt aus:

1 Wählen Sie **Datei: Neu: Dokument.**

2 Aktivieren Sie im Dialogfeld »Neues Dokument« das Kontrollfeld »Primärer
   Textrahmen« und klicken Sie auf OK.

3 Wählen Sie **Bearbeiten: Voreinstellungen: Eingabe** (Windows) bzw.
   InDesign: Voreinstellungen: Eingabe (Mac OS), um die Eingabe-
   Voreinstellungen anzuzeigen.

   Im Bereich »Intelligenter Textumfluss« des Dialogfelds können Sie die
   Funktionsweise des intelligenten Textumflusses steuern:

   • Wo Seiten hinzugefügt werden (am Ende des Kapitels, Abschnitts oder
     Dokuments)

   • Ob er nur bei primären Textrahmen oder auch bei den übrigen
     Textrahmen im Dokument greift

   • Wie Seiten in doppelseitige Druckbögen eingefügt werden

   • Ob leere Seiten bei gekürztem Text gelöscht werden

4 Zwar ist der intelligente Textfluss standardmäßig aktiviert; vergewissern Sie
   sich jedoch noch einmal, dass er eingeschaltet ist. Klicken Sie dann auf OK.

5 Wählen Sie **Datei: Platzieren**. Markieren Sie im Ordner *Lektion_05* die Datei
   05_Long_Biking_Feature_JanFeb2010.docx und klicken Sie auf »Öffnen«.

6 Klicken Sie auf der ersten Seite des neuen Dokuments mit dem Geladener-
   Text-Symbol innerhalb der Seitenränder, um den Text in den primären
   Textrahmen fließen zu lassen. Im Seitenbedienfeld sehen Sie, dass InDesign
   automatisch die nötige Anzahl an Seiten hinzugefügt hat. Schließen Sie die
   Datei, ohne sie zu speichern.

Einen Fortsetzungshinweis einfügen

Wenn sich ein Artikel über mehrere Seiten erstreckt und ein Umblättern erfordert, sollten Sie den Lesern am Seitenende einen Hinweis geben, an welcher Stelle sie weiterlesen können, zum Beispiel »Fortsetzung auf Seite x«. InDesign erlaubt Ihnen das Anlegen eines Fortsetzungshinweises, der automatisch die nächste Seitenzahl der Verkettung anzeigt.

1 Doppelklicken Sie im Seitenbedienfeld auf das Symbol der Seite 2, um diese im Dokumentfenster zu zentrieren. Scrollen Sie nach rechts, so dass Sie einen Teil der Montagefläche sehen, und zoomen Sie, damit Sie den Text gut lesen können.

2 Ziehen Sie mit dem Textwerkzeug (T) in der Montagefläche einen Textrahmen auf, der ungefähr 17 Pica breit und 3 Pica hoch ist.

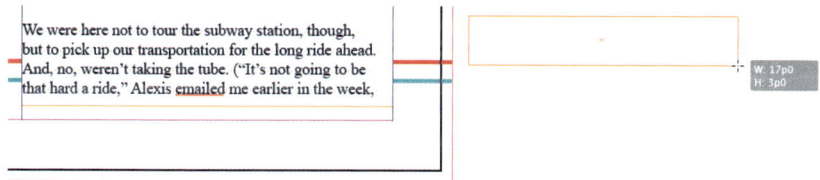

3 Ziehen Sie den neuen Textrahmen mit dem Auswahlwerkzeug (►) unter die rechte Textspalte von Seite 2 und achten Sie darauf, dass sich die beiden Textrahmen berühren.

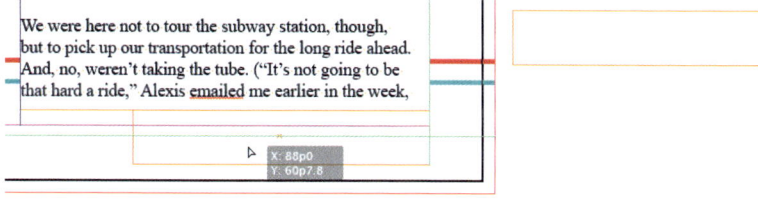

● **Hinweis:** Damit das Sonderzeichen »Nächste Seitenzahl« korrekt funktioniert, muss der Textrahmen mit dem Fortsetzungshinweis den Rahmen mit dem verketteten Text überlappen oder berühren.

4 Klicken Sie mit dem Textwerkzeug in den neuen Textrahmen. Schreiben Sie **Bikes continued on page** und ergänzen Sie ein Leerzeichen.

5 Wählen Sie **Schrift: Sonderzeichen einfügen: Marken: Nächste Seitenzahl**. Als Fortsetzungshinweis erscheint nun »Bikes continued on 3«.

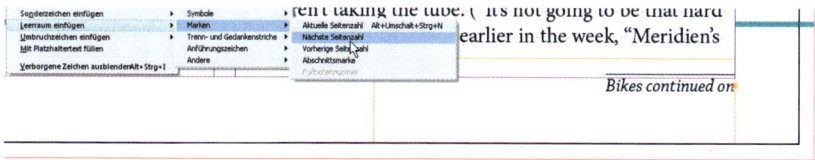

6 Wählen Sie **Schrift: Absatzformate**, um das Absatzformatebedienfeld zu öffnen. Lassen Sie die Einfügemarke im Fortsetzungshinweis stehen und klicken Sie auf das Absatzformat »Continued From/To Line«, um den Text nach Vorgabe zu formatieren.

We were here not to tour the subway station, though,
but to pick up our transportation for the long ride ahead.
And, no, weren't taking the tube. ("It's not going to be
that hard a ride," Alexis emailed me earlier in the week,

Bikes continued on 3

7 Wählen Sie **Datei: Speichern**.

8 Wählen Sie **Ansicht: Druckbogen in Fenster einpassen**.

9 Wählen Sie in der Anwendungsleiste im Popup-Menü »Bildschirmmodus« die Option »Vorschau« .

Eigene Übung

In dieser Lektion haben Sie gelernt, wie Sie einen Fortsetzungshinweis auf die nächste Seite des Artikels anlegen. Umgekehrt können Sie auch einen Hinweis anlegen, der den Leser darüber informiert, von welcher Seite der Artikel fortgesetzt wird.

1 Markieren Sie mit dem Auswahlwerkzeug ( ) den Textrahmen mit dem Fortsetzungshinweis auf Seite 2 und kopieren Sie ihn mit **Bearbeiten: Kopieren** in die Zwischenablage.

2 Fügen Sie den Fortsetzungshinweis mit **Bearbeiten: Einfügen** auf Seite 3 ein. Ziehen Sie den Textrahmen nach oben, so dass er die Oberkante der ersten Textspalte berührt.

3 Ändern Sie mit dem Textwerkzeug (T) den Inhalt des Rahmens von »Bikes continued on« in »Bikes continued from«.

4 Markieren Sie die Seitennummer 3 im Fortsetzungshinweis.

Nun ersetzen Sie das Sonderzeichen »Nächste Seitenzahl« durch »Vorherige Seitenzahl«.

5 Wählen Sie dazu **Schrift: Sonderzeichen einfügen: Marken: Vorherige Seitenzahl**.

Jetzt erscheint der korrekte Fortsetzungshinweis »Bikes continued from 2«.

Fragen

1 Mit welchem Werkzeug verketten Sie Textrahmen?

2 Wie »laden« Sie das Text-Symbol?

3 Was geschieht, wenn Sie mit dem Geladener-Text-Symbol zwischen Spaltenhilfslinien klicken?

4 Mit welcher Taste unterteilen Sie einen Textrahmen automatisch in mehrere verkettete Rahmen?

5 Welche Funktion fügt automatisch Seiten mit verketteten Textrahmen ein, um eine importierte Textdatei vollständig aufzunehmen?

6 Welche Funktion passt automatisch die Größe eines Textrahmens aufgrund der Textlänge an?

7 Was ist zu beachten, damit die Sonderzeichen »Nächste Seitenzahl« und »Vorherige Seitenzahl« in einem Fortsetzungshinweis korrekt funktionieren?

Antworten

1 Mit dem Auswahlwerkzeug.

2 Wählen Sie **Datei: Platzieren** und importieren Sie eine Textdatei, oder klicken Sie auf den Ausgang eines Textrahmens mit Übersatztext.

3 InDesign erzeugt einen Textrahmen an der angeklickten Stelle, dessen Breite sich an den vertikalen Spaltenhilfslinien orientiert.

4 Drücken Sie beim Aufziehen des Textrahmens die rechte Pfeiltaste. (Sie können auch die linke Pfeiltaste drücken, um die Anzahl der Spalten zu verringern, während Sie einen Textrahmen erstellen.)

5 Intelligenter Textumfluss

6 Die Funktion »Automatisch Größe ändern« im Dialogfeld »Textrahmenoptionen«.

7 Der Textrahmen mit dem Fortsetzungshinweis muss den verketteten Artikel-Textrahmen berühren.

6 TEXT BEARBEITEN

Überblick

In dieser Lektion lernen Sie Folgendes:

- Eine fehlende Schrift suchen und ersetzen

- Text in Textrahmen eingeben und importieren

- Text und Formatierungen suchen und ersetzen

- Die Rechtschreibung in einem Dokument prüfen

- Ein Wörterbuch bearbeiten

- Rechtschreibfehler automatisch korrigieren

- Text per Drag & Drop verschieben

- Im Textmodus arbeiten

- Textänderungen verfolgen

 Für diese Lektion benötigen Sie ungefähr 60 Minuten.

InDesign CS6 bietet zahlreiche spezielle Funktionen zur Textverarbeitung, unter anderem das Suchen und Ersetzen von Texten oder Formatierungen, die Rechtschreibprüfung, die automatische Rechtschreibkorrektur sowie die Verfolgung der beim Bearbeiten vorgenommenen Textänderungen.

Vorbereitungen

● **Hinweis:** Bei Bedarf kopieren Sie jetzt die Lektions-dateien von der *Adobe InDesign CS6 Classroom in a Book*-DVD auf Ihre Festplatte. Informationen dazu finden Sie unter »Die Classroom in a Book-Dateien kopieren« auf Seite 2.

In dieser Lektion führen Sie redaktionelle Tätigkeiten aus, wie sie häufig auch von Layoutern erwartet werden. Dazu gehört das Importieren eines neuen Textartikels und die Verwendung der Bearbeitungsfunktionen zum Suchen und Ersetzen von Text und Formatierungen, die Rechtschreibprüfung, die Eingabe und Nachverfolgung von Textänderungen und mehr.

1 Damit die Voreinstellungen von InDesign CS6 wie in der Lektion funktionieren, bewegen Sie die Datei *InDesign Voreinstellungen* an einen anderen Speicherort. Näheres dazu finden Sie unter »Voreinstellungsdateien speichern und wiederherstellen« auf Seite 3.

2 Starten Sie Adobe InDesign CS6. Damit alle Bedienfelder und Menübefehle wie in dieser Lektion funktionieren, wählen Sie **Fenster: Arbeitsbereich: [Erweitert]** und dann **Fenster: Arbeitsbereich: Erweitert zurücksetzen**.

3 Öffnen Sie die Datei *06_Start.indd* im Ordnerpfad *Lektionen/Lektion_06* auf Ihrer Festplatte.

4 Wenn das Dialogfeld »Fehlende Schriftarten« erscheint, klicken Sie auf OK. (Dieses Dialogfeld wird angezeigt, wenn im Dokument Schriftarten verwendet werden, die nicht auf Ihrem System installiert sind.)

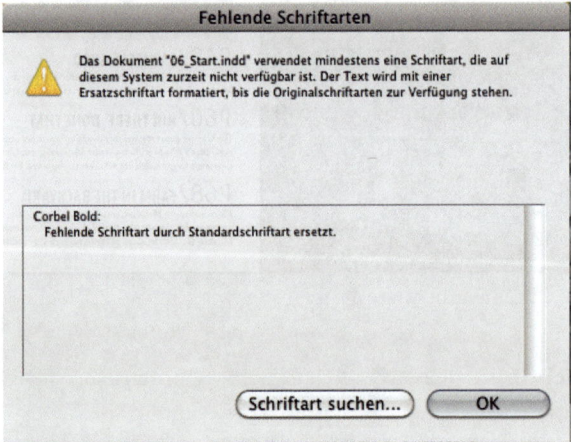

Im nächsten Abschnitt lösen Sie das Problem der fehlenden Schrift, indem Sie diese durch eine auf Ihrem System installierte Schrift ersetzen.

5 Wählen Sie **Datei: Speichern unter** und speichern Sie die Datei unter dem neuen Namen *06_Text.indd* im Ordner *Lektion_06*.

6 Öffnen Sie die Datei *06_End.indd* in demselben Ordner, um sich das fertige Dokument anzusehen. Sie können dieses während der Arbeit als Hilfe geöffnet lassen.

7   Wenn Sie mit der Bearbeitung des Lektionsdokuments fortfahren möchten, klicken Sie auf seinen Reiter oben links im Dokumentfenster.

Eine fehlende Schrift suchen und ersetzen

Beim Öffnen des Dokuments im vorigen Abschnitt fehlte vermutlich die Schriftart »Corbel Bold«. Falls Sie diese bereits auf Ihrem Computer installiert haben, erhalten Sie zwar keinen Warnhinweis auf eine fehlende Schrift, doch lohnt es sich die folgenden Schritte trotzdem für zukünftige Zwecke nachzuvollziehen. Sie suchen jetzt nach dem Text mit der Schriftart »Corbel Bold« und ersetzen sie durch die ähnliche Schriftart »Chaparral Pro Bold«.

1   Betrachten Sie die linke Seite des ersten Druckbogens. Die rosa Unterlegung des Zitats weist darauf hin, dass die ursprünglich zugewiesene Schriftart fehlt.

2   Wählen Sie **Schrift: Schriftart suchen**. Das Dialogfeld »Schriftart suchen« zeigt alle im Dokument verwendeten Schriftarten und -schnitte. Sie sehen ebenfalls das Schriftformat der einzelnen Schriften, zum Beispiel PostScript, TrueType oder OpenType. Fehlende Schriftarten sind mit einem Warnsymbol (⚠) gekennzeichnet.

3   Wählen Sie in der Liste »Schriftarten im Dokument« die Schriftart »Corbel Bold«.

4   Wählen Sie im Popup-Menü »Schriftfamilie« des Abschnitts »Ersetzen durch« die Schrift »Chaparral Pro«.

5   Wählen Sie im Popup-Menü »Schriftschnitt« den Schnitt »Bold«.

▶ **Tipp:** Bei den meisten Projekten können Sie die fehlende Schriftart nicht einfach durch eine andere ersetzen, sondern Sie müssen sie Ihrem System hinzufügen. Fehlende Schriftarten installieren Sie, indem Sie sie mit einer Schriftverwaltungsanwendung aktivieren oder indem Sie die Schriftdateien dem InDesign-Fonts-Ordner oder dem Schriftenordner Ihres Betriebssystems hinzufügen. Weitere Informationen finden Sie unter »Schriftarten installieren« in der InDesign-Hilfe.

6 Klicken Sie auf »Alle ändern«.

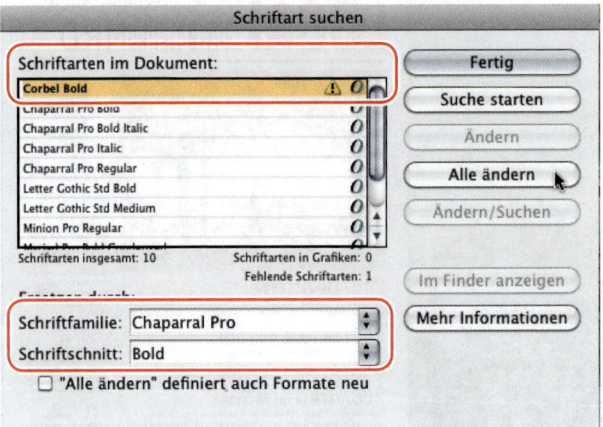

7 Klicken Sie auf »Fertig«, um das Dialogfeld zu schließen, und achten Sie auf die ersetzte Schriftart im Dokument.

8 Wählen Sie **Datei: Speichern**.

Text eingeben und importieren

Sie können Texte direkt in InDesign eingeben oder Text aus anderen Anwendungen, beispielsweise Textverarbeitungsprogrammen, importieren. Zum Eingeben von Text wählen Sie das Textwerkzeug und klicken auf einen Textrahmen oder einen Textpfad. Alternativ importieren Sie den Text per Drag & Drop vom Schreibtisch bzw. aus dem Mini-Bridge-Bedienfeld (»Fenster«-Menü) oder Sie »laden« das Text-Symbol mit mehreren Textdateien, die Sie verschiedenen Rahmen zuweisen.

Text eingeben

Normalerweise sind Grafiker nicht für den Text verantwortlich, jedoch müssen sie häufig Änderungen vom Korrekturabzug oder aus PDF-Kommentaren direkt ins Layout einpflegen. In diesem Abschnitt nehmen Sie mit dem Textwerkzeug eine Ergänzung am vorhandenen Text vor.

1 Passen Sie die Ansicht so an, dass Sie das Zitat auf der linken Seite gut lesen können.

2 Wählen Sie **Ansicht: Extras: Rahmenkanten einblenden**. Die Rahmenkanten werden als goldfarbene Linien sichtbar.

3 Klicken Sie mit dem Textwerkzeug (T) hinter das Wort »Nathan« unter dem Zitat.

4 Geben Sie ein Komma ein und schreiben Sie **Yours Partners**.

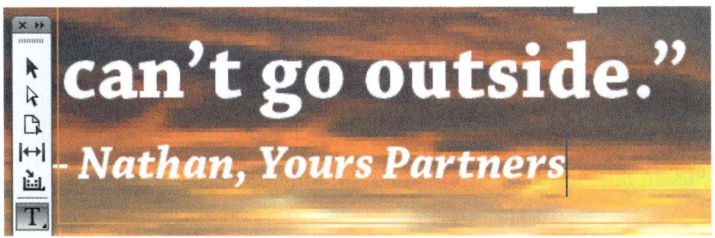

5 Wählen Sie **Datei: Speichern**.

Text importieren

Bei Produktionen wie dieser Zeitschrift verwendet man üblicherweise eine Vorlage mit vorbereiteten Textrahmen, in die der Artikeltext importiert wird. In dieser Übung importieren Sie eine Microsoft Word-Datei und formatieren sie als Fließtext.

1 Wählen Sie **Layout: Nächster Druckbogen**, um den zweiten Druckbogen im Dokumentfenster anzuzeigen. Beide Seiten enthalten einen Textrahmen für den Artikel.

2 Klicken Sie mit dem Textwerkzeug (T) in die erste Spalte der linken Seite.

▶ **Tipp:** Sie können im »Platzieren«-Dialogfeld bei gedrückter Umschalt-Taste mehrere Textdateien auswählen. Damit »laden« Sie den Mauszeiger mit diesen Dateien, die Sie einzeln durch Klicken in Textrahmen oder auf die Seite importieren können. Das ist besonders praktisch, wenn sich die Inhalte des Dokuments auf mehrere Textdateien verteilen.

3 Wählen Sie **Datei: Platzieren** und vergewissern Sie sich, dass im Dialogfeld die Option »Importoptionen anzeigen« deaktiviert ist.

4 Wechseln Sie in den Ordnerpfad *Lektionen/Lektion_06* und wählen Sie die Datei *Biking_Feature_JanFeb2010.docx*.

5 Klicken Sie auf »Öffnen«.

Der Text fließt in die Spalten und füllt die beiden Textrahmen.

6 Wählen Sie **Bearbeiten: Alles auswählen**, um den gesamten Artikeltext auszuwählen.

7 Blenden Sie das Absatzformatebedienfeld ein, indem Sie auf sein Register klicken.

8 Klappen Sie die Formatgruppe »Body Copy« mit einem Klick auf das kleine Dreieck neben dem Namen auf, um die enthaltenen Formate anzuzeigen.

9 Klicken Sie auf das Absatzformat »Paragraph Indent«, um es dem ausgewählten Text zuzuweisen.

10 Wählen Sie **Bearbeiten: Auswahl aufheben**, um die Textauswahl aufzuheben.

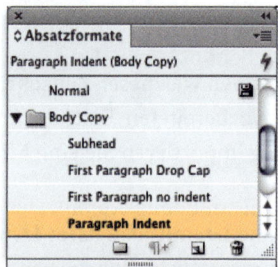

Nachdem Sie die Formatierung geändert haben, passt der Artikel nicht mehr vollständig in die Textrahmen. Im Ausgang des Textrahmens unten rechts ist ein rotes Pluszeichen (+) erschienen. Dieses signalisiert Übersatztext. Sie beheben dieses Problem später im Textmodus.

11 Wählen Sie **Ansicht: Extras: Rahmenkanten ausblenden**.

12 Wählen Sie **Datei: Speichern**.

Text und Formatierung suchen und ändern

Wie in den meisten Textverarbeitungsprogrammen können Sie auch in InDesign bestimmte Textteile oder Formatierungen suchen und ersetzen. Oft werden parallel zur Arbeit des Layouters die Texte noch überarbeitet. Kommt es zu grundlegenden redaktionellen Änderungen, lassen sich diese mit der Suchen/Ersetzen-Funktion vollständig und einheitlich umsetzen.

Text suchen und ändern

Beim vorliegenden Artikel fiel in der Schlussredaktion die falsche Schreibweise der Museumsdirektorin »Alexis« auf – richtig muss es »Alexes« heißen. Sie korrigieren nun alle Vorkommen des Namens im Dokument.

▶ **Tipp:** Im Popup-Menü »Durchsuchen« im »Suchen/Ersetzen«-Dialogfeld legen Sie den Umfang der Suche fest: »Alle Dokumente«, »Dokument«, »Textabschnitt«, »Bis zum Ende des Textabschnitts« oder »Auswahl«.

1 Klicken Sie mit dem Textwerkzeug (**T**) an den Anfang des Artikels, vor »When I asked« (auf der linken Seite in der linken Spalte).

2 Wählen Sie **Bearbeiten: Suchen/Ersetzen**. Bei Bedarf klicken Sie im Dialogfeld »Suchen/Ersetzen« auf die Registerkarte »Text«, um die Textsuchoptionen anzuzeigen.

3 Geben Sie **Alexis** in das Eingabefeld »Suchen nach« ein.

4 Drücken Sie die Tab-Taste, um zum nächsten Feld, »Ändern in«, zu gelangen, und geben Sie **Alexes** ein.

Über das Popup-Menü »Durchsuchen« bestimmen Sie den Geltungsbereich der Suche. Da das Wort »Alexis« nicht nur im Artikel, sondern auch im Inhaltsverzeichnis oder einem Zitat vorkommen kann, suchen Sie den Begriff im ganzen Dokument.

5 Wählen Sie im Popup-Menü »Durchsuchen« die Option »Dokument«.

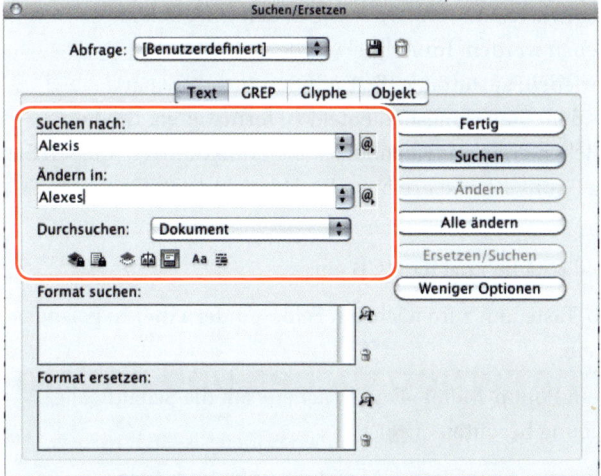

Beim Arbeiten mit dem Suchen/Ersetzen-Dialogfeld sollten Sie Ihre Einstellungen testen. Suchen Sie zunächst nach dem ersten Vorkommen des Suchbegriffs, nehmen Sie eine Änderung vor und prüfen Sie das Resultat, bevor Sie globale Änderungen vornehmen. (Alternativ können Sie einzeln nach jedem Vorkommen suchen und jeweils die Auswirkung der Ersetzung auf den umgebenden Text und Zeilenumbrüche prüfen.)

▶ **Tipp:** Sie können
den Text normal
weiterbearbeiten,
während das
Suchen/Ersetzen-
Dialogfeld geöffnet
ist. Das Dialogfeld
bleibt geöffnet, so
dass Sie nach den
Textänderungen
unmittelbar mit der
Suche fortfahren
können.

6 Klicken Sie auf »Suchen«. Das erste Vorkommen von »Alexis« wird
hervorgehoben. Ersetzen Sie das Wort mit einem Klick auf »Ändern«.

7 Klicken Sie auf »Weitersuchen« und dann auf »Alle ändern«. Eine
Warnmeldung bestätigt, dass sieben Ersetzungen vorgenommen wurden;
schließen Sie diese mit einem Klick auf OK. (Wenn nur sechs Ersetzungen
gemeldet werden, haben Sie vergessen, im Popup-Menü »Durchsuchen« die
Option »Dokument« auszuwählen.)

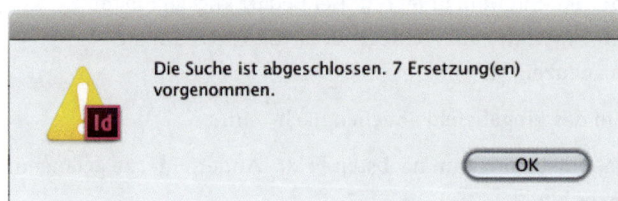

8 Lassen Sie das Suchen/Ersetzen-Dialogfeld für die nächste Übung geöffnet.

Formatierungen suchen und ändern

Die Redaktion wünscht eine weitere Änderung, wobei es diesmal nicht um
eine Schreibweise, sondern um eine Formatierung geht. Das Fahrradprogramm
HUB soll nicht in Großbuchstaben, sondern – wie in den USA üblich –
in Kapitälchen geschrieben werden. Im Artikel wurde »HUB« mit drei
Großbuchstaben geschrieben, anstatt den Text mit der Buchstabenart
»Großbuchstaben« aus dem Steuerungsbedienfeld zu formatieren. Da die
Buchstabenart »Kapitälchen« nur mit Kleinbuchstaben funktioniert, müssen Sie
beim Ersetzen auch die Groß-/Kleinschreibung beachten und »HUB« in »hub«
ändern.

▶ **Tipp:** In der
typografischen
Gestaltung werden
Akronyme und
Abkürzungen häufig
in Kapitälchen anstatt
in Großbuchstaben
gesetzt. Kapitälchen
sind Großbuchstaben
mit reduzierter Höhe
(meist die x-Höhe der
Kleinbuchstaben).
Dadurch fügen
sich die Begriffe
harmonischer ins
übrige Schriftbild ein.

1 Geben Sie in das Feld »Suchen nach« **HUB** ein.

2 Drücken Sie die Tab-Taste, um zum nächsten Feld, »Ändern in«, zu gelangen,
und geben Sie **hub** ein.

3 Klicken Sie unter dem Popup-Menü »Durchsuchen« auf die Schaltfläche
»Groß-/Kleinschreibung beachten« (⬚).

4 Richten Sie den Mauszeiger auf jedes der Symbole unter dem Menü
»Durchsuchen« und lesen Sie die dazugehörigen Tooltips, um sich
einzuprägen, wie die Symbole die Suche beeinflussen. Die Schaltfläche
»Ganzes Wort« (⬚) stellt beispielsweise sicher, dass Vorkommen der
Suchfolge »HUB« innerhalb anderer Wörter, zum Beispiel in »HUBS«,
unberücksichtigt bleiben. Verändern Sie die Sucheinstellungen an dieser
Stelle nicht.

5 Bei Bedarf klicken Sie auf »Mehr Optionen«, um weitere Formatierungsoptionen im Dialogfeld anzuzeigen. Klicken Sie rechts neben dem Abschnitt »Format ersetzen« am unteren Fensterrrand auf die Schaltfläche »Änderungsattribute angeben« (⟨🔒⟩).

6 Wählen Sie links im Dialogfeld »Formateinstellungen ersetzen« die Option »Grundlegende Zeichenformate« und dann rechts im Popup-Menü »Buchstabenart« die Option »Kapitälchen«.

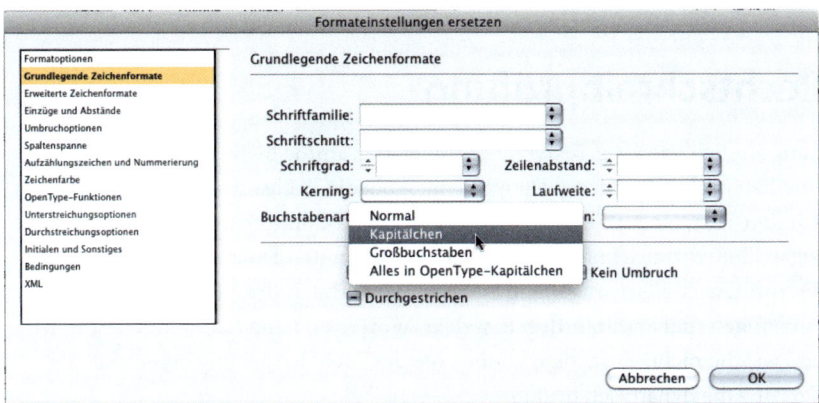

7 Übernehmen Sie die übrigen leeren Optionen und klicken Sie auf OK, um zurück zum Dialogfeld »Suchen/Ersetzen« zu gelangen.

Über dem Feld »Ändern in« weist Sie nun ein Info-Symbol (❶) darauf hin, dass die angegebene Textformatierung angewandt wird.

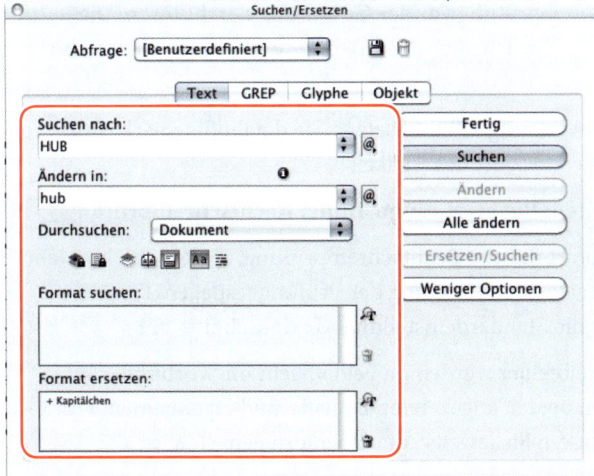

● **Hinweis:** Wenn Sie mit dem Ergebnis Ihrer Suchen/ Ersetzen-Operation unzufrieden sind, können Sie mit **Bearbeiten: Rückgängig** den letzten Schritt zurücknehmen.

8 Prüfen Sie Ihre Einstellungen, indem Sie auf »Suchen« und dann auf »Ändern« klicken. Wenn die Ersetzung von »HUB« durch »HUB« wunschgemäß funktioniert, klicken Sie auf »Alle ändern«.

9 InDesign zeigt in einer Warnmeldung, wie viele Vorkommen gefunden und geändert wurden. Klicken Sie auf OK, um die Warnmeldung zu schließen, und dann auf »Fertig«, um das Dialogfeld »Suchen/Ersetzen« zu schließen.

10 Wählen Sie **Datei: Speichern**.

Rechtschreibprüfung

▶ **Tipp:** Stimmen Sie mit Ihrem Kunden oder Redakteur im Vorfeld ab, wer für die Rechtschreibprüfung zuständig ist. Viele Redakteure legen Wert darauf, diese selbst vorzunehmen.

Ganz ähnlich wie viele Textverarbeitungsprogramme bietet auch InDesign eine Rechtschreibprüfung. Damit können Sie die Rechtschreibung im ausgewählten Text, einem Textabschnitt, allen Textabschnitten des Dokuments oder sogar allen Textabschnitten in sämtlichen geöffneten Dokumenten auf einmal überprüfen. Außerdem können Sie dem Wörterbuch Ihres Dokuments Wörter hinzufügen und damit festlegen, welche Wörter als fehlerhaft betrachtet werden und welche nicht. Zusätzlich können Sie die Rechtschreibung bereits bei der Texteingabe dynamisch prüfen.

Rechtschreibung im Dokument überprüfen

Bevor Sie ein Dokument zum Druck oder zur elektronischen Veröffentlichung freigeben, sollten Sie die Rechtschreibung überprüfen. Im vorliegenden Beispiel wurde der neu importierte Artikel vermutlich etwas nachlässig bearbeitet, so dass Sie die Rechtschreibprüfung vor der Gestaltung durchführen. Die Rechtschreibprüfung bezieht sich auch auf Übersatztext, der im Rahmen nicht mehr dargestellt wird.

1 Wählen Sie das Textwerkzeug (**T**) und setzen Sie die Einfügemarke mit einem Klick vor das erste Wort des Artikels: »When«.

2 Wählen Sie **Bearbeiten: Rechtschreibprüfung: Rechtschreibprüfung**.

▶ **Tipp:** Im »Durchsuchen«-Menü des Dialogfelds »Rechtschreibprüfung« legen Sie fest, wo Sie nach Fehlern suchen möchten: »Alle Dokumente«, »Dokument«, »Textabschnitt«, »Bis zum Ende des Textabschnitts« oder »Auswahl«.

3 InDesign beginnt sofort mit der Rechtschreibprüfung, Sie können im Menü »Durchsuchen« aber noch den Umfang der Prüfung festlegen. Für diese Übung behalten Sie die Standardeinstellung »Textabschnitt« bei.

4 Mögliche Rechtschreibfehler werden im Feld »Nicht im Wörterbuch« angezeigt. Die ersten beiden angezeigten Begriffe sind Eigennamen: »Alexes« und »Meridien«. Klicken Sie jeweils auf »Überspringen«.

5 Wenn das Wort »Musuem« markiert ist, betrachten Sie die Liste der Korrekturvorschläge, wählen »Museum« und klicken auf »Ändern«.

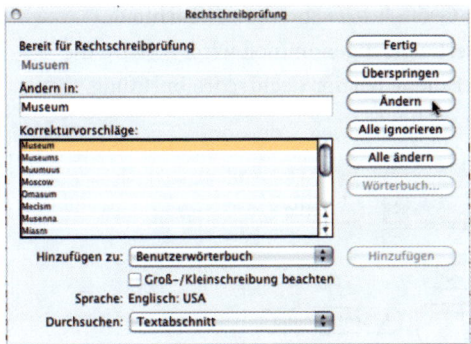

6 Verfahren Sie mit den verbleibenden potenziellen Rechtschreibfehlern wie folgt:

- Meridien: Alle ignorieren

- 6am: Überspringen

- brutalist: Überspringen

- transporation: Geben Sie **transportation** in das Feld »Ändern in« ein und klicken Sie auf »Ändern«.

- emailed, nonprofits, Nehru, pomme, Grayson, hotspots, vibe: Überspringen.

7 Klicken Sie auf »Fertig«.

8 Wählen Sie **Datei: Speichern**.

Einem dokumentspezifischen Wörterbuch Wörter hinzufügen

InDesign unterscheidet zwischen dem Benutzerwörterbuch und einem dokumentspezifischen Wörterbuch. Wenn Sie verschiedene Kunden mit unterschiedlichen Rechtschreibvorgaben betreuen, kann es beispielsweise sinnvoller sein, die Wörter ins Dokumentwörterbuch aufzunehmen. Sie fügen dem Dokumentwörterbuch jetzt das Wort »Meridien« hinzu.

1 Wählen Sie **Bearbeiten: Rechtschreibprüfung: Benutzerwörterbuch**, um das Dialogfeld »Benutzerwörterbuch« zu öffnen.

2 Wählen Sie im Popup-Menü »Ziel« den Eintrag »06_Text.indd«.

3 Geben Sie **Meridien** in das Feld »Begriff« ein.

▶ **Tipp:** Wörter, die nicht auf eine bestimmte Sprache beschränkt sind – etwa Eigennamen –, können Sie mit »Alle Sprachen« in jedes Wörterbuch aufnehmen.

4 Aktivieren Sie das Kontrollfeld »Groß-/Kleinschreibung beachten«, damit nur »Meridien« ins Wörterbuch aufgenommen wird. So wird die kleingeschriebene Variante »meridien« bei der Rechtschreibprüfung weiterhin als unbekannt gekennzeichnet.

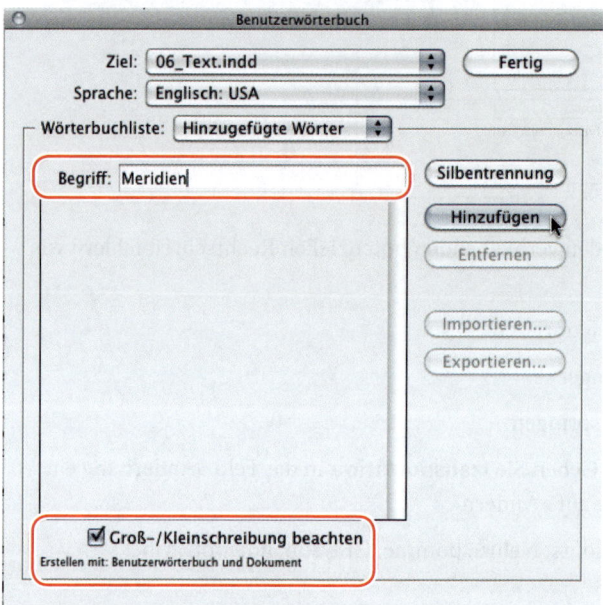

▶ **Tipp:** Im Bereich »Suchen« der Rechtschreibungs-voreinstellungen legen Sie fest, was die Rechtschreibprüfung als möglichen Fehler hervorhebt: Wörter mit Rechtschreibfehlern, wiederholte Wörter, kleingeschriebene Wörter oder kleingeschriebene Satzanfänge. Wenn Sie zum Beispiel ein Verzeichnis mit Hunderten von Namen bearbeiten, ist es ratsam, die kleingeschriebenen Wörter, nicht jedoch die Wörter mit Rechtschreibfehlern zu aktivieren.

5 Klicken Sie auf »Hinzufügen« und dann auf »Fertig«.

6 Wählen Sie **Datei: Speichern**.

Dynamische Rechtschreibprüfung

Sie brauchen die Rechtschreibung nicht erst im fertigen Dokument zu prüfen. InDesign enthält eine dynamische Rechtschreibprüfungsfunktion, die Ihnen fehlerhafte Wörter direkt anzeigt.

1 Wählen Sie **Bearbeiten: Voreinstellungen: Rechtschreibung** (Windows) bzw. **InDesign: Voreinstellungen: Rechtschreibung** (Mac OS), um die Voreinstellungen für die Rechtschreibung anzuzeigen.

2 Wählen Sie im Bereich »Suchen« die Fehler, die InDesign hervorheben soll.

3 Achten Sie darauf, dass »Dynamische Rechtschreibprüfung aktivieren« aktiviert ist.

4 Über die Popup-Menüs im Bereich »Farbe für Unterstreichung« bestimmen Sie, wie InDesign mögliche Fehler hervorheben soll.

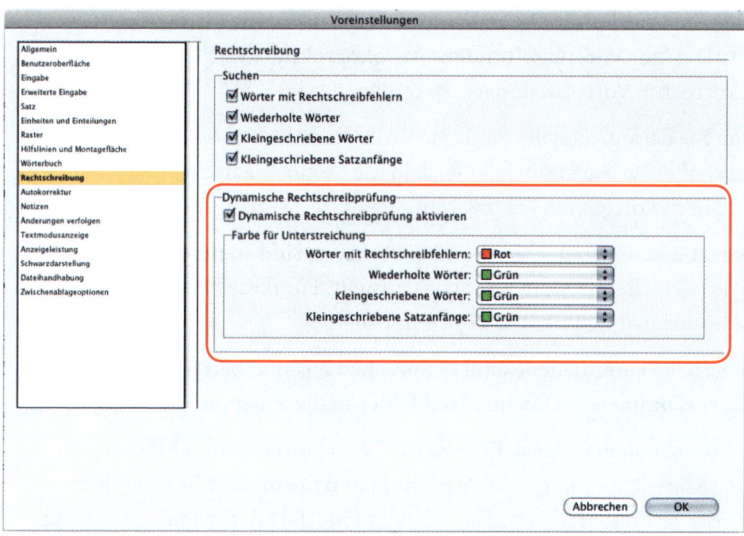

5   Klicken Sie auf OK, um das Dialogfeld »Voreinstellungen« zu schließen und
    zu Ihrem Dokument zurückzukehren.

6   Vergewissern Sie sich, dass **Bearbeiten:**
    Rechtschreibprüfung: Dynamische
    Rechtschreibprüfung aktiviert ist.

Alle nach dem Standard- und Benutzerwörterbuch möglicherweise fehlerhaften
Wörter hebt InDesign farbig unterstrichen
hervor.

> hills, so when 6am rolled around,
> when I noted damp streets outside
> my apartment window and my cell
> phone started buzzing, I was hoping
> it was Alexes calling to tell me that
> we were switching to Plan B.
>   "Sorry, Charlie. We're not going
> to let a little misty air ruin our fun.
> Anyway, the forecast says it will clear
> up by late morning."
>   So much for Plan B.
>   We met at the Smith Street sub-
> way station, a mid-century, mildly
> brutalist concrete cube designed by
> architects in 1962 that is in the pro-

7   Klicken Sie mit dem Textwerkzeug (**T**)
    in den Text und schreiben Sie ein Wort
    absichtlich falsch, um die Hervorhebung
    auszuprobieren. Entfernen Sie das Wort
    mit **Bearbeiten: Rückgängig**.

8   Wählen Sie **Datei: Speichern**.

Fehlerhafte Wörter automatisch korrigieren

Die Autokorrektur-Funktion führt die Idee der dynamischen
Rechtschreibprüfung noch weiter. Ist diese Funktion aktiviert, korrigiert
InDesign falsche Wörter automatisch bereits bei der Eingabe. Dabei richtet
sich das Programm nach einer internen Liste mit häufig falsch geschriebenen
Wörtern und deren korrekter Schreibweise. Sie können diese Liste anpassen,
um beispielsweise auch häufig falsch geschriebene Wörter in anderen Sprachen
aufzunehmen.

1   Wählen Sie **Bearbeiten: Voreinstellungen: Autokorrektur** (Windows)
    bzw. **InDesign: Voreinstellungen: Autokorrektur** (Mac OS), um die
    Autokorrektur-Voreinstellungen zu öffnen.

2   Achten Sie darauf, dass die Funktion »Autokorrektur aktivieren«
    eingeschaltet ist. Sie können außerdem die Option »Falsche Großschreibung
    automatisch korrigieren« aktivieren.

Die Liste mit Rechtschreibfehlern und die Sprache sind standardmäßig auf die
Sprache des aktuellen Dokuments voreingestellt. Für dieses Lektionsdokument
sollte die Sprache »Englisch: USA« gewählt sein.

3   Probieren Sie verschiedene andere Sprachen aus und betrachten Sie die
    häufig vorkommenden Rechtschreibfehler in diesen Sprachen.

Die Redakteure haben festgestellt, dass der Name ihrer Stadt, »Meridien«,
häufig als »Meredien« mit einem »e« statt einem »i« in der Mitte geschrieben wird. Sie verhindern diesen Fehler, indem Sie die falsche und die korrekte
Schreibweise in die Autokorrekturliste aufnehmen.

4   Klicken Sie auf »Hinzufügen«. Geben Sie im Dialogfeld »In
    Autokorrekturliste aufnehmen« in das Feld »Rechtschreibfehler« das Wort
    Meredien und in das Feld »Korrektur« das Wort **Meridien** ein.

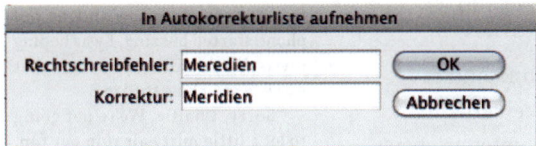

5   Klicken Sie auf OK, um das Wortpaar zu übernehmen, und klicken Sie im
    Dialogfeld »Voreinstellungen« ebenfalls auf OK.

6   Wählen Sie **Bearbeiten: Rechtschreibprüfung: Autokorrektur**, um diese
    Funktion einzuschalten.

7   Wählen Sie das Textwerkzeug (**T**). Geben Sie an einer beliebigen Textstelle
    Meredien ein und drücken Sie die Leertaste für einen Wortzwischenraum.

8   Beachten Sie, dass die Autokorrekturfunktion das Wort »Meredien« durch
    »Meridien« ersetzt. Wählen Sie dann so oft **Bearbeiten: Rückgängig**, bis
    das eingefügte Wort verschwindet.

9   Wählen Sie **Datei: Speichern**.

Textbearbeitung durch Ziehen und Ablegen (Drag & Drop)

Zum schnellen Ausschneiden und Einfügen von Wörtern bietet InDesign die Textfunktion »Ziehen und Ablegen«, mit der Sie Text in und zwischen Rahmen, Layout-Fenstern und Dokumenten verschieben können. Sie verschieben nun mit dieser Funktion Text in der Zeitschrift von einem Absatz in einen anderen.

1 Wählen Sie **Bearbeiten: Voreinstellungen: Eingabe** (Windows) bzw. **InDesign: Voreinstellungen: Eingabe** (Mac OS), um die Eingabe-Voreinstellungen aufzurufen.

2 Schalten Sie im Bereich »Textbearbeitung durch Ziehen und Ablegen« die Option »In Layoutansicht aktivieren« ein. Damit können Sie Text in der Layoutansicht in und aus offenen Dokumentfenstern sowie innerhalb von Dokumenten verschieben und sind nicht auf den Textmodus beschränkt. Klicken Sie auf OK.

3 Navigieren Sie im Dokumentfenster zum ersten Druckbogen des Dokuments. Bei Bedarf passen Sie die Ansicht so an, dass Sie auf der rechten Seite die rechte Spalte des Inhaltsverzeichnisses gut lesen können.

Unter dem Eintrag »P22/Product Protection« wurde die Redewendung »using, abusing« irrtümlich als »abusing, using« geschrieben. Sie vertauschen die beiden Wörter nun einfach per Drag & Drop.

4 Markieren Sie mit dem Textwerkzeug (**T**) das Wort »abusing« zusammen mit dem Komma und dem darauffolgenden Leerzeichen.

5 Bewegen Sie die Einfügemarke auf das hervorgehobene Wort, damit sie sich in das Drag-&-Drop-Symbol (▶**T**) ändert.

6 Ziehen Sie das Wort an die korrekte Position hinter dem Wort »using«.

7 Wählen Sie **Datei: Speichern**.

> ▶ **Tipp:** Wenn Sie Text per Drag & Drop verschieben, ergänzt und löscht InDesign bei Bedarf automatisch Leerzeichen vor und hinter den Wörtern. Wenn Sie diese Funktion ausschalten wollen, entfernen Sie in den »Eingabe«-Voreinstellungen das Häkchen im Kontrollfeld »Beim Ausschneiden und Einfügen von Wörtern Abstand automatisch anpassen«.

> ▶ **Tipp:** Möchten Sie ein markiertes Wort nicht verschieben, sondern kopieren, halten Sie die Alt-Taste gedrückt, sobald Sie mit dem Ziehen beginnen.

Textmodus

Wenn Sie zahlreiche Textänderungen vornehmen, einen Artikel überarbeiten oder kürzen, können Sie den Text im Textmodus gesondert bearbeiten. Der Textmodus arbeitet folgendermaßen:

• Das Textmodus-Fenster zeigt nur den Text ohne Formatierung. Bilder und alle anderen nicht textlichen Elemente werden zur einfacheren Bearbeitung ausgelassen.

• In der Spalte links neben dem Text sehen Sie ein vertikales Lineal sowie die Namen der Absatzformate, die den jeweiligen Absätzen zugewiesen sind.

• Der Übersichtlichkeit wegen werden Zeilennummern angezeigt.

• Die dynamische Rechtschreibprüfung hebt fehlerhafte Wörter ebenso wie im Dokumentfenster hervor (falls sie eingeschaltet ist).

• Wenn in den Eingabe-Voreinstellungen im Bereich »Textbearbeitung durch Ziehen und Ablegen« die Option »In Textmodus aktivieren« eingeschaltet ist, können Sie Drag & Drop (wie in der vorigen Übung) auch im Textmodus nutzen.

• In den Textmodusanzeige-Voreinstellungen können Sie Schrift, Größe, Hintergrundfarbe und weitere Optionen des Textmodus-Fensters festlegen.

Der Artikel auf dem zweiten Druckbogen passt nicht vollständig in die beiden Textrahmen. Daher kürzen Sie jetzt den Text im Textmodus.

1 Wählen Sie **Ansicht: Druckbogen in Fenster einpassen**.

2 Scrollen Sie nach unten zum zweiten Druckbogen des Dokuments. Klicken Sie mit dem Textwerkzeug (**T**) an eine beliebige Stelle im Artikeltext.

3 Wählen Sie **Bearbeiten: Im Textmodus bearbeiten**. Verschieben Sie das Textmodus-Fenster neben die Spalte am rechten Rand des Druckbogens.

4 Ziehen Sie den vertikalen Rollbalken im Textmodus-Fenster, um das Ende des Artikels zu sehen. InDesign kennzeichnet den Übersatztext mit einer roten Linie.

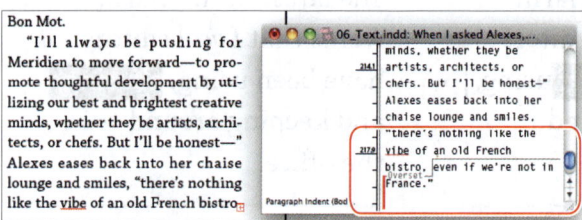

5 Positionieren Sie die Einfügemarke im letzten Absatz hinter die Worte »creative minds« und fügen Sie einen Punkt an.

6 Markieren Sie den Rest des Satzes – das Komma, das folgende Leerzeichen und die Worte »whether they be artists, architects, or chefs« sowie den Punkt. Drücken Sie die Löschtaste. Wie Sie sehen, weist der Artikel nun keinen Übersatztext mehr auf.

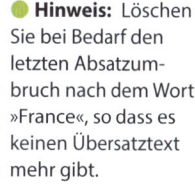 **Hinweis:** Löschen Sie bei Bedarf den letzten Absatzumbruch nach dem Wort »France«, so dass es keinen Übersatztext mehr gibt.

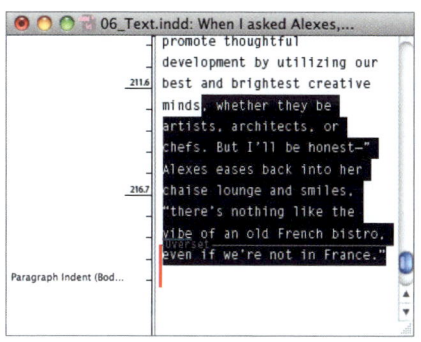

"I'll always be pushing for Meridien to move forward—to promote thoughtful development by utilizing our best and brightest creative minds.

7 Wählen Sie **Datei: Speichern**.

Textänderungen verfolgen

Bei komplexeren Produktionen kann es sinnvoll sein, die Änderungen während der Gestaltung und in der Korrekturphase zu dokumentieren. Die Lektoren können Änderungen vorschlagen, die ein anderer Benutzer annimmt oder ablehnt. Wie in einem Textverarbeitungsprogramm können Sie im Textmodus hinzugefügten, gelöschten oder verschobenen Text verfolgen.

Sie fügen im Dokument einen Änderungsvorschlag für das Inhaltsverzeichnis ein und akzeptieren diesen, so dass er nicht länger »verfolgt« wird.

1 Scrollen Sie nach oben zum ersten Druckbogen des Dokuments. Klicken Sie mit dem Textwerkzeug (T) in den ersten Eintrag des Inhaltsverzeichnisses: »P48/2 Wheels Good«.

2 Wählen Sie **Bearbeiten: Im Textmodus bearbeiten**. Platzieren Sie das Textmodus-Fenster neben dem Inhaltsverzeichnis.

3 Wählen Sie **Schrift: Änderungen verfolgen: Änderungen in aktuellem Textabschnitt verfolgen**.

▶ **Tipp:** In der Voreinstellung zum Verfolgen von Änderungen können Sie festlegen, welche Änderungen verfolgt werden und wie die Änderungen im Textmodus dargestellt werden.

4 Markieren Sie im Textmodus-Fenster den ersten Satz: »Sometimes the best way to see the city is by bicycle.«

5 Verschieben Sie den ausgewählten Satz über die Zwischenablage oder per Drag & Drop hinter den zweiten Satz: »Alexes K., director of Meridien's Urban Museum, takes us on a personal tour.«

Beachten Sie, wie InDesign die Änderungen im Textmodus-Fenster darstellt.

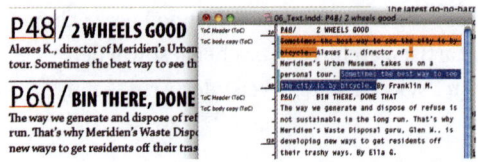

6   Lassen Sie das Textmodus-Fenster geöffnet und wählen Sie **Schrift: Änderungen verfolgen**. Betrachten Sie die Optionen zum Annehmen und Ablehnen der Änderungen.

7   Nachdem Sie sich die Möglichkeiten angesehen haben, entscheiden Sie sich für die Option **Alle Änderungen annehmen: In diesem Textabschnitt**.

8   Klicken Sie im Warndialog auf OK.

9   Wählen Sie **Datei: Speichern**.

Glückwunsch – damit haben Sie diese Lektion erfolgreich abgeschlossen.

Eigene Übung

Nachdem Sie die grundlegenden Arbeitstechniken zur Textbearbeitung in InDesign kennengelernt haben, experimentieren Sie mit einigen weiteren Änderungen und Formatierungen im Dokument.

1   Ziehen Sie mit dem Textwerkzeug (**T**) auf dem zweiten Druckbogen über dem Artikel einen Textrahmen auf. Geben Sie eine Überschrift ein und formatieren Sie diese mit dem Steuerungsbedienfeld.

2   Falls Sie weitere Textdateien zur Hand haben, ziehen Sie diese direkt vom Schreibtisch ins Layout-Fenster, um das Importieren zu üben. Wählen Sie **Bearbeiten: Rückgängig**, um die Texte wieder aus dem Dokument zu entfernen.

3   Probieren Sie die verschiedenen Formate im Absatzformatebedienfeld aus, indem Sie diese dem Artikeltext zuweisen.

4   Fügen Sie Zwischentitel in den Artikel ein und weisen Sie diesen das Absatzformat »Body Copy: Subhead« zu.

5   Verwenden Sie das Suchen/Ersetzen-Bedienfeld, um nach allen Geviertstrichen im Textabschnitt zu suchen und diese durch einen von Leerzeichen umgebenen Geviertstrich zu ersetzen.

6   Bearbeiten Sie den Artikel im Textmodus und aktivieren Sie »Änderungen verfolgen«. Beobachten Sie, wie die verschiedenen Änderungen dargestellt werden, und probieren Sie das Annehmen und Ablehnen von Änderungen aus. Experimentieren Sie mit den Voreinstellungen zur Rechtschreibung, Autokorrektur, zum Verfolgen von Änderungen und der Textmodusanzeige.

Fragen

1 Mit welchem Werkzeug bearbeiten Sie Text?

2 Wo befinden sich die meisten Befehle zur Textbearbeitung?

3 Wie heißt die Funktion zum Auffinden und Ändern von Text und Formaten?

4 Während der Rechtschreibprüfung in Ihrem Dokument erkennt InDesign Wörter, die sich nicht in Ihrem Wörterbuch befinden – aber nicht unbedingt falsch sind. Wie lösen Sie dieses Problem?

5 Was ist zu tun, wenn Sie ein bestimmtes Wort immer wieder falsch schreiben?

Antworten

1 Mit dem Textwerkzeug.

2 In den Menüs »Bearbeiten« und »Schrift«.

3 »Suchen/Ersetzen« (Menü »Bearbeiten«).

4 Fügen Sie die entsprechenden Wörter der betreffenden Sprachen in das Dokumentwörterbuch oder in das InDesign-Standardwörterbuch ein (**Bearbeiten: Rechtschreibprüfung: Benutzerwörterbuch**).

5 Fügen Sie das Wort bei den Autokorrektur-Voreinstellungen hinzu.

7 TYPOGRAFIE

Überblick

In dieser Lektion lernen Sie Folgendes:

- Das Grundlinienraster einrichten und verwenden
- Vertikale und horizontale Textabstände anpassen
- Schriftarten und Schriftschnitte ändern
- Sonderzeichen aus OpenType-Schriften in den Text einfügen
- Eine spaltenübergreifende Überschrift anlegen
- Textspalten ausgleichen
- Hängende Zeichensetzung über den Rand hinaus anwenden
- Eine Initiale einfügen und formatieren
- Adobe-Absatzsetzer und Adobe Ein-Zeilen-Setzer verwenden
- Einen Tabulator mit Füllzeichen anlegen
- Einen hängenden Einzug erstellen
- Eine Absatzlinie hinzufügen

 Für diese Lektion benötigen Sie ungefähr 60 Minuten.

InDesign bietet zahlreiche Funktionen für die Feineinstellung der Typografie, zum Beispiel Initialen für die optische Führung in einem Absatz, optischen Randausgleich für hängende Zeichensetzung außerhalb von Rahmenkanten, exakte Kontrolle über Zeilen- und Zeichenabstände sowie die ausgeglichene Verteilung von mehrspaltigem Text auf die Spalten.

Vorbereitungen

● **Hinweis:** Bei Bedarf kopieren Sie jetzt die Lektionsdateien von der *Adobe InDesign CS6 Classroom in a Book*-DVD auf Ihre Festplatte. Informationen dazu finden Sie unter »Die Classroom in a Book-Dateien kopieren« auf Seite 2.

In dieser Lektion geben Sie den Textelementen einer Restaurantkritik für ein Premium-Lifestyle-Magazin den letzten Schliff. Das hochwertige Aussehen der Zeitschrift wird unter anderem durch eine präzise ausgerichtete und gestaltete Typografie erzielt: ein Grundlinienraster für die Textausrichtung in Spalten, Rezepte mit echten Bruchzahlen und dekorative Feinheiten wie zum Beispiel hängende Initialen und hervorgehobene Zitate.

1 Damit die Voreinstellungen von InDesign CS6 wie in der Lektion funktionieren, verschieben Sie die Datei *InDesign Voreinstellungen* an einen anderen Speicherort. Näheres dazu finden Sie unter »Voreinstellungsdateien speichern und wiederherstellen« auf Seite 3.

2 Starten Sie Adobe InDesign CS6. Damit alle Bedienfelder und Menübefehle wie in dieser Lektion funktionieren, wählen Sie **Fenster: Arbeitsbereich: [Erweitert]** und dann **Fenster: Arbeitsbereich: Erweitert zurücksetzen**.

3 Öffnen Sie die Datei *07_Start.indd* im Ordnerpfad *Lektionen/Lektion_07* auf Ihrer Festplatte.

4 Wählen Sie **Datei: Speichern unter** und speichern Sie die Datei unter dem neuen Namen *07_Type.indd* im Ordner *Lektion_07*.

5 Öffnen Sie die Datei *07_End.indd* im selben Ordner, um das fertige Dokument zu betrachten. Sie können es während der Arbeit als Hilfe geöffnet lassen. Wenn Sie mit der Bearbeitung des Lektionsdokuments fortfahren möchten, klicken Sie auf seinen Reiter oben links im Dokumentfenster.

In dieser Lektion arbeiten Sie hauptsächlich mit Text. Dazu können Sie die Zeichen- und Absatzformatierungssteuerungen im Steuerungsbedienfeld oder das Zeichenbedienfeld und das Absatzbedienfeld verwenden. Mit den einzelnen Zeichen- und Absatzbedienfeldern lässt sich der Text leichter formatieren, weil Sie die Bedienfelder je nach Bedarf an die passende Stelle ziehen können.

● **Hinweis:** Bei Bedarf ziehen Sie das Register des Absatzbedienfelds auf das Register des Zeichenbedienfelds, um beide zu einer Bedienfeldgruppe zusammenzuführen.

6 Wählen Sie **Schrift: Zeichen** und **Schrift: Absatz**, um die beiden wichtigsten Bedienfelder für die Textformatierung zu öffnen. Lassen Sie beide bis zum Ende dieser Lektion geöffnet.

Den vertikalen Abstand anpassen

InDesign bietet verschiedene Optionen zum Anpassen und Einstellen der vertikalen Abstände von Text in einem Rahmen. Sie können

- den Textzeilenabstand global mit einem Grundlinienraster einstellen,
- den Abstand zwischen einzelnen Zeilen mit der Option »Zeilenabstand« im Zeichenbedienfeld definieren,
- den Absatzabstand mit der Option »Abstand davor/Abstand danach« im Absatzbedienfeld bestimmen,
- den Text mit der Option »Vertikale Ausrichtung« im Dialogfeld »Textrahmenoptionen« in einem Rahmen ausrichten.

In diesem Abschnitt der Lektion richten Sie den Text am Grundlinienraster aus.

Text am Grundlinienraster ausrichten

Sobald Sie die Schriftgröße und den Zeilenabstand des Fließtextes in einem Dokument festgelegt haben, können Sie ein Grundlinienraster (auch als Zeilenabstandsraster bezeichnet) für das gesamte Dokument einrichten. Dieses bestimmt den Zeilenabstand für den Textkörper eines Dokuments. Außerdem werden die Grundlinien in benachbarten Textspalten aneinander ausgerichtet.

Bevor Sie das Grundlinienraster einrichten, sollten Sie die Randeinstellungen für den oberen Bereich des Dokuments und den Zeilenabstand für den Textkörper prüfen. (Normalerweise sollten Sie sich die Werte notieren; hier stellen wir sie Ihnen im Verlauf der weiteren Schritte zur Verfügung.) Diese Elemente bilden zusammen mit dem Raster die Grundlage für ein einheitliches Layout.

1 Wählen Sie **Layout: Ränder und Spalten**, um die Werte für die oberen Randeinstellungen der Seite anzuzeigen. Der obere Rand ist auf 6p0 (6 Pica, 0 Punkt) eingestellt. Klicken Sie auf »Abbrechen«.

2 Ermitteln Sie jetzt den Zeilenabstand auf der Seite. Wählen Sie dazu das Textwerkzeug (T) im Werkzeugbedienfeld und platzieren Sie die Einfügemarke im ersten Absatz des Artikels, der mit »Sure« beginnt. Betrachten Sie den Wert unter »Zeilenabstand« (🔺) im Zeichenbedienfeld. Er beträgt 14 Pt (14 Punkt).

3 Wählen Sie **Bearbeiten: Voreinstellungen: Raster** (Windows) oder **InDesign: Voreinstellungen: Raster** (Mac OS), um die Rasteroptionen anzuzeigen.

4 Geben Sie im Abschnitt »Grundlinienraster« in das Feld »Anfang« den Wert **6p0** ein, damit das Grundlinienraster mit der oberen Randeinstellung von 6p0 beginnt. Mit dieser Option bestimmen Sie die Position der ersten Grundlinie im Dokument. Mit dem Standardwert 3p0 würde die erste Grundlinie über dem oberen Rand beginnen.

5 Passen Sie den Zeilenabstand an, indem Sie in das Feld »Einteilung alle« den Wert **14 Pt** eingeben.

6 Wählen Sie im Popup-Menü »Anzeigeschwellenwert« den Wert »100 %«.

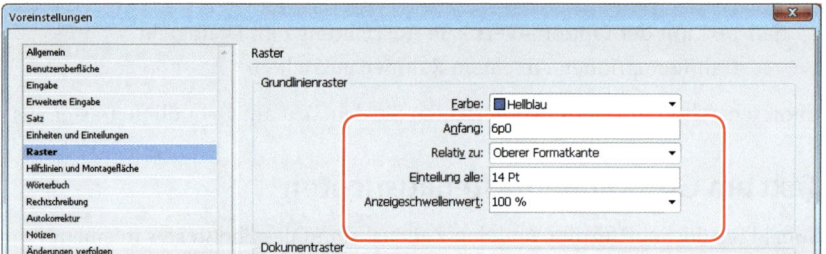

Mit dem Popup-Menü »Anzeigeschwellenwert« bestimmen Sie die Ansichtsgröße, ab der InDesign das Grundlinienraster auf dem Bildschirm anzeigt. Mit dem Wert 100 % erscheint das Raster im Dokumentfenster erst ab einer Vergrößerung von 100 %.

7 Klicken Sie auf OK.

8 Wählen Sie **Datei: Speichern**.

Grundlinienraster einblenden

Sie blenden jetzt das neue Grundlinienraster auf dem Bildschirm ein.

1 Zeigen Sie das Grundlinienraster im Dokumentfenster an. Dazu wählen Sie **Ansicht: Raster und Hilfslinien: Grundlinienraster einblenden**.

● **Hinweis:** Wenn InDesign das Grundlinienraster nicht anzeigt, ist die Ansichtsgröße des Dokuments kleiner als der Anzeige-schwellenwert des Rasters. Wählen Sie **Ansicht: Originalgröße**, um die Ansicht auf 100 % und den einge-stellten Anzeige-schwellenwert zu vergrößern.

Sure, you can get Caesar salad prepared tableside for two at any of the higher-end restaurants in town—for $25 plus another $40 (just for starters) for a single slab of steak. Or, you can visit Assignments Restaurant, run by students of the International Culinary School at The Art Institute of Colorado, where tableside preparations include Caesar salad for $4.50 and steak Diane for $19. No, this isn't Elway's, but the chefs in training create a charming experience for patrons from start to finish. Since 1992, the School of Culinary Arts has trained more than 4,300 chefs—all of whom were required to work in the restaurant. Those chefs are now working in the industry all over the country says Chef Instructor Stephen Kleinman, CEC, AAC. "Whether I go to a restaurant in Manhattan or San Francisco, people know me," Kleinman says, describing encounters with former students. Although he claims to be a "hippy from	colored walls, faux cherry furniture and kitschy cafe artwork, this is a spot that welcomes intimate conversation with friends and family. A perusal of the menu, while munching fresh bread and savoring a glass of wine, tempts you with its carefully planned variety. "The menu is all designed to teach cooking methods," says Kleinman. "It covers 80 to 85 percent of what students have been learning in

Sie können einen Absatz, ausgewählte Absätze oder alle Absätze in einem Textabschnitt am Grundlinienraster ausrichten. (Ein Textabschnitt ist der Text in einer Folge von miteinander verketteten Textrahmen.) Mit den folgenden Schritten richten Sie den Haupttextabschnitt mit dem Absatzbedienfeld am Grundlinienraster aus.

2 Klicken Sie mit dem Textwerkzeug (T), um die Einfügemarke an einer beliebigen Stelle im ersten Absatz des Druckbogens zu platzieren, und wählen Sie **Bearbeiten: Alles auswählen**, um den gesamten Text im Hauptabschnitt auszuwählen.

3 Sollte das Absatzbedienfeld nicht geöffnet sein, wählen Sie **Schrift: Absatz**.

4 Klicken Sie im Absatzbedienfeld auf die Schaltfläche »An Grundlinienraster ausrichten« (▤). InDesign verschiebt den Text so, dass die Grundlinien der Zeichen auf den Rasterlinien liegen.

▶ **Tipp:** Beim Zuweisen von Attributen für Absatz-formatierungen müssen Sie keinen ganzen Absatz mit dem Textwerkzeug auswählen. Es genügt, einen Teil des Absatzes bzw. der Absätze auszuwählen, die Sie formatieren möchten. Wenn Sie nur einen Absatz formatieren, können Sie einfach in den betreffenden Absatz klicken, um die Einfügemarke darin zu platzieren.

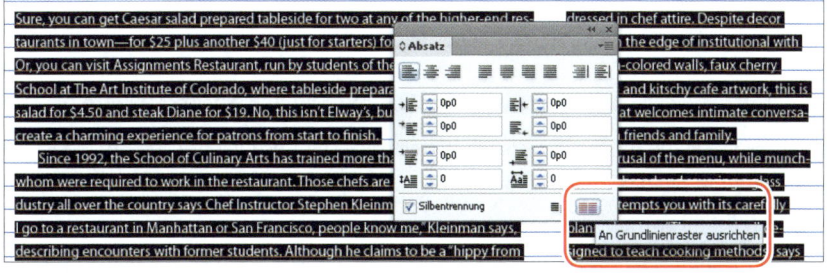

Die hervorgehobenen Zitate, Textrahmen und Rezepte sind in dieser Zeitschrift nicht am Grundlinienraster ausgerichtet. Der Layouter lässt sie kreativ »schweben«.

5 Klicken Sie auf die Montagefläche, um die Auswahl des Textes aufzuheben, und wählen Sie **Datei: Speichern**.

Abstand vor und nach Absätzen ändern

Wenn Sie vor oder nach einem am Grundlinienraster ausgerichteten Absatz Abstand einfügen, werden die in die Felder »Abstand davor« und »Abstand danach« eingegebenen Werte ignoriert. Stattdessen wird die erste Zeile des Absatzes auf der nächsten Linie des Grundlinienrasters platziert. Beispiel: Ein Absatz ist an einem Grundlinienraster von 14 Pt ausgerichtet. Weisen Sie diesem Absatz nun einen »Abstand davor« von mehr als 0 und weniger als 14 Pt zu, wird der Absatz automatisch auf die nächste Grundlinie gesetzt. Wenn Sie einen »Abstand danach« zuweisen, springt der nächste Absatz automatisch auf die nächste verfügbare Grundlinie. Damit erzeugen Sie zwischen den Absätzen einen Abstand von 14 Pt.

In dieser Übung sorgen Sie dafür, dass sich die Untertitel im Haupttextabschnitt deutlicher abheben, indem Sie ihnen mehr Raum zuweisen. Anschließend aktualisieren Sie das Absatzformat »Subhead«, um den größeren Abstand automatisch auf alle Untertitel anzuwenden.

1 Klicken Sie mit dem Textwerkzeug (**T**) auf der linken Seite in den Untertitel »The Restaurant«.

2 Geben Sie im Absatzbedienfeld in das Feld »Abstand davor« (⬆) den Wert **6 Pt** ein und drücken Sie die Eingabetaste.

InDesign konvertiert die Maßeinheit Punkt automatisch in Pica und verschiebt den Untertiteltext auf die nächste Grundlinie.

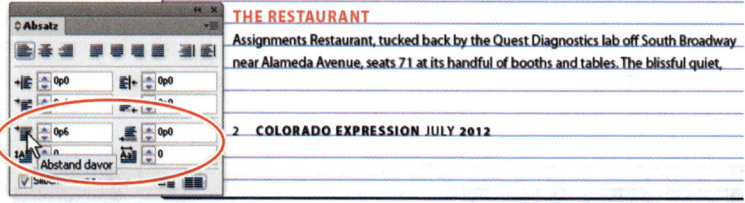

3 Öffnen Sie das Absatzformatebedienfeld mit **Schrift: Absatzformate**.

4 Lassen Sie die Einfügemarke im Untertitel »The Restaurant« stehen. Beachten Sie das Pluszeichen (+) hinter dem Formatnamen (»Subhead+«) im Bedienfeld.

An diesem Zeichen erkennen Sie, dass die Formatierung des ausgewählten Textes von der des Original-Absatzformats abweicht.

5 Wählen Sie im Absatzformatebedienfeldmenü den Befehl »Format neu definieren«. Das Format »Subhead« erhält die Formatierung des gewählten Absatzes – insbesondere den neuen Abstand davor.

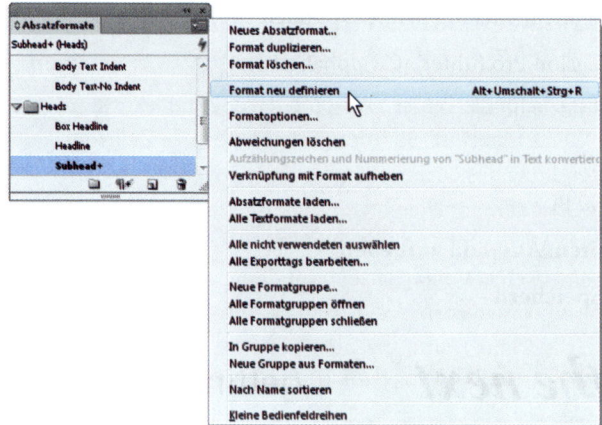

Das Pluszeichen (+) nach dem Formatnamen ist verschwunden und über dem Untertitel »The Goals« auf der rechten Seite ist ebenfalls ein Abstand entstanden.

6   Wählen Sie **Ansicht: Raster und Hilfslinien: Grundlinienraster ausblenden**.

7   Wählen Sie **Bearbeiten: Auswahl aufheben**.

8   Wählen Sie **Datei: Speichern**.

▶ **Tipp:** Sie können das Grundlinienraster auch über das Popup-Menü »Anzeige-optionen« in der Anwendungsleiste ein- und ausblenden.

Schriftarten und Schriftschnitte ändern

Mit unterschiedlichen Schriftarten und Schriftschnitten können Sie das Aussehen eines Dokuments erheblich verändern. Ändern Sie nun die Schriftfamilie, den Schriftschnitt, die Textgröße und den Zeilenabstand des Textes im hervorgehobenen Zitat auf der rechten Seite. Außerdem fügen Sie »alternative Glyphen« – dekorative Zeichen – aus den verwendeten OpenType-Schriften ein. Diese Änderungen nehmen Sie im Zeichenbedienfeld und im Glyphenbedienfeld vor.

1   Zoomen Sie auf das hervorgehobene Zitat auf der rechten Seite.

2   Sollte das Zeichenbedienfeld nicht geöffnet sein, wählen Sie **Schrift: Zeichen**.

3   Klicken Sie mit dem Textwerkzeug (**T**) in das hervorgehobene Zitat. Anschließend klicken Sie viermal schnell hintereinander, um den gesamten Absatz auszuwählen.

4   Stellen Sie im Zeichenbedienfeld folgende Optionen ein:

  - Schrift: Adobe Caslon Pro (unter »C« alphabetisiert)

  - Schriftschnitt: Bold Italic

  - Schriftgrad: 14 Pt

  - Zeilenabstand: 30 Pt

5   Wählen Sie **Bearbeiten: Auswahl aufheben**.

6   Wählen Sie **Datei: Speichern**.

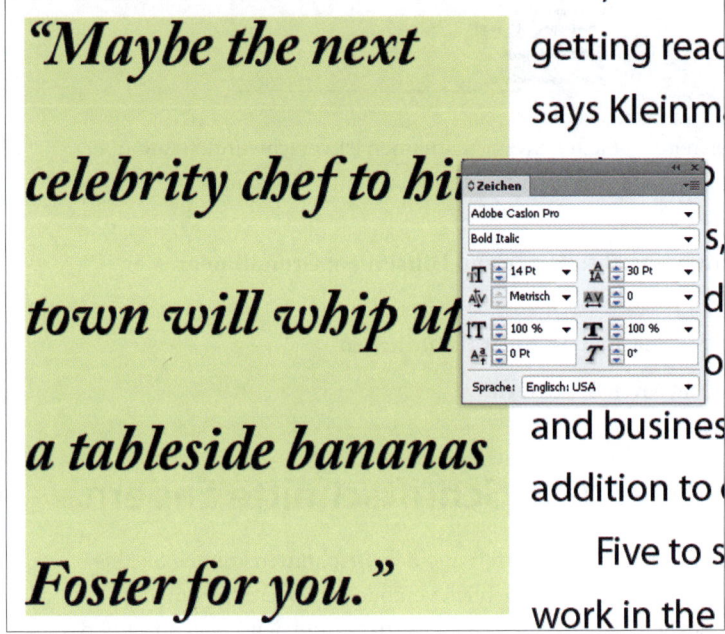

Ein Zeichen durch eine alternative Glyphe ersetzen

Adobe Caslon Pro ist eine OpenType-Schrift. Wie viele OpenType-Schriften enthält sie viele alternative Glyphen. Alternative Glyphen sind Sonderformen eines Zeichens. So steht zum Beispiel in manchen Zeichensätzen der Buchstabe A in verschiedenen Formen zur Verfügung, beispielsweise als Zierbuchstabe und als Kapitälchen. Mit dem Glyphenbedienfeld können Sie Alternativen wählen und Schriften nach Glyphen durchsuchen.

1 Wählen Sie mit dem Textwerkzeug (**T**) das erste »M« im hervorgehobenen Zitat.

2 Wählen Sie **Schrift: Glyphen**.

3 Wählen Sie im Glyphenbedienfeld im Popup-Menü »Einblenden« die Option »Alternativen für Auswahl«, um die alternativen Buchstaben bzw. Zeichen für den Buchstaben »M« anzuzeigen. Abhängig von der aktivierten Adobe Caslon Pro-Version können Ihre Optionen von den hier gezeigten abweichen.

4 Doppelklicken Sie auf das Schreibschrift-M, um das Originalzeichen im Zitat zu ersetzen.

▶ **Tipp:** Das Glyphenbedienfeld bietet viele Funktionen für die Auswahl der verfügbaren Optionen in einem Zeichensatz – etwa Interpunktion und Ornamente. Manche Schriften bieten Hunderte von Alternativen, andere nur wenige.

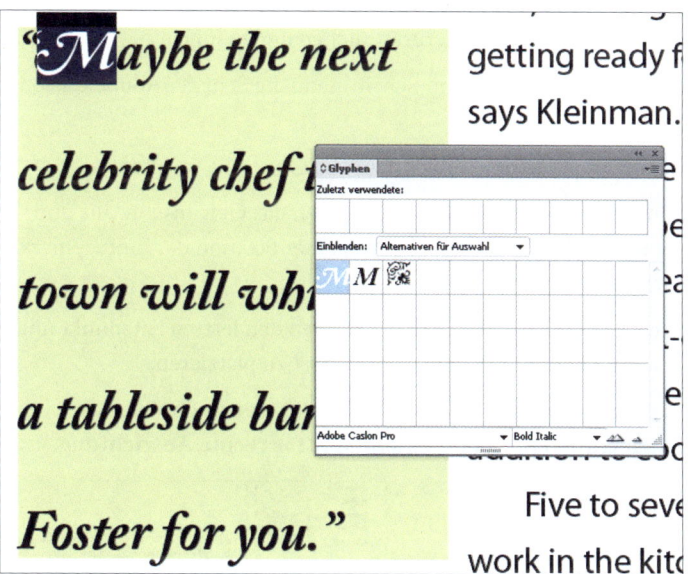

5 Wiederholen Sie den Vorgang, wobei Sie nun »F« in »Foster« weiter unten im hervorgehobenen Zitat durch ein ausgefalleneres F ersetzen.

6 Wählen Sie **Bearbeiten: Auswahl aufheben**.

7 Wählen Sie **Datei: Speichern**.

Ein Sonderzeichen einfügen

Sie fügen jetzt am Ende des Textabschnitts einen Ausgleichsabstand und ein Schmuckzeichen – auch Schlusszeichen genannt – ein. Dieses kennzeichnet das Ende des Artikels.

▶ Tipp: Einige besonders gebräuchliche Glyphen, wie zum Beispiel das Copyright-Zeichen (©) oder das Symbol für eingetragene Marken (™), erreichen Sie auch über den Befehl **Schrift: Sonderzeichen einfügen: Symbole** oder über das Kontextmenü, indem Sie an der Texteinfügemarke mit der rechten Maustaste klicken.

1 Bei Bedarf scrollen oder vergrößern Sie den letzten Fließtextabsatz des Textabschnitts, der mit »bananas Foster for you« endet.

2 Klicken Sie mit dem Textwerkzeug (T) in den letzten Absatz unmittelbar hinter dem Satzpunkt.

3 Falls das Glyphenbedienfeld nicht geöffnet ist, wählen Sie **Schrift: Glyphen**.

 Mit diesem Bedienfeld können Sie OpenType-Features wie Ornamente, Schmuckzeichen, Brüche und Ligaturen suchen und einfügen.

4 Wählen Sie unten im Bedienfeld im Schriftmenü die Schrift »Adobe Caslon Pro«.

5 Wählen Sie im Popup-Menü »Einblenden« die Option »Ornamente«.

6 Wählen Sie in der Liste der verfügbaren Zeichen das Gewünschte aus und doppelklicken Sie darauf. Die Glyphe wird an der Position der Einfügemarke in das Dokument eingefügt.

7 Klicken Sie mit dem Textwerkzeug (T) zwischen den letzten Satzpunkt und das Schmuckzeichen, um die Einfügemarke dort zu platzieren.

● Hinweis: Der Zeichensatz »Adobe Caslon Pro« umfasst deutlich mehr Glyphen, als Sie vermutlich gewohnt sind – es handelt sich um eine OpenType-Schrift. OpenType-Schriften können wesentlich mehr Zeichen und Glyphen enthalten als die herkömmlichen PostScript-Zeichensätze. Trotzdem basieren viele OpenType-Schriften auf PostScript. Für weitere Informationen über Open-Type-Schriften besuchen Sie http://www.adobe.com/de/type/.

8 Zeigen Sie das Kontextmenü mit einem Rechtsklick an und wählen Sie **Sonderzeichen einfügen: Andere: Tabulator für rechte Ausrichtung**.

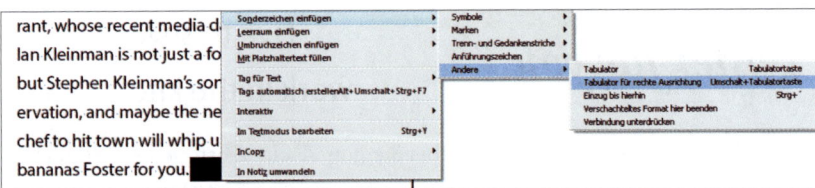

9 Wählen Sie **Datei: Speichern**.

Bruchzeichen einfügen

Die Rezepte im Text enthalten keine echten Bruchzeichen. Vielmehr wird die Zahl ½ mit der Ziffer 1, einem Schrägstrich und der Ziffer 2 dargestellt. Die meisten Zeichensätze enthalten einzelne Zeichen für gebräuchliche Bruchzahlen wie zum Beispiel ½, ¼ und ¾. Diese wirken wesentlich professioneller als Brüche aus normalen Ziffern und Schrägstrichen.

1 Vergrößern Sie die Rezepte auf der rechten Seite mit dem Zoomwerkzeug.

2 Markieren Sie mit dem Textwerkzeug (**T**) das erste Vorkommen von »1/2« (»1/2 lemon« im Rezept »Caesar Salad«).

3 Sollte das Glyphenbedienfeld nicht geöffnet sein, wählen Sie **Schrift: Glyphen**.

4 Passen Sie das Bedienfeld so an, dass Sie mehr Zeichen sehen können, und scrollen Sie, wenn nötig, um das Bruchzeichen ½ zu suchen.

5 Doppelklicken Sie auf das Bruchzeichen »½«, um die markierte Zeichenfolge »1/2« im Text zu ersetzen.

▶ **Tipp:** Für Kochbücher und andere Dokumente, die zahlreiche Bruchzahlen benötigen, reichen die in den meisten Schriften zur Verfügung stehenden Bruchzeichen nicht aus. Dann müssen Sie eine OpenType-Schrift mit Zähler- und Nennerformaten wählen oder einen speziellen Bruchzahlenzeichensatz erwerben.

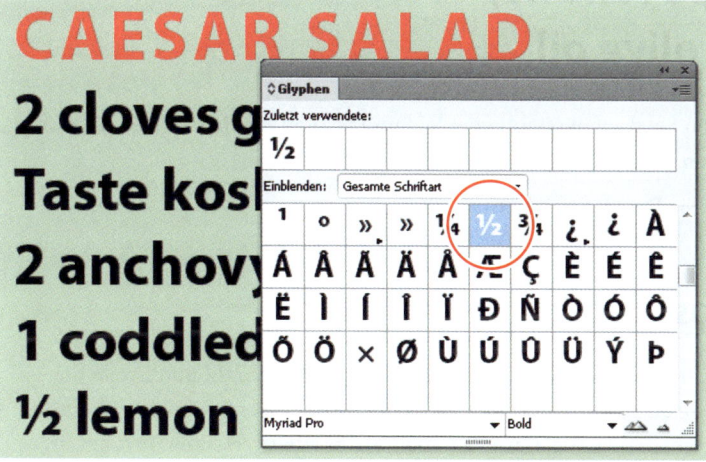

InDesign speichert das Bruchzeichen ½ in der Felderreihe »Zuletzt verwendete« am oberen Rand des Glyphenbedienfelds.

Jetzt ändern Sie die Bruchzahlen »1/4« und »3/4«.

6 Markieren Sie im Rezept »Caesar Salad« den Bruch »1/4« (»1/4 cup red wine vinegar«).

7 Doppelklicken Sie im Glyphenbedienfeld auf das Bruchzeichen »¼«.

8 Wiederholen Sie die Schritte 6 und 7, markieren Sie dabei den Bruch »3/4« (»3/4 cup virgin olive oil«) und ersetzen Sie ihn über das Glyphenbedienfeld durch das Bruchzeichen »¾«.

9 Wenn Sie möchten, können Sie auch noch die verbleibenden Vorkommen der Brüche »1/2« und »1/4« in den Rezepten ersetzen, indem Sie jeweils den Text markieren und durch die entsprechende Glyphe in den Feldern »Zuletzt verwendete« ersetzen.

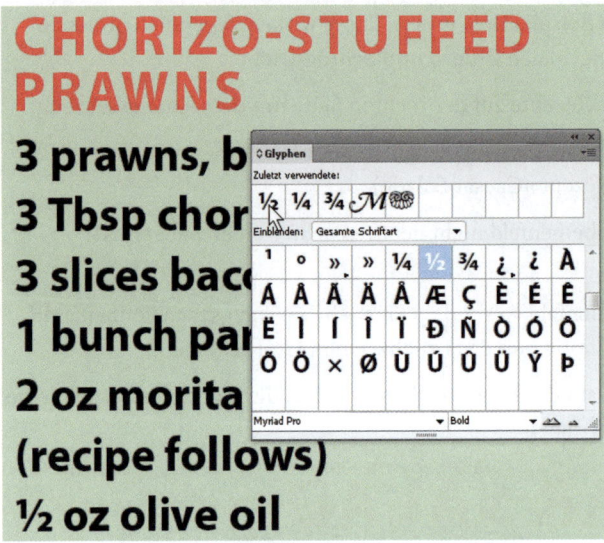

10 Schließen Sie das Glyphenbedienfeld und wählen Sie **Bearbeiten: Auswahl aufheben**.

11 Wählen Sie **Datei: Speichern**.

Feinabstimmung der Spalten

InDesign gibt Ihnen nicht nur die Kontrolle über die Anzahl und Breite der Spalten sowie den Spaltenabstand. Sie können vielmehr auch spaltenübergreifende Überschriften anlegen und auf mehrere Spalten verteilten Text automatisch ausgleichen.

Eine spaltenübergreifende Überschrift anlegen

Dem Textkasten mit den Rezepten fehlt noch eine Überschrift. Fügen Sie diese nun ein und bestimmen Sie, dass sie sich über alle drei Spalten des Textrahmens erstrecken soll.

1 Setzen Sie die Einfügemarke mit dem Textwerkzeug (T) vor »Caesar Salad«, geben Sie **Try it at home** ein und drücken Sie die Eingabetaste. Klicken Sie in die Zeile »Try it at home«, um sie auszuwählen.

2 Wählen Sie **Schrift: Absatzformate**. Klicken Sie gegebenenfalls auf das Dreieck neben dem Formatgruppenordner »Heads«, um alle Absatzformate für Überschriften anzuzeigen.

3 Klicken Sie auf das Absatzformat »Recipe Box Headline«, um es zuzuweisen.

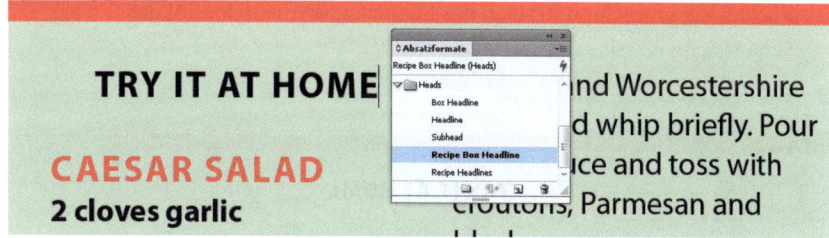

4 Sollte das Absatzbedienfeld nicht geöffnet sein, wählen Sie **Schrift: Absatz**.

5 Vergewissern Sie sich, dass sich die Einfügemarke weiterhin in der Überschrift »TRY IT AT HOME« befindet. Wählen Sie im Absatzbedienfeldmenü die Option »Spalten«.

6 Wählen Sie im Dialogfeld »Spaltenspanne« im Popup-Menü »Absatzlayout« die Option »Spaltenspanne«.

7 Aktivieren Sie das Kontrollfeld »Vorschau« und probieren Sie verschiedene Werte im Popup-Menü »Anzahl«. Wählen Sie anschließend den Wert »Alle« und klicken Sie auf OK.

▶ **Tipp:** Sie können die Spaltenspanne bei ausgewähltem Textwerkzeug auch im Steuerungsbedienfeld einstellen.

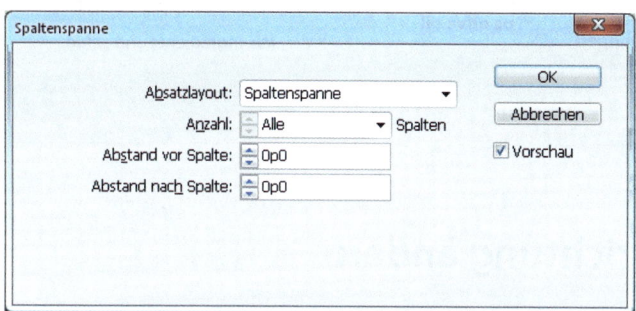

8 Wählen Sie **Datei: Speichern**.

Spalten ausgleichen

Nachdem Sie die Überschrift hinzugefügt haben, vollenden Sie die Feinabstimmung, indem Sie den Text gleichmäßig auf die Spalten verteilen. Sie können hier manuell vorgehen, indem Sie Spaltenumbruchzeichen einfügen (**Schrift: Umbruchzeichen einfügen: Spaltenumbruch**). Allerdings sind dann die Umbruchzeichen fest mit dem Text verbunden, so dass Text bei späteren

Änderungen in die falsche Spalte rutschen kann. Deshalb gleichen Sie die Spalten stattdessen automatisch aus.

▶ **Tipp:** Sie finden die Option »Spalten ausgleichen« auch in dem Dialogfeld »Textrahmenoptionen« (Objekt-Menü).

1 Klicken Sie mit dem Auswahlwerkzeug (▶) auf den Textrahmen mit den Rezepten.

2 Klicken Sie im rechten Bereich des Steuerungsbedienfelds auf die Schaltfläche »Spalten ausgleichen« (▦).

3 Wählen Sie **Datei: Speichern**.

TRY IT AT HOME

CAESAR SALAD
2 cloves garlic
Taste kosher salt
2 anchovy fillets, chopped
1 coddled egg
½ lemon
½ Tbsp Dijon mustard
¼ cup red wine vinegar
¾ cup virgin olive oil
¼ tsp Worcestershire
Romaine lettuce heart, washed and dried
¼ cup croutons
¼ cup Parmesan cheese
Taste cracked black pepper

Grind together the garlic and salt. Add the chopped anchovies. Stir in the egg and lemon. Add the vinegar, olive oil and Worcestershire sauce, and whip briefly. Pour over lettuce and toss with croutons, Parmesan and black pepper.

CHORIZO-STUFFED PRAWNS
3 prawns, butterflied
3 Tbsp chorizo sausage
3 slices bacon, blanched
1 bunch parsley, fried
2 oz morita mayonnaise (recipe follows)
½ oz olive oil

Heat oven to 350°. Stuff the butterflied prawns with chorizo. Wrap a piece of the blanched bacon around each prawn and place in the oven. Cook until the chorizo is done. Place the fried parsley on a plate and place the prawns on top. Drizzle with the morita mayonnaise.

MORITA MAYONNAISE
1 pint mayonnaise
1 tsp morita powder
1 Tbsp lemon juice
Salt and pepper to taste

Mix ingredients and serve.

Absatzausrichtung ändern

Die horizontale Ausrichtung von Absätzen in einem Textrahmen lässt sich schnell ändern. So können Sie Text an einem oder beiden Rändern eines Textrahmens ausrichten oder Einzüge zuweisen. Mit der Ausrichtung »Blocksatz« richtet InDesign Text links und rechts aus. In dieser Übung richten Sie die biografischen Informationen zum Autor am rechten Rand aus.

1 Scrollen und zoomen Sie bei Bedarf, damit Sie die biografischen Daten des Autors nach dem letzten Absatz gut sehen können.

2 Platzieren Sie die Einfügemarke mit dem Textwerkzeug (T) im Biografietext.

3 Klicken Sie im Absatzbedienfeld auf »Rechtsbündig ausrichten« (≡).

Da der Text in der Biografie sehr klein ist, wirkt der Zeilenabstand des Grundlinienrasters zu groß. Korrigieren Sie dies, indem Sie diesen Absatz jetzt aus dem Raster lösen.

4 Lassen Sie die Einfügemarke im Absatz mit den Biografiedaten stehen. Klicken Sie im Absatzbedienfeld auf das Symbol »Nicht an Grundlinienraster ausrichten« (≡≡). Sollte der Text nun nicht mehr in den Textrahmen passen, vergrößern Sie den Rahmen mit dem Auswahlwerkzeug.

5 Wählen Sie **Bearbeiten: Auswahl aufheben**.

6 Wählen Sie **Datei: Speichern**.

Hängende Zeichensetzung über den Rand hinaus

In manchen Fällen erscheinen eigentlich gleichmäßige Ränder optisch unausgeglichen. Dies ist besonders bei Satzzeichen am Anfang oder Ende einer Zeile der Fall. Deshalb lassen viele Layouter die Zeichensetzung etwas über den Textrahmenrand stehen. Mit dieser »hängenden« Zeichensetzung – auch optischer Randausgleich genannt – lassen sich bestimmte Textbestandteile, zum Beispiel Satz- oder Anführungszeichen, etwas außerhalb des Textrahmens positionieren.

Weisen Sie dem hervorgehobenen Zitat nun einen optischen Randausgleich zu.

1 Scrollen und zoomen Sie bei Bedarf, damit Sie das Zitat auf der rechten Seite gut sehen können.

2 Klicken Sie mit dem Auswahlwerkzeug (▶) in den Textrahmen mit dem Zitat, um ihn auszuwählen.

3 Wählen Sie **Schrift: Textabschnitt**, um das Textabschnittbedienfeld zu öffnen.

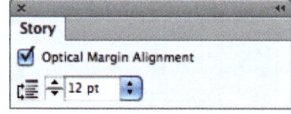

4 Aktivieren Sie die Option »Optischer Randausgleich« und schließen Sie das Textabschnittbedienfeld.

Hinweis: Der optische Randausgleich bezieht sich auf den gesamten Text in einem Textabschnitt – also den Text in einer Reihe verketteter Einzelrahmen – daher der Einsatz des Textabschnittbedienfelds.

Das linke öffnende Anführungszeichen steht nun etwas links über den Textrahmen hinaus; damit wirkt der Text optisch besser ausgerichtet.

"*Maybe the next*
celebrity chef to hit
town will whip up
a tableside bananas
Foster for you."

"*Maybe the next*
celebrity chef to hit
town will whip up
a tableside bananas
Foster for you."

Ohne (links) und mit
(rechts) optischem
Randausgleich

5 Wählen Sie **Bearbeiten: Auswahl aufheben**.

6 Wählen Sie **Datei: Speichern**.

Eine Initiale erstellen

▶ **Tipp:** Auch im
Absatzformat können
Sie Initiale speichern,
so dass Sie sie schnell
und konsistent
zuweisen können.

Mit speziellen typografischen Funktionen können Sie Ihr InDesign-Dokument
noch weiter aufwerten. Wandeln Sie beispielsweise das erste Zeichen oder
das erste Wort eines Absatzes in eine Initiale um oder weisen Sie dem Text
einen Farbverlauf oder eine Farbe zu. Andere Möglichkeiten sind je nach
Schriftfamilie zum Beispiel hoch- bzw. tiefgestellte Zeichen, Ligaturen
und Mediävalziffern. Verwandeln Sie jetzt das erste Zeichen des ersten
Artikelabsatzes in eine Initiale.

1 Scrollen Sie zum ersten Absatz auf der ersten Seite und klicken Sie mit dem
Textwerkzeug (T) in diesen Absatz, um die Einfügemarke zu platzieren.

2 Geben Sie in das Feld »Initialhöhe (Zeilen)« (⯇≣) des Absatzbedienfelds den
Wert **3** ein, um eine dreizeilige Initiale zu erzeugen.

3 In das Feld »Ein oder mehrere Zeichen als Initiale« (Aa≣) geben Sie den Wert
1 ein, um das »S« in »Sure« zu vergrößern. Drücken Sie die Eingabetaste.

4 Markieren Sie mit dem Textwerkzeug den Initialbuchstaben.

Nun können Sie eine beliebige Zeichenformatierung zuweisen.

5 Zeigen Sie das Zeichenformatebedienfeld mit **Schrift: Zeichenformate** an.

6 Klicken Sie auf das Format »Drop Cap«, um dem markierten Text dieses Format zuzuweisen. Heben Sie die Textauswahl mit einem Klick auf und prüfen Sie das Ergebnis.

7 Wählen Sie **Datei: Speichern**.

Text mit einer Kontur versehen

Versehen Sie die soeben angelegte Initiale jetzt mit einer Kontur.

1 Markieren Sie mit dem weiterhin aktivierten Textwerkzeug (T) den Initialbuchstaben.

2 Wählen Sie **Fenster: Kontur**. Geben Sie im Konturbedienfeld **1 Pt** in das Feld »Stärke« ein und drücken Sie die Eingabetaste.

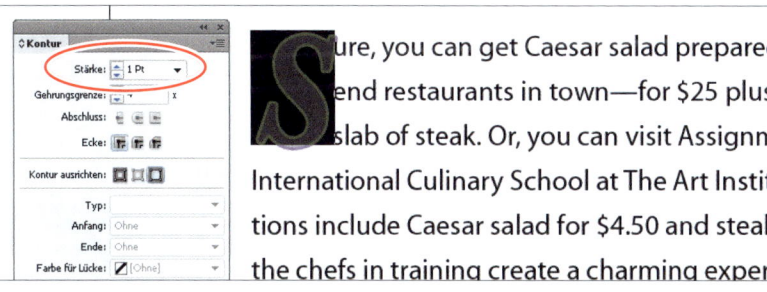

Der Buchstabe ist nun von einer Kontur umgeben. Ändern Sie jetzt die Konturfarbe.

3 Wählen Sie **Fenster: Farbe: Farbfelder**. Im Farbfelderbedienfeld wählen Sie das Feld »Kontur« (▨) und klicken auf das dunkelgrüne Farbfeld (C=41 M=0 Y=68 K=24).

● **Hinweis:** Wenn die Konturfarbe auf Ihrem Monitor zu hell wirkt, erhöhen Sie den »Farbton«-Wert am oberen Rand des Farbfelderbedienfelds.

4 Drücken Sie die Tastenkombination Umschalt+Strg+A (Windows) oder Umschalt+Befehl+A (Mac OS), um die Textmarkierung aufzuheben, so dass Sie den Kontureffekt begutachten können.

Ersetzen Sie nun das »S« von »Sure« durch eine alternative Glyphe. Sie stellen fest, dass Kontur und die Initiale auch nach der Textänderung erhalten bleiben.

5 Schließen Sie das Konturbedienfeld. Bei Bedarf zeigen Sie das Zeichenbedienfeld mit **Schrift: Zeichen** an.

6 Wählen Sie die Initiale »S« mit dem Textwerkzeug aus.

7 Wählen Sie aus dem Zeichenbedienfeldmenü den Befehl **OpenType: Schwungschrift**.

8 Wählen Sie **Datei: Speichern**.

Initiale ausrichten

▶ **Tipp:** Die Option »Linke Kante ausrichten« ist besonders sinnvoll, um einer serifenlosen Initiale typografischen Feinschliff zu verleihen.

Sie können die Ausrichtung und die Größe des Initialbuchstabens anpassen. Dies ist besonders dann sinnvoll, wenn die Buchstaben Unterlängen enthalten, wie zum Beispiel das »J«. In diesem Abschnitt passen Sie die Initiale besser an den linken Rand an.

1 Klicken Sie mit dem Textwerkzeug (**T**) an beliebiger Stelle im ersten Absatz mit der Initiale.

2 Wählen Sie **Schrift: Absatz**. Wählen Sie im Absatzbedienfeldmenü die Option »Initialen und verschachtelte Formate«.

3 Aktivieren Sie das Kontrollfeld »Vorschau« im rechten Dialogfeldbereich, damit Sie Ihre Änderungen in Echtzeit prüfen können.

4 Aktivieren Sie »Linke Kante ausrichten«, damit sich die Initiale besser an den linken Rand anpasst. Klicken Sie auf OK.

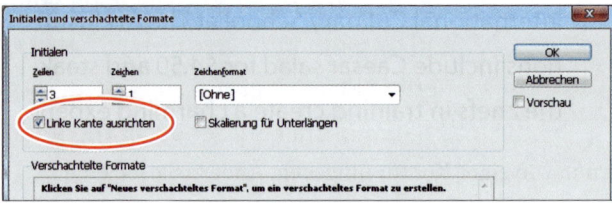

5 Wählen Sie **Datei: Speichern**.

Wort- und Buchstabenabstände einstellen

Die Abstände zwischen Wörtern und Buchstaben passen Sie mit den Kerning- und Laufweite-Funktionen von InDesign an. Außerdem können Sie die Gesamttextverteilung im Absatz mit dem Adobe Ein-Zeilen-Setzer und dem Adobe Absatzsetzer steuern.

Kerning und Laufweite anpassen

Mit dem Kerning verringern oder vergrößern Sie den Abstand zwischen bestimmten Buchstabenpaaren. Mit der Laufweite vergrößern oder verringern Sie die Abstände in einem ausgewählten Buchstaben- bzw. Zeichenbereich gleichmäßig. Sie können beide Funktionen auf denselben Text anwenden.

In unserem Lektionsbeispiel wenden Sie auf den Abstand zwischen der Initiale (»S«)und dem Rest des Wortes (»ure«) ein manuelles Kerning an. Dann ändern Sie die Laufweite in der Überschrift »If You Go« in dem grünen Kasten.

1 Damit Sie die Abstände und die Kerning-Ergebnisse besser erkennen können, wählen Sie im Werkzeugbedienfeld das Zoomwerkzeug (🔍) und ziehen damit einen Vergrößerungsrahmen um das Wort mit der Initiale auf.

2 Klicken Sie mit dem Textwerkzeug (T) zwischen das »S« und das »u« in »Sure«.

3 Drücken Sie die Tastenkombination Alt+Pfeil nach rechts, um den Buchstaben »u« nach rechts zu verschieben. Drücken Sie diese Tastenkombination so oft, bis Sie mit dem Abstand zwischen den beiden benachbarten Buchstaben zufrieden sind.

   In diesem Beispiel beträgt das Kerning +80. InDesign zeigt die neuen Kerningwerte auch im Zeichenbedienfeld an.

▶ **Tipp:** Beim Kerning von Text können Sie den Buchstabenabstand mit gedrückter Alt- und Pfeil-nach-rechts-Taste vergrößern und mit gedrückter Alt- und Pfeil-nach-links-Taste verringern.

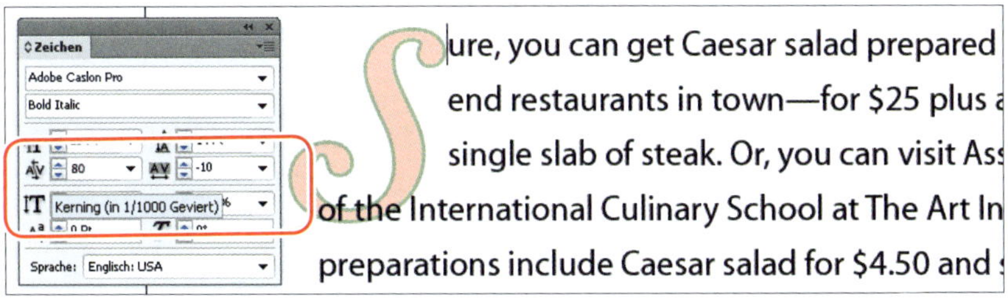

Jetzt verändern Sie den Laufweitenwert für die Überschrift »If You Go«, um die Abstände darin insgesamt etwas zu vergrößern. Damit Sie die Laufweite einstellen können, müssen Sie zunächst den gewünschten Zeichenbereich festlegen.

4 Wählen Sie **Bearbeiten: Auswahl aufheben**. Scrollen Sie nach unten, bis Sie die Überschrift »If You Go« im violetten Kasten unter dem Wort »Sure« gut sehen können.

5 Klicken Sie mit dem Textwerkzeug (T) dreimal auf die Überschrift »If You Go«, so dass sie vollständig ausgewählt wird. (Wenn Ihnen die Auswahl des Textes nicht sofort gelingt, klicken Sie zuerst mit dem Auswahlwerkzeug in den violetten Textrahmen.)

6 Geben Sie im Zeichenbedienfeld in das Feld »Laufweite« (AV) den Wert **50** ein.

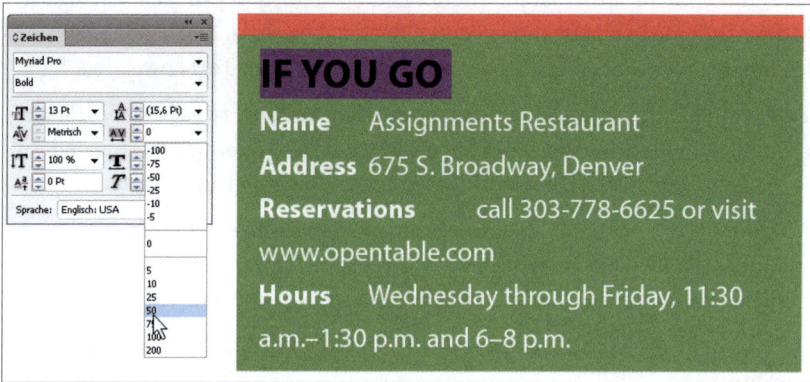

7 Klicken Sie auf die Montagefläche, um die Textauswahl aufzuheben.

8 Wählen Sie **Ansicht: Druckbogen in Fenster einpassen** oder doppelklicken Sie auf das Handwerkzeug, um die Wirkung Ihrer Änderungen zu betrachten.

9 Wählen Sie **Datei: Speichern**.

Den Adobe-Absatzsetzer und den Adobe Ein-Zeilen-Setzer anwenden

Die Schwere eines Absatzes (auch als Grauwert bezeichnet) wird durch die Satzmethode bestimmt. Beim Textsatz berücksichtigt InDesign die gewählten Wort- und Buchstabenabstände, die Skalierung der Glyphen, den Silbentrennbereich und die Silbentrennungsoptionen, berechnet daraus die optimalen Zeilenumbrüche und wendet sie an. Das Programm bietet für den Textsatz zwei Möglichkeiten: den Absatzsetzer, der mehrere Zeilen eines Absatzes gleichzeitig optimiert, und den Ein-Zeilen-Setzer, der den Text Zeile für Zeile berechnet.

Mit dem Absatzsetzer setzt InDesign eine Zeile unter Berücksichtigung ihrer Wirkung auf die übrigen Zeilen im Absatz und findet so die optimale Lösung für diesen Absatz. Ändern Sie zum Beispiel die Schriftart in einer Zeile, werden möglicherweise sowohl die vorhergehenden als auch die nachfolgenden Textzeilen in demselben Absatz neu umbrochen, damit dieser optisch gefälliger wirkt. Verwenden Sie hingegen den Ein-Zeilen-Setzer, der in anderen Layout- und Textverarbeitungsprogrammen Standard ist, umbricht InDesign nur die Zeilen neu, die auf den bearbeiteten Text folgen.

Der Text in dieser Lektion wurde den Standardeinstellungen entsprechend mit dem Adobe-Absatzsetzer gesetzt. Sie setzen nun den Textkörper mit dem Ein-Zeilen-Setzer neu, um sich die Unterschiede zu vergegenwärtigen.

1 Platzieren Sie die Einfügemarke mit dem Textwerkzeug (T) an einer beliebigen Stelle im Haupttextabschnitt.

2 Wählen Sie **Bearbeiten: Alles auswählen**.

3 Wählen Sie im Absatzbedienfeldmenü die Option »Adobe Ein-Zeilen-Setzer«. Zoomen Sie bei Bedarf, damit Sie den Unterschied besser erkennen können.

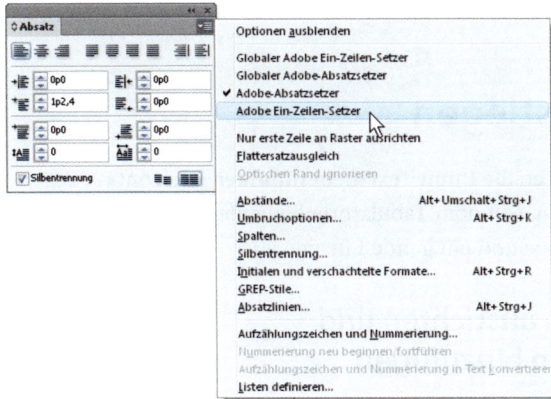

Der Ein-Zeilen-Setzer behandelt jede Zeile einzeln, wodurch InDesign manche Zeilen im Absatz dichter oder offener als andere Zeilen setzt. Der Absatzsetzer hingegen berücksichtigt mehrere Zeilen gleichzeitig, so dass ein ausgewogener Grauwert entsteht.

4 Heben Sie die Textauswahl mit einem Klick in einen leeren Seitenbereich auf und betrachten Sie die unterschiedlichen Abstände und Zeilenenden.

A perusal of the menu, while munching fresh bread and savoring a glass of wine, tempts you with its carefully planned variety. "The menu is all designed to teach cooking methods," says Kleinman. "It covers 80 to 85 percent of what students have been learning in class—saute, grill, braise, make vinaigrettes, cook vegetables, bake and make desserts." In a twist on "You have to know the rules to break them," Kleinman insists that students need to first learn the basics before they can go on to create their own dishes.

A perusal of the menu, while munching fresh bread and savoring a glass of wine, tempts you with its carefully planned variety. "The menu is all designed to teach cooking methods," says Kleinman. "It covers 80 to 85 percent of what students have been learning in class—saute, grill, braise, make vinaigrettes, cook vegetables, bake and make desserts." In a twist on "You have to know the rules to break them," Kleinman insists that students need to first learn the basics before they can go on to create their own dishes.

5 Wählen Sie **Bearbeiten: Rückgängig**, um wieder den Adobe Absatzsetzer auf den Textabschnitt anzuwenden.

6 Wählen Sie **Datei: Speichern**.

Tabulatoren festlegen

Mit Tabulatoren positionieren Sie Ihren Text an bestimmten horizontalen Stellen in einem Rahmen. Mit dem Tabulatorenbedienfeld legen Sie Tabulatorfüllzeichen, Einzüge und hängende Einzüge fest.

Text an Tabulatoren ausrichten und Tabulatorfüllzeichen hinzufügen

Formatieren Sie jetzt die Informationen im Kasten »If You Go« auf der linken Seite. Die Tabulatoren wurden bereits in den Text eingegeben, so dass Sie nur noch die endgültige Textposition festlegen müssen.

1 Bei Bedarf passen Sie das Dokumentfenster durch Scrollen und Vergrößern des Kastens »If You Go« an.

2 Damit Sie die Tabulatormarken im Text erkennen können, wählen Sie **Schrift: Verborgene Zeichen einblenden**. Vergewissern Sie sich, dass unten im Werkzeugbedienfeld die Normal-Ansicht gewählt ist.

▶ **Tipp:** Bei der Arbeit mit Tabulatoren ist die aktivierte Funktion **Schrift: Verborgene Zeichen einblenden** hilfreich. Sehr häufig erhalten Sie Dateien aus Textverarbeitungsprogrammen, deren Autor mehrere Tabs eingegeben hat, um den Text auf dem Bildschirm auszurichten, oder – noch schlimmer – mehrmals die Leertaste gedrückt hat, statt mit Tabstopps zu arbeiten. Die einzige Möglichkeit, wie Sie dies prüfen (und berichtigen) können, ist die Anzeige der verborgenen Zeichen.

3 Klicken Sie mit dem Textwerkzeug (**T**) in den Kasten »If You Go« und wählen Sie den Text mit **Bearbeiten: Alles auswählen** vollständig aus.

4 Wählen Sie **Schrift: Tabulatoren**, um das Tabulatorenbedienfeld zu öffnen.

Wenn sich die Einfügemarke in einem Textrahmen befindet und oberhalb des Textrahmens genügend Platz zur Verfügung steht, rastet das Tabulatorenbedienfeld so auf dem oberen Rand des Rahmens ein, dass die Maßangaben im Bedienfeldlineal exakt mit dem Text übereinstimmen. Unabhängig von der Position des Tabulatorenbedienfelds können Sie Tabulatoren präzise durch die Eingabe von Werten platzieren.

● **Hinweis:** Wenn Sie die Ansicht vergrößern oder verkleinern, schnappt das Tabulatorenbedienfeld möglicherweise nicht mehr an dem Textrahmen mit der Einfügemarke ein. Um das Tabulatorenbedienfeld neu auszurichten, klicken Sie auf das Magnet-Symbol im rechten Bedienfeldbereich.

5 Klicken Sie im Tabulatorenbedienfeld auf »Linksbündiger Tabulator« (⊞), damit der nachfolgende Text ab der Tabulatorposition nach rechts läuft.

6 Geben Sie in das X-Feld **5p5** ein und drücken Sie die Eingabetaste.

Die Zeichen nach jedem Tabulator im ausgewählten Text richten sich nun am neuen Tabulator aus. Dieser wird im Tabulatorenbedienfeld unmittelbar über dem Lineal angezeigt.

7 Lassen Sie den Text markiert und das Tabulatorenbedienfeld geöffnet. Klicken Sie im Tabulatorlineal auf den neuen Tabulator. Geben Sie in das Feld »Füllzeichen« einen Punkt (.) und ein Leerzeichen ein.

Das Feld »Füllzeichen« bestimmt das oder die Zeichen zwischen Text und Tabulator. Tabulatorfüllzeichen werden oft in Inhaltsverzeichnissen verwendet. Mit dem Leerzeichen wird die Punktfolge etwas aufgelockert.

8 Drücken Sie die Eingabetaste, um das Tabulatorfüllzeichen zuzuweisen. Lassen Sie das Tabulatorenbedienfeld für die nächste Übung an dieser Position geöffnet.

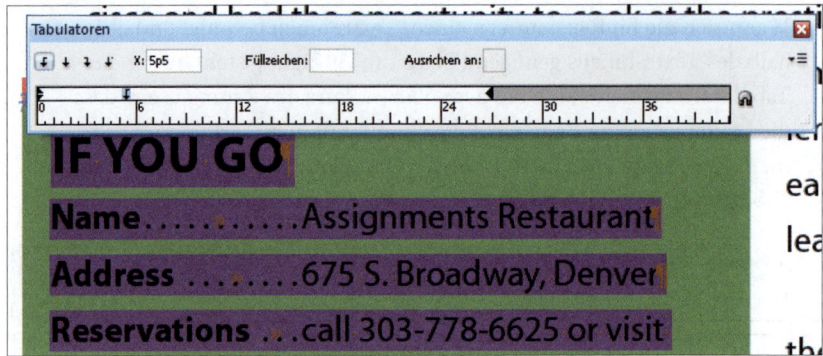

9 Wählen Sie **Datei: Speichern.**

Einen hängenden Einzug einrichten

Bei einem »hängenden Einzug« sind alle Absatzzeilen bis auf die erste eingezogen – oft in Stichpunktlisten oder auch bei den nummerierten Schritten in diesem Buch zu sehen. Sie erzeugen nun einen hängenden Einzug für die Informationen im Kasten »If You Go« und verwenden dafür das Tabulatorenbedienfeld. Sie können auch die Felder »Einzug links« und »Einzug links in erster Zeile« im Absatzbedienfeld verwenden.

1 Markieren Sie mit dem Textwerkzeug (**T**) den gesamten Text im Kasten »If You Go«.

2 Prüfen Sie, ob das Tabulatorenbedienfeld immer noch direkt über dem Textrahmen ausgerichtet ist.

3 Ziehen Sie im Tabulatorenbedienfeld die untere Einzugsmarke links im Lineal nach rechts, bis InDesign im X-Feld den Wert »5p5« anzeigt. Wenn Sie die untere Einzugsmarke ziehen, bewegt InDesign beide Marken. Der Text verschiebt sich nach rechts und der Wert im Feld »Einzug links« im Absatzbedienfeld ändert sich in 5p5. Lassen Sie den Text ausgewählt.

Nun bringen Sie nur die Kategorieüberschriften auf ihre ursprünglichen Positionen im Rahmen zurück, um einen hängenden Einzug einzurichten.

4 Geben Sie im Absatzbedienfeld in das Feld »Einzug links in erster Zeile« (⁺≣) den Wert **-5p5** ein. Heben Sie die Auswahl des Textes auf und betrachten Sie den hängenden Einzug.

● **Hinweis:** Wenn Sie unter Mac OS eine neue Position für einen Tabulator eingeben, erzeugen Sie mit der Eingabetaste auf dem Nummernblock einen neuen Tabstopp, statt den ausgewählten Tabulator zu verschieben.

▶ **Tipp:** Sie können auch den Erstzeileneinzug für ausgewählte Absätze durch Ziehen der oberen Einzugsmarke im Lineal des Tabulatorenbedienfelds verändern. Allerdings kann es sehr leicht passieren, dass Sie unbeabsichtigt einen Tabulator hinzufügen oder verändern.

Mit Tabulatoren arbeiten

Das Einrichten und Anpassen von Tabulatoren funktioniert in InDesign ähnlich wie in einer Textverarbeitung. Sie können Tabulatoren exakt positionieren, über einer Spalte wiederholen, Tabulatoreinzüge anlegen, festlegen, wie Text an Tabulatoren ausgerichtet werden soll, und bereits eingerichtete Tabulatoren bequem ändern. Tabulatoren sind Absatzformatierungen. Damit gelten sie für den Absatz, in dem sich die Einfügemarke befindet bzw. für die markierten Absätze. Die Steuerelemente für Tabulatoren befinden sich im Tabulatorenbedienfeld, das Sie mit **Schrift: Tabulatoren** öffnen. Nachfolgend finden Sie einen Überblick über die Tabulatorfunktionen:

- Tabulatoren festlegen: Drücken Sie die Tabulatortaste, um einen Tabulator in einem Text einzufügen.

- Tabulatorausrichtung bestimmen: Möchten Sie festlegen, wie Text an einer Tabulatorposition ausgerichtet wird – beispielsweise linksbündig an der Tabulatorposition (die häufigste Einstellung) oder auf einem Dezimalkomma –, klicken Sie im Tabulatorenbedienfeld oben links auf eine der Tabulatorschaltflächen: »Linksbündiger Tabulator«, »Zentrierter Tabulator«, »Rechtsbündiger Tabulator« oder »Dezimal (oder anderes angegebenes Zeichen)«.

- Tabulatoren positionieren: Möchten Sie einen Tabulator positionieren, klicken Sie auf eine der Tabulatorschaltflächen, geben einen Wert in das X-Feld ein und drücken die Eingabetaste. Sie können auch erst auf eine der Tabulatorschaltflächen klicken und dann auf die gewünschte Position direkt über dem Lineal.

- Tabulatoren regelmäßig wiederholen: Mit dem Befehl »Tabulator wiederholen« aus dem Tabulatorenbedienfeldmenü erstellen Sie mehrere Tabulatoren mit identischem Abstand zueinander, basierend auf dem Abstand zwischen dem Tabulator und dem vorherigen Tabulator (bzw. dem linken Einzug).

- Zeichen für die Textausrichtung angeben: Möchten Sie Text an einem Zeichen, beispielsweise einem Dezimalkomma, ausrichten, klicken Sie auf die Tabulatorschaltfläche »Dezimal (oder anderes angegebenes Zeichen)« und geben in das Feld »Ausrichten an« das gewünschte Zeichen ein. (Enthält der auszurichtende Text das Zeichen nicht, wird er linksbündig an der Tabulatorposition ausgerichtet.)

- Füllzeichen einrichten: Möchten Sie den Leerraum zwischen Text und Tabulatoren füllen – zum Beispiel, um zwischen Text und Seitenzahlen in einem Inhaltsverzeichnis Punkte einzufügen –, geben Sie in das Feld »Füllzeichen« bis zu acht Zeichen ein, die InDesign dann wiederholt.

- Tabulatorpositionen verschieben: Möchten Sie die Position eines Tabulators ändern, wählen Sie den Tabulator im Lineal und geben die neue Position in das X-Feld ein. Drücken Sie die Eingabetaste. Alternativ ziehen Sie den Tabulator im Lineal an eine neue Position.

- Tabulatorpositionen löschen: Möchten Sie einen Tabulator löschen, ziehen Sie ihn aus dem Tabulatorlineal. Sie können auch den Tabulator im Lineal markieren und im Tabulatorenbedienfeldmenü die Option »Tabulator löschen« wählen.

- Standardtabulatorpositionen zurücksetzen: Möchten Sie zurück zu den Standardtabulatorpositionen gelangen, wählen Sie »Alle löschen« im Tabulatorenbedienfeldmenü. Die Standardtabulatoreinstellungen hängen von der Einheit ab, die für das horizontale Lineal unter »Einheiten und Einteilungen« im Dialogfeld »Voreinstellungen« festgelegt wurde. Ist das horizontale Lineal zum Beispiel auf Zoll eingestellt, platziert InDesign Tabulatoren nach jedem halben Zoll.

- Tabulatorausrichtung ändern: Möchten Sie die Tabulatorausrichtung ändern, markieren Sie sie im Lineal und klicken auf eine andere Tabulatorschaltfläche. Sie können auch die Alt-Taste gedrückt halten und auf den Tabulator im Lineal klicken, um zwischen den vier Ausrichtungsoptionen zu wechseln.

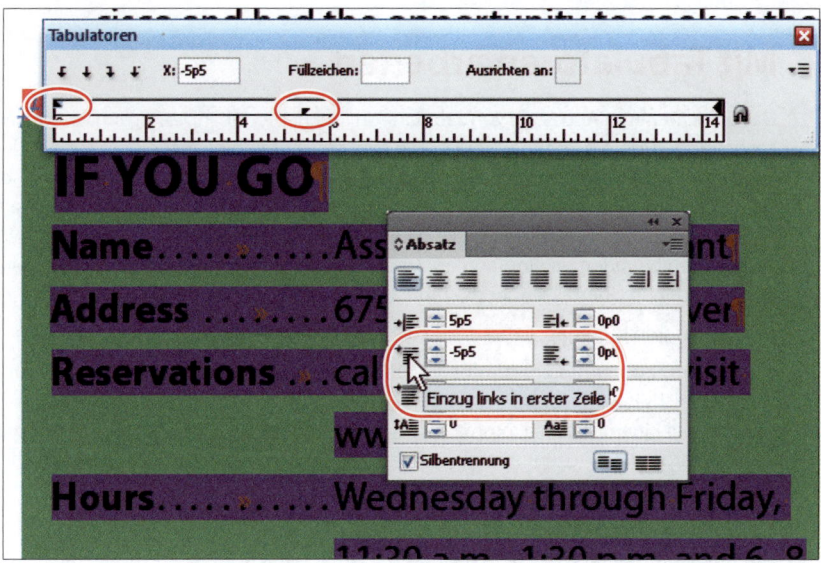

5 Schließen Sie das Tabulatorenbedienfeld.

Der Textrahmen enthält jetzt Übersatztext (InDesign zeigt unten rechts im Textrahmen ein rotes Pluszeichen an). Es gibt verschiedene Möglichkeiten, dies zu korrigieren: beispielsweise den Textrahmen vergrößern, die Laufweite des Textes verringern oder den Text bearbeiten. In diesem Fall bearbeiten Sie den Text.

6 Doppelklicken Sie mit dem Textwerkzeug auf das Wort »through« im Abschnitt »Hours«.

7 Wählen Sie **Schrift: Sonderzeichen einfügen: Trenn- und Gedankenstriche: Halbgeviertstrich**. Löschen Sie die Wortzwischenräume links und rechts vom Halbgeviertstrich (auch als Gedankenstrich bezeichnet).

Ein Gedankenstrich ist bei der Notation von Intervallen typografisch korrekt (dann auch als Bis-Strich bezeichnet) und sieht außerdem besser aus als ein Bindestrich.

8 Wählen Sie **Datei: Speichern**.

Mit hängenden Einzügen arbeiten

Sie können Absatzeinzüge – den linken und rechten Einzug, den Erstzeileneinzug, und den rechten Einzug der letzten Zeile – über das Steuerungsbedienfeld, das Absatzbedienfeld (**Schrift: Absatz**) und das Tabulatorenlineal (**Schrift: Tabulatoren**) einrichten. Außer durch die Eingabe von Werten können Sie hängende Einzüge auch mit den folgenden Techniken erzeugen:

- Ziehen Sie die Einzugsmarken auf dem Tabulatorenlineal mit gedrückter Umschalt-Taste. So können Sie die Einzugsmarken unabhängig voneinander verschieben.

- Drücken Sie Strg+´ (Windows) bzw. Befehl+´ (Mac OS), um an einer beliebigen Stelle in Ihrem Text ein Einzug-bis-hierhin-Zeichen einzugeben. Damit wird der Text rechts vom Zeichen eingezogen.

- Alternativ fügen Sie das Einzug-bis-hierhin-Zeichen mit dem Menübefehl **Schrift: Sonderzeichen einfügen: Andere: Einzug bis hierhin** ein.

Eine Absatzlinie über einem Absatz einfügen

Über oder unter einem Absatz können Sie eine Absatzlinie einfügen. Der Vorteil gegenüber einer einfachen gezeichneten Linie besteht darin, dass sich eine Absatzlinie mit einem Absatzformat zuweisen lässt; außerdem bleibt sie mit dem Absatz verbunden, wenn sich der Textfluss ändert. Zum Beispiel könnten Sie in einem Absatzformat für Zitate sowohl eine obere als auch eine untere Absatzlinie definieren.

Fügen Sie jetzt über der Biografie des Autors am Ende des Textabschnitts eine Absatzlinie ein.

1 Scrollen Sie in die dritte Spalte auf der rechten Seite mit der kursiv gesetzten Autorenbiografie.

2 Setzen Sie mit dem Textwerkzeug (T) die Einfügemarke in die Biografie.

3 Wählen Sie »Absatzlinien« im Absatzbedienfeldmenü.

4 Wählen Sie aus dem Popup-Menü im oberen Bereich des Dialogfelds »Absatzlinien« die Option »Linie darüber«. Aktivieren Sie die Linie, indem Sie das Kontrollfeld »Absatzlinie ein« einschalten.

5 Schalten Sie die Option »Vorschau« ein und verschieben Sie das Dialogfeld bei Bedarf so, dass Sie den Absatz gut sehen können.

6 Stellen Sie im Dialogfeld »Absatzlinien« folgende Optionen ein:

- Wählen Sie im Popup-Menü »Stärke« den Wert 1 Pt.

- Im Popup-Menü »Farbe« nehmen Sie das senfgelbe Farbfeld (C=12 M=0 Y=79 K=6).

- Wählen Sie im Popup-Menü »Breite« die Option »Spalte«.

- Geben Sie in das Feld »Versatz« den Wert **0p9** ein.

> ▶ **Tipp:** Ist die »Breite« auf »Spalte« eingestellt, erhält die Absatzlinie dieselbe Breite wie die Textspalte, abzüglich eventuell vorhandener Absatzeinzüge. Damit diese nicht berücksichtigt werden, können Sie im Dialogfeld »Absatzlinien« negative linke und rechte Einzüge eingeben. Ist die »Breite« auf »Text« eingestellt, so wird die Absatzlinie genauso lang wie die entsprechende Textzeile – die obere Absatzlinie würde dann der Länge der ersten Zeile eines mehrzeiligen Absatzes entsprechen, die untere Absatzlinie der letzten Zeile des Absatzes.

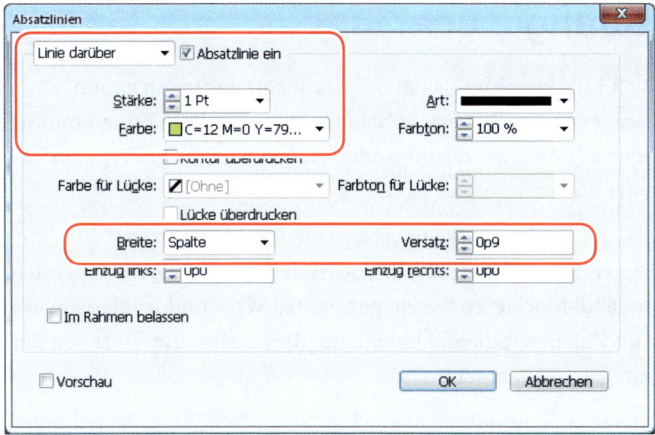

7   Klicken Sie auf OK, um die Änderungen zuzuweisen.

InDesign zeichnet über der Biografie des Autors eine senfgelbe Linie.

8   Betrachten Sie das Ergebnis:

 • Wählen Sie **Bearbeiten: Auswahl aufheben**.

 • Wählen Sie **Ansicht: Druckbogen in Fenster einpassen**.

 • Wählen Sie in der Anwendungsleiste am oberen Bildschirmrand aus dem Popup-Menü »Bildschirmmodus« (■) die Option »Vorschau«.

 • Drücken Sie die Tabulatortaste, um alle Bedienfelder auszublenden.

9   Wählen Sie **Datei: Speichern**.

Glückwunsch, damit haben Sie diese Lektion abgeschlossen. Zur Fertigstellung des Artikels würden Sie schließlich noch einen Redakteur oder Korrektor alle zu engen oder zu weiten Zeilen, unschöne Zeilenumbrüche sowie Witwen und Waisenkinder korrigieren lassen.

Eigene Übung

Nachdem Sie sich mit den Grundlagen der Textformatierung in einem InDesign-Dokument vertraut gemacht haben, sollten Sie Ihr Können nun selbst unter Beweis stellen. Lösen Sie die folgenden Aufgaben, um Ihre typografischen Fähigkeiten weiter zu verbessern.

1 Platzieren Sie die Einfügemarke in verschiedenen Absätzen und experimentieren Sie mit dem Ein- und Ausschalten der Silbentrennung im Absatzbedienfeld. Markieren Sie ein getrenntes Wort und wählen Sie »Kein Umbruch« im Zeichenbedienfeldmenü, um dieses einzelne Wort von der Silbentrennung auszunehmen.

2 Experimentieren Sie mit unterschiedlichen Silbentrennungseinstellungen. Markieren Sie zunächst den gesamten Text im Haupttextabschnitt und wählen Sie dann »Silbentrennung« im Absatzbedienfeldmenü. Schalten Sie die Option »Vorschau« ein und experimentieren Sie mit den Einstellungen.

3 Experimentieren Sie mit unterschiedlichen Ausrichtungseinstellungen. Markieren Sie zunächst den gesamten Text und klicken Sie dann im Absatzbedienfeld auf »Blocksatz, letzte Zeile linksbündig«. Wählen Sie »Abstände« im Absatzbedienfeldmenü. Schalten Sie die Option »Vorschau« ein und experimentieren Sie mit den Einstellungen. Betrachten Sie beispielsweise den Unterschied zwischen dem Adobe Ein-Zeilen-Setzer und dem Adobe-Absatzsetzer bei Blocksatztext (im Vergleich zu linksbündigem Text).

4 Wählen Sie **Schrift: Sonderzeichen einfügen** und betrachten Sie alle verfügbaren Optionen, wie zum Beispiel **Symbole: Aufzählungszeichen** und **Trenn- und Gedankenstriche: Halbgeviertstrich.** Mit diesen Zeichen wirkt die Typografie in einem Dokument im Gegensatz zu Bindestrichen viel professioneller. Wählen Sie **Schrift: Leerraum einfügen** und betrachten Sie das Sonderzeichen »Geschütztes Leerzeichen«. Damit können Sie zwei Wörter »zusammenkleben«, damit sie am Ende einer Zeile nicht getrennt werden (wie zum Beispiel »Mac OS«).

Fragen

1 Wie blenden Sie das Grundlinienraster ein?

2 Wann und wo verwenden Sie einen Ausgleichsabstand?

3 Wie erreichen Sie eine hängende Zeichensetzung über die Ränder eines Textrahmens hinaus?

4 Wie gleichen Sie Spalten aus?

5 Was ist der Unterschied zwischen Kerning und Laufweite?

6 Worin unterscheiden sich der Adobe-Absatzsetzer und der Adobe Ein-Zeilen-Setzer?

Antworten

1 Wählen Sie **Ansicht: Raster und Hilfslinien: Grundlinienraster einblenden**, um das Grundlinienraster anzuzeigen. Die aktuelle Dokumentansicht muss mindestens dem in den Voreinstellungen für das Grundlinienraster bestimmten Anzeigeschwellenwert entsprechen. Der Standardwert dafür ist 75 %.

2 Ein Ausgleichsabstand, der Text automatisch am rechten Rand eines Absatzes ausrichtet, eignet sich zum Platzieren eines Schlusszeichens.

3 Markieren Sie den Textrahmen und wählen Sie **Schrift: Textabschnitt**. Schalten Sie die Option »Optischer Randausgleich« ein; InDesign weist die Option dem gesamten Text im Textabschnitt zu.

4 Wählen Sie den Textrahmen mit dem Auswahlwerkzeug und klicken Sie im Steuerungsbedienfeld auf die Schaltfläche »Spalten ausgleichen«, oder wählen Sie die Option »Spalten ausgleichen« im Dialogfeld »Textrahmenoptionen« (**Objekt: Textrahmenoptionen**).

5 Das Kerning bestimmt den Abstand zwischen bestimmten Buchstabenpaaren, während die Laufweite die Abstände über einen ausgewählten Buchstaben- bzw. Zeichenbereich festlegt.

6 Der Absatzsetzer berücksichtigt beim Herausfinden der bestmöglichen Zeilenumbrüche mehrere Textzeilen gleichzeitig, während der Ein-Zeilen-Setzer dagegen immer nur eine einzelne Zeile für den Zeilenumbruch betrachtet.

8 FARBEN UND VERLÄUFE

Überblick

In dieser Einführung in das Arbeiten mit Farben lernen Sie Folgendes:

- Farbmanagement einrichten
- Die Druckanforderungen bestimmen, bevor Sie Farben hinzufügen und Farbbilder importieren
- Dem Farbfelderbedienfeld Farben hinzufügen
- Farben auf Objekte und Text anwenden
- Gestrichelte Konturen erzeugen
- Ein Verlaufsfeld anlegen und zuweisen
- Die Richtung eines Farbverlaufs anpassen
- Einen Farbton erzeugen und zuweisen
- Eine Volltonfarbe anlegen und anwenden

 Für diese Lektion benötigen Sie ungefähr 60 Minuten.

Sie können Prozess- und Volltonfarben sowie Farbtöne
und -verläufe anlegen, speichern und diese Objekten,
Konturen und Text zuweisen. Durch die Verwendung
von Preflight-Profilen gewährleisten Sie die korrekte
Farbwiedergabe bei der späteren Ausgabe.

Vorbereitungen

● **Hinweis:** Bei Bedarf kopieren Sie jetzt die Lektions-dateien von der *Adobe InDesign CS6 Classroom in a Book*-DVD auf Ihre Festplatte. Informationen dazu finden Sie unter »Die Classroom in a Book-Dateien kopieren« auf Seite 2.

In dieser Lektion fügen Sie Farben, Farbtöne und Verläufe in eine Werbeanzeige des fiktiven Schokoladenherstellers Tifflin's Truffles ein. Die Anzeige besteht aus CMYK-Prozessfarben, Volltonfarben und importierten CMYK-Bildern. Mit einem Preflight-Profil stellen Sie sicher, dass alle importierten Bilder im richtigen Farbmodus vorliegen.

1 Damit die Voreinstellungen von InDesign CS6 wie in der Lektion funktionieren, bewegen Sie die Datei *InDesign Voreinstellungen* an einen anderen Speicherort. Näheres dazu finden Sie unter »Voreinstellungsdateien speichern und wiederherstellen« auf Seite 3.

2 Starten Sie Adobe InDesign CS6. Damit alle Bedienfelder und Menübefehle wie in dieser Lektion funktionieren, wählen Sie **Fenster: Arbeitsbereich: [Erweitert]** und dann **Fenster: Arbeitsbereich: Erweitert zurücksetzen**.

3 Öffnen Sie die Datei *08_Start.indd* im Ordnerpfad *Lektionen/Lektion_08* auf Ihrer Festplatte.

4 Wählen Sie **Datei: Speichern unter** und speichern Sie die Datei unter dem neuen Namen *08_Color.indd* im Ordner *Lektion_08*.

● **Hinweis:** Die Grafik kann aufgrund der derzeitig einge-stellten Anzeige-leistung pixelig oder ausgefranst erscheinen. Sie werden das im Verlauf der Lektion noch ändern.

5 Öffnen Sie die Datei *08_End.indd* im selben Ordner, um das fertige Dokument zu betrachten. Sie können dieses Dokument während der Arbeit als Hilfe geöffnet lassen. Wenn Sie mit der Bearbeitung des Lektionsdokuments fortfahren möchten, klicken Sie auf seinen Reiter oben links im Dokumentfenster.

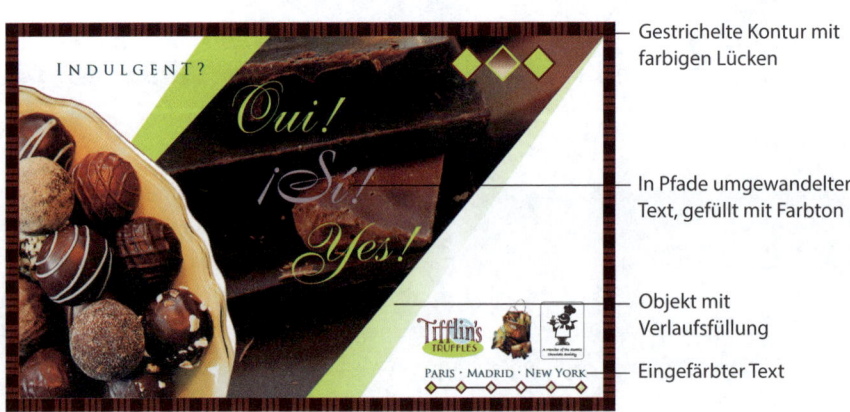

Gestrichelte Kontur mit farbigen Lücken

In Pfade umgewandelter Text, gefüllt mit Farbton

Objekt mit Verlaufsfüllung

Eingefärbter Text

Farbmanagement

Farbmanagement sorgt für eine möglichst einheitliche Wiedergabe von Farben auf verschiedenen Ausgabegeräten wie Monitoren, Farbdruckern oder Offsetdruckmaschinen. Die Anwendungen der Adobe Creative Suite 6 bieten benutzerfreundliche Farbmanagementfunktionen, die auch ohne Expertenwissen eine konsistente Farbwiedergabe ermöglichen. Mit dem standardmäßig aktivierten Farbmanagement in CS6 bewahren Sie anwendungs- und plattformübergreifend die Farbtreue vom Entwurf über den Proof bis hin zum finalen Druck.

Adobe schreibt in der Dokumentation: »Bei den meisten Farbmanagement-Workflows ist es am besten, eine von Adobe Systems getestete Vorgabe-Farbeinstellung zu verwenden. Das Ändern einzelner Optionen empfiehlt sich nur, wenn Sie über gute Farbmanagementkenntnisse verfügen und genau wissen, welche Änderungen Sie vornehmen möchten.« In diesem Abschnitt stellen wir einige vorgegebene Farbeinstellungen und Strategien von Adobe InDesign und Creative Suite vor, die Ihnen zu einer konsistenten Farbwiedergabe in Ihren Projekten verhelfen.

Warum Farbmanagement?

Kein Gerät im Veröffentlichungsprozess kann das gesamte Spektrum der mit dem menschlichen Auge wahrnehmbaren Farben darstellen. Jedes Gerät hat einen bestimmten Farbraum mit einer Palette von Farben, die von diesem Gerät erzeugt werden können. Man spricht dabei auch vom Farbumfang. InDesign und andere Grafikanwendungen wie Adobe Photoshop oder Adobe Illustrator beschreiben die Farbe jedes Bildpunktes mit mehreren Farbwerten. Diese Farbwerte fügen sich in ein Farbmodell ein, beispielsweise in das RGB-Modell mit Werten für den Rot-, Grün- und Blauanteil oder in das CMYK-Modell mit Farbwerten für Cyan, Magenta, Gelb und Schwarz.

Farbmanagement sorgt für eine konsistente Umrechnung der einzelnen Farbwerte vom Quellmedium (dem auf Ihrem Computer gespeicherten Dokument oder Bild) zum Ausgabegerät (Monitor, E-Reader, iPad, Farbdrucker oder hochauflösender Filmbelichter), das einen ganz bestimmten Farbumfang aufweist. Weitere Informationen über Farbmanagement finden Sie in der Creative Suite-Dokumentation, online unter www.adobe.com (suchen Sie nach »Farbmanagement«), oder in Büchern wie *Farbkonsistenz in der Profifotografie: Vom Bildschirm zum Ausdruck* aus dem Addison-Wesley Verlag und DVDs/Videos wie *Color Management without the Jargon: A Simple Approach for Designers and Photographers Using the Adobe Creative Suite* von Peachpit.

▶ **Tipp:** Für eine einheitliche Farbwiedergabe ist es von Bedeutung, Monitor und Drucker regelmäßig zu kalibrieren. Die Kalibrierung bringt Ihre Geräte in Einklang mit vordefinierten Ausgabestandards. Für viele Experten ist die Kalibrierung der wichtigste Bestandteil des Farbmanagements.

Erstellen einer Anzeigeumgebung für das Farbmanagement

Ihre Arbeitsumgebung hat Einfluss darauf, wie Sie Farben auf dem Monitor oder bei der Druckausgabe wahrnehmen. Optimale Ergebnisse erzielen Sie unter den folgenden Bedingungen:

- Sorgen Sie bei der Bildanzeige für eine gleichbleibende Beleuchtung und Farbtemperatur. Die Farbeigenschaften des Sonnenlichts ändern sich beispielsweise im Tagesverlauf; das Erscheinungsbild der Farben auf dem Bildschirm kann davon beeinflusst werden. Erledigen Sie daher farbkritische Arbeiten möglichst bei geschlossenen Jalousien oder in fensterlosen Räumen. Zur Vermeidung des Blau-Grün-Stichs von Neonlampen empfehlen sich D50-Lampen (5000 Grad Kelvin). Sie können die gedruckten Dokumente auch in einem D50-Leuchtkasten betrachten.

- Arbeiten Sie in Räumen mit neutraler Wand- und Deckenfarbe. Die Farbe des Raumes kann sich darauf auswirken, wie die Farben auf dem Monitor und auf dem Ausdruck wahrgenommen werden. Ideal wäre ein neutrales Grau als Raumfarbe. Die Farbanzeige kann auch durch die Farbe von Kleidungsstücken beeinflusst werden, die vom Glas des Monitors reflektiert wird.

- Entfernen Sie bunte Hintergrundmuster vom Desktop Ihres Monitors. Auffällige oder helle Muster um ein Dokument herum stören die präzise Farbwahrnehmung. Wählen Sie als Desktop- bzw. Schreibtisch-Hintergrund ein neutrales Grau.

- Prüfen Sie Proofs unter den Bedingungen, unter denen auch die Zielgruppe das Endprodukt sieht. Prüfen Sie zum Beispiel, wie ein Haushalts- und Geschenke-Katalog unter einer normalen Glühlampe, die in Wohnungen verwendet wird, aussieht oder wie die Farben in einem Büromöbel-Katalog unter der Neonbeleuchtung eines Büros wirken. Nehmen Sie die endgültige Farbbewertung jedoch stets unter den Lichtverhältnissen vor, die in Ihrem Land für Proofs vorgeschrieben sind.

– Aus der InDesign-Hilfe

Farbeinstellungen in Adobe Bridge synchronisieren

Nutzer der Creative Suite können die Farbeinstellungen mit Hilfe von Adobe Bridge zwischen allen Anwendungen synchronisieren. Damit stellen Sie sicher, dass die Anzeige- und Druckfarben von allen Komponenten der Creative Suite gleichartig gehandhabt werden. Sie wählen dazu in Bridge eine Farbeinstellungsdatei (Color Settings File, CSF). Dabei bestimmt Ihr Arbeitsablauf, welches die beste Farbeinstellung für Sie ist. Weitere Informationen über die Anwendung Adobe Bridge finden Sie in der InDesign-Hilfe unter dem Suchbegriff »Adobe Bridge«.

● **Hinweis:** Falls die Adobe Creative Suite nicht auf Ihrem System installiert ist, springen Sie gleich zum nächsten Abschnitt, »Farbeinstellungen in InDesign vornehmen«.

So wählen Sie ein CSF für die Verwendung in der Creative Suite aus:

1 Klicken Sie auf die Schaltfläche »Gehe zu Bridge« (Br) in der Anwendungsleiste über dem Dokumentfenster.

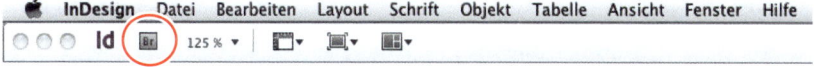

2 Wählen Sie **Bearbeiten: Creative Suite-Farbeinstellungen**.

3 Untersuchen Sie folgende Optionen:

- »Europa, universelle Anwendungen 2« ist voreingestellt. In der Beschreibung steht »Profilwarnungen werden deaktiviert«. Diese Option ist für die meisten Arbeitsumgebungen gut geeignet.

- »Europa, Druckvorstufe 2« aktiviert die Profilwarnungen. Diese Farbeinstellung wird bei hochwertigen Print-Workflows verwendet. Sie berücksichtigt das Quell- und Ausgabeprofil für Bilder, Dokumente und Geräte.

- »Europa Web/Internet« eignet sich für die Produktion von Inhalten, die nur online verbreitet werden.

4 Klicken Sie auf »Anwenden« und wechseln Sie zurück in InDesign.

Farbeinstellungen in InDesign vornehmen

Für eine konsistente Farbwiedergabe in InDesign können Sie eine CSF-Datei mit voreingestellten Farbmanagementrichtlinien und Standardprofilen wählen. Wenn Sie mit Adobe Bridge die Farbeinstellungen für alle Anwendungen der Creative Suite vereinheitlicht haben, können Sie in InDesign bei Bedarf von diesen Einstellungen abweichen. Die Farbeinstellungen gelten nicht für einzelne Dokumente, sondern für die InDesign-Anwendung.

1 Wählen Sie in InDesign **Bearbeiten: Farbeinstellungen**.

2 Wenn die Creative Suite installiert ist, wird im Dialogfeld »Farbeinstellungen« oben angegeben, ob die Farbeinstellungen der Anwendungen synchronisiert sind.

▶ **Tipp:** Möchten Sie die einzelnen Einstellungen kennenlernen, fahren Sie mit der Maus über die Optionsbezeichnungen und lesen Sie die eingeblendeten Informationen im Feld »Beschreibung« am unteren Rand des Fensters.

3 Klicken Sie auf die unterschiedlichen Einstellungen und Popup-Menüs in diesem Dialogfeld, um die Optionen zu betrachten.

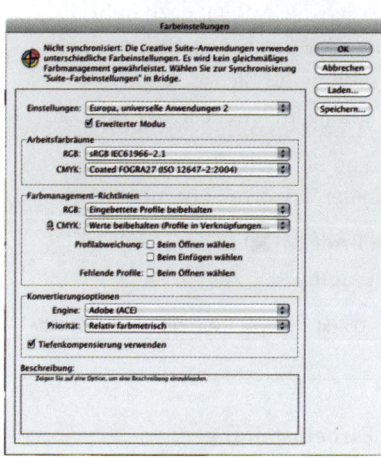

4 Klicken Sie auf »Abbrechen«, um das Dialogfeld »Farbeinstellungen« ohne Anwendung von Änderungen zu schließen.

Bilder in Originalauflösung anzeigen

▶ **Tipp:** In den Voreinstellungen können Sie Vorgaben für die Anzeigeleistung angeben. Die Anzeige eines einzelnen Objekts ändern Sie über **Objekt: Anzeigeleistung**.

In einem Farbmanagement-Workflow sollten Sie auch bei Verwendung der Standard-Farbeinstellungen die volle Bildschirmauflösung aktivieren, um die bestmögliche Farbwiedergabe auf dem Monitor zu erzielen. Wenn Sie nicht die volle Bildschirmauflösung für die Anzeige von Bildern verwenden, wird zwar der Bildschirmaufbau schneller, die Farben werden aber weniger genau angezeigt.

Betrachten Sie den Unterschied in einem Ihrer Dokumente, indem Sie die verschiedenen Optionen unter **Ansicht: Anzeigeleistung** wählen:

• Schnelle Anzeige (eignet sich gut zur Textbearbeitung, da keine Bilder angezeigt werden)

• Normale Anzeige

• Anzeige mit hoher Qualität

Wählen Sie für diese Lektion **Ansicht: Anzeigeleistung: Anzeige mit hoher Qualität**.

Farbproof am Bildschirm

Wenn Sie einen Farbproof am Bildschirm, auch Softproof genannt, vornehmen, imitiert InDesign die Farbwiedergabe unter bestimmten Ausgabebedingungen. Die Genauigkeit dieser Simulation hängt von verschiedenen Parametern ab, unter anderem von den Lichtbedingungen im Raum und der Kalibrierung des Monitors. So probieren Sie den Softproof aus:

1 Wählen Sie in InDesign **Fenster: Anordnen: Neues Fenster für 08_Color. indd,** um ein zweites Fenster für Ihr Lektionsdokument zu öffnen.

2 Wählen Sie **Fenster: Anordnen: Neben-/Untereinander,** um ein Fenster für jedes geöffnete Dokument anzuzeigen (wenn Sie auch *08_End.indd* geöffnet haben, erhalten Sie drei Fenster).

3 Klicken Sie das Fenster »08_Color.indd:2« zur Aktivierung an und wählen Sie **Ansicht: Farbproof**. Nun erscheint ein Softproof der Farben mit den aktuellen Einstellungen unter **Ansicht: Proof einrichten**.

4 Wählen Sie **Ansicht: Proof einrichten: Benutzerdefiniert**, um den Softproof anzupassen.

● **Hinweis:** Wenn ein Dokument überdruckende Elemente enthält und auf einer Offsetdruckmaschine gedruckt werden soll, wählen Sie zusätzlich zu **Ansicht: Farbproof** auch **Ansicht: Überdruckenvorschau**.

Ansicht	
Überdruckenvorschau	⌥⇧⌘Y
Proof einrichten	▶
Farbproof	
Einzoomen	⌘+
Auszoomen	⌘−
Seite in Fenster einpassen	⌘0
Druckbogen in Fenster einpassen	⌥⌘0
Originalgröße	⌘1
Ganze Montagefläche	⌥⇧⌘0
Druckbogen drehen	▶
Bildschirmmodus	▶
Anzeigeleistung	▶
Lineale ausblenden	⌘R
Extras	▶
Raster und Hilfslinien	▶
Struktur	▶
Textmodus	▶

5 Klicken Sie im Dialogfeld »Proof-Bedingung anpassen« auf das Menü »Zu simulierendes Gerät« und wählen Sie dort zwischen verschiedenen Druckverfahren, Desktopdruckern und weiteren Ausgabegeräten wie Monitoren. Klicken Sie OK, um die Farbwiedergabe für ein bestimmtes Ausgabegerät zu sehen. Die Dokumenttitelleiste zeigt dabei an, welches Gerät aktuell simuliert wird, zum Beispiel »Dokument-CMYK«.

6 Wiederholen Sie die Schritte 4 und 5 zur Betrachtung unterschiedlicher Softproof-Möglichkeiten.

7 Wenn Sie die einzelnen Softproofs betrachtet haben, klicken Sie im Register »08_Color.indd:2« auf das Schließen-Symbol, um das zweite Fenster zu schließen. Passen Sie nun wieder die Größe und Position des Fensters »08_ Color.indd« an.

Grundlagen zum Kalibrieren und Charakterisieren von Monitoren

Analysesoftware kann Ihren Monitor sowohl kalibrieren als auch charakterisieren. Durch die Kalibrierung wird der Bildschirm an einen vordefinierten Standard angepasst, beispielsweise zur Darstellung von Farben anhand der im Grafikgewerbe als Standard verwendeten Weißpunkt-Farbtemperatur von 5000 K (Kelvin). Bei der Charakterisierung des Monitors wird ein Profil erstellt, das beschreibt, wie der Monitor derzeit Farben reproduziert.

Bei der Monitorkalibrierung werden die folgenden Videoeinstellungen angepasst: Helligkeit und Kontrast (die Stufen und der Bereich der Anzeigeintensität), Gamma (die Helligkeit der mittleren Tonwerte), Phosphor (die Substanzen, mit denen CRT-Röhrenmonitore Licht ausstrahlen) und Weißpunkt (die Farbe und Intensität des hellsten Weiß, das der Monitor reproduzieren kann).

Beim Kalibrieren passen Sie den Monitor so an, dass er bestimmte Spezifikationen erfüllt. Nach der Kalibrierung können Sie in der Profilsoftware ein Farbprofil speichern. Das Profil beschreibt das Farbverhalten des Monitors – welche Farben angezeigt werden können und wie numerische Farbwerte in einem Bild konvertiert werden müssen, damit sich die Farben korrekt darstellen lassen.

1   Stellen Sie sicher, dass Ihr Monitor seit mindestens einer halben Stunde eingeschaltet ist. Dadurch hat der Monitor ausreichend Zeit zum Aufwärmen und liefert eine konsistentere Ausgabe.

2   Stellen Sie sicher, dass die Anzeige auf dem Monitor mit mindestens Tausenden von Farben erfolgt. Ideal wären Millionen von Farben bzw. mindestens 24 Bit.

3   Entfernen Sie bunte Hintergrundmuster vom Monitordesktop und stellen Sie die Desktopanzeige auf neutrale Graustufen ein. Stark strukturierte Muster oder leuchtende Farben, die ein Dokument umgeben, beeinträchtigen die genaue Farbwahrnehmung.

4   Führen Sie einen der folgenden Schritte aus, um den Monitor zu kalibrieren und ein Profil zu erstellen:

   • Installieren Sie unter Windows ein Dienstprogramm zur Monitorkalibrierung und führen Sie es aus.

   • Verwenden Sie unter Mac OS das Dienstprogramm »Kalibrieren«, das Sie unter **Systemeinstellungen: Anzeigen: Farbe** finden.

   • Die besten Ergebnisse erhalten Sie, wenn Sie Software und Messgeräte von anderen Herstellern verwenden. Im Allgemeinen lassen sich mit Hilfe eines Messgeräts, zum Beispiel eines Colorimeters, in Kombination mit Software präzisere Profile erstellen, weil das Gerät die auf einem Monitor angezeigten Farben sehr viel genauer messen kann als das menschliche Auge.

Beachten Sie, dass sich die Monitorleistung ändert und mit der Zeit nachlässt. Deshalb sollten Sie die Kalibrierung und Profilerstellung ungefähr einmal pro Monat wiederholen. Wenn es schwierig oder gar unmöglich ist, Ihren Monitor auf einen bestehenden Standard zu kalibrieren, ist er möglicherweise zu alt und verblasst.

Die meisten Profilerstellungsprogramme weisen das neue Profil automatisch als Standardmonitorprofil zu. Eine Anleitung zum manuellen Zuweisen des Monitorprofils finden Sie in der Hilfe des Betriebssystems.

– Zusammenfassung aus der InDesign-Hilfe

Druckanforderungen bestimmen

Unabhängig von der Frage, ob Ihr Dokument später gedruckt oder in digitaler Form verwendet wird, sollten Sie sich bereits zu Beginn der Arbeit mit den Ausgabeanforderungen vertraut machen. Besprechen Sie zum Beispiel das Layout und die Farben mit Ihrem Druckdienstleister. Er ist mit seiner Arbeitsumgebung bestens vertraut und kann Ihnen bei Druckaufträgen helfen, Zeit und Geld zu sparen, eine optimale Ausgabequalität zu erzielen und dabei kostenintensive Druck- bzw. Farbprobleme zu vermeiden. Die Zeitschriftenanzeige aus dieser Lektion wurde für den Druck mit dem Farbmodell CMYK in einem Druckereibetrieb entworfen.

▶ **Tipp:** Oft bieten Druckdienstleister ein Preflight-Profil mit allen notwendigen Einstellungen für die Ausgabe an. Sie können das Profil importieren und Ihre Dokumente mit den darin enthaltenen Kriterien vergleichen.

Damit Ihr Dokument den Druckanforderungen entspricht, können Sie es mit einem Preflight-Profil abgleichen, das Vorgaben hinsichtlich Dokumentgröße, Schriften, Farben, Bilder, Anschnitt und viele weitere Aspekte enthält. Das Preflight-Bedienfeld kann vor Problemen im Dokument warnen, wenn die Profilvorgaben nicht eingehalten werden. In dieser Übung importieren Sie ein Preflight-Profil, das von der Druckerei zur Verfügung gestellt wurde, die den Druck der Zeitschrift mit der Werbeanzeige übernimmt.

1 Wählen Sie **Fenster: Ausgabe: Preflight**.

2 Wählen Sie im Preflight-Bedienfeldmenü die Option »Profile definieren«.

3 Klicken Sie im Dialogfeld »Preflight-Profile« links unter der Liste mit den Preflight-Profilen auf die Schaltfläche »Preflight-Profilmenü« (▣) und wählen Sie »Profil laden«.

4 Wählen Sie die Datei *Magazine Profile.idpp* im Ordnerpfad *Lektionen/ Lektionen_08* auf Ihrer Festplatte und klicken Sie auf »Öffnen«.

5 Das Profil »Magazine Profile« ist im Dialogfeld »Preflight-Profile« gewählt; betrachten Sie die vorbestimmten Einstellungen für die Ausgabe dieser Werbeanzeige. Eingeschaltete Optionen wird InDesign auf Fehler überprüfen. Ist beispielsweise unter »Farbe: Unzulässige Farbräume und -modi« das Kontrollfeld »RGB« markiert, so würde jede RGB-Grafik eine Fehlermeldung produzieren.

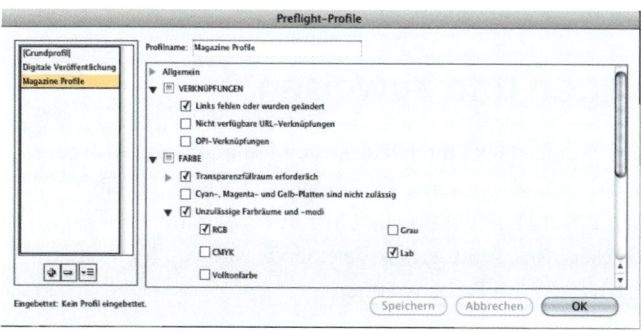

▶ **Tipp:** In der
unteren linken Ecke
des Dokument-
fensters wird die
Anzahl der Preflight-
Fehler laufend
eingeblendet. Wenn
sich die Anzahl der
Fehler erhöht, öffnen
Sie das Preflight-
Bedienfeld, um
weitere Details zu
erfahren.

6 Klicken Sie auf OK, um das Dialogfeld »Preflight-Profile« zu schließen.

7 Wählen Sie im Preflight-Bedienfeld im Popup-Menü »Profil« das Profil
»Magazine Profile«.

Das Profil erkennt ein Problem mit einer importierten Illustrator-Datei.
Würden Sie diese Werbeanzeige tatsächlich an eine Zeitschrift senden,
müssten Sie dieses Problem zuvor lösen.

8 Klicken Sie auf das Dreieck links neben »BILDER und OBJEKTE«, um das
Problem anzuzeigen.

9 Klicken Sie auf das Dreieck neben »Konturstärke nicht zu klein«.

10 Doppelklicken Sie auf »scc.ai«, den Namen einer Bilddatei, damit das
problematische Bild angezeigt wird. Um Detailinformationen zu erhalten,
klicken Sie auf das Dreick neben »Informationen«.

▶ **Tipp:** Möchten
Sie ein importiertes
Bild schnell in seiner
ursprünglichen
Anwendung oder
einer Bildbear-
beitungssoftware
Ihrer Wahl bearbeiten,
markieren Sie das Bild
im Verknüpfungen-
bedienfeld und
wählen Sie »Original
bearbeiten« oder
»Bearbeiten mit« aus
dem Bedienfeldmenü.

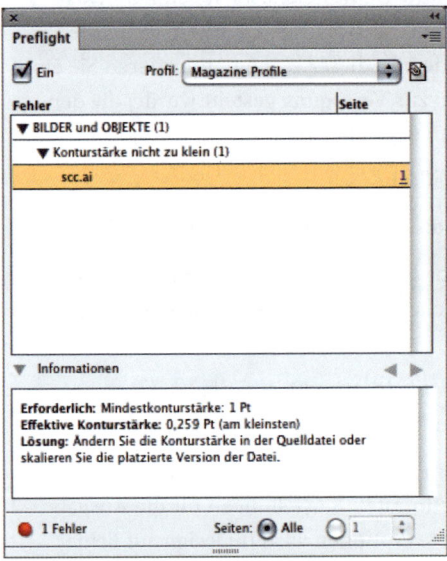

● **Hinweis:** Sie
können die
Bedienfelder beim
Arbeiten beliebig
verschieben und
die Größe an
Ihre Bedürfnisse
anpassen. Weitere
Informationen
finden Sie unter
»Die Dokument-
ansicht vergrößern
oder verkleinern« in
Lektion 1.

11 Schließen Sie das Preflight-Bedienfeld.

12 Wählen Sie **Datei: Speichern**.

Farben anlegen und zuweisen

InDesign bietet für maximale Flexibilität zahlreiche Methoden zum Anlegen
und Zuweisen von Farben und Verläufen. Das Programm erleichtert das
Experimentieren und bietet Hilfsfunktionen, um eine einwandfreie Ausgabe
sicherzustellen. In diesem Abschnitt lernen Sie eine Vielzahl von Methoden
zum Anlegen und Zuweisen von Farben kennen.

Farben zum Farbfelderbedienfeld hinzufügen

Sie können Objekten mit Hilfe von Bedienfeldern und Werkzeugen Farben zuweisen. Beim Arbeiten mit Farben in InDesign dreht sich alles um das Farbfelderbedienfeld; wenn Sie dieses Bedienfeld zum Benennen von Farben verwenden, funktioniert das Zuweisen, Bearbeiten und Aktualisieren von Objektfarben in einem Dokument mühelos. Zwar können Sie auch mit dem Farbebedienfeld Objekten Farben zuweisen, allerdings besteht keine Möglichkeit, diese Farben, die in InDesign »unbenannte Farben« genannt werden, schnell zu aktualisieren. Stattdessen müssten Sie die Farbe für jedes Objekt einzeln aktualisieren.

Sie legen nun die meisten der für das Dokument benötigten Farben an. Da das Dokument in einem Offsetdruckverfahren gedruckt werden soll, verwenden Sie CMYK-Prozessfarben.

1 Achten Sie darauf, dass keine Objekte gewählt sind, und öffnen Sie das Farbfelderbedienfeld. (Falls InDesign das Farbfelderbedienfeld nicht anzeigt, wählen Sie **Fenster: Farbe: Farbfelder**.)

Im Farbfelderbedienfeld speichert InDesign Farben, Farbtöne und Verläufe, die Sie anlegen und hier zum Weiterverwenden speichern.

2 Wählen Sie »Neues Farbfeld« im Farbfelderbedienfeldmenü.

3 Schalten Sie das Kontrollfeld »Name mit Farbwert« aus und geben Sie in das Feld »Farbfeldname« »Brown« (Braun) ein. Achten Sie darauf, dass im Popup-Menü »Farbmodus« die Option »CMYK« gewählt ist.

4 Geben Sie für die Farbe folgende Prozentwerte ein: Cyan (C) = 0, Magenta (M) = 76, Gelb (Y) = 76, Schwarz (K) = 60.

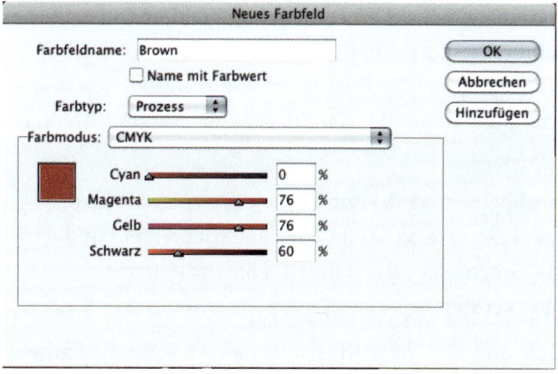

5 Klicken Sie auf »Hinzufügen«, um dem Farbfelderbedienfeld die neue Farbe hinzuzufügen, und lassen Sie das Dialogfeld geöffnet. InDesign legt für Sie eine neue Arbeitskopie der aktuellen Farbe an.

● **Hinweis:** Mit der Option »Name mit Farbwert« gibt InDesign einer Farbe die eingegebenen CMYK-Farbwerte als Namen und aktualisiert den Namen daher automatisch, sobald Sie einen Wert ändern. Diese Option ist nur für Prozessfarben verfügbar; sie ist sinnvoll, wenn Sie das Farbfelderbedienfeld zur Kontrolle der genauen Zusammensetzung der Prozessfarbfelder verwenden wollen. Für das neue Farbfeld haben Sie diese Option ausgeschaltet, um einen Namen (Brown) zu verwenden, der leichter und schneller zu erkennen ist.

6 Wiederholen Sie die letzten drei Schritte, um mit den nachfolgenden Werten folgende Farben anzulegen und zu benennen:

- **Blue:** Cyan (C) = **60**, Magenta (M) = **20**, Gelb (Y) = **0**, Schwarz (K) = **0**

- **Tan:** Cyan (C) = **5**, Magenta (M) = **13**, Gelb (Y) = **29**, Schwarz (K) = **0**

7 Wenn Sie fertig sind, klicken Sie im Dialogfeld »Neues Farbfeld« auf »Fertig«.

▶ **Tipp:** Falls Sie versehentlich für eine Farbe keinen Namen oder einen falschen Wert eingegeben haben, doppelklicken Sie auf das Farbfeld, ändern Sie den Namen bzw. den Wert und klicken Sie auf OK.

Wenn Sie im Farbfelderbedienfeld neue Farben anlegen, speichert InDesign diese nur zusammen mit dem Dokument, in dem Sie sie angelegt haben – Sie können sie aber in andere Dokumente importieren. In dieser Lektion weisen Sie diese Farben Text, Bildern und Konturen im Layout zu.

8 Wählen Sie **Datei: Speichern**.

Farben mit dem Farbfelderbedienfeld auf Objekte anwenden

Sie können Farbfelder über das Farbfelderbedienfeld oder über das Steuerungsbedienfeld mit folgenden drei Schritten zuweisen: (1) Wählen Sie den Text oder das Objekt aus, (2) bestimmen Sie, welche Eigenschaften Sie ändern möchten, entweder die Kontur oder die Fläche, und (3) wählen Sie die gewünschte Farbe. Sie können die Farbfelder auch aus dem Farbfelderbedienfeld auf Objekte ziehen. In dieser Übung wenden Sie Farben mit dem Farbfelderbedienfeld auf Konturen und Flächen an.

▶ **Tipp:** Um die Ansicht zu vergrößern, drücken Sie Strg und + (Windows) bzw. Befehl und + (Mac OS). Zum Verkleinern drücken Sie Strg und - (Windows) bzw. Befehl und - (Mac OS).

1 Wählen Sie das Zoomwerkzeug (🔍) im Werkzeugbedienfeld und ziehen Sie damit einen Rechteckrahmen um die drei Rautenformen oben rechts auf. So ändern Sie die Vergrößerungsansicht und der Markierungsbereich füllt nun das Dokumentfenster aus. Achten Sie darauf, dass alle Rautenformen zu sehen sind.

2 Wechseln Sie zum Auswahlwerkzeug (🔺) und klicken Sie in die mittlere Raute. Klicken Sie auf das Konturfeld (🔲) im Farbfelderbedienfeld und wählen Sie das Farbfeld »Green« (eventuell müssen Sie dazu in der Farbfelderliste nach unten scrollen).

Mit den Feldern »Kontur« und »Fläche« (🔲) entscheiden Sie, ob die Farbe dem Rand (Kontur) oder dem Objektinhalt (Fläche) zugewiesen wird. Behalten Sie diese Felder beim Zuweisen von Farben immer im Auge, da es leicht passieren kann, dass Sie die Farbe der falschen Objekteigenschaft zuweisen.

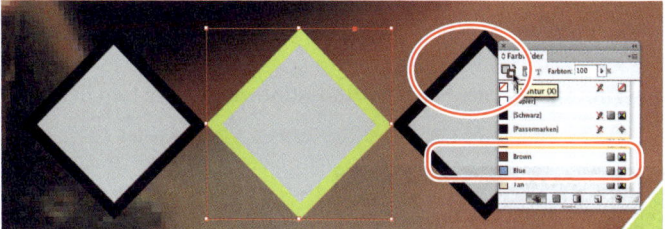

Die Kontur der mittleren Raute ist nun grün.

3 Wählen Sie die linke Raute und wählen Sie im Farbfelderbedienfeld »Brown«, um ihr eine braune Kontur zuzuweisen.

4 Die linke Raute ist noch gewählt; klicken Sie im Farbfelderbedienfeld auf die Fläche-Schaltfläche (⊞) und anschließend auf das Farbfeld »Green«.

▶ **Tipp:** Wenn Sie eine Farbe dem falschen Objekt oder der falschen Objekteigenschaft zugewiesen haben, wählen Sie einfach **Bearbeiten: Rückgängig** und versuchen es erneut.

Farben mit der Pipette zuweisen

Die rechte Rautenform soll ebenfalls die braune Kontur und die grüne Fläche erhalten. Deshalb kopieren Sie mit der Pipette in einem Schritt die Kontur- und Flächeneigenschaften der linken Raute. Außerdem wenden Sie die InDesign-Farbe »[Papier]« nicht über das Farbfelderbedienfeld, sondern über die Fläche-Schaltfläche im Werkzeugbedienfeld an.

1 Wählen Sie das Pipette-Werkzeug (🖋) und klicken Sie damit auf die linke Raute.

Die Pipette ist nun gefüllt (🖊), womit InDesign anzeigt, dass sie die Eigenschaften des angeklickten Objekts aufgenommen hat.

▶ **Tipp:** »[Papier]« ist eine spezielle Farbe, die die Farbe des für den Druck verwendeten Papiers simuliert. Objekte bzw. Objektteile, die von einem papierfarbenen Objekt überlagert werden, werden nicht gedruckt. Stattdessen scheint die Farbe des für den Druck verwendeten Papiers durch.

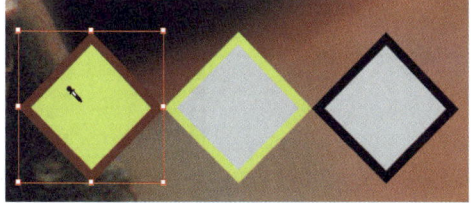

2 Klicken Sie mit der gefüllten Pipette auf den grauen Hintergrund der rechten Raute.

Diese Raute übernimmt nun die Flächen- und Kontureigenschaften der linken Raute.

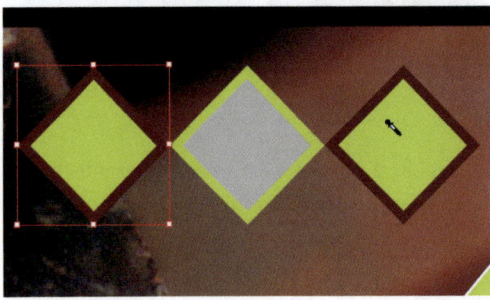

Ändern Sie anschließend die Flächenfarbe der mittleren Raute in »[Papier]«.

3 Klicken Sie mit dem Auswahlwerkzeug (➤) auf die mittlere Raute. Klicken Sie im Werkzeugbedienfeld auf das Feld »Fläche« (▣) und dann im Farbfelderbedienfeld auf »[Papier]«.

4 Wählen Sie **Bearbeiten: Auswahl aufheben** und dann **Ansicht: Seite in Fenster einpassen.**

Farben mit dem Steuerungsbedienfeld auf Objekte anwenden

Nun versehen Sie die sechs kleinen Rauten unten in der Anzeige mit einer braunen Kontur.

1 Klicken Sie mit dem Auswahlwerkzeug (➤) auf eine der sechs Rauten, um die Gruppe zu markieren.

2 Lokalisieren Sie im Steuerungsbedienfeld die Felder »Fläche« und »Kontur«. Klicken Sie auf das Popup-Menü »Kontur«, um die verfügbaren Farben anzuzeigen.

3 Klicken Sie auf das Farbfeld »Brown« (eventuell müssen Sie dazu in der Liste nach unten scrollen).

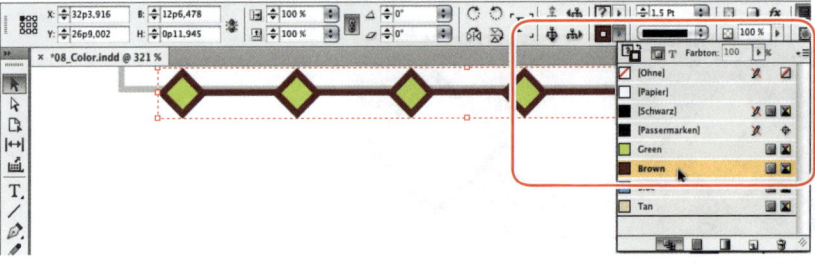

Gestrichelte Konturen anlegen

Nun wandeln Sie den schwarzen Rand der Anzeige in eine benutzerdefinierte gestrichelte Kontur um. Da Sie diese gestrichelte Kontur nur auf ein Objekt anwenden, legen Sie sie mit dem Konturbedienfeld an. Wenn Sie eine Kontur für den wiederholten Einsatz in einem Dokument speichern möchten, legen Sie einfach einen Konturenstil an. Weitere Informationen zum Speichern von Konturenstilen sowie gestrichelten, gepunkteten und schraffierten Konturen finden Sie in der InDesign-Hilfe.

In dieser Übung legen Sie eine gestrichelte Kontur für den Anzeigenrand an und passen die Strichabfolge an.

1 Wählen Sie **Bearbeiten: Auswahl aufheben**. Bei Bedarf wählen Sie **Ansicht: Seite in Fenster einpassen**.

2 Wählen Sie mit dem Auswahlwerkzeug (▶) den schwarzen Rand, der die Anzeige umgibt.

3 Falls InDesign das Konturbedienfeld nicht bereits anzeigt, wählen Sie **Fenster: Kontur**.

4 Wählen Sie unten im Popup-Menü »Typ« die Option »Gestrichelt« (den letzten Eintrag).

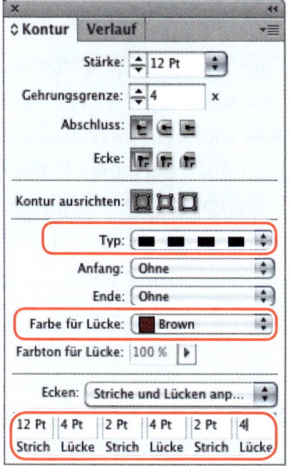

InDesign zeigt unten im Konturbedienfeld sechs Felder für Striche und Lücken an. Geben Sie nun in diese Felder die Länge der Striche und Lücken (bzw. Abstände) ein, um die gestrichelte Kontur zu erzeugen.

5 Wählen Sie im Popup-Menü »Farbe für Lücke« die Farbe »Brown«, um die Lücken braun einzufärben.

6 Geben Sie folgende Werte in die Felder »Strich« und »Lücke« ein: **12, 4, 2, 4, 2, 4** (durch Drücken der Tabulatortaste gelangen Sie nach der Eingabe des Werts in das nächste Feld).

7 Heben Sie die Auswahl der Kontur auf und schließen Sie das Konturbedienfeld.

8 Wählen Sie anschließend **Datei: Speichern**.

Verläufe

Ein Verlauf ist die stufenlose
Überblendung zwischen zwei
oder mehr Farben oder zwischen
Farbtönen derselben Farbe. In
InDesign können Sie lineare
oder radiale Verläufe anlegen.
In dieser Übung legen Sie im

A. Linearer Verlauf

B. Radialer Verlauf

Farbfelderbedienfeld einen linearen Verlauf an, weisen ihn mehreren Objekten
zu und passen die Verläufe mit dem Verlaufsfarbfeld-Werkzeug an.

Ein Verlaufsfeld anlegen und zuweisen

Für jeden Verlauf in InDesign sind mindestens zwei Verlaufsregler definiert.
Eigene Verläufe legen Sie an, indem Sie die Farbmischung der einzelnen Regler
bearbeiten oder weitere Regler hinzufügen.

1 Achten Sie darauf, dass keine Objekte gewählt sind.

2 Wählen Sie im Farbfelderbedienfeldmenü die Option »Neues Verlaufsfeld«.

InDesign bestimmt Verläufe durch eine Reihe von Reglern im Verlaufsbalken. Ein Regler ist ein Punkt, an dem ein Verlauf von einer Farbe zur
nächsten wechselt; ein farbiges Quadrat unterhalb des Verlaufsbalkens
kennzeichnet den Regler.

3 Geben Sie in das Feld »Farbfeldname« **Brown/Tan Gradient** ein und übernehmen Sie die Option »Linear« im Popup-Menü »Art«.

4 Klicken Sie auf den linken Regler (🔒) und wählen Sie im Popup-Menü »Reglerfarbe« die Option »Farbfelder«. Scrollen Sie in der Farbfelderliste nach unten und wählen Sie das Farbfeld »Brown«.

Die linke Seite des Verlaufsbalkens ist jetzt braun.

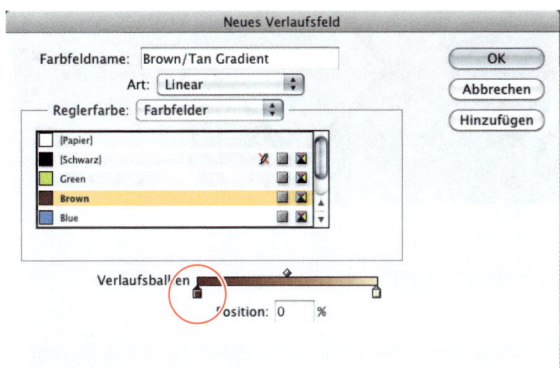

5 Klicken Sie auf den rechten Regler, wählen Sie im Popup-Menü »Reglerfarbe« die Option »Farbfelder«, scrollen Sie in der Liste nach unten und wählen Sie »Tan«.

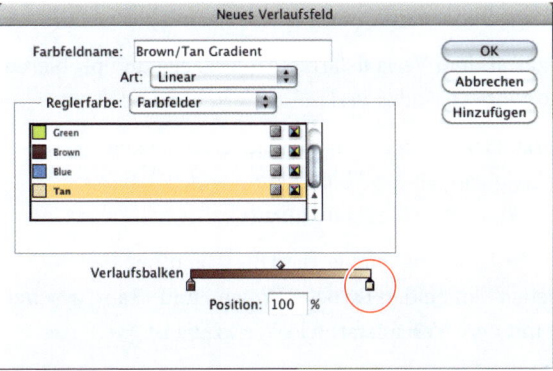

Der Verlaufsbalken zeigt einen Farbverlauf zwischen den Farben »Brown« und »Tan«.

6 Klicken Sie auf OK. Das neue Verlaufsfeld erscheint im Farbfelderbedienfeld.

Nun weisen Sie diesen Verlauf der Fläche der mittleren Raute in der oberen rechten Ecke zu.

7 Vergrößern Sie den Bereich oben rechts, so dass die drei Rautenformen gut zu sehen sind.

8 Wählen Sie die mittlere Raute mit dem Auswahlwerkzeug (▶).

9 Wählen Sie das Feld »Fläche« (🔲) im Werkzeugbedienfeld und klicken Sie im Farbfelderbedienfeld auf den Eintrag »Brown/Tan Gradient«.

10 Wählen Sie **Datei: Speichern**.

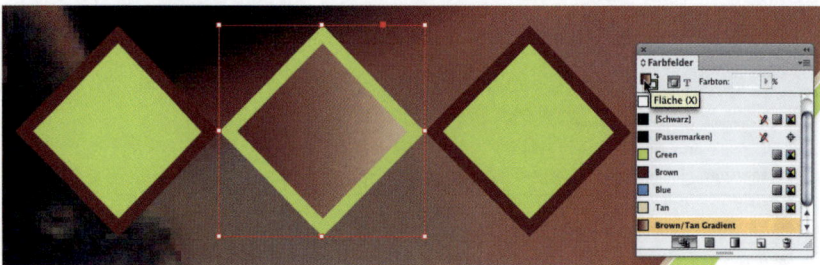

Die Richtung eines Farbverlaufs ändern

Auch nachdem Sie einen Verlauf auf ein Objekt angewendet haben, können Sie ihn mit dem Verlaufsfarbfeld-Werkzeug ändern, indem Sie damit eine imaginäre Linie ziehen und die Fläche entlang dieser Linie »neu ausmalen«. So können Sie mit dem Verlaufsfarbfeld-Werkzeug die Richtung und den Anfangs- und Endpunkt eines Verlaufs ändern. Sie ändern nun die Richtung des Verlaufs.

▶ **Tipp:** Wenn Sie das Verlaufsfarbfeld-Werkzeug einsetzen, wird der Verlaufs-übergang um so sanfter, je weiter von den Ecken des Objekts entfernt Sie starten.

1 Die mittlere Raute ist noch gewählt; wählen Sie das Verlaufsfarbfeld-Werkzeug (🔲) im Werkzeugbedienfeld.

Sie experimentieren jetzt mit dem Verlaufsfarbfeld-Werkzeug und probieren aus, wie Sie Richtung und Intensität des Verlaufs ändern können.

2 Um einen weicheren Verlaufseffekt zu erzeugen, platzieren Sie den Mauszeiger etwas außerhalb von der gewählten Raute und ziehen mit gedrückter Maustaste diagonal über die Raute hinaus.

Sobald Sie die Maustaste loslassen, sehen Sie, dass die Abstufung der Mischverhältnisse zwischen den beiden Farben »Brown« und »Tan« weicher als vor der Bearbeitung mit dem Verlaufsfarbfeld-Werkzeug ist.

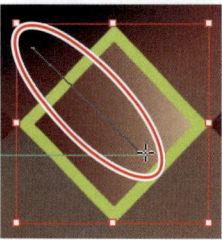 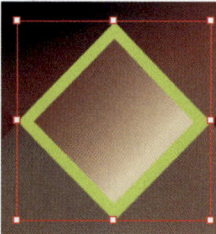

3 Um einen härteren Verlauf zu erzeugen, ziehen Sie eine kurze Linie durch den Mittelpunkt der Raute. Experimentieren Sie weiter mit dem Verlaufsfarbfeld-Werkzeug, um sich mit seiner Funktionsweise besser vertraut zu machen.

4 Wenn Sie damit fertig sind, ziehen Sie den Mauszeiger von der oberen Spitze der Raute bis zur unteren Spitze. Belassen Sie den Verlauf der mittleren Raute so.

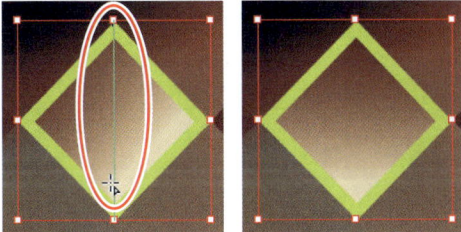

5 Wählen Sie **Datei: Speichern**.

Einen Farbton anlegen

Neben Farben und Verläufen können Sie dem Farbfelderbedienfeld auch Farbtöne hinzufügen. Ein Farbton ist eine Schattierung (hellere Version) einer Farbe, die Sie schnell und reproduzierbar anwenden können. Sie legen nun einen 30 %igen Farbton des braunen Farbfelds an, das Sie zuvor in dieser Lektion erstellt haben.

1 Wählen Sie **Ansicht: Seite in Fenster einpassen**, um die Seite in das Dokumentfenster einzupassen.

2 Heben Sie die Auswahl aller Objekte auf.

3 Klicken Sie im Farbfelderbedienfeld auf das Farbfeld »Brown«. Wählen Sie im Farbfelderbedienfeldmenü die Option »Neues Farbtonfeld«.

4 Im Dialogfeld »Neues Farbtonfeld« können Sie nur ganz unten das Prozentfeld »Farbton« bearbeiten. Geben Sie den Wert **30** ein und klicken Sie auf OK.

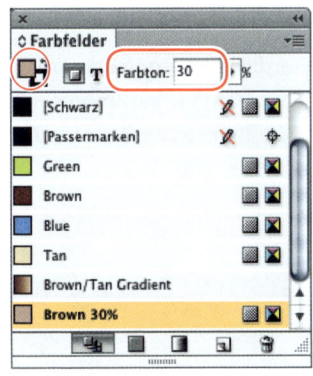

InDesign führt das neue Farbtonfeld unten in der Liste der Farbfelder auf. Oben im Farbfelderbedienfeld stehen Informationen zum gewählten Farbfeld, wobei das Fläche-/Kontur-Symbol anzeigt, dass die Farbe »Brown« die gegenwärtig gewählte

▶ **Tipp:** Farbtöne sind praktisch, weil InDesign CS6 die Beziehung zwischen einem Farbton und seiner Ursprungsfarbe beibehält. Würden Sie zum Beispiel das Farbfeld »Brown« in eine andere Farbe ändern, würde InDesign das Farbtonfeld, das Sie im Folgenden anlegen, automatisch in eine hellere Version der neuen Farbe ändern.

Füllfarbe ist, und die Farbton-Option verdeutlicht, dass der Farbton 30 % der ursprünglichen Farbe »Brown« beträgt.

5 Klicken Sie mit dem Auswahlwerkzeug (▶) in der Mitte der Seite auf den Umrisstext »¡Sí!«.

6 Vergewissern Sie sich, dass im Farbfelderbedienfeld die Fläche gewählt ist, und klicken Sie dann auf den zuvor angelegten Farbton »Brown 30%«. InDesign ändert die Farbe entsprechend.

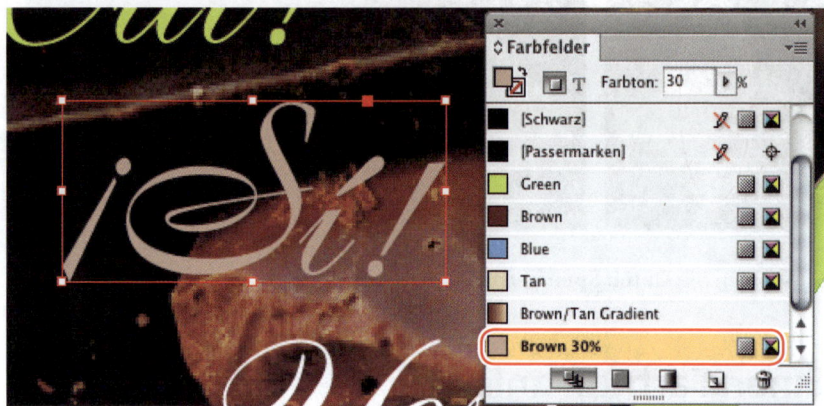

7 Wählen Sie **Datei: Speichern**.

Eine Volltonfarbe anlegen

Diese Werbeanzeige soll in einem Druckereibetrieb mit dem Standard-CMYK-Farbmodell gedruckt werden, wofür vier verschiedene Druckplatten erforderlich sind – je eine für Cyan, Magenta, Gelb und Schwarz. Allerdings bietet das CMYK-Farbmodell nur einen begrenzten Farbbereich, weshalb Volltonfarben in diesem Fall von großem Nutzen sind. Daher werden Volltonfarben zum Darstellen zusätzlicher Farben über den CMYK-Farbumfang hinaus oder für einheitliche individuelle Farben, wie für Firmenlogos, verwendet.

Für die Gestaltung der vorliegenden Anzeige wird eine Volltonfarbe gewünscht, die im CMYK-Farbmodell nicht enthalten ist. Deshalb fügen Sie nun eine Volltonfarbe aus einer Farbbibliothek hinzu.

1 Wählen Sie **Bearbeiten: Auswahl aufheben**.

2 Wählen Sie »Neues Farbfeld« im Farbfelderbedienfeldmenü.

3 Wählen Sie im Dialogfeld »Neues Farbfeld« im Popup-Menü »Farbtyp« die Option »Vollton«.

4 Im Popup-Menü »Farbmodus« wählen Sie die Option »PANTONE+ Solid Coated«.

5 Geben Sie in das Textfeld »PANTONE C« den Wert **567** ein, um in der Liste der Pantone-Farbfelder zur gewünschten Farbe für dieses Projekt zu gelangen, nämlich PANTONE 567 C.

▶ **Tipp:** Wenn Sie PANTONE-Farben für die Druckausgabe wählen, nutzen Sie dafür am besten einen gedruckten PANTONE-Farbfächer, erhältlich unter www.pantone.com.

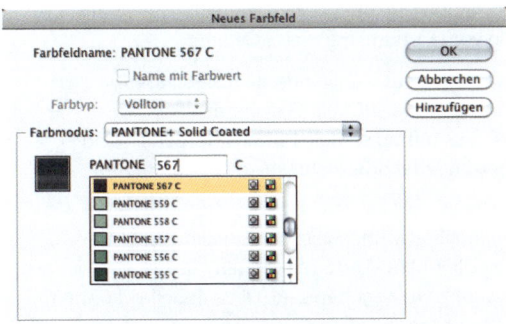

6 Klicken Sie auf OK. Damit fügen Sie die Volltonfarbe in das Farbfelderbedienfeld ein. Mit dem Symbol (◉) neben dem Farbnamen im Farbfelderbedienfeld kennzeichnet InDesign eine Volltonfarbe.

Vollton- und Prozessfarben

Eine Volltonfarbe ist eine besondere vorgemischte Druckfarbe, die statt oder zusätzlich zu CMYK-Prozessdruckfarben verwendet wird und für die eine eigene Druckplatte in einer Druckmaschine erforderlich ist. Volltonfarben eignen sich, wenn nur wenige Farben verwendet werden und die Farbgenauigkeit wichtig ist. Mit Volltonfarben können auch Farben präzise reproduziert werden, die außerhalb des Farbumfangs von Prozessfarben liegen. Wie die Volltonfarbe letztendlich im Ausdruck aussieht, hängt jedoch von der in der Druckerei gemischten Druckfarbe und dem verwendeten Papier ab, nicht von den angegebenen Farbwerten oder dem Farbmanagement. Wenn Sie Werte für eine Volltonfarbe angeben, beschreiben Sie nur die Farbsimulation auf Ihrem Monitor und Drucker (abhängig vom Farbumfang dieser Geräte).

Eine Prozessfarbe wird als Kombination aus vier Standard-Prozessfarben gedruckt: Cyan, Magenta, Gelb und Schwarz (CMYK). Verwenden Sie Prozessfarben, wenn für einen Druckauftrag so viele Farben erforderlich sind, dass einzelne Volltondruckfarben zu teuer oder zu umständlich wären, zum Beispiel bei Farbfotos.

- Für optimale Ergebnisse bei qualitativ hochwertigen Druckdokumenten sollten Sie für Prozessfarben die CMYK-Werte verwenden, die in entsprechenden Referenztabellen angegeben sind. Diese Tabellen können zum Beispiel über Druckereien bezogen werden.

- Die endgültigen Farbwerte einer Prozessfarbe sind ihre Werte in CMYK. Wenn Sie also eine Prozessfarbe im RGB-Modus (oder im LAB-Modus in InDesign) festlegen, werden diese Farbwerte beim Drucken von Farbseparationen in CMYK konvertiert. Diese Konvertierungen differieren in Abhängigkeit von den Farbmanagement-Einstellungen und vom Dokumentprofil.

- Legen Sie eine Prozessfarbe nur dann anhand ihres Erscheinungsbilds auf dem Bildschirm fest, wenn Sie ein Farbmanagementsystem korrekt eingerichtet haben und dessen Beschränkungen bei der Farbvorschau verstehen.

- Vermeiden Sie Prozessfarben in Dokumenten, die nur für digitale Anzeigegeräte bestimmt sind, da CMYK einen kleineren Farbumfang als ein typischer Bildschirm hat.

Manchmal empfiehlt es sich, für einen Druckauftrag sowohl Vollton- als auch Prozessfarben zu verwenden. In einem Jahresbericht könnte das Unternehmenslogo zum Beispiel in einer Volltonfarbe gedruckt werden, während für Fotos auf derselben Seite Prozessfarben verwendet werden. Sie können auch eine Volltondruckplatte verwenden, um Dokumentbereiche in Prozessfarben mit einer Lackschicht zu versehen. In beiden Fällen werden für den Druckauftrag insgesamt fünf Druckfarben verwendet: vier Prozessfarben und eine Volltonfarbe bzw. ein Lack.

– Zusammenfassung aus der InDesign-Hilfe

Farben auf Text und Objekte anwenden

Die erstellten Farbfelder können Sie auf die Kontur und/oder Fläche von ausge-
wähltem Text oder Objekten anwenden. Das funktioniert auch mit Umrisstext
(Text, der in Pfade umgewandelt wurde), wie den Schriftzügen in der Mitte der
Anzeige.

Farben auf Text anwenden

Genau wie auf Objekte können Sie Konturen oder Flächen auch auf Text anwenden. Sie weisen nun dem Text oben und unten im Dokument Farben zu.

1 Klicken Sie mit dem Auswahlwerkzeug (▶) auf den Textrahmen mit dem
  Wort »Indulgent?«.

2 Klicken Sie im Werkzeugbedienfeld unter dem Fläche-Feld auf die
  Schaltfläche »Formatierung wirkt sich auf Text aus« (**T**). Achten Sie darauf,
  dass das Fläche-Feld (⊞) gewählt ist.

3 Klicken Sie im Farbfelderbedienfeld erst auf »PANTONE 567 C« und dann
  in einen leeren Bereich, um die Auswahl des Textrahmens aufzuheben. Der
  Text erscheint jetzt in der Volltonfarbe.

4 Drücken Sie die T-Taste, um das Textwerkzeug (**T**) auszuwählen. Markieren
  Sie in der unteren rechten Ecke die Wörter »Paris • Madrid • New York«.

5 Klicken Sie im Steuerungsbedienfeld auf die Schaltfläche
  »Zeichenformatierung« (**A**).

6 Lokalisieren Sie im Steuerungsbedienfeld die Felder »Fläche« und »Kontur«.
  Klicken Sie auf das Popup-Menü »Fläche«, um die verfügbaren Farben
  anzuzeigen.

● **Hinweis:** Jede
Volltonfarbe, die Sie
anlegen, erfordert
eine zusätzliche
Druckplatte in der
Druckmaschine. Die
meisten Druckereien
bieten entweder
Zweifarbdruck
(mit Schwarz und
einer zusätzlichen
Volltonfarbe) oder
CMYK-Vierfarbdruck
mit der Option auf
eine oder mehrere
zusätzliche Vollton-
farben. Durch Vollton-
farben erhöhen sich
in der Regel Ihre
Druckkosten. Am
besten sprechen
Sie zuerst mit Ihrer
Druckerei, bevor
Sie Volltonfarben in
Ihrem Dokument
einsetzen.

7 Klicken Sie auf das Farbfeld »PANTONE 567 C« (eventuell müssen Sie dazu in der Liste nach unten scrollen).

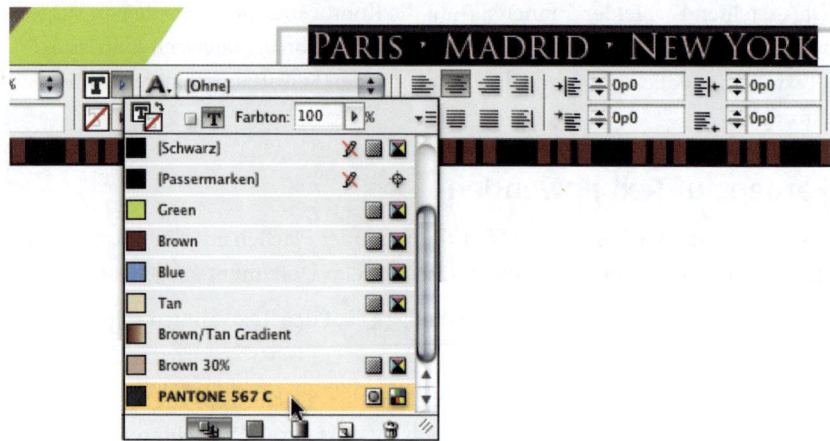

8 Wählen Sie **Bearbeiten: Auswahl aufheben** und dann **Datei: Speichern**.

Farben auf weitere Objekte anwenden

▶ **Tipp:** Sie können Text in Pfade umwandeln, um ein textförmiges Objekt mit einem Bild zu füllen oder die Buchstabenformen zu verändern.

Die Schriftzüge in der Seitenmitte sind in Pfade umgewandelt, das Dokument kommt also auch ohne die ursprüngliche Schriftart aus. In diesem Fall wurde jedes Wort in ein separates Objekt umgewandelt. Um Text in Umrisstext zu verwandeln, markieren Sie den Textrahmen mit dem Auswahlwerkzeug und wählen dann **Schrift: In Pfade umwandeln**. Sie können auch mit dem Textwerkzeug einzelne Zeichen auswählen und sie in verankerte Objekte umwandeln. Sie wenden nun dieselbe Farbe des Umrisstextes »Oui!« auf den Umrisstext »Yes!« an. Dazu vergrößern Sie zunächst die Ansicht des Umrisstextes »Oui!«, um die verwendete Farbe zu bestimmen.

● **Hinweis:** Wenn Sie ein Objekt mit dem Direktauswahl-Werkzeug wählen, können Sie wie hier dargestellt seinen Umriss verändern.

1 Wählen Sie im Werkzeugbedienfeld das Zoomwerkzeug (🔍) und ziehen Sie damit um den Text in der Mitte der Seite einen Vergrößerungsrahmen auf.

2 Wählen Sie das Direktauswahl-Werkzeug (🔾) und klicken Sie auf den Umrisstext »Oui!«.

InDesign hebt das zugehörige Farbfeld im Farbfelderbedienfeld hervor, sobald Sie das Objekt auswählen, auf das die Farbe angewendet wurde.

Sie weisen diese Farbe jetzt dem Umrisstext »Yes!« zu.

3 Achten Sie darauf, dass der Farbton im Farbfelderbedienfeld auf 100 % eingestellt ist.

4 Ziehen Sie das Farbfeld »Green« aus dem Farbfelderbedienfeld auf den Umrisstext »Yes!«. Achten Sie darauf, die Farbe auf das Objekt und nicht auf die Objektkontur zu ziehen. Wenn Sie das Farbfeld auf die Fläche des Umrisstextes ziehen, ändert sich der Mauszeiger in einen Pfeil mit einem schwarzen Quadrat (▶▪). Falls Sie das Farbfeld auf die Kontur des Umrisstextes ziehen, erscheint rechts am Mauszeiger statt des schwarzen Quadrats eine schwarze diagonale Linie (▶╱).

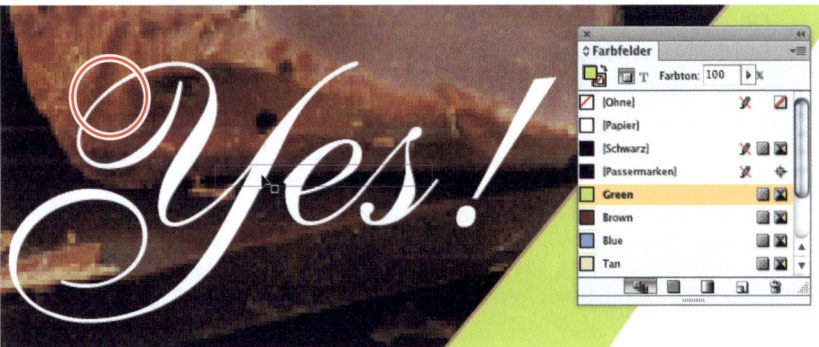

Einen weiteren Farbton anlegen

Jetzt legen Sie einen Farbton auf der Grundlage der Farbe »Blue« an. Wenn Sie später die Farbe »Blue« ändern, ändert InDesign auch den Farbton, der auf dieser Farbe basiert.

1 Wählen Sie **Bearbeiten: Auswahl aufheben**.

2 Klicken Sie im Farbfelderbedienfeld auf die Farbe »Blue«. Wählen Sie »Neues Farbtonfeld« im Farbfelderbedienfeldmenü, geben Sie in das Feld »Farbton« den Wert **40** ein und klicken Sie auf OK.

3 Wählen Sie den Umrisstext »¡Si!« mit dem Auswahlwerkzeug (👆) und weisen Sie ihm mit einem Klick den Farbton »Blue 40%« zu.

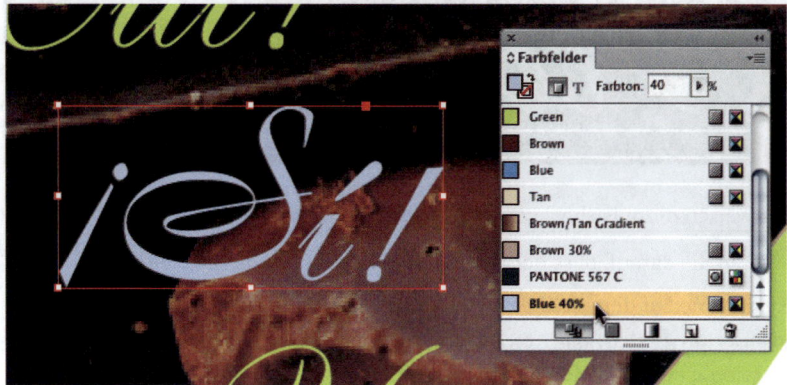

Nun ändern Sie die Farbe »Blue«. Da der Farbton »Blue 40%« auf dem Farbfeld »Blue« basiert, ändert InDesign den Farbton entsprechend.

4 Heben Sie die Auswahl aller Objekte auf.

5 Doppelklicken Sie auf das Farbfeld »Blue« (nicht das Farbfeld mit dem Farbton »Blue«), um die Farbe zu ändern. Geben Sie in das Feld »Farbfeldname« **Violet Blue** und anschließend folgende Prozentwerte für die Farbe ein: Cyan = **59**,
Magenta = **80**, Gelb = **40**, Schwarz = **0**.

6 Klicken Sie auf OK.

Der Name und die Farbe des Farbfelds sowie des darauf basierenden Farbtons werden im Farbfelderbedienfeld aktualisiert.

7 Wählen Sie **Datei: Speichern**.

Fortgeschrittene Verlaufstechniken

Sie können in InDesign Verläufe mit mehreren Farben erstellen und die Position der Farbübergänge bestimmen. Und Sie können einen Verlauf entweder einzelnen Objekten oder einer Reihe von Objekten zuweisen.

Ein Verlaufsfeld mit mehreren Farben anlegen

Weiter vorn in dieser Lektion haben Sie bereits einen Verlauf mit zwei Farben angelegt – Brown und Tan. Nun legen Sie einen Verlauf mit drei Reglern an, in dem die Ränder von Grün und Hellgrün zur Mitte hin langsam in Weiß übergehen. Achten Sie darauf, dass zu Beginn keine Objekte gewählt sind.

1 Wählen Sie im Farbfelderbedienfeldmenü »Neues Verlaufsfeld« und geben Sie in das Feld »Farbfeldname« **Green/White Gradient** ein.

Lassen Sie die Verlaufsart auf »Linear« eingestellt. InDesign zeigt die Farben des vorherigen Verlaufs unten im Dialogfeld »Neues Verlaufsfeld« an.

2 Klicken Sie auf den linken Regler (⬘), wählen Sie im Popup-Menü »Reglerfarbe« den Eintrag »Farbfelder« und wählen Sie im Listenfeld das Farbfeld »Green«.

3 Klicken Sie auf den rechten Regler (⬘), wählen Sie im Popup-Menü »Reglerfarbe« den Eintrag »Farbfelder« und wählen Sie auch hier im Listenfeld das Farbfeld »Green«.

4 Der rechte Regler ist noch gewählt; wählen Sie im Popup-Menü »Reglerfarbe« die Option »CMYK«. Halten Sie die Umschalt-Taste gedrückt, ziehen Sie den Regler »Gelb« auf den Wert 40 % und lassen Sie die Maus- und die Umschalt-Taste los.

● **Hinweis:** Wenn Sie beim Anpassen eines Farbwerts die Umschalt-Taste drücken, passt InDesign die übrigen Farbwerte automatisch proportional an.

Jetzt besteht der Verlaufsbalken aus Hellgrün und Grün. Sie fügen nun in der Mitte einen Regler ein, um die Farbe zur Mitte hin zu verblassen.

5 Klicken Sie direkt unterhalb des Verlaufsbalkens in der Mitte, um dort einen neuen Regler einzufügen.

6 Geben Sie in das Textfeld »Position« den Wert **50** ein, um den Regler zu zentrieren. Drücken Sie die Tabulatortaste, um den Wert zu übernehmen.

7 Wählen Sie im Popup-Menü »Reglerfarbe« den Eintrag »CMYK« und ziehen Sie alle vier Farbregler auf 0 (Null), um Weiß zu erzeugen.

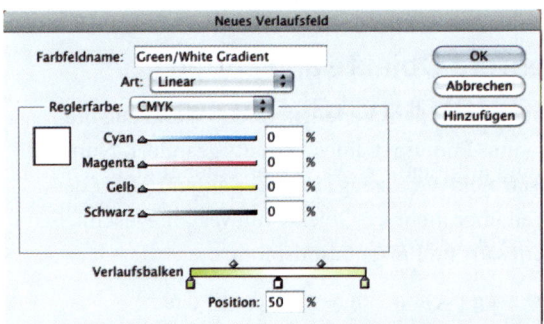

8 Klicken Sie auf OK und wählen Sie **Datei: Speichern**.

Den Verlauf auf ein Objekt anwenden

Sie weisen den neu angelegten Verlauf nun einer Fläche zu. Dazu ändern Sie als Erstes die Ansicht so, dass Sie die Seite vollständig sehen können.

1 Wählen Sie **Ansicht: Seite in Fenster einpassen** oder doppelklicken Sie auf das Hand-Werkzeug (✋) im Werkzeugbedienfeld, um das gleiche Ergebnis zu erzielen.

2 Klicken Sie mit dem Auswahlwerkzeug (▶) auf den diagonalen grünen Streifen am rechten Rand des Schokoladenfotos, um ihn auszuwählen.

3 Klicken Sie im Werkzeugbedienfeld auf das Feld »Fläche« (▣) und wählen Sie dann im Farbfelderbedienfeld die Option »Green/White Gradient«.

4 Passen Sie den Verlaufsübergang nun an. Dazu aktivieren Sie das Verlaufsfarbfeld-Werkzeug (▭) im Werkzeugbedienfeld und ziehen damit wie rechts gezeigt diagonal von unten links nach oben rechts über das Objekt. Das Ergebnis hängt davon ab, wo Sie mit dem Ziehen beginnen.

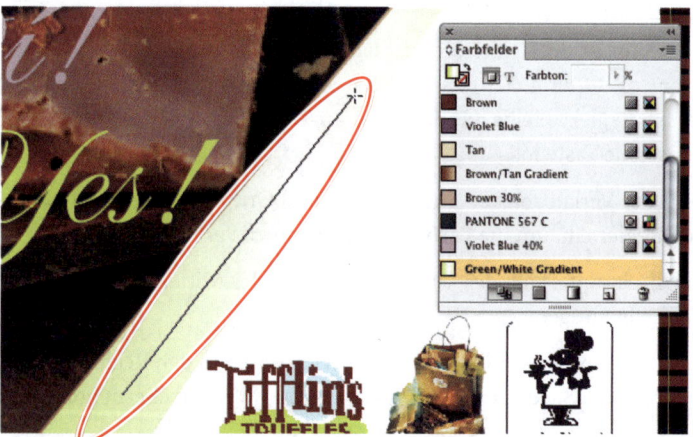

5 Wählen Sie **Bearbeiten: Auswahl aufheben** und dann **Datei: Speichern**.

Einen Verlauf auf mehrere Objekte anwenden

Sie haben in dieser Lektion bereits mit dem Verlaufsfarbfeld-Werkzeug die Richtung sowie den Anfangs- und Endpunkt eines Verlaufs geändert. Nun wenden Sie mit dem Verlaufsfarbfeld-Werkzeug einen Verlauf unten auf der Seite in den drei Rautenformen über mehrere Objekte hinweg an. Anschließend betrachten Sie den fertigen Entwurf im Präsentationsmodus.

1 Wählen Sie das Zoomwerkzeug (🔍) und ziehen Sie damit einen Vergrößerungsrahmen über die sechs Rauten unter dem Text »Paris • Madrid • New York«.

2 Wählen Sie das Auswahlwerkzeug (▶) und klicken Sie, um die Gruppe mit den sechs Rauten und der dahinterliegenden Linie auszuwählen.

Sie wenden jetzt den Verlauf »Green/White Gradient« auf die sechs verschiedenen Rautenobjekte an.

3 Achten Sie darauf, dass das Feld »Fläche« (⬚) im Farbfelderbedienfeld gewählt ist.

4 Klicken Sie im Werkzeugbedienfeld auf das vorletzte Einblendmenü »Farbe anwenden« und wählen Sie die Option »Verlauf anwenden«, um den zuletzt gewählten Verlauf anzuwenden.

Der Verlauf beeinflusst die einzelnen Objekte ganz individuell. Jetzt wenden Sie den Verlauf mit dem Verlaufsfarbfeld-Werkzeug gleichzeitig auf die sechs Objekte an.

5 Die sechs Objekte sind noch gewählt; wählen Sie das Verlaufsfarbfeld-Werkzeug (▭) im Werkzeugbedienfeld.

6 Ziehen Sie eine Linie, indem Sie an der linken Raute beginnen und die Maustaste an der rechten Raute loslassen.

Nun erstreckt sich der Verlauf über alle sechs ausgewählten Objekte.

7 Wählen Sie **Bearbeiten: Auswahl aufheben** und dann **Datei: Speichern**.

Nun betrachten Sie Ihr Dokument im Präsentationsmodus; die InDesign-Benutzeroberfläche wird dabei vollständig ausgeblendet und das Dokument erscheint bildschirmfüllend.

▶ **Tipp:** Der Präsen-
tationsmodus eignet
sich gut, um Ihren
Kunden Design-
vorschläge auf
einem Laptop zu
präsentieren. Sie
können sich dabei mit
Hilfe der Pfeiltasten
durchs Layout
bewegen.

8   Klicken Sie auf das Bildschirmmodus-Einblendmenü (▣) am unteren Ende
des Werkzeugbedienfelds und wählen Sie die Option »Präsentation« (▣).
Betrachten Sie das Dokument im Vollbildmodus und verlassen Sie diesen
dann durch Drücken der Esc-Taste.

Eigene Übung

Befolgen Sie die nachfolgenden Schritte, um im Importieren von Farben und im
Umgang mit Verlaufsfarbfeldern noch routinierter zu werden:

1   Wählen Sie **Datei: Neu: Dokument**, um ein neues Dokument anzulegen,
und klicken Sie im Dialogfeld »Neues Dokument« auf OK.

2   Bei Bedarf wählen Sie **Fenster: Farbe: Farbfelder,** um das
Farbfelderbedienfeld zu öffnen.

3   Wählen Sie »Neues Farbfeld« im Farbfelderbedienfeldmenü.

4   Wählen Sie im Popup-Menü »Farbmodus« den Eintrag »Andere Bibliothek«
und suchen Sie nach dem Ordner *Lektion_08*.

5   Doppelklicken Sie auf die Datei *08_End.indd*. InDesign CS6 führt in der Liste
im Dialogfeld »Neues Farbfeld« auch die von Ihnen zu Beginn der Lektion
angelegten Farben auf.

6   Wählen Sie den Verlauf »Brown/Tan Gradient« und klicken Sie auf
»Hinzufügen«.

7   Wiederholen Sie diesen Vorgang ein paar Mal mit anderen Farben aus der
Liste, um sie in das neue Dokument einzufügen.

8   Wenn Sie damit fertig sind, klicken Sie auf »Fertig«.

9   Erstellen Sie einige Rechteck- und Ellipsenrahmen und experimentieren Sie
mit dem Verlaufsfarbfeld-Werkzeug. Achten Sie darauf, wie sich kurze und
lange Distanzen unterschiedlich auf die Verläufe auswirken.

10 Doppelklicken Sie auf das Farbfeld »[Papier]« und ändern Sie seine
Einstellungen. Beobachten Sie, wie InDesign die Dokumentfarbe ändert, um
die Papierfarbe zu simulieren, auf der das Dokument gedruckt werden soll.

▶ **Tipp:** Sie können
nicht nur einzelne
Farben aus einem
anderen Dokument
importieren, sondern
auch in einem
Arbeitsschritt alle
Farben übernehmen.
Wählen Sie dazu
im Farbfelder-
bedienfeldmenü die
Option »Farbfelder
laden«.

Fragen

1 Welchen Vorteil bietet das Zuweisen von Farben mit dem Farbfelderbedienfeld gegenüber dem Farbebedienfeld?

2 Was sind die Vor- und Nachteile beim Verwenden von Volltonfarben im Vergleich zu Prozessfarben?

3 Wie bestimmen Sie die Richtung eines Farbverlaufs, nachdem Sie ihn angelegt und auf ein Objekt angewendet haben?

4 Mit welchen drei Schritten wenden Sie ein Farbfeld an?

Antworten

1 Wenn Sie eine Farbe mit dem Farbfelderbedienfeld auf Text und Objekte angewendet haben und sich erst dann für eine andere Farbe für die Objekte entscheiden, müssen Sie nicht jedes dieser Objekte einzeln aktualisieren. Stattdessen ändern Sie die Farbe im Farbfelderbedienfeld, so dass InDesign die Farbe automatisch im ganzen Layout aktualisiert.

2 Mit einer Volltonfarbe sorgen Sie für eine präzise Farbübereinstimmung. Allerdings benötigt jede Volltonfarbe eine eigene Druckplatte, was das Verwenden von Volltonfarben mitunter teurer macht. Benutzen Sie daher Prozessfarben, wenn ein Projekt so viele unterschiedliche Farben enthält, dass der Druck mit einzelnen Volltonfarben zu teuer oder nicht durchführbar wäre, beispielsweise wenn Farbfotos gedruckt werden sollen.

3 Die Richtung eines Farbverlaufs ändern Sie mit dem Verlaufsfarbfeld-Werkzeug, indem Sie damit entlang des Objekts eine imaginäre Linie in die neue Verlaufsrichtung ziehen.

4 Sie können Farbfelder über das Farbfelderbedienfeld oder über das Steuerungsbedienfeld mit folgenden drei Schritten zuweisen: (1) Wählen Sie den Text oder das Objekt aus, (2) bestimmen Sie, welche Eigenschaften Sie ändern möchten, entweder die Kontur oder die Fläche, und (3) wählen Sie die gewünschte Farbe. Zudem haben Sie im Werkzeugbedienfeld Zugriff auf die zuletzt angewendeten Farben.

9 MIT FORMATEN ARBEITEN

Überblick

In dieser Einführung in die Arbeit mit InDesign-Formaten lernen Sie Folgendes:

- Absatzformate erzeugen und anwenden

- Zeichenformate anlegen und zuweisen

- Zeichenformate in Absatzformate verschachteln

- Objektformate anlegen und zuweisen

- Zellenformate erzeugen und anwenden

- Tabellenformate anlegen und zuweisen

- Absatz-, Zeichen-, Objekt-, Zellen- und Tabellenformate über mehrere Dokumente aktualisieren

- Formate aus anderen InDesign-Dokumenten importieren und zuweisen

- Formatgruppen anlegen

 Für diese Lektion benötigen Sie ungefähr 60 Minuten.

Premium Loose Leaf Teas, Teapots & Gift Collections

EXPEDITION TEA COMPANY™ carries an extensive array of teas from all the major tea growing regions and tea estates. Choose from our selection of teas, gift collections, teapots, or learn how to make your tea drinking experience more enjoyable from our STI Certified Tea Specialist, T. Elizabeth Atteberry.

Loose Leaf Teas

We carry a wide selection of premium loose leaf teas including black, green, oolong, white, rooibos and chai. Many of these are from Ethical Tea Partnership monitored estates, ensuring that the tea is produced in socially responsible ways.

2

Ti Kuan Yin Oolong :: *China* • A light "airy" character with lightly noted orchid-like hints and a sweet fragrant finish.

Phoenix Iron Goddess Oolong :: *China* • An light "airy" character with delicate orchid-like notes. A top grade oolong.

Quangzhou Milk Oolong :: *China* • A unique character —like sweet milk with light orchid notes from premium oolong peeking out from camellia depths.

GREEN TEA

Dragonwell (Lung Ching) :: *China* • Distinguished by its beautiful shape, emerald color, and sweet floral character. Full-bodied with a slight heady bouquet.

Genmaicha (Popcorn Tea) :: *Japan* • Green tea blended with fire-toasted rice with a natural sweetness. During the firing the rice may "pop" not unlike popcorn.

Sencha Kyoto Cherry Rose :: *China* • Fresh, smooth sencha tea with depth and body. The cherry flavoring and subtle rose hints give the tea an exotic character.

Superior Gunpowder :: *Taiwan* • Strong dark-green tea with a memorable fragrance and long lasting finish with surprising body and captivating green tea taste.

OOLONG TEA

Formosa Oolong :: *Taiwan* • This superb long-fired oolong tea has a bakey, but sweet fruity character with a rich amber color.

Orange Blossom Oolong :: *Taiwan, Sri Lanka, India* • Orange and citrus blend with toasty oolong for a "jammy" flavor.

4   etp *Contains tea from Ethical Tea Partnership monitored estates.*

Mit Adobe InDesign können Sie Formate – Zusammenstellungen von Formatierungsattributen – erzeugen und mit einem Mausklick auf Texte, Objekte, Tabellen und andere Elemente anwenden. Jede Änderung an einem Format wirkt sich automatisch auf alle Texte oder Objekte aus, denen dieses Format zugewiesen ist. Mit Formaten können Sie das Erscheinungsbild Ihrer Dokumente schnell und bequem vereinheitlichen.

Vorbereitungen

In dieser Lektion arbeiten Sie an ein paar Seiten eines Katalogs für die Firma Expedition Tea Company. Formate sind gesammelte Formatierungsmerkmale, mit denen Sie Formatierungen im ganzen Dokument in einem Schritt zuweisen können. Zum Beispiel bestimmt ein Absatzformat für den Textkörper Eigenschaften wie die Schriftart und -größe, den Zeilenabstand und die Ausrichtung. Die vorliegenden Katalogseiten enthalten Texte, Tabellen und Objekte, die Sie formatieren und als Grundlage für Formate verwenden können. Wenn Sie später weitere Kataloginhalte hinzufügen, könnten Sie die neuen Texte, Tabellen und Objekte mit einem einzigen Klick formatieren, indem Sie ihnen das jeweils passende Format zuweisen.

● **Hinweis:** Bei Bedarf kopieren Sie jetzt die Lektions-dateien von der *Adobe InDesign CS6 Classroom in a Book*-DVD auf Ihre Festplatte. Informationen dazu finden Sie unter »Die Classroom in a Book-Dateien kopieren« auf Seite 2.

1 Damit die Voreinstellungen von Adobe InDesign CS6 wie in der Lektion funktionieren, verschieben Sie die Datei *InDesign-Voreinstellungen* an einen anderen Speicherort. Näheres dazu finden Sie unter »Voreinstellungsdateien speichern und wiederherstellen« auf Seite 3.

2 Starten Sie Adobe InDesign CS6. Damit alle Bedienfelder und Menübefehle wie in dieser Lektion funktionieren, wählen Sie **Fenster: Arbeitsbereich: [Erweitert]** und dann **Fenster: Arbeitsbereich: Erweitert zurücksetzen**.

Zu Beginn öffnen Sie ein bereits teilweise fertiggestelltes InDesign-Dokument.

3 Öffnen Sie die Datei *09_Start.indd* im Ordnerpfad *Lektionen/Lektion_09* auf Ihrer Festplatte.

4 Wählen Sie **Datei: Speichern unter** und speichern Sie die Datei unter dem neuen Namen *09_Styles.indd* im Ordner *Lektion_09*.

5 Öffnen Sie die Datei *09_End.indd* in demselben Ordner und betrachten Sie das fertige Dokument. Sie können es während der Arbeit als Hilfe geöffnet lassen. Wenn Sie mit der Bearbeitung des Lektionsdokuments fortfahren möchten, klicken Sie auf seinen Reiter oben links im Dokumentfenster.

Absatzformate anlegen und zuweisen

Mit Absatzformaten weisen Sie Ihren Texten globale Formatierungen zu. Damit beschleunigen Sie Ihren Arbeitsablauf und sorgen für eine einheitliche Gestaltung Ihrer InDesign-Dokumente. Absatzformate enthalten alle Elemente der Textformatierung und können neben Zeichenattributen wie Schriftart, -größe, -schnitt und -farbe auch Absatzformatierungen wie Einzüge, Ausrichtung, Tabulatoren und Silbentrennung beinhalten. Von den Zeichenformaten (die Sie später in dieser Lektion kennenlernen) unterscheiden sie sich darin, dass sie ganzen Absätzen auf einmal zugewiesen werden und nicht nur ausgewählten Zeichen.

Ein Absatzformat erzeugen

In diesem Abschnitt erzeugen Sie ein Absatzformat und weisen es anschließend ausgewählten, bereits im Dokument platzierten Absätzen zu. Formatieren Sie den Text dazu im ersten Dokumentteil »von Hand« (also nicht über ein Absatzformat) und übernehmen Sie diese vorhandene Formatierung dann in ein neues Absatzformat.

1   Zoomen Sie Seite 2 des Dokuments *09_Styles.indd* so, dass Sie den Text gut lesen können.

2   Markieren Sie die Überschrift »Loose Leaf Teas« nach dem Einführungsabsatz in der ersten Spalte des Dokuments mit dem Textwerkzeug (T).

3   Klicken Sie im Steuerungsbedienfeld auf die Schaltfläche »Zeichenformatierung« (A) und stellen Sie die folgenden Werte ein:

- Schriftschnitt: Semibold

- Schriftgrad: 18 Pt

Alle anderen Einstellungen lassen Sie unverändert.

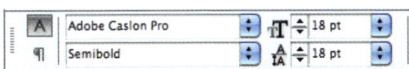

4   Klicken Sie im Steuerungsbedienfeld auf die Schaltfläche »Absatzformatierung« (¶) und erhöhen Sie den Wert im Feld »Abstand davor« (⇱) auf **0p3**.

> ▶ **Tipp:** Am einfachsten legen Sie ein Absatzformat an, indem Sie einen Beispielabsatz lokal (ohne Format) formatieren und damit ein neues Format anlegen. So können Sie sich das neue Format vorab »ansehen«, bevor Sie es einrichten, und dann zeitsparend und effektiv im übrigen Dokument verwenden.

Legen Sie jetzt auf Basis dieser Formatierung ein Absatzformat an, mit dem Sie die übrigen Überschriften im Dokument formatieren können.

5 Lassen Sie die Einfügemarke im gerade formatierten Text stehen. Falls das Absatzformatebedienfeld nicht bereits geöffnet ist, wählen Sie **Schrift: Absatzformate**.

Das Absatzformatebedienfeld enthält neben dem Standardformat »[Einfacher Absatz]« bereits einige für Sie vorbereitete Absatzformate.

▶ **Tipp:** Wenn Sie das »Basiert auf«-Format ändern – indem Sie beispielsweise eine andere Schriftart wählen –, werden mit dieser Änderung alle Formate aktualisiert, die auf diesem Format basieren. Eindeutige Eigenschaften von Formaten, die auf anderen Formaten basieren, werden beibehalten. Es ist nützlich, wenn Formate auf anderen Formaten basieren, wenn Sie eine Serie von verwandten Formaten erstellen, beispielsweise »Textkörper«, »Textkörper ohne Einzug«, »Textkörper mit Aufzählungszeichen« usw. Wenn sich die Schriftart des Formats »Textkörper« ändert, werden alle verwandten Formate ebenfalls entsprechend geändert.

6 Legen Sie im Absatzformatebedienfeld ein neues Absatzformat an, indem Sie im Bedienfeldmenü die Option »Neues Absatzformat« wählen. InDesign öffnet das Dialogfeld »Neues Absatzformat« mit den Formatoptionen, die Sie im Steuerungsbedienfeld im Abschnitt »Zeichenformatierung« vorgenommen haben.

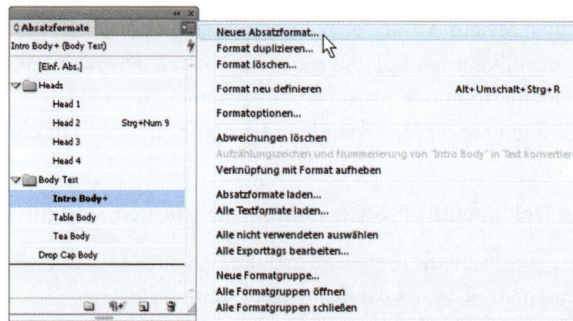

Das neue Format basiert automatisch auf dem Format »Intro Body«, da dieses Format der Überschrift beim Anlegen des neuen Formats zugewiesen war. Über das Popup-Menü »Basiert auf« im Abschnitt »Allgemein« des Dialogfelds »Neues Absatzformat« können Sie ein vorhandenes Format als Ausgangsformat für ein neues Format wählen.

7 Geben Sie oben im Dialogfeld in das Feld »Formatname« den Namen »Head 2« (Überschrift 2) ein, um dieses Format als zweite Überschriftebene zu kennzeichnen.

Außerdem können Sie die Textformatierung bei der Texteingabe beschleunigen. Dazu richten Sie InDesign so ein, dass das Programm beim Drücken der Eingabetaste für den nächsten Absatz automatisch ein anderes Format anwendet. Beispielsweise könnte auf das Überschriftenformat automatisch das Format für den Fließtext folgen.

8 Wählen Sie im Popup-Menü »Nächstes Format« die Option »Intro Body«, das Format für den Text nach einer Überschrift »Head 2«.

Um das Format bequem zuzuweisen, können Sie auch einen Tastaturbefehl erzeugen.

9 Klicken Sie in das Feld »Tastaturbefehl«, halten Sie die Strg- (Windows) bzw. Befehlstaste (Mac OS) gedrückt und drücken Sie die Taste 9 auf dem Nummernblock Ihrer Tastatur. (Für Tastaturbefehle ist eine Zusatztaste erforderlich.) Beachten Sie unter Windows, dass die Num-Lock-Taste aktiviert sein muss, damit Sie Tastaturbefehle anlegen oder verwenden können.

● **Hinweis:** Wenn Sie an einem Laptop ohne Ziffernblock arbeiten, können Sie diesen Schritt überspringen.

10 Aktivieren Sie die Option »Format auf Auswahl anwenden«, um das neue Absatzformat auf den zuvor formatierten Text anzuwenden.

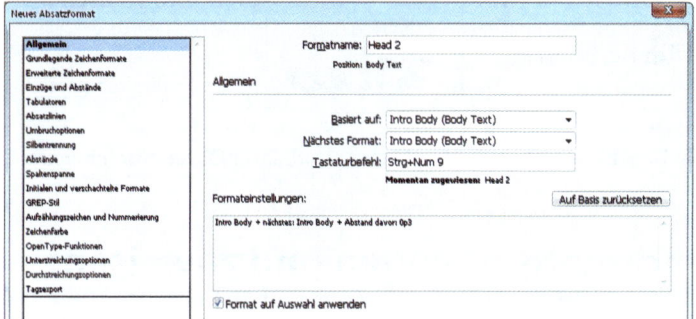

▶ **Tipp:** Wenn Sie die Option »Format auf Auswahl anwenden« deaktivieren, erscheint das neue Format zwar im Absatzformate- bedienfeld, wird aber dem formatierten Text nicht zugewiesen – das heißt, dass dieser nicht neu formatiert wird, wenn Sie das Format ändern.

11 Klicken Sie auf OK, um das Dialogfeld »Neues Absatzformat« zu schließen.

Das neue Format »Head 2« erscheint im Absatzformatebedienfeld. Die Hervorhebung zeigt Ihnen, dass dieses Format dem gewählten Absatz zugeordnet ist.

12 Ziehen Sie das Format »Head 2« im Absatzformatebedienfeld nach oben in die Formatgruppe »Heads« zwischen »Head 1« und »Head 3«.

13 Wählen Sie **Bearbeiten: Auswahl aufheben** und dann **Datei: Speichern**.

Ein Absatzformat zuweisen

Wenden Sie Ihr Absatzformat nun in weiteren Dokumentteilen auf markierten Text an.

1 Bei Bedarf scrollen Sie nach rechts, um den Text in der zweiten Spalte rechts zu sehen.

2 Klicken Sie mit dem Textwerkzeug (T) in die Überschrift »Tea Gift Collections«, um die Einfügemarke dort zu platzieren.

3 Klicken Sie im Absatzformatebedienfeld einmal auf das Absatzformat »Head 2«, um dem Text das Format zuzuweisen. InDesign ändert die Textattribute entsprechend dem von Ihnen im letzten Abschnitt eingerichteten Absatzformat.

● **Hinweis:** Sie können das Format »Head 2« auch mit dem zuvor von Ihnen definierten Tastaturbefehl (Strg+9 bzw. Befehl+9) zuweisen. Achten Sie unter Windows darauf, dass die Num-Lock-Taste aktiviert ist.

4 Wiederholen Sie die Schritte 2 und 3 und weisen Sie das Absatzformat »Head 2« der Überschrift »Teapots and Tea Accessories« in der zweiten Spalte zu.

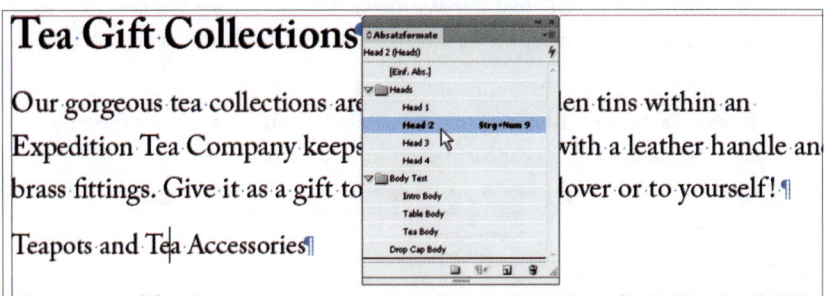

5 Wählen Sie **Bearbeiten: Auswahl aufheben** und dann **Datei: Speichern**.

Zeichenformate erzeugen und zuweisen

▶ **Tipp:** Zeichenformate eignen sich für Anfangszeichen wie Aufzählungspunkte, Zahlen in nummerierten Listen oder Initialen. Sinnvoll sind sie auch zum Hervorheben von Text im Fließtext – Aktiennamen werden zum Beispiel häufig in Kapitälchen und fett gedruckt.

Im vorigen Abschnitt haben Sie mit einem Absatzformat und einem Mausklick bzw. Tastendruck ein Format auf Text angewandt. Auf ähnliche Weise können Sie mit Zeichenformaten mehrere Attribute – wie Schriftfamilie, -größe und -farbe – in einem einzigen Durchgang auf Text anwenden. Im Gegensatz zu Absatzformaten können Sie Zeichenformate auch auf Textteile anwenden, die keine ganzen Absätze darstellen (zum Beispiel ein Zeichen, ein Wort oder mehrere Wörter).

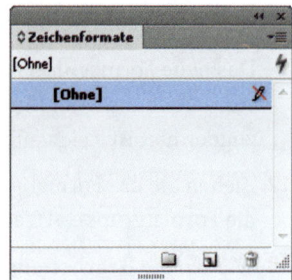

Ein Zeichenformat erzeugen

In der folgenden Übung erzeugen Sie ein Zeichenformat, wenden es auf ausgewählten Text im Dokument an und erfahren dabei, wie praktisch und zeitsparend Zeichenformate sind.

1 Scrollen Sie zum einleitenden Absatz in der ersten Spalte auf Seite 1.

2 Falls es nicht bereits geöffnet ist, rufen Sie das Zeichenformatebedienfeld mit **Schrift: Zeichenformate** auf.

Das Bedienfeld enthält nur das Standardformat »[Ohne]«.

Wie beim Absatzformat im vorangegangenen Abschnitt bauen Sie das Zeichenformat auf der Grundlage einer vorhandenen Formatierung auf. So können Sie das Format praktisch »sehen«, bevor Sie es anlegen. In diesem Fall formatieren Sie den Firmennamen »Expedition Tea Company™« und legen ihn als Zeichenformat an, um ihn weiter im Dokument verwenden zu können.

3 Markieren Sie mit dem Textwerkzeug (T) die Wörter »Expedition Tea Company™« in der ersten Spalte auf Seite 1.

Premium·Loose·Leaf·Teas,
Teapots·&·Gift·Collections¶

Expedition·Tea·Company™·carries·an·extensive·array·of·teas·from·all· the·major·tea·growing·regions·and·tea·estates.·Choose·from·our·selection· of·teas,·gift·collections,·teapots,·or·learn·how·to·make·your·tea·drinking· experience·more·enjoyable·from·our·STI·Certified· Tea·Specialist,·T.·Elizabeth·Atteberry.¶

4 Klicken Sie im Steuerungsbedienfeld links auf »Zeichenformatierung« (A). Wählen Sie aus dem Schriftstile-Popup-Menü »Semibold« und aktivieren Sie das Symbol »Kapitälchen« (Tr).

Nachdem der Text formatiert ist, legen Sie ein neues Zeichenformat an.

5 Wählen Sie im Zeichenformatebedienfeldmenü die Option »Neues Zeichenformat«. Das Dialogfeld »Neues Zeichenformat« wird geöffnet. Im Bereich »Formateinstellungen« sehen Sie hier die Formatierung, die Sie dem Text zugewiesen haben.

6 Geben Sie in das Feld »Formatname« im oberen Dialogfeldbereich »Company Name« ein, um deutlich zu machen, wofür das Zeichenformat verwendet werden soll.

Wie bereits für das Absatzformat im vorigen Abschnitt legen Sie nun einen Tastaturbefehl für die schnelle Zuweisung des Zeichenformats fest.

7 Klicken Sie in das Feld »Tastaturbefehl«, halten Sie die Strg- (Windows) bzw. Befehlstaste (Mac OS) gedrückt und drücken Sie die Taste 8 auf dem Ziffernblock Ihrer Tastatur. Beachten Sie unter Windows, dass die Num-Lock-Taste aktiviert sein muss, damit Sie Tastaturbefehle anlegen oder verwenden können.

8 Aktivieren Sie »Format auf Auswahl anwenden«, um das neue Zeichenformat auf den von Ihnen soeben formatierten Text anzuwenden.

● **Hinweis:** Wenn Sie an einem Laptop ohne Ziffernblock arbeiten, können Sie diesen Schritt überspringen.

Bei deaktivierter Option »Format auf Auswahl anwenden« würde InDesign das neue Zeichenformat zwar im Zeichenformatebedienfeld anzeigen, aber nicht automatisch auf den ausgewählten Text anwenden.

9 Klicken Sie im linken Bereich auf die Kategorie »Grundlegende Zeichenformate«, um die Formatierungsmerkmale des Zeichenformats anzuzeigen.

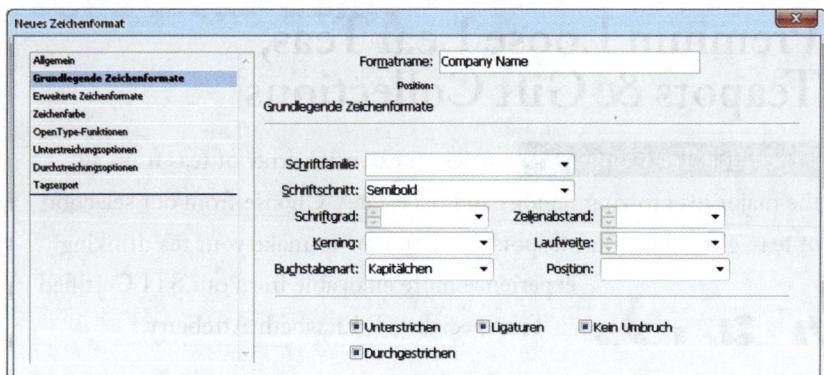

10 Klicken Sie auf OK, um das Dialogfeld »Neues Zeichenformat« zu schließen. InDesign zeigt das neue Format »Company Name« im Zeichenformatebedienfeld an.

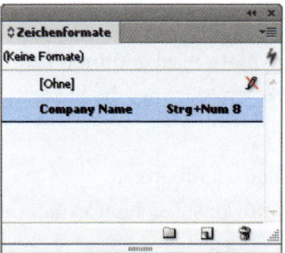

11 Wählen Sie **Bearbeiten: Auswahl aufheben** und dann **Datei: Speichern**.

Ein Zeichenformat zuweisen

Sie wenden Ihr Zeichenformat jetzt auf markierten und bereits im Dokument platzierten Text an. Genau wie Absatzformate ersparen Ihnen Zeichenformate das manuelle Zuweisen mehrerer einzelner Attribute auf bestimmte Textabschnitte.

1 Scrollen Sie nach rechts, um die rechte Seite des ersten Druckbogens anzuzeigen.

Damit der Firmenname im ganzen Dokument gleich aussieht, weisen Sie ihm jetzt das Zeichenformat »Company Name« zu.

2 Markieren Sie mit dem Textwerkzeug (T) die Wörter »Expedition Tea Company« im ersten Absatz des Textkörpers.

3 Klicken Sie im Zeichenformatebedienfeld einmal auf das Zeichenformat »Company Name«, um es auf den markierten Text anzuwenden. Wie Sie erkennen können, ändert sich die Formatierung des Textes nun entsprechend dem von Ihnen erzeugten Zeichenformat.

● **Hinweis:** Auch mit der Tastenkombination Strg+8 bzw. Befehl+8 hätten Sie das Format »Company Name« zuweisen können.

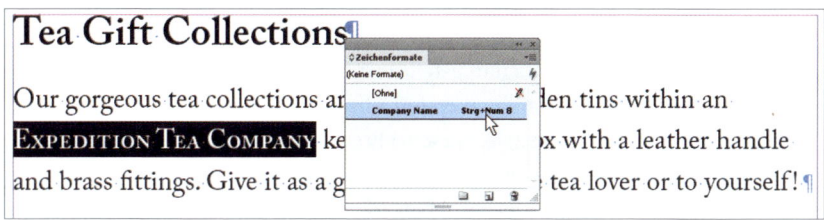

4 Wenden Sie das Zeichenformat »Company Name« über das Zeichenformatebedienfeld oder mit dem Tastaturbefehl auch auf die beiden Texte »Expedition Tea Company« im zweiten Absatz an.

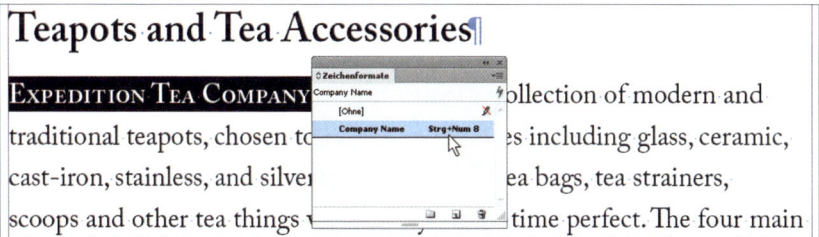

5 Wählen Sie **Bearbeiten: Auswahl aufheben** und dann **Datei: Speichern**.

Zeichenformate in Absatzformate verschachteln

Damit Sie Formate noch bequemer und effektiver anwenden können, ermöglicht InDesign das Verschachteln von Zeichenformaten in Absatzformaten. Mit diesen verschachtelten Formaten können Sie Zeichenformate auf bestimmte Teile eines Absatzes anwenden, zum Beispiel auf den ersten Buchstaben, das zweite Wort oder die letzte Zeile. Verschachtelte Formate eignen sich besonders für strukturierte Absätze, wenn der erste Teil einer Zeile oder eines Absatzes vom übrigen Teil abweichend formatiert wird. Immer wenn ein Formatierungsmuster für einen Absatz erkennbar ist – wenn beispielsweise stets eine kursive Formatierung bis zum ersten Punkt zugewiesen werden soll –, können Sie die Formatierung mit einem verschachtelten Format automatisieren.

▶ **Tipp:** Mit den ungeheuer leistungsfähigen verschachtelten Formaten können Sie in einem Absatz unterschiedliche Formatierungen nach einem bestimmten Muster automatisch anwenden. So können Sie zum Beispiel mit einem Befehl dem Text in einem Inhaltsverzeichnis automatisch eine fette Auszeichnung zuweisen, die Füllzeichen (die Punkte, die das Auge zur Seitenzahl leiten) sowie die Schrift und die Farbe der Seitenzahl ändern.

Zeichenformate zum Verschachteln anlegen

Für verschachtelte Formate sind zwei Voraussetzungen nötig: ein eingerichtetes Zeichenformat und ein Absatzformat, in das Sie dieses Zeichenformat verschachteln. Sie erstellen in diesem Abschnitt zwei Zeichenformate und verschachteln sie anschließend im bereits vorhandenen Absatzformat »Tea Body«.

1 Doppelklicken Sie im Seitenbedienfeld auf das Symbol von Seite 4 und wählen Sie **Ansicht: Seite in Fenster einpassen**.

Sollte der Fließtext zu klein dargestellt werden, zoomen Sie unter der Überschrift »Black Tea« auf den ersten Absatz, der mit »Earl Grey« beginnt.

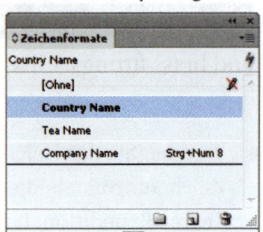

Sie legen in dieser Übung zwei verschachtelte Formate an, mit denen Sie die Teebezeichnung und die Ursprungsregion hervorheben. Wie Sie sehen, sind Name und Region bereits durch zwei Doppelpunkte (::) getrennt, außerdem folgt auf die Region ein Bullet-Punkt (•); diese Zeichen sind später für das Anlegen der verschachtelten Formate wichtig.

2 Markieren Sie die Wörter »Earl Grey« in der ersten Spalte mit dem Textwerkzeug (T).

3 Klicken Sie im Steuerungsbedienfeld auf »Zeichenformatierung« (🅐) und wählen Sie im Popup-Menü »Schriftschnitt« den Schnitt »Bold«. Belassen Sie alle übrigen Standardwerte.

Wenn Sie Texte mit dem Steuerungs-, Absatz- und Zeichenbedienfeld formatieren – statt Formate zuzuweisen –, spricht man von »lokaler Formatierung«. Dieser lokal formatierte Text soll nun als Grundlage für ein neues Zeichenformat dienen.

4 Wenn das Zeichenformatebedienfeld nicht bereits geöffnet ist, zeigen Sie es jetzt mit **Schrift: Zeichenformate** an.

5 Wählen Sie im Zeichenformatebedienfeldmenü die Option »Neues Zeichenformat«. InDesign öffnet das Dialogfeld »Neues Zeichenformat« mit den von Ihnen eingestellten Formatierungen.

6 Geben Sie im oberen Dialogfeldbereich in das Feld »Formatname« **Tea Name** ein.

7 Aktivieren Sie »Format auf Auswahl anwenden«, damit InDesign dieses Zeichenformat anschließend auf den markierten Text anwendet.

Um den Namen des Tees hervorzuheben, ändern Sie die Farbe von Schwarz in Burgunderrot.

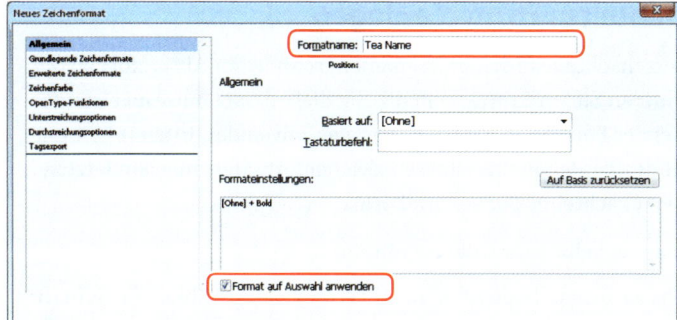

8 Klicken Sie im linken Dialogfeldbereich auf die Kategorie »Zeichenfarbe«.

9 Wählen Sie rechts in der Farbenliste die Farbe Burgunderrot (C = 43, M = 100, Y = 100, K = 30).

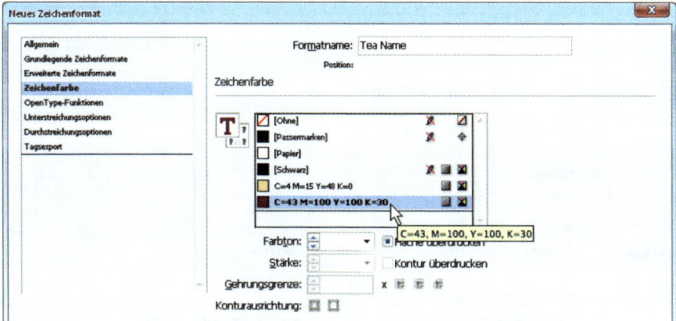

10 Klicken Sie auf OK, um das Dialogfeld »Neues Zeichenformat« zu schließen. InDesign zeigt das neue Zeichenformat »Tea Name« im Zeichenformatebedienfeld an.

Jetzt legen Sie ein zweites Zeichenformat für die Verschachtelung an.

11 Markieren Sie den Text »Sri Lanka« rechts vom soeben formatierten Text »Earl Grey«. Wählen Sie über das Zeichenbedienfeld im Menü »Schrift« oder über das Steuerungsbedienfeld den Schriftschnitt »Italic«.

12 Wiederholen Sie die Schritte 4 bis 7 und legen Sie ein neues Zeichenformat namens »Country Name« (Land) an. Wenn Sie damit fertig sind, klicken Sie auf OK, um das Dialogfeld »Neues Zeichenformat« zu schließen. InDesign zeigt das neue Zeichenformat »Country Name« im Zeichenformatebedienfeld an.

13 Wählen Sie **Bearbeiten: Auswahl aufheben** und dann **Datei: Speichern**.

Damit haben Sie zwei neue Zeichenformate angelegt und können Ihr verschachteltes Format zusammen mit dem bereits vorhandenen Absatzformat »Tea Body« anlegen und zuweisen.

Ein verschachteltes Format anlegen

Wenn Sie ein verschachteltes Format in einem vorhandenen Absatzformat einrichten, definieren Sie im Prinzip einen zusätzlichen Satz mit Anweisungen, den InDesign bei der Formatierung eines Absatzes anwendet. In dieser Übung erstellen Sie mit den beiden eingerichteten Zeichenformaten aus dem letzten Abschnitt ein verschachteltes Format im Format »Tea Body«.

1 Zentrieren Sie die Seite 4 im Dokumentfenster.

2 Sollte das Absatzformatebedienfeld nicht geöffnet sein, wählen Sie **Schrift: Absatzformate**.

3 Doppelklicken Sie im Absatzformatebedienfeld auf das Format »Tea Body«, um das Dialogfeld »Absatzformatoptionen« aufzurufen.

4 Wählen Sie links im Dialogfeld die Option »Initialen und verschachtelte Formate«.

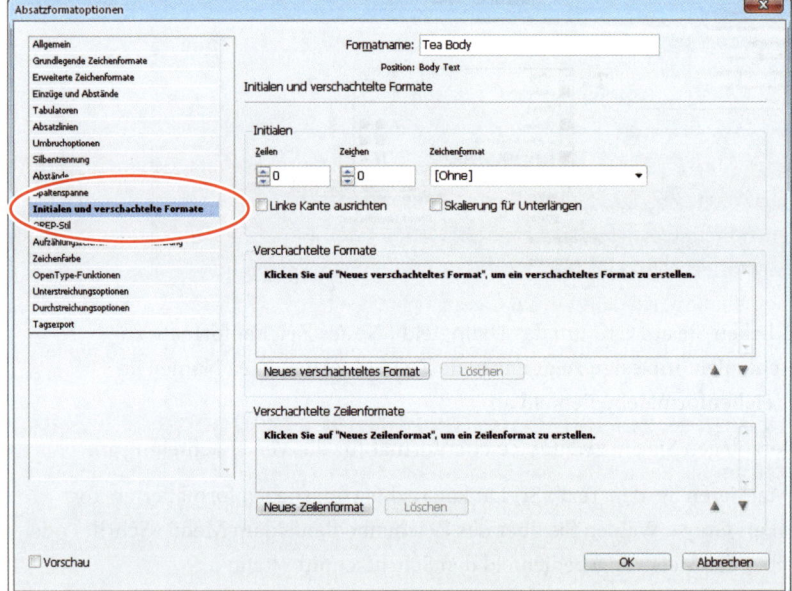

5 Klicken Sie im Abschnitt »Verschachtelte Formate« auf die Schaltfläche »Neues verschachteltes Format«, um ein neues verschachteltes Format anzulegen. Das Format »[Ohne]« wird angezeigt.

6 Klicken Sie auf das Format »[Ohne]«, um ein Popup-Menü einzublenden. Wählen Sie »Tea Name«, das erste Zeichenformat in der Liste.

7 Klicken Sie auf das Wort »über«, um ein weiteres Popup-Menü einzublenden. Es enthält nur zwei Optionen: »über« und »bis«. Das Format

soll bis zum ersten Doppelpunkt (:) nach »Earl Grey« reichen. Wählen Sie deshalb die Option »bis«.

8 Klicken Sie auf die Zahl »1« rechts neben »bis«, um ein Zifferneingabefeld einzublenden. Mit der Ziffer bestimmen Sie die Anzahl der Elemente, denen Sie das Format »über« oder »bis« zuweisen. Es sind zwar zwei Doppelpunkte vorhanden; Sie müssen jedoch nur auf den ersten verweisen und können daher den Standardwert »1« übernehmen.

9 Klicken Sie auf »Wörter«, um ein weiteres Textfeld mit zugehörigem Popup-Menü anzuzeigen. Öffnen Sie das Menü, um die Elemente zu sehen, denen Sie Formate zuweisen können – beispielsweise Sätze, Zeichen und Leerzeichen. Hier wählen Sie keines dieser Elemente, sondern Sie klicken erneut in das Popup-Menü, um es zu schließen, und geben in das Textfeld einen Doppelpunkt (:) ein.

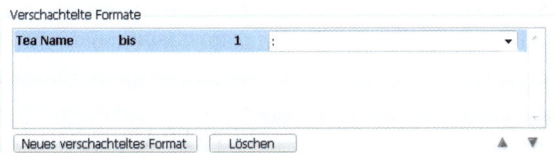

10 In der linken unteren Ecke aktivieren Sie »Vorschau«. Verschieben Sie das Dialogfeld so, dass Sie die Textspalten sehen können. Der Name für die einzelnen Teesorten sollte nun bis zum ersten Punkt fett und dunkelrot formatiert sein. Der Punkt selbst sollte seine ursprüngliche Formatierung beibehalten. Klicken Sie auf OK.

11 Wählen Sie **Bearbeiten: Auswahl aufheben** und dann **Datei: Speichern**.

Ein zweites verschachteltes Format erzeugen

Nun fügen Sie ein weiteres verschachteltes Format hinzu. Zuvor kopieren Sie jedoch zuerst ein Bullet-Zeichen (•) von der Seite. Im geplanten verschachtelten Format soll die Formatierung jeweils bis zu einem Bullet-Zeichen reichen. In einem Dialogfeld können Sie dieses unter Windows nicht über die Tastatur eingeben. Deshalb müssen Sie kopieren und einfügen.

1 Navigieren Sie in der ersten Spalte unter »Black Tea« zum Bullet-Zeichen (•) nach »Sri Lanka«. Markieren Sie es und wählen Sie **Bearbeiten: Kopieren**.

2 Doppelklicken Sie im Absatzformatebedienfeld auf das Format »Tea Body«. Klicken Sie im Abschnitt »Initialen und verschachtelte Formate« des Dialogfelds »Absatzformatoptionen« auf die Schaltfläche »Neues verschachteltes Format«. Sie legen damit ein weiteres verschachteltes Format an.

● **Hinweis:** Auf dem Mac müssen Sie nicht über die Zwischenablage gehen, sondern Sie können den Bullet auch mit Option+Ü erzeugen.

3 Wiederholen Sie die Schritte 6 bis 9 des letzten Lektionsabschnitts »Ein verschachteltes Format anlegen«, um Ihr neues verschachteltes Format mit der folgenden Formatierung zu versehen:

- Erstes Popup-Menü: Wählen Sie die Option »Country Name«.

- Zweites Popup-Menü: Wählen Sie die Option »bis«.

- Drittes Popup-Menü: Übernehmen Sie den Standardwert »1«.

- Viertes Popup-Menü: Fügen Sie das kopierte Bullet-Zeichen aus der Zwischenablage ein (**Bearbeiten: Einfügen**).

4 Bei Bedarf schalten Sie unten links das Kontrollfeld »Vorschau« ein. Ziehen Sie das Dialogfeld »Absatzformatoptionen« beiseite, so dass Sie sehen können, dass das Herkunftsland für jeden Tee kursiv erscheint. Allerdings hat InDesign auch die beiden Doppelpunkte zwischen dem Teenamen und dem Herkunftsland kursiv formatiert. Um dies zu beheben, legen Sie ein weiteres verschachteltes Format an, das den Doppelpunkten das Zeichenformat »[Ohne]« zuweist.

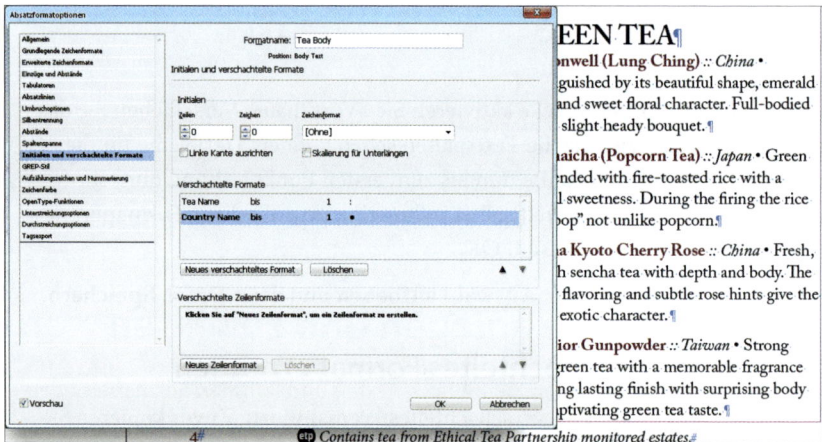

5 Klicken Sie auf die Schaltfläche »Neues verschachteltes Format«, um ein weiteres verschachteltes Format zu erstellen.

6 Wiederholen Sie die Schritte 6 bis 9 des Lektionsabschnitts »Ein verschachteltes Format erzeugen«, um ein neues verschachteltes Format mit folgender Formatierung zu erstellen:

- Erstes Popup-Menü: Wählen Sie die Option »[Ohne]«.

- Zweites Popup-Menü: Wählen Sie die Option »über«.

- Drittes Popup-Menü: Geben Sie **2** ein.

- Viertes Popup-Menü: Geben Sie **:** (Doppelpunkt) ein.

Sie haben nun ein drittes verschachteltes Format; dieses muss zwischen den verschachtelten Formaten »Tea Name« und »Country Name« platziert werden, damit es korrekt und in der richtigen Reihenfolge funktioniert.

7 Bei weiterhin ausgewähltem verschachteltem Format »[Ohne]« klicken Sie einmal auf die Pfeil-nach-oben-Schaltfläche, um es zwischen die beiden übrigen Formate zu verschieben.

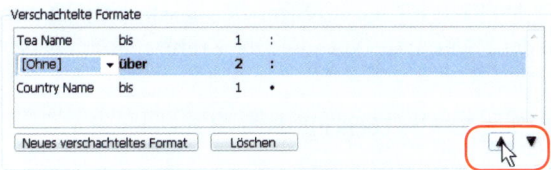

8 Klicken Sie auf OK, um die Änderungen zu übernehmen. Damit haben Sie ein verschachteltes Format angelegt, das jedem Absatz mit dem Absatzformat »Tea Body« die Zeichenformate »Tea Name« und »Country Name« zuweist.

BLACK TEA¶
Earl Grey :: *Sri Lanka* • An unbelievable aroma that portends an unbelievable taste. A correct balance of flavoring that results in a refreshing true Earl Grey taste.¶

Ti Kuan Yin Oolong :: *China* • A light "airy" character with lightly noted orchid-like hints and a sweet fragrant finish.¶

Phoenix Iron Goddess Oolong :: *China* • An light "airy" character with delicate orchid-like

9 Wählen Sie **Bearbeiten: Auswahl aufheben** und dann **Datei: Speichern**.

Objektformate anlegen und zuweisen

Mit Objektformaten können Sie Bildern, Texten und Rahmen Formatierungen auf Objektebene dokumentweit zuweisen und aktualisieren. Mit diesen Attributen, zu denen beispielsweise Flächen-, Kontur-, Transparenz- und Konturenführungsoptionen gehören, sorgen Sie für ein einheitliches Gesamtbild und beschleunigen lästige Produktionsaufgaben.

Ein Objekt als Vorlage für das Objektformat formatieren

In diesem Abschnitt legen Sie ein Objektformat an und weisen es den schwarzen Kreisen der etp-Symbole auf Seite 4 des Katalogs zu (das etp-Symbol steht für den Begriff »Ethical Tea Partnership«). Das neue Objektformat soll auf der Formatierung des schwarzen Kreises basieren. Dafür ändern Sie zunächst die Kreisfarbe und fügen einen Schlagschatten hinzu. Anschließend können Sie das neue Format definieren.

▶ **Tipp:** In allen Formatebedienfeldern von InDesign (Zeichen-, Objekt-, Tabellenbedienfeldern usw.) können Sie ähnlich geartete Formate in Ordnern, den so genannten »Formatgruppen«, speichern. Um eine Formatgruppe zu erstellen, klicken Sie am unteren Bedienfeldrand auf das Symbol »Neue Formatgruppe erstellen«. Klicken Sie dann auf den Namen der Gruppe, um diesen zu ändern. Zur besseren Übersichtlichkeit können Sie Formate in den Ordner ziehen. Innerhalb der Gruppe können Sie Formate nach oben und unten ziehen, um sie zu sortieren.

1 Doppelklicken Sie im Seitenbedienfeld auf die Miniaturseite der Seite 4, um sie im Dokumentfenster zu zentrieren.

2 Wählen Sie das Zoomwerkzeug (🔍) im Werkzeugbedienfeld und vergrößern Sie damit die Ansicht des etp-Symbols neben »English Breakfast«.

Um das Symbol zu formatieren, füllen Sie es mit Burgunderrot und weisen ihm den Effekt »Schlagschatten« zu. Um Ihnen diese Aufgabe zu erleichtern, haben wir den Text und den Kreis für alle etp-Symbole auf separaten Ebenen platziert – den Text auf der Ebene »etp Type« und die Kreise auf der Ebene »etp Circle«.

3 Wählen Sie **Fenster: Ebenen**, um das Ebenenbedienfeld einzublenden.

4 Klicken Sie in das leere Feld links neben dem Ebenennamen »etp Type«, um dort das Schloss-Symbol (🔒) einzuschalten. Damit sperren Sie die Ebene und verhindern versehentliche Textänderungen bei der Objektbearbeitung.

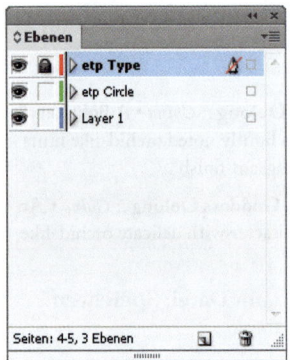

5 Klicken Sie mit dem Auswahlwerkzeug (▶) auf das schwarze etp-Symbol neben »English Breakfast«.

6 Wählen Sie **Fenster: Farbe: Farbfelder.** Im Farbfelderbedienfeld klicken Sie auf das Symbol »Fläche« und dann auf das burgunderrote Farbfeld (C = 43, M = 100, Y = 100, K = 30).

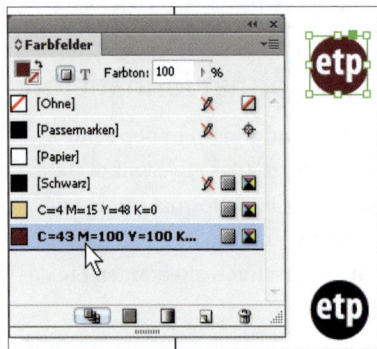

7 Lassen Sie das etp-Symbol markiert. Wählen Sie **Objekt: Effekte: Schlagschatten**. Im Bereich »Position« stellen Sie den »X«- und den »Y-Abstand« jeweils auf **p2**.

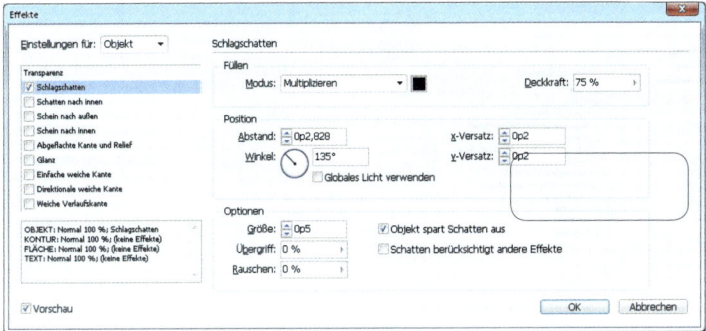

8 Klicken Sie auf OK. Das Symbol weist nun einen Schlagschatten auf.

Ein Objektformat anlegen

Nachdem Sie das Objekt wie gewünscht gestaltet haben, erstellen Sie aus dieser Formatierung das Objektformat. Lassen Sie das etp-Symbol ausgewählt, um das neue Objektformat auf seiner Grundlage zu erzeugen.

1 Wählen Sie **Fenster: Formate: Objektformate**, um das Objektformatebedienfeld zu öffnen.

2 Im Objektformatebedienfeld klicken Sie auf das Symbol »Neues Format erstellen«.

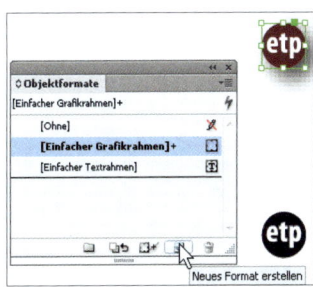

3 Das neue Format »Objektformat 1« wird im Objektformatebedienfeld angezeigt. Doppelklicken Sie darauf, um seinen Namen und seine Eigenschaften zu bearbeiten.

4 Geben Sie in das Feld »Formatname« am oberen Rand des Objektformate-Dialogfelds **ETP Symbol** ein.

> ▶ **Tipp:** Genau wie Absatz- und Zeichenformate kann auch ein Objektformat auf einem anderen Objektformat basieren. Änderungen, die Sie an einem solchen Objektformat vornehmen, aktualisieren alle Objektformate, die auf diesem Objektformat basieren. (Spezielle Formateigenschaften, die auf anderen Formaten basieren, werden beibehalten.) Die Einstellungen dafür nehmen Sie im Bereich »Allgemein« im Dialogfeld »Neues Objektformat« vor.

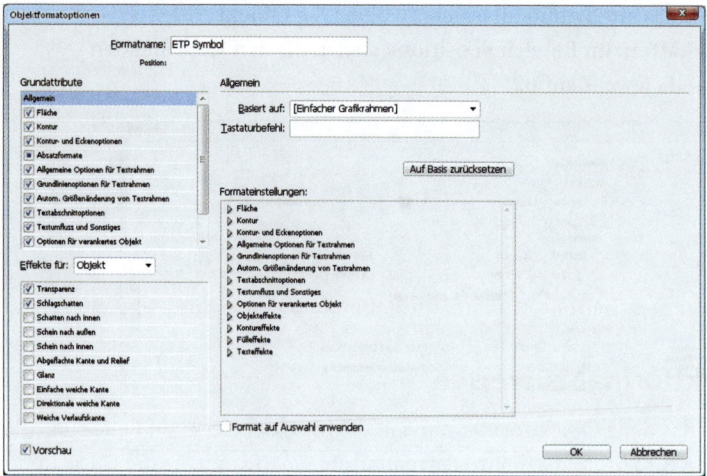

Die Kontrollfelder links im Dialogfeld zeigen, welche Attribute beim Zuweisen dieses Formats angewandt werden. Sie bearbeiten nun einige der Eigenschaften, um das Aussehen des etp-Symbols noch etwas zu verändern.

5 Um den Schlagschatten zu bearbeiten, klicken Sie im linken Dialogfeldbereich auf die Kategorie »Schlagschatten«.

6 Im Bereich »Füllen« klicken Sie auf das Farbfeld und wählen das helle Gelb (C = 4, M= 15, Y= 48, K = 0).

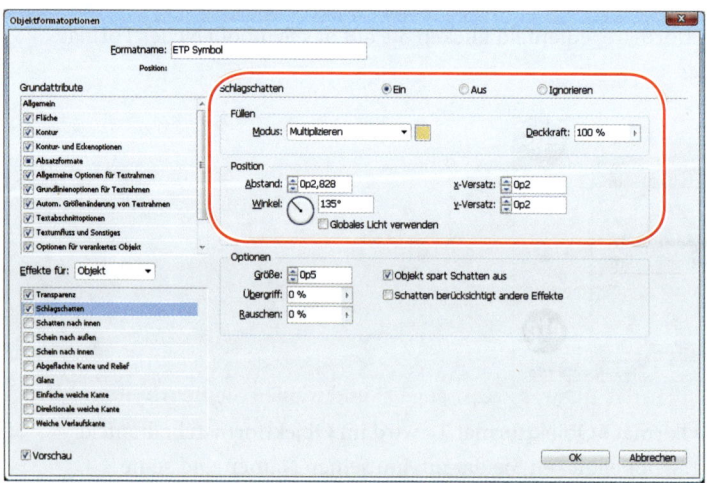

7 Klicken Sie auf OK, um das Dialogfeld »Objektformatoptionen« zu schließen. Das neue Format »ETP Symbol« wird im Objektformatebedienfeld angezeigt.

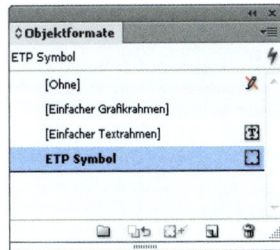

8 Wählen Sie **Bearbeiten: Auswahl aufheben** und dann **Datei: Speichern**.

Ein Objektformat zuweisen

Wenden Sie das neue Objektformat nun auf die übrigen Kreise auf Seite 4 an. Damit ändern Sie automatisch ihre Formatierung. So müssen Sie die Farbe und den Schlagschatten nicht für jeden Kreis gesondert anpassen.

1 Vergewissern Sie sich, dass die Seiten 4 und 5 angezeigt werden. Wählen Sie **Ansicht: Druckbogen in Fenster einpassen**.

Damit Sie die ept-Objekte schnell auswählen können, blenden Sie die Ebene mit dem Text aus.

2 Wählen Sie **Fenster: Ebenen**. Im Ebenenbedienfeld klicken Sie auf das Auge-Symbol links von Ebene 1, um sie auszublenden.

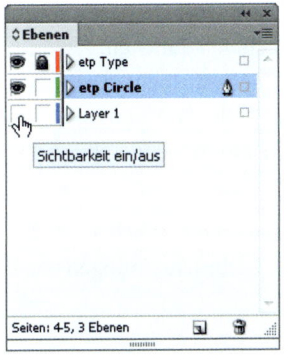

▶ **Tipp:** Wenn Sie ein Format bearbeiten, werden die Texte, Tabellen oder Objekte, denen das Format zugewiesen ist, automatisch aktualisiert. Wenn Sie eine bestimmte Instanz eines Elements nicht aktualisieren möchten, können Sie die Verknüpfung mit dem Format entfernen. Im Bedienfeldmenü jedes Format-bedienfelds gibt es den Befehl »Verknüpfung mit Format aufheben«.

3 Aktivieren Sie das Auswahlwerkzeug (▶) und wählen Sie **Bearbeiten: Alles auswählen**.

4 Nachdem Sie alle etp-Kreise ausgewählt haben, klicken Sie im Objektformatebedienfeld auf das Format »ETP Symbol«

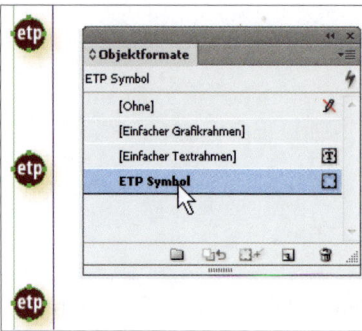

5 Klicken Sie im Ebenenbedienfeld auf das leere Feld links von der Ebene 1, um sie wieder anzuzeigen.

6 Wählen Sie **Bearbeiten: Auswahl aufheben** und anschließend **Datei: Speichern**.

Tabellen- und Zellenformate anlegen und zuweisen

▶ **Tipp:** Sobald Sie eine ungefähre Vorstellung vom Aussehen Ihrer Texte, Objekte und Tabellen haben, können Sie entsprechende Formate anlegen und zuweisen. Beim Experimentieren und Bearbeiten Ihres Layouts können Sie diese Formate anschließend mühelos nach Ihren Vorstellungen aktualisieren – dabei aktualisiert InDesign automatisch auch die Formatierung aller Elemente, denen die Formate zugewiesen wurden.

Durch Tabellen- und Zellenformate wird die Formatierung von Tabellen genauso bequem wie die Formatierung von Text mit Hilfe von Absatz- und Zeichenformaten. Mit Tabellenformaten steuern Sie die sichtbaren Attribute der Tabelle wie Tabellenrahmen, Leerraum vor und nach den Tabellen, Zeilen- und Spaltenkonturen sowie abwechselnde Füllmuster. Zellenformate ermöglichen Texteinzüge, vertikale Ausrichtung, individuelle Zellenkonturen und -flächen sowie diagonale Linien. Mehr über Tabellen erfahren Sie in Lektion 11, »Tabellen erstellen«.

In diesem Lektionsabschnitt legen Sie im Katalogdokument ein Tabellen- und zwei Zellenformate an. Dadurch werden die einzelnen Teebeschreibungen besser unterscheidbar.

Zellenformate erstellen

Zuerst legen Sie Zellenformate für die Kopf- und Körperzeilen der Tabelle im unteren Bereich von Seite 3 an. Beide Zellenformate verschachteln Sie später in ein Tabellenformat – ähnlich wie die Zeichenformate, die Sie in dieser Lektion bereits in Absatzformate verschachtelt haben. Als Erstes legen Sie zwei Zellenformate an.

1 Doppelklicken Sie im Seitenbedienfeld auf die Seite 3 und wählen Sie dann **Ansicht: Seite in Fenster einpassen**.

2 Vergrößern Sie mit dem Zoomwerkzeug (🔍) die Tabelle unten auf der Seite, damit sie gut zu erkennen ist.

3 Markieren Sie mit dem Textwerkzeug (T) die ersten beiden Zellen in der Kopfzeile mit den Wörtern »Tea« und »Finished Leaf«.

Tea#	Finished Leaf#	Color#	Brewing Details#
White #	Soft, grayish white#	Pale yellow or pinkish #	165º for 5-7 min.#
Green #	Dull to brilliant green#	Green or yellowish #	180º for 2-4 min.#
Oolong#	Blackish or greenish#	Green to brownish #	212º for 5-7 min.#
Black#	Lustrous black#	Rich red or brownish #	212º for 3-5 min.#

4 Wählen Sie **Tabelle: Zellenoptionen: Konturen und Flächen**. Wählen Sie für »Zellfläche« das blasse Gelb (C = 4, M = 15, Y = 48, K = 0) und klicken Sie auf OK.

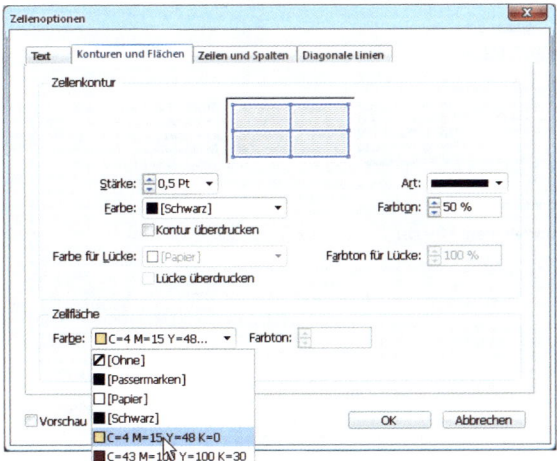

5 Die Zellen sind noch ausgewählt; öffnen Sie das Zellenformatebedienfeld mit **Fenster: Formate: Zellenformate**.

6 Wählen Sie im Zellenformatebedienfeldmenü die Option »Neues Zellenformat«.

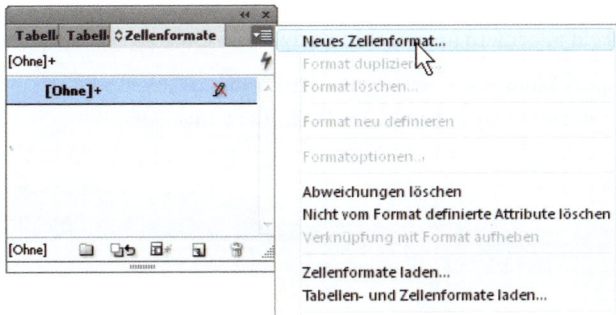

Die den ausgewählten Zellen zugewiesene Zellformatierung wird im Bereich Formateinstellungen angezeigt. Wie Sie sehen, gibt es auf der linken Seite des Dialogfelds weitere Möglichkeiten zur Zellenformatierung. In dieser Übung weisen Sie jedoch lediglich das gewünschte Absatzformat für den Text innerhalb der Kopfzeile zu.

▶ **Tipp:** In jedem Formatebedienfeld (Zeichen-, Objekt-, Tabellenbedienfeld usw.) können Sie neue Formate erstellen, indem Sie im Bedienfeldmenü den Befehl »Neues Format« wählen oder am unteren Bedienfeldrand auf das Symbol »Neues Format erstellen« klicken.

7 Geben Sie in das Feld »Formatname« oben im Dialogfeld »Neues Zellenformat« **Table Head** ein.

8 Wählen Sie unten im Popup-Menü »Absatzformat« das Format »Head 4«; dieses Format ist bereits angelegt. Klicken Sie auf OK.

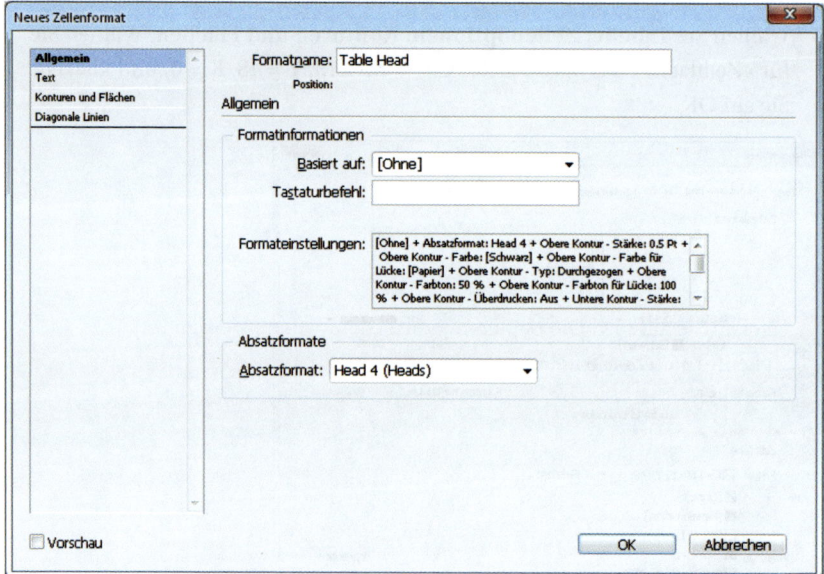

Nun legen Sie ein neues Zellenformat für die Körperzeilen an.

9 Markieren Sie mit dem Textwerkzeug (T) die ersten beiden Zellen der zweiten Zeile. Sie enthalten die Wörter »White« und »Soft, grayish white«.

10 Wählen Sie im Zellenformatebedienfeldmenü die Option »Neues Zellenformat«.

11 Geben Sie in das Feld »Formatname« **Table Body Rows** ein.

12 Wählen Sie im Popup-Menü »Absatzformat« das Format »Table Body«. Auch dieses Absatzformat wurde bereits im Dokument angelegt.

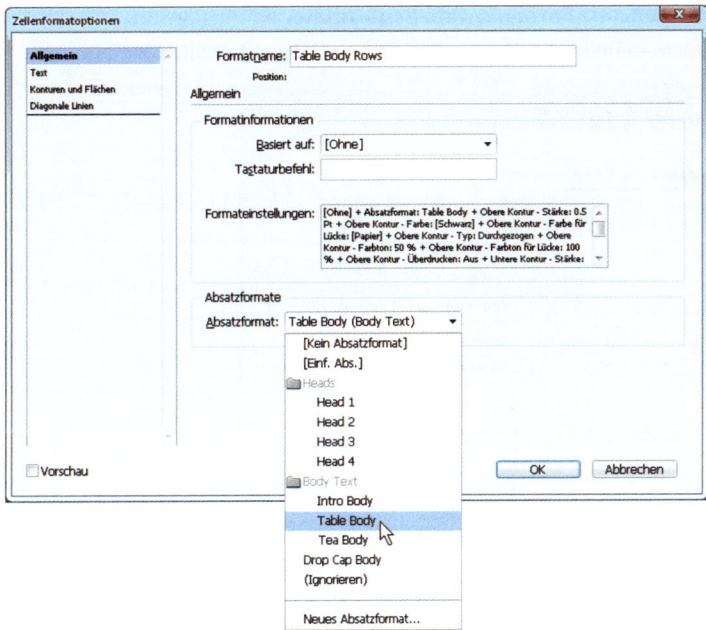

13 Klicken Sie auf OK. Die beiden neuen Zellenformate werden im Zellenformatebedienfeld angezeigt.

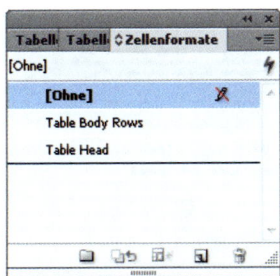

14 Wählen Sie **Bearbeiten: Auswahl aufheben** und dann **Datei: Speichern**.

Ein Tabellenformat anlegen

Jetzt erzeugen Sie ein Tabellenformat, mit dem Sie nicht nur das Aussehen der Tabelle formatieren, sondern auch die beiden im letzten Abschnitt angelegten Zellenformate auf die Kopf- und Körperzeilen anwenden.

1 Die Tabelle ist auf dem Bildschirm noch gut zu sehen; wählen Sie das Textwerkzeug (**T**) und klicken Sie damit irgendwo in die Tabelle, um die Einfügemarke an diese Stelle zu setzen.

2 Wählen Sie **Fenster: Formate: Tabellenformate**. Wählen Sie im Tabellenformatebedienfeldmenü die Option »Neues Tabellenformat«.

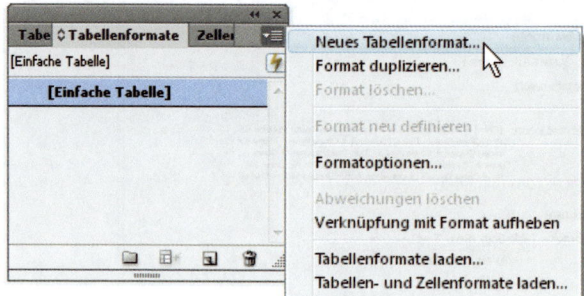

3 Geben Sie in das Feld »Formatname« **Tea Table** ein.

4 Wählen Sie im Abschnitt »Zellenformate« folgende Optionen:

- Im Popup-Menü »Tabellenkopfzeilen« das Format »Table Head«
- Im Popup-Menü »Tabellenkörperzeilen« das Format »Table Body Rows«

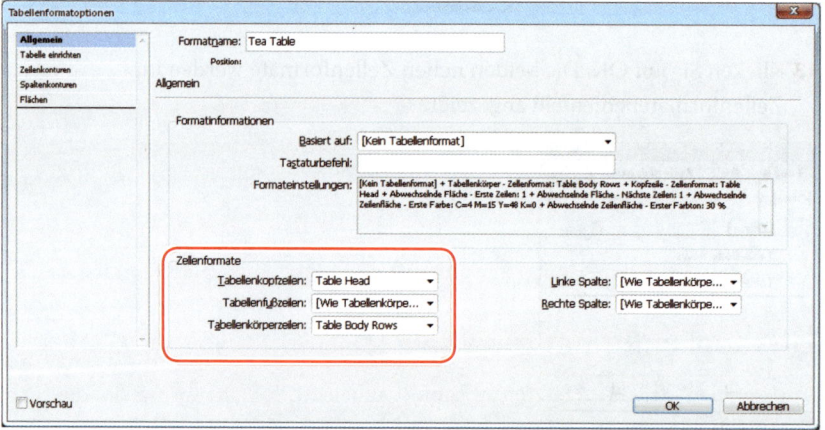

Stellen Sie jetzt im Tabellenformat abwechselnde Zeilenfarben ein.

5 Wählen Sie links im Dialogfeld »Neues Tabellenformat« in der Optionsliste die Option »Flächen«.

6 Wählen Sie im Popup-Menü »Abwechselndes Muster« die Option »Nach jeder Zeile«. InDesign blendet darunter die Optionen für abwechselnde Zeilen ein.

7 Wählen Sie im Abschnitt »Abwechselnd« die folgenden Optionen:

- Für »Farbe« wählen Sie das blasse Gelb (»C = 4, M = 15, Y = 48, K = 0«).
- In das Texteingabefeld »Farbton« geben Sie **30 %** ein.

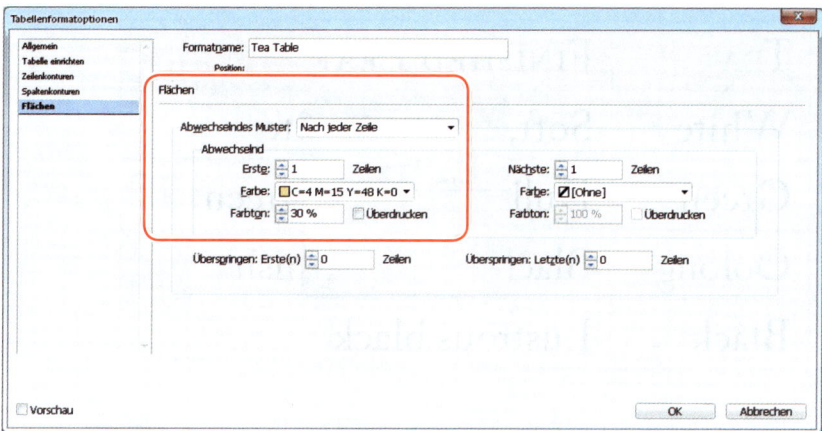

8 Klicken Sie auf OK. InDesign zeigt das neue Tabellenformat »Tea Table« im Tabellenformatebedienfeld an.

9 Wählen Sie **Bearbeiten: Auswahl aufheben** und dann **Datei: Speichern**.

Ein Tabellenformat zuweisen

Nun wenden Sie das im letzten Abschnitt angelegte Tabellenformat auf die beiden Tabellen im Dokument an.

1 Die Tabelle ist im Dokumentfenster noch gut zu sehen. Wählen Sie das Textwerkzeug (T) und klicken Sie damit irgendwo in die Tabelle, um die Einfügemarke an diese Stelle zu setzen.

2 Klicken Sie im Tabellenformatebedienfeld auf das Format »Tea Table«. InDesign formatiert die Tabelle mit den von Ihnen eingerichteten Tabellen- und Zellenformaten.

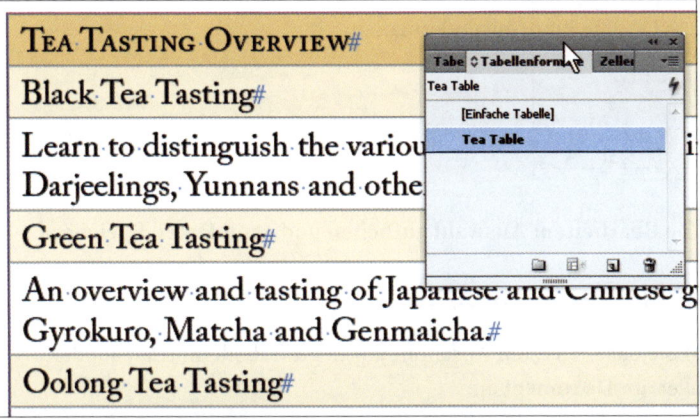

3 Doppelklicken Sie im Seitenbedienfeld auf die Seite 6 und wählen Sie
   Ansicht: Seite in Fenster einpassen. Platzieren Sie die Einfügemarke mit
   einem Klick an einer beliebigen Stelle der Tabelle »Tea Tasting Overview«.

4 Klicken Sie im Tabellenformatebedienfeld auf das Format »Tea Table«.
   InDesign formatiert auch diese Tabelle mit den von Ihnen eingerichteten
   Tabellen- und Zellenformaten.

5 Wählen Sie **Bearbeiten: Auswahl aufheben** und dann **Datei: Speichern**.

Formate global aktualisieren

Es gibt zwei Möglichkeiten, um Absatz-, Zeichen-, Objekt-, Tabellen- und
Zellenformate in InDesign zu aktualisieren. Zum einen können Sie einfach das
Format selbst öffnen und die Formatierung ändern. In der letzten Übung sind
Sie so mit den Zellen- und Tabellenformaten verfahren. Da eine Verknüpfung
zwischen dem Format und den damit formatierten Absätzen besteht, werden
alle mit dem Format gestalteten Objekte aktualisiert.

Zum anderen können Sie eine lokale Formatierung anwenden und das Format dann auf der Grundlage der geänderten Formatierung neu definieren. In dieser Übung ergänzen Sie das Format »Head 3« durch eine Absatzlinie.

1 Doppelklicken Sie im Seitenbedienfeld auf die Seite 4 und wählen Sie **Ansicht: Seite in Fenster einpassen**.

2 Klicken Sie oben in der ersten Spalte mit dem Textwerkzeug (T) in den Begriff »Black Tea«, um dort die Einfügemarke zu positionieren.

3 Falls das Absatzformatebedienfeld nicht bereits geöffnet ist, wählen Sie **Schrift: Absatzformate**. Das Format »Head 3« ist ausgewählt. Sie erkennen daran, dass es dem ausgewählten Text zugewiesen ist.

4 Wählen Sie **Schrift: Absatz**, um das Absatzbedienfeld einzublenden. Wählen Sie im Bedienfeldmenü den Befehl »Absatzlinien«.

5 Wählen Sie aus dem Popup-Menü im oberen Bereich des Dialogfelds »Absatzlinien« die Option »Linie darunter«. Aktivieren Sie die Option »Absatzlinie ein«. Achten Sie darauf, dass auch das Kontrollfeld neben »Vorschau« eingeschaltet ist, und verschieben Sie das Dialogfeld – falls nötig –, so dass Sie die Überschrift »Black Tea« erkennen können.

6 Formatieren Sie die Linie folgendermaßen:

- Stärke: 1 Pt
- Farbe: C = 4, M = 15, Y = 48, K = 0 (blasses Gelb)
- Versatz: 0p2

Übernehmen Sie alle übrigen Standardwerte.

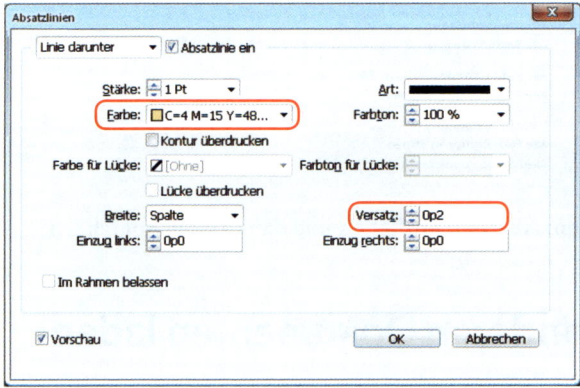

7 Klicken Sie auf OK. InDesign zeigt unterhalb von »Black Tea« eine dünne gelbe Linie an.

▶ **Tipp:** Wenn Sie Formate wie hier gezeigt neu definieren, aktualisiert InDesign sie automatisch und versieht sie mit der neuen Formatierung. Sie können allerdings auch umgekehrt vorgehen und eine geänderte Formatierung wieder an ein Format anpassen. (Stimmt eine Auswahl nicht exakt mit ihrem Format überein, zeigt InDesign den Formatnamen mit einem Pluszeichen an.) Jedes Formatebedienfeld (Absatzformate-, Objektformatebedienfeld usw.) verfügt unten am Bedienfeldrand über eine Schaltfläche »Abweichungen in Auswahl löschen« (Symbol mit Pluszeichen). Bewegen Sie den Mauszeiger auf die Schaltfläche, um anzuzeigen, wie Sie Abweichungen in der Auswahl löschen können.

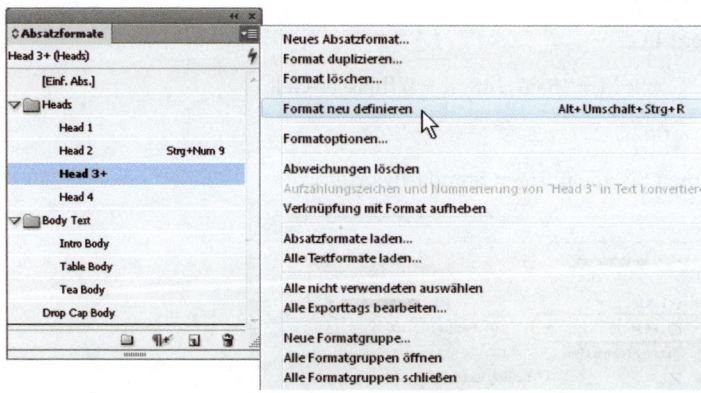

Im Absatzformatebedienfeld sehen Sie nun ein Pluszeichen (+) neben dem Formatnamen »Head 3«. Daran erkennen Sie, dass auf den Text eine lokale Formatierung angewandt wurde, die das zugewiesene Format überschreibt. Jetzt definieren Sie das Absatzformat neu, so dass InDesign die lokale Änderung auf alle Überschriften anwendet, denen das Format »Head 3« zugewiesen wurde.

Hinweis: Mit der in Schritt 8 gezeigten Technik können Sie jedes Format auf der Grundlage lokaler Formatierung neu definieren.

8 Wählen Sie im Absatzformatebedienfeldmenü die Option »Format neu definieren«. InDesign zeigt neben dem Formatnamen »Head 3« kein Pluszeichen (+) mehr an und aktualisiert im ganzen Dokument alle Überschriften, denen »Head 3« zugewiesen wurde, mit den von Ihnen am Absatzformat vorgenommenen Änderungen.

9 Wählen Sie **Bearbeiten: Auswahl aufheben** und dann **Datei: Speichern**.

Formate aus anderen Dokumenten laden

Formate beziehen sich nur auf das Dokument, in dem Sie sie erstellt haben. Allerdings können Sie Formate problemlos zwischen InDesign-Dokumenten austauschen. Sie importieren nun ein Absatzformat aus dem fertigen Dokument *09_End.indd* und weisen es dem ersten Fließtextabsatz auf Seite 2 zu.

1 Doppelklicken Sie im Seitenbedienfeld auf die Seite 2 und wählen Sie
Ansicht: Seite in Fenster einpassen.

2 Sollte das Absatzformatebedienfeld nicht eingeblendet sein, wählen Sie
Schrift: Absatzformate.

3 Wählen Sie im Absatzformatebedienfeldmenü den Befehl »Alle Textformate
laden«.

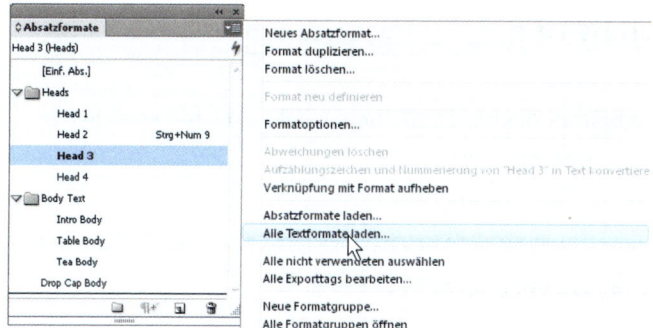

4 Doppelklicken Sie im Dialogfeld »Datei öffnen« auf die Datei *09_End.indd*
im Ordner *Lektion_09*. InDesign zeigt das Dialogfeld »Formate laden« an.

5 Klicken Sie auf »Alle deaktivieren«, damit InDesign beim Import keine
vorhandenen Formate überschreibt.

6 Wählen Sie das Absatzformat »Drop Cap Body« und scrollen Sie nach unten.
Vergewissern Sie sich, dass außerdem auch das Zeichenformat »Drop Cap«
ausgewählt ist.

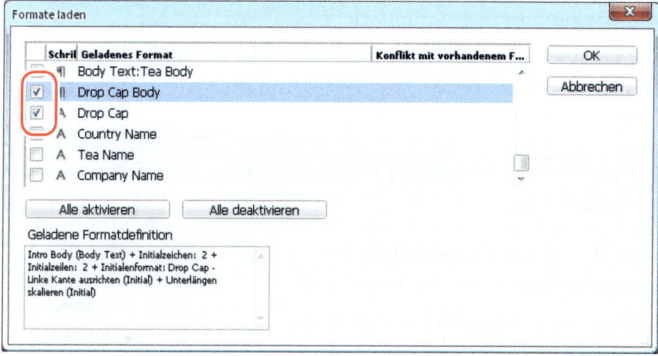

7 Klicken Sie auf OK, um beide Formate zu importieren.

8 Platzieren Sie die Einfügemarke mit dem Textwerkzeug (T) in den zweiten
Absatz, der mit »We carry« beginnt. Wählen Sie das neue Format »Drop Cap
Body« im Absatzformatebedienfeld aus. Die »We«-Initiale wird kursiv und
dunkelrot formatiert.

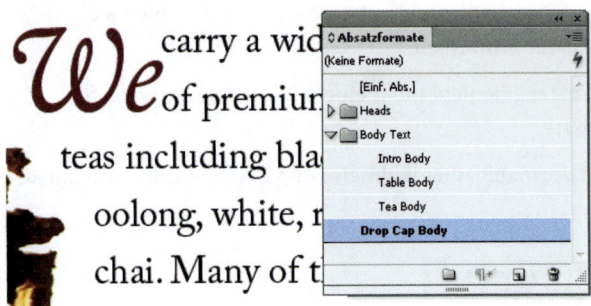

9 Wählen Sie **Bearbeiten: Auswahl aufheben** und dann **Datei: Speichern**.

Endkontrolle

Im letzten Schritt betrachten Sie die Vorschau des fertiggestellten Dokuments.

1 Wählen Sie am unteren Ende des Werkzeugbedienfelds die Option »Vorschau«.

2 Wählen Sie **Ansicht: Seite in Fenster einpassen**.

3 Drücken Sie die Tab-Taste, um alle Bedienfelder auszublenden. Überprüfen Sie Ihr fertiges Werk.

Glückwunsch. Damit haben Sie die Lektion erfolgreich abgeschlossen.

Eigene Übung

Wenn Sie ein langes Dokument oder eine Vorlage als Grundlage für andere Dokumente erzeugen, sollten Sie die ganze Leistungsfähigkeit der Formatfunktionen nutzen. Probieren Sie Folgendes, um Ihre Formate noch weiter zu verfeinern:

- Ziehen Sie das neue Format »Drop Cap Body« im Absatzformatebedienfeld in die Gruppe »Body Text«.

- Experimentieren Sie mit der Gruppierung der Objekte, aus denen die etp-Kreise bestehen, und verankern Sie sie im Text (**Objekt: Verankertes Objekt: Optionen**). Auch die Verankerungsoptionen können im Objektformat gespeichert werden.

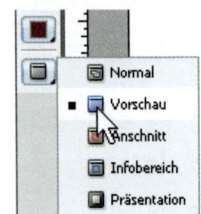

- Versehen Sie weitere vorhandene Formate mit Tastenkürzeln.

Fragen

1 Inwiefern können Objektformate Ihren Arbeitsablauf beschleunigen?

2 Was müssen Sie zuerst einrichten, bevor Sie ein verschachteltes Format erstellen können?

3 Nennen Sie die beiden Techniken, mit denen Sie in einem InDesign-Dokument zugewiesene Formate global aktualisieren können.

4 Wie importieren Sie Formate aus einem anderen InDesign-Dokument?

Antworten

1 Objektformate können Zeit sparen, weil Sie mit ihnen mehrere Formatattribute zusammenfassen, die Sie anschließend immer wieder schnell auf Bilder anwenden können. Wenn Sie das Format später aktualisieren müssen, brauchen Sie nicht jedes Bild, dem das Format zugewiesen wurde, einzeln zu aktualisieren, sondern Sie ändern stattdessen einfach nur das Objektformat.

2 Verschachtelte Formate erfordern zwei Voraussetzungen: Sie müssen zuerst ein Zeichenformat einrichten und dann ein Absatzformat anlegen, in das Sie dieses Zeichenformat verschachteln können.

3 InDesign bietet zwei Möglichkeiten, um Formate zu aktualisieren. Erstens können Sie einfach ein Format in seinem Bedienfeld öffnen und die entsprechenden Formatoptionen ändern. Zweitens können Sie eine lokale Formatierung im Dokument ändern und das entsprechende Format anschließend auf dieser Grundlage neu definieren.

4 Formate lassen sich ganz einfach importieren. Wählen Sie im Bedienfeldmenü der Objekt-, Zeichen-, Absatz-, Tabellen- oder Zellenformatebedienfelder die entsprechende Option zum Laden der Formate und wählen Sie im aufgerufenen Dialogfeld das InDesign-Dokument, dessen Formate Sie laden wollen. InDesign lädt diese Formate anschließend in das entsprechende Bedienfeld bzw. die entsprechenden Bedienfelder und stellt sie damit sofort Ihrem Dokument zur Verfügung.

10 BILDER IMPORTIEREN UND BEARBEITEN

Überblick

In dieser Lektion lernen Sie Folgendes:

- Zwischen Vektor- und Pixelbildern unterscheiden

- Adobe Photoshop- und Adobe Illustrator-Bilder importieren

- Importierte Bilder mit dem Verknüpfungenbedienfeld verwalten

- Die Anzeigeleistung (Darstellungsqualität) der Bilder einstellen

- Die Bildwiedergabe mit Beschneidungspfaden und Alpha-Kanälen verändern

- Grafikrahmen im Text verankern

- Objektbibliotheken erstellen und verwenden

- Bilder mit Adobe Bridge importieren

 Für diese Lektion benötigen Sie ungefähr 60 Minuten.

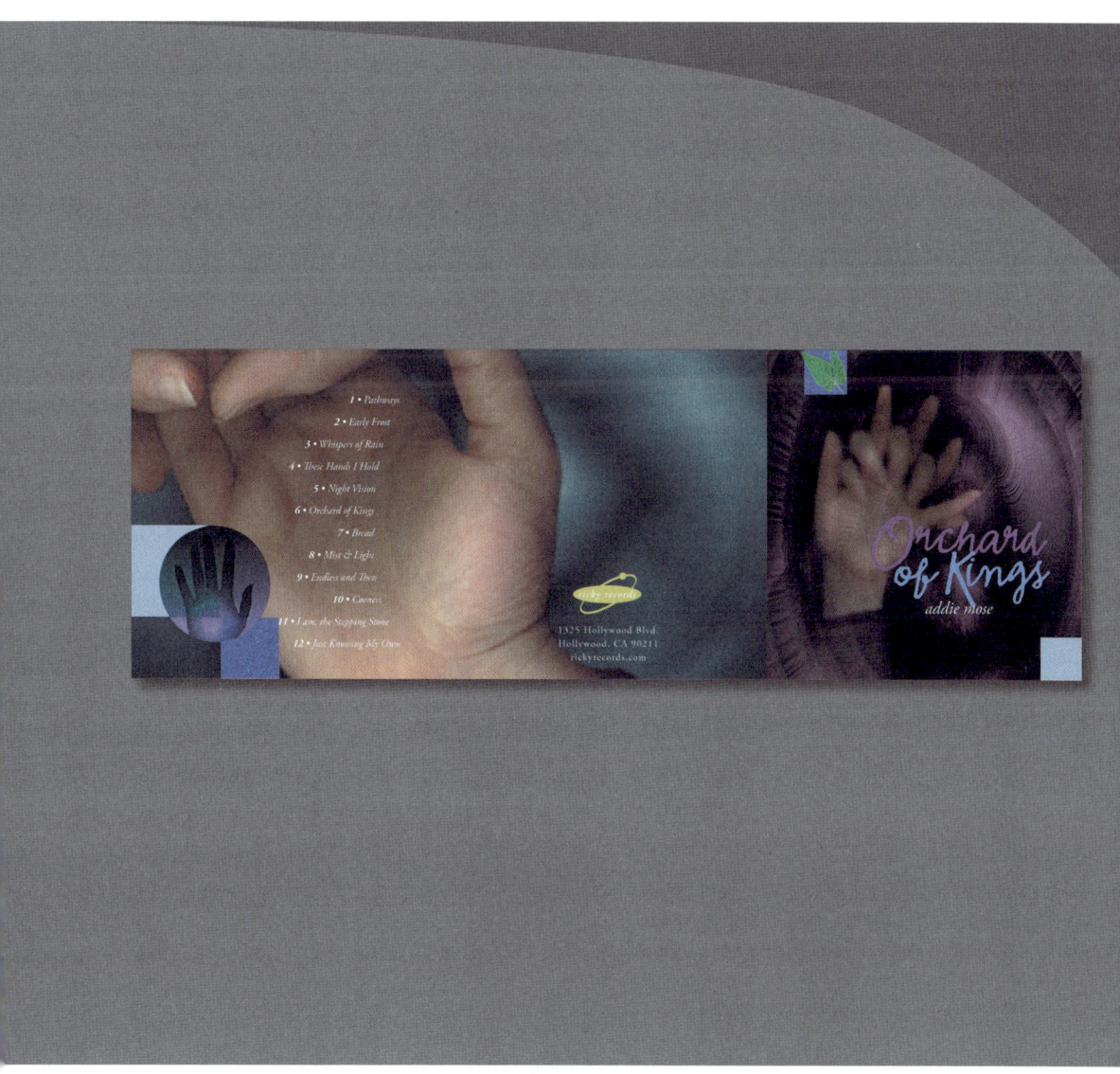

Werten Sie Ihre Dokumente bequem mit Fotos und Grafiken auf, die Sie aus Adobe Photoshop, Adobe Illustrator oder anderen Grafikprogrammen importieren. InDesign kann Sie sogar informieren, wenn neuere Versionen dieser Fotos oder Grafiken verfügbar sind. Importierte Grafiken lassen sich jederzeit aktualisieren oder ersetzen.

Vorbereitungen

Sie legen in dieser Lektion ein Booklet für eine CD an. Dafür importieren und verwalten Sie Bilder aus Adobe Photoshop, Adobe Illustrator und Adobe Acrobat. Nach dem Drucken und Beschneiden soll das Booklet in eine CD-Hülle passen.

Diese Lektion enthält Arbeitsschritte, die Sie mit Adobe Photoshop durchführen können, falls dieses Programm auf Ihrem Computer installiert ist.

● **Hinweis:** Bei Bedarf kopieren Sie jetzt die Lektionsdateien von der *Adobe InDesign CS6 Classroom in a Book*-DVD auf Ihre Festplatte. Informationen dazu finden Sie unter »Die Classroom in a Book-Dateien kopieren« auf Seite 2.

1 Damit die Voreinstellungen von InDesign CS6 wie in der Lektion funktionieren, bewegen Sie die Datei *InDesign Voreinstellungen* an einen anderen Speicherort. Näheres dazu finden Sie unter »Voreinstellungsdateien speichern und wiederherstellen« auf Seite 3.

2 Starten Sie Adobe InDesign CS6. Damit alle Bedienfelder und Menübefehle wie in dieser Lektion funktionieren, wählen Sie **Fenster: Arbeitsbereich: [Erweitert]** und dann **Fenster: Arbeitsbereich: Erweitert zurücksetzen**.

3 Öffnen Sie die Datei *10_a_Start.indd* im Ordnerpfad *Lektionen/Lektion_10* auf Ihrer Festplatte. InDesign öffnet ein Dialogfeld mit dem Hinweis auf fehlende oder geänderte Verknüpfungen im Dokument.

4 Klicken Sie auf »Verknüpfungen nicht aktualisieren«. Sie lösen die Probleme später in dieser Lektion.

5 Bei Bedarf schließen Sie das Verknüpfungenbedienfeld, damit Sie den Dokumentinhalt gut sehen können. InDesign zeigt das Verknüpfungenbedienfeld automatisch, wenn Sie ein InDesign-Dokument mit fehlenden oder geänderten Verknüpfungen öffnen.

6 Öffnen Sie die Datei *10_b_End.indd* in demselben Ordner, um das fertige Dokument zu betrachten. Sie können es während dieser Lektion als Hilfe geöffnet lassen. Wenn Sie wieder mit dem Lektionsdokument fortfahren möchten, wählen Sie **Fenster: 10_a_Start.indd**.

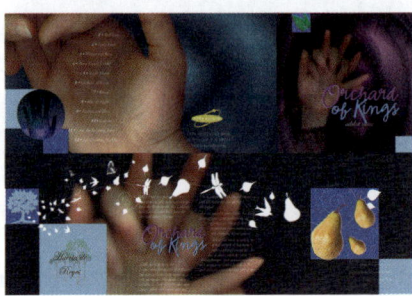

● **Hinweis:** Sie können die Bedienfelder beim Arbeiten beliebig verschieben und den Zoomfaktor an Ihre Bedürfnisse anpassen. Weitere Informationen finden Sie unter »Die Dokumentansicht vergrößern oder verkleinern« in Lektion 1.

7 Wählen Sie **Datei: Speichern unter**, geben Sie der Datei den Namen *10_cdbook.indd* und speichern Sie sie im Ordner *Lektion_10*.

Bilder aus anderen Programmen einfügen

InDesign unterstützt viele gebräuchliche Grafikdateiformate. So können Sie Bilder und Grafiken aus zahlreichen Grafik- und Bildbearbeitungsprogrammen importieren; am besten arbeitet InDesign allerdings mit den übrigen professionellen Adobe-Grafikprogrammen wie Photoshop, Illustrator und Acrobat zusammen.

In der Standardeinstellung verknüpft InDesign importierte Bilder und Grafiken, das heißt, das Programm zeigt in Ihrem Layout eine Vorschau der Grafikdatei, ohne sie aber tatsächlich in das InDesign-Dokument einzubetten.

Das Verknüpfen von Dateien hat zwei große Vorteile: Zum einen spart es Speicherplatz – besonders dann, wenn Sie ein bestimmtes Bild in vielen verschiedenen InDesign-Dokumenten verwenden. Außerdem können Sie ein verknüpftes Bild im Erstellungsprogramm bearbeiten und anschließend einfach und schnell über das Verknüpfungenbedienfeld in InDesign aktualisieren; die Position und die Einstellungen der Quelldatei bleiben dabei erhalten, so dass Sie sie nicht erneut zuweisen müssen.

InDesign führt alle verknüpften Grafik- und Textdateien im Verknüpfungenbedienfeld auf. Sie finden dort Schaltflächen und Befehle, über die Sie die Verknüpfungen bearbeiten können. Bei der endgültigen Dokumentausgabe als PostScript- oder PDF-Datei nutzt InDesign die Verknüpfungen, um die höchstmögliche Qualität zu erzielen, die die Originalversionen der extern gespeicherten und in InDesign platzierten Bilder erlauben.

Vektorgrafiken und Pixelbilder im Vergleich

Mit den Zeichenwerkzeugen von Adobe InDesign und Adobe Illustrator erzeugen Sie Vektorgrafiken. Diese bestehen aus Formen, die wiederum durch mathematische Ausdrücke definiert sind. Vektorgrafiken bestehen aus glatten Kurven, die ihre Qualität behalten, wenn sie skaliert werden. Somit eignen sie sich besonders für Illustrationen, Schriften und Grafiken, wie Logos, die häufig in unterschiedlichen Größen eingesetzt werden.

Pixelbilder, auch als Bitmap-Bilder oder Rasterbilder bezeichnet, bestehen aus kleinen Rechtecken, so genannten Pixeln, die auf einem Raster liegen; sie entstammen Digitalkameras oder Scannern und werden mit Bildbearbeitungsprogrammen wie Adobe Photoshop bearbeitet. Beim Arbeiten mit Pixelbildern bearbeiten Sie einzelne Pixel statt Objekte oder Formen. Da Pixelbilder feine Farb- und Tonunterschiede wiedergeben können, eignen sie sich für Farbbilder wie Fotos oder digitale Kreationen aus Malprogrammen. Sie haben allerdings den Nachteil, dass sie beim Vergrößern unscharf werden oder unschöne »Treppchen« aufweisen können. Außerdem haben Pixelbilder meistens einen größeren Speicherbedarf als vergleichbare Vektorgrafiken.

Logo als Vektorgrafik (links) und gerastert als Pixelbild (rechts)

Verwenden Sie also Vektorgrafikwerkzeuge für Zeichnungen und Schrift, die unabhängig von ihrer Größe klar und scharf wirken sollen. Ein Beispiel ist ein Logo, das sowohl auf einer Visitenkarte als auch auf einem Plakat erscheinen soll. Vektorgrafiken zeichnen Sie mit den InDesign-Zeichenwerkzeugen oder Sie greifen auf die umfangreichen Möglichkeiten der Vektorzeichenwerkzeuge in Adobe Illustrator zurück. In Adobe Photoshop erzeugen Sie Pixelbilder, die weiche Linien bzw. Konturen wie in Fotografien oder gemalten Bildern besitzen. Außerdem können Sie in Photoshop auch zahlreiche Effekte auf Ihre Bilder anwenden.

Verknüpfungen zu importierten Grafiken verwalten

Beim Öffnen des Lektionsdokuments hat InDesign Sie mit einem Warn-dialogfeld auf Probleme mit verknüpften Dateien hingewiesen. Sie lösen diese Probleme nun mit dem Verknüpfungenbedienfeld, das Ihnen alle Informationen zum Status jeder verknüpften Text- und Grafikdatei in Ihrem Dokument liefert.

Mit dem Verknüpfungenbedienfeld können Sie platzierte Grafik- und Textdateien auf vielfältige Weise verwalten, beispielsweise Texte oder Bilder ersetzen oder aktualisieren. Alle Techniken, die Sie in dieser Lektion über die Verwaltung von verknüpften Dateien kennenlernen, beziehen sich gleicherma-ßen auf die in Ihren Dokumenten platzierten Grafik- und Textdateien.

Importierte Bilder ermitteln

Sie verwenden das Verknüpfungenbedienfeld nun auf zwei verschiedene Arten. Zunächst nutzen Sie es, um einige der bereits in das Dokument importierten Bilder zu ermitteln. Später in dieser Lektion benutzen Sie das Verknüpfungenbedienfeld, um importierte Bilder zu bearbeiten und zu aktualisieren.

1 Zentrieren Sie die Seite 4 im Dokumentfenster, indem Sie sie im Seiten-Popup-Menü links unten im Dokumentfenster auswählen.

2 Falls das Verknüpfungenbedienfeld nicht sichtbar ist, wählen Sie **Fenster: Verknüpfungen**.

3 Wählen Sie mit dem Auswahlwerkzeug (⬧) auf Seite 4, der ganz rechten Seite des ersten Druckbogens, das Logo »Orchard of Kings«. InDesign hebt den Dateinamen, »10_i.ai«, im Verknüpfungenbedienfeld hervor, sobald Sie diese Datei im Layout wählen.

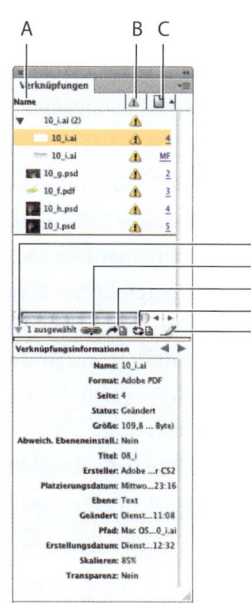

A. Spalte »Dateiname«

B. Spalte »Status«

C. Spalte »Seite«

D. Schaltfläche »Verknüpfungs-informationen ein-/ausblenden«

E. Schaltfläche »Erneut verknüpfen«

F. Schaltfläche »Gehe zu Verknüpfung«

G. Schaltfläche »Verknüpfungen aktualisieren«

H. Schaltfläche »Original bearbeiten«

Jetzt lokalisieren Sie mit dem Verknüpfungenbedienfeld ein bestimmtes Bild im Layout.

4 Wählen Sie im Verknüpfungenbedienfeld den Dateinamen »10_g.psd« und klicken Sie auf die Schaltfläche »Gehe zu Verknüpfung« (➦🖹). InDesign hebt das Bild hervor und zeigt es zentriert auf dem Bildschirm an. So finden Sie schnell ein Bild, dessen Dateinamen Sie kennen.

Diese Techniken zum Ermitteln und Auffinden von verknüpften Bildern helfen Ihnen sowohl in dieser Lektion als auch allgemein bei der Arbeit mit vielen verknüpften Grafiken.

Verknüpfungsinformationen zeigen

Das Verknüpfungenbedienfeld erleichtert den Umgang mit verknüpften Grafik- und Textdateien und zeigt Ihnen erweiterte Informationen zu den verknüpften Dateien.

▶ **Tipp:** Sie können das Verknüpfungen-bedienfeld aus seiner Bedienfeldgruppe lösen, indem Sie es an seinem Register herausziehen. Anschließend können Sie die Höhe und Breite des schwebenden Bedienfelds ändern, indem Sie seine untere rechte Ecke mit der Maus ziehen.

1 Falls InDesign das Verknüpfungenbedienfeld nicht anzeigt, wählen Sie **Fenster: Verknüpfungen**, um es zu öffnen. Wenn Sie nicht alle verknüpften Dateinamen, ohne scrollen zu müssen, sehen können, ziehen Sie die horizontale Trennlinie im Verknüpfungenbedienfeld nach unten, um den oberen Teil des Bedienfelds so zu vergrößern, dass alle Verknüpfungen zu sehen sind.

2 Wählen Sie die Verknüpfung »10_g.psd«. Unten im Abschnitt »Verknüpfungsinformationen« sehen Sie Informationen zur gewählten Verknüpfung.

3 Klicken Sie auf die Schaltfläche »Nächste Verknüpfung in der Liste auswählen« (▶), um Informationen über die nächste Datei in der Liste des Verknüpfungenbedienfelds, »10_f.pdf«, anzuzeigen. So können Sie schnell alle Verknüpfungen in der Liste überprüfen. Im Augenblick zeigt InDesign zu jeder Verknüpfung ein Warnsymbol (⚠) in der Status-Spalte an. Dieses Symbol weist auf Verknüpfungsprobleme hin, die Sie später in dieser Lektion beheben. Wenn Sie sich die Verknüpfungsinformationen angesehen haben, klicken Sie darüber auf die Schaltfläche »Verknüpfungsinformationen ein-/ausblenden« (▼), um den Bereich »Verknüpfungsinformationen« auszublenden.

In der Standardeinstellung ist das Verknüpfungenbedienfeld nach den Seitenzahlen sortiert. Sie können die Dateiliste aber auch anders anordnen.

▶ **Tipp:** Sie können die Spalten im Verknüpfungen-bedienfeld durch Ziehen der Spalten-überschriften neu anordnen.

4 Klicken Sie im Verknüpfungenbedienfeld auf die Spaltenüberschrift »Name«. Das Bedienfeld führt die Verknüpfungen jetzt alphabetisch sortiert auf. Durch erneute Klicks auf diese Spaltenüberschrift schalten Sie zwischen aufsteigender und absteigender Sortierreihenfolge um.

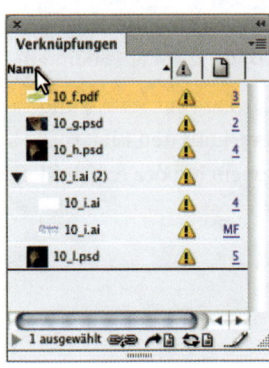

Dateien im Explorer (Windows) oder Finder (Mac OS) anzeigen

Auch wenn das Verknüpfungenbedienfeld Ihnen Informationen über Attribute und Position einer bestimmten Datei bietet, erlaubt es Ihnen keine unmittelbaren Änderungen an der Datei oder dem Dateinamen. Dafür können Sie allerdings die Option »Im Explorer anzeigen« (Windows) bzw. »Im Finder anzeigen« (Mac OS) verwenden.

1 Falls sie nicht bereits im Verknüpfungenbedienfeld gewählt ist, wählen Sie jetzt die Datei »10_g.psd«. Wählen Sie im Bedienfeldmenü die Option »Im Explorer anzeigen« (Windows) bzw. »Im Finder anzeigen« (Mac OS), um den Ordner zu öffnen, in dem die verknüpfte Datei gespeichert ist, und wählen Sie die entsprechende Datei. Mit dieser Funktion finden Sie Dateien auf Ihrer Festplatte, um sie beispielsweise umzubenennen.

2 Schließen Sie das Fenster und klicken Sie bei Bedarf auf das Dokumentfenster, um zu InDesign zurückzukehren.

▶ **Tipp:** Sie können auch »In Bridge anzeigen« aus dem Bedienfeldmenü auswählen, um den Speicherort einer importierten Grafikdatei ausfindig zu machen und sie umzubenennen.

Überarbeitete Bilder aktualisieren

Selbst nachdem Sie Text- oder Bilddateien in einem InDesign-Dokument platziert haben, können Sie sie in anderen Anwendungen bearbeiten und ändern. Das Verknüpfungenbedienfeld zeigt an, welche Dateien außerhalb von InDesign verändert wurden, und bietet Ihnen die Möglichkeit, das Dokument mit der jeweils neuesten Version dieser Dateien zu aktualisieren.

InDesign zeigt im Verknüpfungenbedienfeld neben der Datei »10_i.ai« ein Warnsymbol (⚠) an und weist damit darauf hin, dass die Originaldatei seit der Platzierung außerhalb von InDesign geändert worden ist. Dies ist eine der Dateien, die für den Warnhinweis beim Öffnen des Dokuments verantwortlich sind. Sie aktualisieren nun diese Verknüpfung, damit das InDesign-Dokument mit der aktuellen Version arbeitet.

1 Klicken Sie im Verknüpfungenbedienfeld links neben dem Dateinamen »10_i.ai« auf das Dreieck (▶), um zwei Verweise auf Instanzen der importierten Datei anzuzeigen. Wählen Sie Datei »10_i.ai« auf Seite 4 und klicken Sie auf die Schaltfläche »Gehe zu Verknüpfung« (🔗). Dieser Schritt ist zum Aktualisieren einer Verknüpfung zwar nicht notwendig, aber so können Sie schnell überprüfen, welche importierte Datei Sie aktualisieren.

▶ **Tipp:** Durch Klicken auf die Seitenzahl rechts neben einem Verknüpfungsnamen im Verknüpfungenbedienfeld gelangen Sie zur Verknüpfung und zentrieren sie im Dokumentfenster.

▶ **Tipp:** Alle Schalt-
flächen unten im
Verknüpfungen-
bedienfeld stehen
auch als Befehle im
Bedienfeldmenü zur
Verfügung.

2 Klicken Sie auf die Schaltfläche »Verknüpfungen aktualisieren« (🔄📄).
Das Bild im Dokument ändert sich in die neue Version.

3 Wählen Sie aus dem Bedienfeldmenü den Befehl »Alle Verknüpfungen
aktualisieren«, um die anderen geänderten Grafikdateien zu aktualisieren.

Jetzt ersetzen Sie das Bild mit den Händen auf dem ersten Druckbogen (Seite
2–4) durch ein anderes Bild und verwenden dabei die Schaltfläche »Erneut
verknüpfen«, um den Grafikrahmen mit einem anderen Bild zu verknüpfen.

4 Gehen Sie auf die Seiten 2–4 (den ersten Druckbogen) und wählen Sie
Ansicht: Druckbogen in Fenster einpassen.

5 Wählen Sie mit dem Auswahlwerkzeug (▸) das Bild »10_h.psd«, das Foto mit
den beiden verschränkten Händen auf Seite 4. (Wenn Sie auf das Inhaltsauswahlwerkzeug klicken, markieren Sie das Bild anstatt des Grafikrahmens;
das macht an dieser Stelle jedoch keinen Unterschied.) InDesign zeigt
Ihnen den Namen des gewählten Bilds bzw. der gewählten Datei im
Verknüpfungenbedienfeld an; so erkennen Sie, dass Sie die richtige Datei
gewählt haben.

6 Klicken Sie im Verknüpfungenbedienfeld auf die Schaltfläche »Erneut
verknüpfen« (🔗).

7 Markieren Sie im aufgerufenen Dialogfeld die Datei *10_j.psd* im Ordner *Lektion_10* und klicken Sie auf »Öffnen«. InDesign ersetzt das Originalbild durch das neue Bild (mit einem anderen Hintergrund) und aktualisiert das Verknüpfungenbedienfeld entsprechend.

8 Klicken Sie in einen leeren Bereich der Montagefläche, um die Auswahl aller Objekte auf dem Druckbogen aufzuheben.

9 Wählen Sie **Datei: Speichern**, um Ihre Arbeit zu sichern.

Verknüpfungsstatus im Verknüpfungenbedienfeld

Eine verknüpfte Bilddatei kann im Verknüpfungenbedienfeld wie folgt angezeigt werden:

- Eine aktuelle Datei zeigt nur den Dateinamen und die Seite im Dokument.

- Eine geänderte Datei zeigt ein gelbes Warndreieck mit einem Ausrufezeichen (⚠). Dieses Symbol bedeutet, dass die Dateiversion auf dem Datenträger neuer ist als die in Ihrem Dokument. Das Symbol wird zum Beispiel angezeigt, wenn Sie eine Photoshop-Grafik in InDesign platzieren und dann das Original von einem anderen Benutzer in Photoshop bearbeitet und gespeichert wird.

- Eine fehlende Datei zeigt ein rotes Sechseck mit einem Fragezeichen (❓). Das heißt, die Datei befindet sich nicht mehr an dem Speicherort, von dem sie importiert wurde, obwohl sie möglicherweise noch an einem anderen Speicherort vorhanden ist. Das kann passieren, wenn die Originaldatei in einen anderen Ordner oder auf einen anderen Server verschoben wird, nachdem sie in einem InDesign-Dokument platziert wurde. Ohne die Originaldatei lässt sich nicht feststellen, ob eine Datei auf dem letzten Stand ist. Wenn Sie ein Dokument drucken oder exportieren, obwohl InDesign dieses Symbol anzeigt, wird dabei eventuell nicht die volle Auflösung verwendet.

– Aus der InDesign-Hilfe

▶ **Tipp:** Über die Optionen im Verknüpfungenbedienfeldmenü können Sie die im Bedienfeld gezeigten Spalten und Informationen anpassen. Nach dem Hinzufügen von Spalten können Sie außerdem ihre Größe und ihre Position anpassen.

Anzeigeleistung anpassen

Wenn Sie alle Dateiverknüpfungen aktualisiert haben, können Sie weitere Bilder hinzufügen. Zuerst passen Sie allerdings die Anzeigequalität der Illustrator-Datei *10_i.ai* an, die Sie im letzten Schritt aktualisiert haben.

Wenn ein Bild in einem Dokument platziert wird, erstellt InDesign entsprechend der Einstellungen im Dialogfeld »Voreinstellungen« automatisch eine niedrig aufgelöste Version (Proxy) dieser Bilddatei. Die Bilder im aktuellen Dokument werden mit niedrig auflösenden Proxys angezeigt – deshalb sehen sie so grob aus. Eine geringere Bildschirmauflösung beschleunigt den Seitenaufbau auf dem Bildschirm und wirkt sich nicht auf die Druckausgabequalität aus. Sie können die Proxy-Bildauflösung bzw. die Detailgenauigkeit der Darstellung platzierter Bilder in InDesign steuern.

1 Wählen Sie im Verknüpfungenbedienfeld die Datei »10_i.ai«, die Sie im vorigen Lektionsabschnitt (auf Seite 4) aktualisiert haben. Klicken Sie auf die Schaltfläche »Gehe zu Verknüpfung« ( ), um das Bild vergrößert anzuzeigen.

2 Klicken Sie mit der rechten Maustaste auf das Bild »Orchard of Kings« und wählen Sie im angezeigten Kontextmenü **Anzeigeleistung: Anzeige mit hoher Qualität**. InDesign zeigt das Bild in voller Auflösung an. So können Sie die Qualität, das Erscheinungsbild und die Position einzelner platzierter Bilder in einem InDesign-Layout prüfen.

Bildschirmdarstellung »Normale Anzeige«   »Anzeige mit hoher Qualität«

3 Wählen Sie **Ansicht: Anzeigeleistung: Anzeige mit hoher Qualität**. Mit diesem Befehl legen Sie die Standardanzeigeoption für das gesamte Dokument fest. InDesign zeigt nun alle Bilder mit der höchsten Qualität an.

Auf älteren Systemen und in Layouts mit vielen platzierten Bildern kann diese Einstellung zu verzögertem Bildschirmaufbau führen. In diesem Fall sollten Sie die Anzeigeoption auf »Normale Anzeige« stellen und nach Bedarf für einzelne Bilder auf die Anzeige mit hoher Qualität umschalten.

4 Wählen Sie **Datei: Speichern.**

Mit Beschneidungspfaden arbeiten

Sie können in InDesign störende Hintergründe entfernen. Im folgenden Abschnitt sammeln Sie etwas Erfahrung mit dieser Technik; Sie können nicht nur in Adobe InDesign CS6 Hintergründe entfernen, sondern auch Pfade oder Alpha-Kanäle in Photoshop anlegen, die Sie dann anschließend zum Freistellen eines Bilds in einem InDesign-Layout benutzen können.

Das Bild, das Sie als Nächstes platzieren, hat einen rechteckigen undurch- sichtigen Hintergrund, der den darunterliegenden Bereich verdeckt. Sie können unerwünschte Teile eines Bilds mit einem Beschneidungspfad – einer Maske in Form einer gezeichneten Vektorkontur – entfernen. InDesign kann Beschneidungspfade aus vielen Bildarten erzeugen:

- Wenn Sie in einem Bild in Photoshop einen Pfad gezeichnet und mit dem Bild gespeichert haben, kann InDesign daraus einen Beschneidungspfad erstellen.

- Wenn Sie in einem Bild in Photoshop einen Alpha-Kanal gemalt und mit dem Bild gespeichert haben, kann InDesign daraus einen Beschneidungspfad erzeugen. Ein Alpha-Kanal enthält (teil)transparente und deckende Bereiche und wird meist für Foto- und Videomontagen benutzt.

- Besitzt ein Bild einen hellen oder weißen Hintergrund, kann InDesign automatisch die Kanten erkennen und daraus einen Beschneidungspfad erstellen.

Das Foto mit den Birnen, das Sie nun platzieren, enthält weder einen Beschneidungspfad noch einen Alpha-Kanal, aber es hat einen weißen Hintergrund, den InDesign entfernen kann.

Einen weißen Hintergrund mit InDesign entfernen

Sie verbergen als Nächstes den weißen Hintergrund im Birnenbild. Mit der Option »Kanten suchen« des Befehls »Beschneidungspfad« können Sie die weiße Hintergrundumgebung eines Bilds verbergen. InDesign legt mit dieser Option dazu jeweils Pfade um die einzelnen Formen innerhalb eines Bilds an.

1 Navigieren Sie auf Seite 7 in Ihrem Dokument, indem Sie auf die Miniaturseite der Seite 7 im Seitenbedienfeld klicken. Wählen Sie **Datei: Platzieren** und doppelklicken Sie auf die Datei *10_c.psd* im Ordner *Lektion_10*.

2 Vergewissern Sie sich, dass im Ebenenbedienfeld die Ebene »Photos« gewählt ist, damit InDesign das Bild auf dieser Ebene platziert.

3 Platzieren Sie das Geladene-Grafik-Symbol (🕎) außerhalb und etwas links unterhalb der oberen Kante des violetten Quadrats (achten Sie darauf, dass

Sie den Mauszeiger nicht in das Quadrat setzen) und klicken Sie, um ein Birnenbild mit weißem Hintergrund zu platzieren. Positionieren Sie das Foto gegebenenfalls neu.

4   Wählen Sie **Objekt: Beschneidungspfad: Optionen** und ziehen Sie das Dialogfeld »Beschneidungspfad« bei Bedarf so aus dem Weg, dass Sie das Birnenfoto gut sehen können.

● **Hinweis:** Wenn Sie keine Einstellung finden können, die den Hintergrund ohne Auswirkungen auf die wichtigen Bildteile vollständig entfernt, sollten Sie einen Wert wählen, der möglichst viel Weiß entfernt und dabei die übrigen Bildteile intakt lässt. Den restlichen weißen Hintergrund entfernen Sie durch die Feineinstellung des Beschneidungspfads in den folgenden Schritten.

5   Wählen Sie im Popup-Menü »Art« die Option »Kanten suchen«. Falls »Vorschau« nicht eingeschaltet ist, aktivieren Sie die Option jetzt. InDesign hat den weißen Hintergrund fast vollständig entfernt.

6   Ziehen Sie den Schwellenwert-Regler, bis möglichst viel vom weißen Hintergrund ausgeblendet wird, ohne Teile des Motivs (die dunkleren Bildbereiche) auszublenden. Wir haben den Schwellenwert in diesem Beispiel auf 20 eingestellt.

Die Option »Schwellenwert« blendet helle Bildbereiche beginnend mit der Farbe Weiß aus. Wenn Sie den Regler nach rechts ziehen und damit den Schwellenwert erhöhen, übernimmt InDesign immer mehr dunklere Farbtöne in den zu verbergenden Tonbereich. Sie werden mit diesem Regler keine absolut perfekte Einstellung finden. In den nächsten Schritten werden Sie den Beschneidungspfad aber noch weiter verfeinern können.

7   Ziehen Sie den Toleranz-Regler ein wenig nach links, bis der Wert ungefähr bei 1 liegt.

Mit »Toleranz« bestimmen Sie, aus wie vielen Punkten der von InDesign errechnete Beschneidungspfad bestehen soll. Wenn Sie nach rechts ziehen, benutzt InDesign weniger Punkte, wodurch der Beschneidungspfad das Bild etwas lockerer (mit einer höheren Toleranz) umgibt. Weniger Punkte auf dem Pfad können die Druckausgabe des Dokuments beschleunigen, eventuell aber auch zu einem weniger präzisen Ergebnis führen.

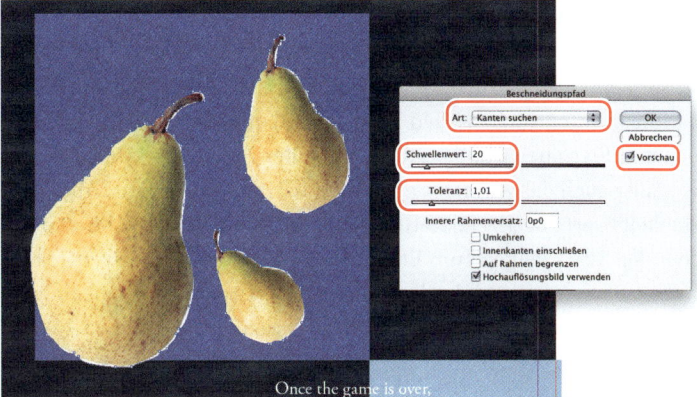

8 Geben Sie für »Innerer Rahmenversatz« einen Wert ein, der die
verbleibenden Hintergrundbereiche ausschließt. Wir haben den Wert 0p1
(null Pica, ein Punkt) eingegeben. Mit dieser Option verkleinert InDesign die
aktuelle Form des Beschneidungspfads einheitlich und sie wird nicht durch
den Helligkeitswert im Bild beeinflusst. Klicken Sie anschließend auf OK, um
die Einstellungen zu übernehmen und das Dialogfeld »Beschneidungspfad«
zu schließen.

Vor und nach dem Zuweisen des 1 Punkt großen inneren Rahmenversatzes

9 Optional können Sie den Beschneidungspfad noch weiter verfeinern.
Wechseln Sie zum Direktauswahl-Werkzeug (⬀) und wählen Sie das
Birnenbild. Jetzt können Sie einzelne Ankerpunkte ziehen und den
Beschneidungspfad um die Birnen mit den Zeichenwerkzeugen bearbeiten.
Für Bilder mit komplizierten Kanten sollten Sie die Dokumentansicht
vergrößern, um die Ankerpunkte korrekt bearbeiten zu können.

10 Wählen Sie **Datei: Speichern**, um die Datei zu sichern.

Hinweis: Mit der Option »Kanten suchen« können Sie auch einheitlich schwarze bzw. dunkle Hintergründe entfernen. Schalten Sie dafür die Option »Umkehren« ein und bestimmen Sie einen hohen Schwellenwert (255).

Hinweis: Wenn Sie eine Photoshop-Datei (.psd) mit transparentem Hintergrund platzieren, erkennt InDesign die Transparenz auch ohne Beschneidungspfade oder Alpha-Kanäle. Ein transparenter Hintergrund ist besonders hilfreich, wenn Sie Bilder mit weichen oder unregelmäßigen Kanten platzieren möchten.

Hinweis: Platzieren Sie die Datei unbedingt auf der Montagefläche links neben Seite 2. Wenn Sie die Datei in einem der vorhandenen Rahmen ablegen, platzieren Sie sie innerhalb dieses Objekts. Wählen Sie dann **Bearbeiten: Rückgängig** und versuchen Sie es erneut.

Mit Alpha-Kanälen arbeiten

In einem Bild, das keinen einheitlich weißen oder schwarzen Hintergrund hat, kann die Funktion »Kanten suchen« den Hintergrund oft nicht korrekt entfernen. In solchen Bildern bewirkt das Ausblenden der Helligkeitswerte des Hintergrunds häufig auch das Ausblenden von bildwichtigen Objekten, die dieselben Helligkeitswerte besitzen. Stattdessen können Sie in Photoshop mit den entsprechenden Werkzeugen zum Entfernen von Hintergründen transparente Bereiche mit Pfaden oder Alpha-Kanälen markieren und InDesign einen Beschneidungspfad aus diesen Bereichen erstellen lassen.

Eine Photoshop-Datei mit Alpha-Kanälen importieren

Sie hatten das letzte Bild mit dem Befehl »Platzieren« importiert. Diesmal verwenden Sie eine andere Methode: Sie ziehen einfach ein Photoshop-Bild direkt auf einen InDesign-Druckbogen. InDesign kann Photoshop-Pfade und Alpha-Kanäle direkt verwenden – Sie müssen die Photoshop-Datei deshalb nicht in einem anderen Dateiformat speichern.

1 Vergewissern Sie sich, dass im Ebenenbedienfeld die Ebene »Photos« gewählt ist, damit InDesign das Bild auf dieser Ebene platziert.

2 Navigieren Sie auf Seite 2 im Dokument und wählen Sie **Ansicht: Seite in Fenster einpassen**.

3 Öffnen Sie im Explorer (Windows) bzw. im Finder (Mac OS) den Ordner *Lektion_10*, der die Datei *10_d.psd* enthält.

Passen Sie das Explorer-Fenster (Windows) bzw. Finder-Fenster (Mac OS) und Ihr InDesign-Fenster so an, dass Sie sowohl die Dateiliste des Ordners *Lektion_10* als auch das InDesign-Dokumentfenster sehen. Das untere linke Viertel der Seite 2 in Ihrem Dokument muss zu sehen sein.

4 Ziehen Sie die Datei *10_d.psd* ins InDesign-Dokument auf die Montagefläche links neben Seite 2 und lassen Sie die Maustaste los. Klicken Sie in die Montagefläche, um zu InDesign zurückzukehren, und klicken Sie nochmals, um das Bild in voller Größe zu platzieren.

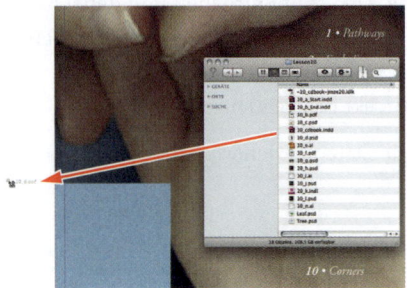

5 Richten Sie das Bild anschließend mit dem Auswahlwerkzeug (↖) unten links auf der Seite aus.

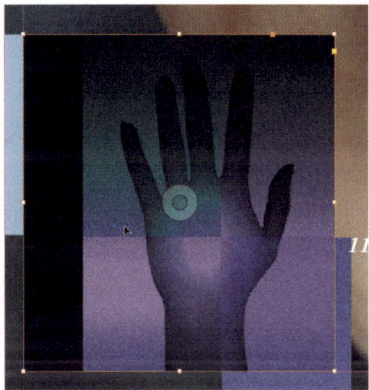

6 Bei Bedarf können Sie das InDesign-Fenster nun wieder auf seine ursprüngliche Größe bringen; damit haben Sie den Dateiimport abgeschlossen.

Photoshop-Pfade und Alpha-Kanäle

Die Hand und der Hintergrund in dem Photoshop-Bild, das Sie gerade in das InDesign-Dokument gezogen haben, haben viele übereinstimmende Helligkeitswerte. Daher lässt sich der Hintergrund nicht so einfach mit der Option »Kanten suchen« aus dem Beschneidungspfad-Befehl isolieren.

Stattdessen stellen Sie InDesign nun so ein, dass es einen Alpha-Kanal aus Photoshop verwendet. Zuerst öffnen Sie das Bild über das Verknüpfungenbedienfeld direkt in Photoshop, um festzustellen, welche Pfade oder Alpha-Kanäle bereits im Bild vorhanden sind.

Dieser Abschnitt setzt eine Vollversion von Adobe Photoshop 4.0 oder neuer voraus und lässt sich leichter nachvollziehen, wenn Sie genügend Arbeitsspeicher (RAM) installiert haben, um InDesign und Photoshop zügig gleichzeitig auszuführen. Wenn Ihr Arbeitssystem diese Voraussetzungen nicht erfüllt, können Sie die folgenden Schritte trotzdem lesen, um sich mit Photoshop-Alpha-Kanälen im Allgemeinen vertraut zu machen, und dann den nächsten Abschnitt dieser Lektion bearbeiten.

1 Wählen Sie mit dem Auswahlwerkzeug (↖) das Bild *10_d.psd*, das Sie im vorigen Abschnitt importiert haben.

2 Sollte das Verknüpfungenbedienfeld noch nicht geöffnet sein, wählen Sie **Fenster: Verknüpfungen**. InDesign hebt den Bilddateinamen im Verknüpfungenbedienfeld hervor.

▶ **Tipp:** Neben der Schaltfläche »Original bearbeiten« im Verknüpfungenbedienfeld können Sie auch die Option »Bearbeiten mit« im Verknüpfungenbedienfeldmenü verwenden und damit selbst bestimmen, mit welchem Programm Sie die Datei bearbeiten.

● **Hinweis:** Es
kann vorkommen,
dass ein Bild über
die Schaltfläche
»Original bearbeiten«
in einem anderen
Programm als Photo-
shop bzw. dem
Erstellungsprogramm
geöffnet wird. Bei
der Installation von
Programmen kann
es passieren, dass
die Installations-
programme die
Einstellungen für
die Zuordnung von
Dateien zu Program-
men ändern. Der
Befehl »Original
bearbeiten« greift
für die Datei-
zuordnung auf diese
Einstellungen in
Ihrem Betriebssystem
zurück. Wie Sie die
Einstellungen ändern,
erfahren Sie in der
Dokumentation Ihres
Betriebssystems.

3 Klicken Sie im Verknüpfungenbedienfeld auf die Schaltfläche
   »Original bearbeiten« ( ). Damit wird das Bild in einem geeigneten
   Anwendungsprogramm geöffnet, in dem Sie es betrachten und bearbeiten
   können. Dieses Bild wurde in Photoshop gespeichert; wenn also Photoshop
   auf Ihrem Computer installiert ist, startet InDesign das Programm
   Photoshop und öffnet darin die gewählte Datei.

4 Wählen Sie in Photoshop **Fenster: Kanäle,** um das Kanälebedienfeld zu
   öffnen, oder klicken Sie auf das Register »Kanäle« des Kanälebedienfelds.
   Klicken Sie auf das Register und ziehen Sie es ins Dokumentfenster, um das
   Bedienfeld aus seiner Gruppe zu lösen.

5 Erweitern Sie das Kanälebedienfeld bei Bedarf, um neben den StandardRGB-
   Kanälen auch die drei Alpha-Kanäle (Alpha 1, Alpha 2 und Alpha 3) zu
   sehen. Diese Kanäle wurden mit den Auswahl- und Zeichenwerkzeugen in
   Photoshop erzeugt.

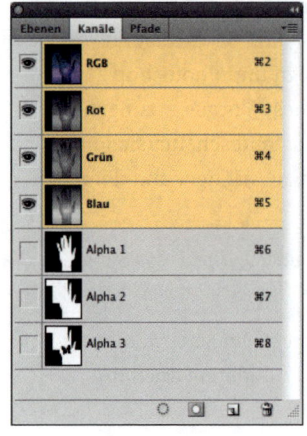

Mit drei Alpha-Kanälen gespeicherte
Photoshop-Datei

6 Klicken Sie im Kanälebedienfeld in Photoshop auf »Alpha 1«, um diesen Kanal zu betrachten. Anschließend klicken Sie auf »Alpha 2« und »Alpha 3«, um die Kanäle miteinander zu vergleichen.

7 Wählen Sie in Photoshop **Fenster: Pfade**, um das Pfadebedienfeld zu öffnen, oder klicken Sie auf das Register »Pfade« des Pfadebedienfelds.

Das Pfadebedienfeld enthält die beiden benannten Pfade »Shapes« und »Circle«. Beide wurden mit dem Zeichenstift-Werkzeug (✒) und anderen Pfadwerkzeugen in Photoshop gezeichnet, obwohl sie ebenso hätten in Illustrator gezeichnet und dann in Photoshop eingefügt werden können.

8 Klicken Sie in Photoshop im Pfadebedienfeld auf »Shapes«, um diesen Pfad zu betrachten, und klicken Sie dann auf »Circle«.

9 Beenden Sie Photoshop. Sie benötigen das Programm in dieser Lektion nicht mehr.

Photoshop-Pfade und Alpha-Kanäle in InDesign verwenden

Sie kehren nun zu InDesign zurück und lernen, wie Sie aus den Pfaden und Alpha-Kanälen aus Photoshop unterschiedliche Beschneidungspfade erzeugen.

1 Wechseln Sie zu InDesign. Die Datei *10_d.psd* ist auf der Seite noch gewählt; sollte dies nicht der Fall sein, markieren Sie sie mit dem Auswahlwerkzeug (▶).

2 Wählen Sie **Objekt: Beschneidungspfad: Optionen**, um das Dialogfeld »Beschneidungspfad« zu öffnen. Bei Bedarf verschieben Sie das Dialogfeld, damit Sie das Bild während der folgenden Arbeitsschritte sehen können.

3 Vergewissern Sie sich, dass die Option »Vorschau« eingeschaltet ist, und wählen Sie im Popup-Menü »Art« die Option »Alpha-Kanal«. Das Alpha-Menü listet nun die drei in Photoshop benannten Alpha-Kanäle auf.

4 Betrachten Sie im Alpha-Menü die voreingestellte Option »Alpha 1«. InDesign erstellt aus diesem Alpha-Kanal einen Beschneidungspfad. Wählen Sie dann in demselben Menü die Option »Alpha 2« und vergleichen Sie die Ergebnisse.

5 Wählen Sie im Alpha-Menü die Option »Alpha 3« und schalten Sie die Option »Innenkanten einschließen« ein. Achten Sie auf die Änderungen im Bild.

▶ **Tipp:** Sie können den Beschneidungspfad, den InDesign aus einem Alpha-Kanal erstellt hat, verfeinern, indem Sie die Optionen »Schwellenwert« und »Toleranz« anpassen, wie Sie es bereits bei der Funktion »Kanten suchen« weiter vorn in dieser Lektion getan haben. Bei Alpha-Kanälen sollten Sie mit einem niedrigen Schwellenwert wie 1 beginnen.

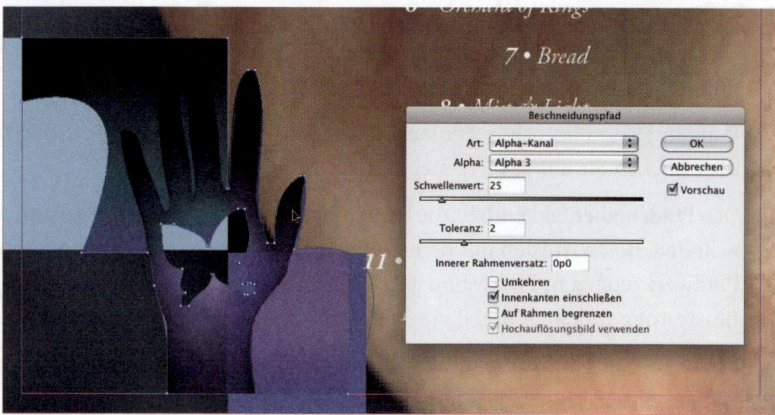

▶ **Tipp:** Sie
können sich das
schmetterlings-
förmige Loch auch
in der Originaldatei
im Alpha-Kanal 3 in
Photoshop ansehen.

Durch Einschalten der Option »Innenkanten einschließen« erkennt
InDesign ein schmetterlingsförmiges Loch im Kanal »Alpha 3« und fügt
dieses dem Beschneidungspfad hinzu.

6   Wählen Sie im Popup-Menü »Art« die Option »Photoshop-Pfad« und dann
im Popup-Menü »Pfad« darunter die Option »Shapes«. InDesign gleicht den
Bildrahmen an den Photoshop-Pfad an.

7   Wählen Sie im Popup-Menü »Pfad« die Option »Circle« und klicken Sie auf
OK.

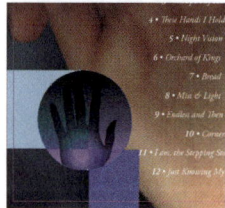

8   Wählen Sie **Datei: Speichern**.

Adobe-Grafikdateien importieren

InDesign arbeitet auf vielfältige Weise mit nativen Adobe-Formaten wie
Photoshop, Illustrator und Acrobat zusammen und bietet verschiedene
Optionen für ihre Darstellung. So können Sie beispielsweise die Sichtbarkeit
der Ebenen einer Photoshop-Datei anpassen und unterschiedliche
Ebenenkompositionen betrachten. Ähnlich können Sie eine in Illustrator
erzeugte PDF-Datei mit Ebenen in InDesign importieren und durch Anpassen
der Ebenensichtbarkeit variieren.

Eine Photoshop-Datei mit Ebenen und Ebenenkompositionen importieren

Im letzten Abschnitt haben Sie mit einer Photoshop-Datei mit gespeicherten Pfaden und Alpha-Kanälen gearbeitet; diese Datei besaß allerdings nur eine Hintergrundebene. Wenn Sie mit Photoshop-Dateien arbeiten, die mehrere Ebenen haben, können Sie die Sichtbarkeit der einzelnen Ebenen anpassen und außerdem verschiedene Ebenenkompositionen anzeigen.

Ebenenkompositionen werden in Photoshop angelegt und mit der Datei gespeichert; sie werden oft eingesetzt, um mehrere Variationen eines Bilds zu erzeugen, so dass man schnell Vergleiche zwischen verschiedenen Entwürfen ziehen kann. Beim Platzieren der Datei in InDesign können Sie die verschiedenen Kompositionen in Bezug auf Ihr Gesamtlayout in der Vorschau betrachten. Sie sehen sich jetzt einige Ebenenkompositionen an.

1   Klicken Sie im Verknüpfungenbedienfeld auf die Verknüpfung für *10_j.psd* und dann auf die Schaltfläche »Gehe zu Verknüpfung« (⤴🖹), um die Datei auszuwählen und im Dokumentfenster zu zentrieren. Diese Datei, die Sie bereits neu verknüpft haben, besteht aus vier Ebenen und drei Ebenenkompositionen.

2   Wählen Sie **Objekt: Objektebenenoptionen**, um das Dialogfeld »Objektebenenoptionen« zu öffnen. Hier können Sie die Ebenen ein- und ausblenden und zwischen Ebenenkompositionen wechseln.

3   Ziehen Sie das Dialogfeld »Objektebenenoptionen« auf Ihrem Bildschirm nach unten, damit Sie das ausgewählte Bild besser sehen können. Schalten Sie die Option »Vorschau« ein, um die Änderungen auch bei geöffnetem Dialogfeld beobachten zu können.

4   Klicken Sie im Dialogfeld »Objektebenenoptionen« links in der Ebene »hands« auf das Auge-Symbol (👁). Damit schalten Sie die Ebene »hands« aus, so dass nur noch die Ebene »simple background« zu sehen ist. Klicken Sie erneut in das nun leere Quadrat, um die Ebene »hands« wieder anzuzeigen.

5   Wählen Sie im Popup-Menü »Ebenenkomp.« die Option »Green Glow«. Diese Ebenenkomposition hat einen anderen Hintergrund. Wählen Sie nun die Option »Purple Opacity« im Popup-Menü »Ebenenkomp.«. Diese Ebenenkomposition verfügt ebenfalls über einen anderen Hintergrund und die Ebene »hands« ist zum Teil transparent. Klicken Sie auf OK.

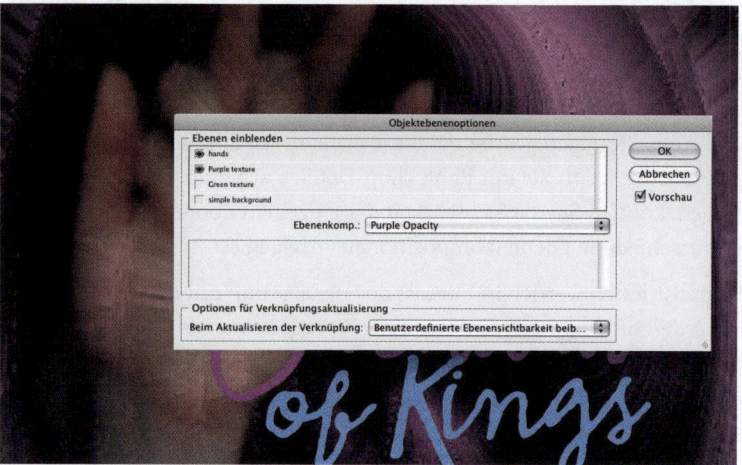

Ebenenkompositionen sind nicht nur Sammlungen unterschiedlicher Ebenen, sondern können vielmehr auch Photoshop-Ebeneneffekte, Sichtbarkeits- und Positionswerte speichern. Wird die Sichtbarkeit einer Datei mit Ebenen geändert, informiert InDesign Sie darüber im Bereich »Verknüpfungsinformationen« des Verknüpfungenbedienfelds.

6   Klicken Sie bei Bedarf auf die Schaltfläche »Verknüpfungsinformationen ein-/ausblenden« (▷), um den Bereich »Verknüpfungsinformationen« unten im Verknüpfungenbedienfeld zu öffnen. Betrachten Sie die Einstellung für abweichende Ebeneneinstellungen (»Abweich. Ebeneneinstell.«). Mit »Ja (2)« zeigt InDesign an, dass zwei abweichende Ebeneneinstellungen vorhanden sind. »Nein« würde bedeuten, dass keine abweichenden Ebeneneinstellungen vorhanden sind.

7   Wählen Sie **Datei: Speichern**, um Ihre bisherige Arbeit zu sichern.

Grafikrahmen im Text verankern

Verankerte Grafikrahmen fließen mit dem Text mit, auch wenn der umgebende Text geändert wird. In dieser Übung platzieren Sie das Albumlogo in einem Textrahmen auf Seite 6.

1   Doppelklicken Sie im Seitenbedienfeld auf den zweiten Druckbogen und wählen Sie **Ansicht: Druckbogen in Fenster einpassen**. Bei Bedarf scrollen Sie im Dokumentfenster nach unten. Unten auf der Montagefläche befindet sich das Logo »Orchard of Kings«. Sie fügen dieses Bild nun in einen Absatz in der Seite darüber ein.

2   Klicken Sie mit dem Auswahlwerkzeug (▲) auf das Logo. Achten Sie auf das kleine grüne Quadrat nahe der rechten oberen Ecke des Rahmens. Dieses können Sie verschieben, um ein Objekt im Text zu verankern.

3 Wählen Sie das Zoomwerkzeug (🔍) oder halten Sie vorübergehend die Z-Taste gedrückt und klicken Sie, so dass Sie das Logo und den darüberliegenden Textrahmen gut erkennen können. Wir haben 150 % gewählt.

4 Wählen Sie **Schrift: Verborgene Zeichen einblenden**, um die Wortzwischenräume und Absatzmarkierungen im Text zu erkennen. So können Sie leichter feststellen, an welcher Position Sie den Rahmen im Text verankern möchten.

5 Halten Sie die Umschalt-Taste gedrückt und ziehen Sie das grüne Quadrat aus der rechten oberen Rahmenecke des Logos links neben die zweite Absatzmarkierung unter dem Wort »streets«. Auf diese Weise erhalten Sie eine eingebundene Grafik zwischen den beiden Textabsätzen. InDesign umbricht den Text anschließend neu.

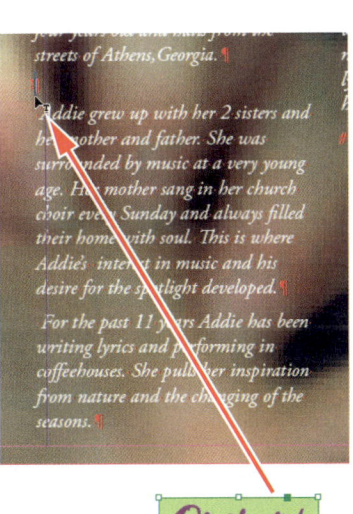

Jetzt schaffen Sie mit der Option »Abstand davor« mehr Weißraum zwischen dem Bild und dem umgebenden Text.

6 Wählen Sie das Textwerkzeug (**T**) und klicken Sie rechts neben die eingebundene Grafik, um die Einfügemarke in diesem Absatz zu platzieren.

7 Klicken Sie oben links im Steuerungsbedienfeld auf die Schaltfläche »Absatzformatierung« (¶). Klicken Sie auf die Pfeil-nach-oben-Schaltfläche der Option »Abstand davor« (⇥☰), um den Wert auf 0p4 zu ändern. Dabei verschiebt InDesign den verankerten Grafikrahmen und den darunterliegenden Text etwas nach unten.

Hinweis: Die Option »Verborgene Zeichen einblenden« muss nicht zwingend aktiviert sein, um Grafiken im Text zu verankern. Sie hilft Ihnen jedoch bei der Analyse der Textstruktur.

8 Wählen Sie **Datei: Speichern**, um Ihre Arbeit zu sichern.

Ein verankertes Bild mit Textumfluss versehen

Sie können einem verankerten Bild mühelos einen Textumfluss zuweisen und so mit verschiedenen Layouts experimentieren und sofort das Ergebnis betrachten.

1 Wählen Sie mit dem Auswahlwerkzeug (➤) das Logo »Orchard of Kings«, das Sie im vorigen Abschnitt platziert haben.

2 Halten Sie die Tastenkombination Umschalt+Strg (Windows) bzw. Umschalt+Befehl (Mac OS) gedrückt und ziehen Sie den oberen rechten Ankerpunkt des Rahmens nach rechts oben, bis der Rahmen etwa 25 % in die zweite Spalte ragt. Mit diesem Tastaturbefehl skalieren Sie gleichzeitig das Bild und den Rahmen.

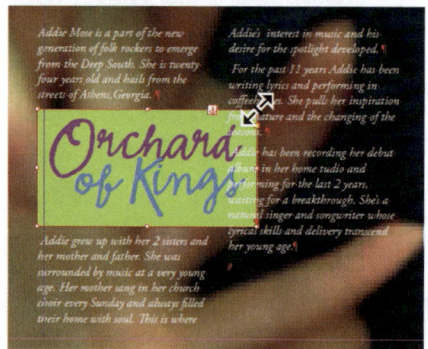

3 Wählen Sie **Fenster: Textumfluss**, um auf die Textumflussoptionen zugreifen zu können. Obwohl das Bild im Text eingebettet ist, zeigt InDesign es hinter dem vorhandenen Text an.

4 Klicken Sie im Textumflussbedienfeld auf die Schaltfläche »Umfließen der Objektform« (▣), um den Textumfluss um das Bild einzuschalten.

5 Erhöhen Sie mit der Pfeil-nach-oben-Schaltfläche neben der Option »Versatz oben« (⎕) den Abstand um den Bildrahmen. Ändern Sie den Wert in 1p0.

Sie können den Text auch um die Bildform statt um die Rahmenform führen.

6 Damit Sie das besser beobachten können, klicken Sie auf die weiße Montagefläche, um die Auswahl aufzuheben, und dann erneut auf das Logo »Orchard of Kings«. Drücken Sie die #-Taste, um die Füllfarbe »[Ohne]« zuzuweisen.

7 Wählen Sie im Textumflussbedienfeld im Popup-Menü »Typ« die Option »Kanten suchen«. Da das Bild eine Vektorgrafik ist, orientiert sich der Textumfluss an den Textkanten. Damit Sie das Dokument besser sehen können, klicken Sie auf die weiße Montagefläche, um die Auswahl des Bilds aufzuheben, und wählen Sie **Schrift: Verborgene Zeichen ausblenden**, um die Absatzmarkierungen und Wortzwischenräume auszublenden.

8 Wählen Sie mit dem Auswahlwerkzeug (🡑) wieder das Logo »Orchard of Kings«.

9 Wählen Sie im Textumflussbedienfeld nacheinander folgende Optionen im Popup-Menü »Textumfluss«:

- »Rechte Seite«: InDesign bewegt den Text an den rechten Bildrand und meidet den Bereich unter dem Logo, obwohl dort Platz innerhalb des Textumflussrahmens wäre.

- »Rechte und linke Seite«: InDesign verschiebt den Text in alle verfügbaren Bereiche um das Logo. Achten Sie auf die schmale Aussparung, wo sich der Textumfluss und der Textbereich überlappen.

- »Längere Zeile«: InDesign bewegt den Text in den größten Bereich auf einer Seite der Textumflussgrenzen.

10 Optional können Sie das Direktauswahl-Werkzeug (🡑) wählen und auf das Bild klicken, um die Ankerpunkte für den Textumfluss anzuzeigen. Mit der Konturoption »Kanten suchen« können Sie die Ankerpunkte für den Textumfluss von Hand anpassen, indem Sie sie anklicken und auf eine neue Position verschieben.

11 Schließen Sie das Textumflussbedienfeld.

12 Wählen Sie **Datei: Speichern**.

Eine Illustrator-Datei importieren

InDesign unterstützt ideal die glatten Kanten von Vektorgrafiken, zum Beispiel aus Adobe Illustrator. Wenn Sie in InDesign die hohe Anzeigequalität eingeschaltet haben, werden Vektorgrafiken und -schrift unabhängig vom jeweiligen Vergrößerungsgrad mit allen verfügbaren Details angezeigt. Die meisten Vektorgrafiken benötigen keine Beschneidungspfade, weil die Grafiken in den Erstellungsprogrammen normalerweise mit transparenten Hintergründen gespeichert werden. Im folgenden Abschnitt platzieren Sie eine Illustrator-Grafik in Ihrem InDesign-Dokument.

1 Wählen Sie im Ebenenbedienfeld die Ebene »Graphics« und anschließend **Bearbeiten: Auswahl aufheben**, um die Auswahl aller Elemente in Ihrem Dokument aufzuheben.

2 Wählen Sie **Ansicht: Druckbogen in Fenster einpassen**, um den gesamten Druckbogen sehen zu können.

3 Wählen Sie dann **Datei: Platzieren** und die Illustrator-Datei *10_e.ai* im Ordner *Lektion_10*. Vergewissern Sie sich, dass die Option »Importoptionen anzeigen« ausgeschaltet ist, und klicken Sie auf »Öffnen«.

4 Klicken Sie mit dem Geladene-Grafik-Symbol (🔁) oben links auf Seite 5, um die Illustrator-Datei dort in die Seite einzufügen, und orientieren Sie sich dabei an der folgenden Abbildung. In Illustrator angelegte Grafikdateien sind in den Bereichen, in denen sich keine Objekte befinden, transparent.

5 Wählen Sie **Datei: Speichern**, um Ihre Arbeit zu sichern.

Eine Illustrator-Datei mit Ebenen importieren

Sie können eine Illustrator-Datei (mit der Endung .ai) mit den darin enthaltenen Ebenen in ein InDesign-Layout importieren und die Sichtbarkeit der Ebenen steuern sowie die Position der Grafik ändern; allerdings lassen sich weder Pfade noch Objekte oder Text ändern.

1 Heben Sie die Auswahl aller Elemente auf, indem Sie auf die Montagefläche Ihres Dokumentfensters klicken.

2 Wählen Sie **Datei: Platzieren**. Schalten Sie unten links im Dialogfeld »Platzieren« die Option »Importoptionen anzeigen« ein, wählen Sie die Datei *10_n.ai* und klicken Sie auf »Öffnen«. InDesign ruft das Dialogfeld »PDF platzieren« nur auf, wenn die Option »Importoptionen anzeigen« eingeschaltet ist.

3 Vergewissern Sie sich, dass im Dialogfeld »PDF platzieren« die Option »Vorschau anzeigen« eingeschaltet ist. Wählen Sie im Bereich »Optionen« im Popup-Menü »Beschneiden auf« die Option »Bounding Box (alle Ebenen)« und achten Sie darauf, dass die Option »Transparenter Hintergrund« eingeschaltet ist.

4 Klicken Sie auf das Register »Ebenen«, um die drei Ebenen in dieser Datei zu betrachten: ein Hintergrundbild mit Bäumen (Layer 3), eine Textebene auf Englisch (English Title) und eine Textebene auf Spanisch (Spanish Title).

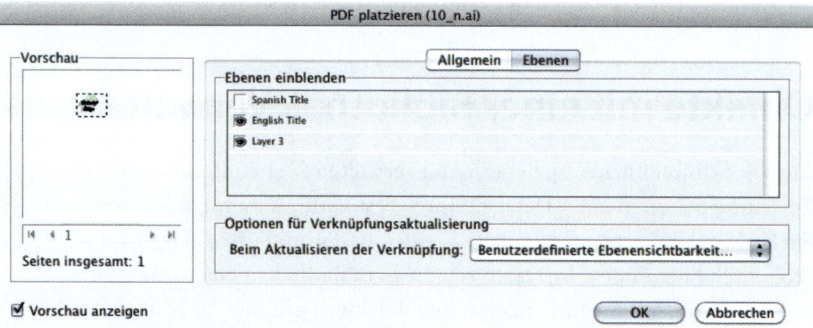

Auch wenn Sie jetzt schon die gewünschten Ebenen zum Importieren auswählen können, ist es doch schwierig, das Ergebnis im kleinen Vorschaubild zu beurteilen.

5 Klicken Sie auf OK. Sie wählen die zu importierenden Ebenen gleich im Dokument selbst aus.

6 Platzieren Sie das Geladene-Grafik-Symbol (🔎) links neben dem großen blauen Quadrat auf Seite 5 (nicht in das blaue Quadrat, da Sie die Grafik sonst in diesen Rahmen setzen würden). Klicken Sie einmal, um die Grafik zu platzieren, und zentrieren Sie sie anschließend mit dem Auswahlwerkzeug (▶) auf dem blauen Quadrat.

7 Vergrößern Sie die Grafik mit dem Zoomwerkzeug (🔍).

8 Die Grafik ist noch gewählt; wählen Sie **Objekt: Objektebenenoptionen**. Bei Bedarf verschieben Sie das Dialogfeld, damit Sie die Grafik im Dokument sehen können.

9 Schalten Sie die Option »Vorschau« ein und klicken Sie auf das Auge-Symbol () in der Ebene »English Title«, um diese Ebene auszublenden. Klicken Sie nun in das leere Feld in der Ebene »Spanish Title«, um diese Ebene anzuzeigen. Klicken Sie auf OK und heben Sie dann die Auswahl aller Elemente auf, indem Sie in die weiße Montagefläche klicken.

Illustrator-Dateien mit Ebenen ermöglichen einen vielfältigen Einsatz von Bildern, ohne dafür mehrere Dokumente erstellen zu müssen.

10 Wählen Sie **Datei: Speichern**, um Ihre Arbeit zu sichern.

Objekte mit einer Bibliothek verwalten

Mit Objektbibliotheken speichern und verwalten Sie häufig benutzte Grafiken, Texte und Seiten in einer Datei auf Ihrer Festplatte. Außerdem können Sie Hilfslinien, Raster, gezeichnete Formen und gruppierte Bilder zu einer Bibliothek hinzufügen. InDesign zeigt jede Bibliothek in einem eigenen Bedienfeld an, das Sie mit anderen Bedienfeldern gruppieren können. Sie können so viele Bibliotheken erstellen, wie Sie benötigen – erstellen Sie beispielsweise unterschiedliche Objektbibliotheken für Ihre Kunden oder Projekte. Im folgenden Abschnitt importieren Sie eine Grafik, die bereits in einer Bibliothek gespeichert ist, und legen anschließend eine eigene Bibliothek an.

1 Wenn Sie sich nicht bereits auf Seite 5 befinden, geben Sie unten im InDesign-Dokumentfenster in das Seitennavigationsfeld **5** ein und drücken die Eingabetaste, um auf diese Seite zu gelangen.

2 Wählen Sie **Ansicht: Seite in Fenster einpassen** oder doppelklicken Sie auf das Hand-Werkzeug, um die Seite vollständig zu betrachten.

3 Wählen Sie **Datei: Öffnen** und anschließend die Datei *10_k.indl* im Ordner *Lektion_10*. Klicken Sie auf »Öffnen«. Ziehen Sie an der unteren rechten Ecke des 10_k-Bibliotheksbedienfelds, um mehr vom Inhalt zu sehen.

4 Klicken Sie im 10_k-Bibliotheksbedienfeld auf die Schaltfläche »Bibliotheksuntergruppe einblenden« (🔍). Geben Sie im Abschnitt »Parameter« in das letzte Eingabefeld rechts die Bezeichnung »tree« ein und klicken Sie auf OK. Damit wird die Bibliothek nach Objekten durchsucht, deren Namen das Wort »tree« enthalten. Zwei Objekte werden angezeigt.

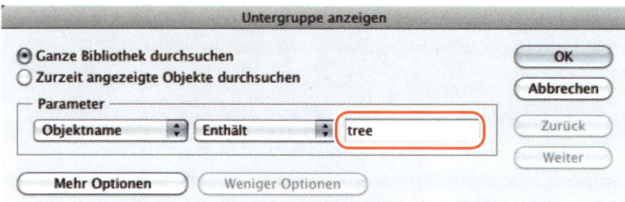

5 Vergewissern Sie sich, dass im Ebenenbedienfeld die Ebene »Graphics« als Ziel gewählt ist, und blenden Sie das Verknüpfungenbedienfeld ein.

6 Ziehen Sie von den beiden sichtbaren Objekten im 10_k-Bibliotheksbedienfeld die Datei »Tree.psd« auf Seite 5. InDesign fügt die Datei der Seite hinzu und nimmt den Dateinamen in das Verknüpfungenbedienfeld auf.

7 Positionieren Sie das Bild »Tree.psd« mit dem Auswahlwerkzeug (🖈) so, dass die linke Kante des Rahmens mit dem linken Seitenrand abschließt. Ober- und Unterkante des Rahmens sind jeweils an den Kanten des blauen Hintergrundrahmens ausgerichtet. Das Bild sollte in dem blauen Rechteck zentriert sein, so dass die rechte Kante des Rahmens mit der rechten Kante des blauen Hintergrundrahmens abschließt.

● **Hinweis:** Da Sie die Datei *Tree.psd* von ihrem ursprünglichen Speicherort auf der Buch-DVD auf Ihre Festplatte kopiert haben, kann es vorkommen, dass InDesign Sie im Verknüpfungenbedienfeld mit einem Warnsymbol (🔧 oder ⚠️) darauf aufmerksam macht, dass sich die Datei an einem neuen Speicherort befindet. Sie beheben das Problem, indem Sie im Verknüpfungenbedienfeld auf die Schaltfläche »Verknüpfungen aktualisieren« oder auf die Schaltfläche »Erneut verknüpfen« klicken und zum Ordner *Lektion_10* navigieren, um die Datei *Tree.psd* dort auszuwählen.

Eine Bibliothek erstellen

Sie legen jetzt eine eigene Bibliothek an. Beim Einfügen einer Grafik in eine InDesign-Bibliothek kopiert InDesign nicht die gesamte Datei in die Bibliothek, sondern erzeugt vielmehr eine Verknüpfung mit der Originaldatei. Daher werden auch für den Druck von Grafikdateien aus einer Bibliothek die hochauflösenden Originaldateien benötigt.

1 Wählen Sie **Datei: Neu: Bibliothek**. Geben Sie als Dateinamen für die Bibliothek **CD Projects** ein, navigieren Sie zum Ordner *Lektion_10* und klicken Sie auf »Speichern« (Windows) bzw. »Sichern« (Mac OS). InDesign

Snippets verwenden

Ein Snippet ist eine Datei, die Objekte enthält und deren Position relativ zueinander auf einer Seite oder einem Druckbogen beschreibt. Mit Snippets können Sie Seitenobjekte schnell und einfach wiederverwenden und positionieren. Sie erstellen ein Snippet, indem Sie Objekte in einer Snippet-Datei mit der Erweiterung .idms speichern. (Vorherige InDesign-Versionen verwenden die Erweiterung .inds.) Beim Platzieren der Snippet-Datei in InDesign können Sie bestimmen, ob die Objekte ihre ursprüngliche Position beibehalten oder an der Stelle erscheinen sollen, auf die Sie geklickt haben. Snippets können in einer Objektbibliothek und in Adobe Bridge sowie auf der Festplatte gespeichert werden.

Die Ebenenverbindungen der Snippet-Inhalte bleiben beim Platzieren von Snippets erhalten. Wenn ein Snippet Ressourcendefinitionen enthält und diese Definitionen auch in dem Dokument vorhanden sind, in das dieses Snippet kopiert wird, verwendet das Snippet die Ressourcendefinitionen aus dem Dokument.

In InDesign CS6 erstellte Snippets lassen sich nicht in früheren Programmversionen öffnen.

Um ein Snippet zu erzeugen, führen Sie einen der folgenden Schritte aus:

- Wählen Sie mit einem Auswahlwerkzeug mindestens ein Objekt aus und klicken Sie dann auf **Datei: Exportieren**. Wählen Sie unter »Dateityp« (Windows) bzw. »Format« (Mac OS) die Option »InDesign-Snippet«. Geben Sie einen Namen für die Datei ein und klicken Sie auf »Speichern«.

- Wählen Sie mit einem Auswahlwerkzeug mindestens ein Objekt aus und ziehen Sie die Auswahl dann auf den Desktop (Windows) bzw. Schreibtisch (Mac OS). Eine Snippet-Datei wird erstellt. Benennen Sie die Datei um.

- Ziehen Sie ein Element aus der Strukturansicht auf den Desktop (Windows) bzw. Schreibtisch (Mac OS).

So fügen Sie Snippets in ein Dokument ein:

1 Wählen Sie **Datei: Platzieren**.

2 Wählen Sie mindestens eine Snippet-Datei (*.idms oder *.inds) aus und klicken Sie auf »Öffnen«.

3 Klicken Sie mit dem geladenen Snippet-Cursor auf die Stelle, an der die obere linke Ecke der Snippet-Datei liegen soll.

   Wenn Sie die Einfügemarke in einen Textrahmen platziert haben, wird das Snippet im Text als verankertes Objekt platziert. Nach dem Platzieren des Snippets bleiben alle Objekte ausgewählt. Durch Ziehen können Sie die Position aller Objekte verändern.

4 Wenn Sie mehr als ein Snippet geladen haben, scrollen Sie und klicken Sie mit dem geladenen Snippet-Cursor, um die anderen Snippets zu platzieren.

Sie können Snippet-Objekte auch an ihren ursprünglichen Positionen platzieren statt an der Stelle der Seite, auf die Sie klicken. Beispielsweise kann ein Textrahmen, der mitten auf einer Seite positioniert war, als er in ein Snippet einbezogen wurde, wieder dieselbe Position einnehmen, wenn Sie ihn als Snippet platzieren.

- Wählen Sie in den Voreinstellungen für die Dateihandhabung im Menü »Position« die Option »Ursprüngliche Position«, um die ursprüngliche Position der Objekte in Snippets beizubehalten. Wählen Sie im Menü »Position« die Option »Cursorposition«, um Snippets an der Stelle auf einer Seite zu platzieren, an der Sie klicken.

– Aus der InDesign-Hilfe

zeigt die Bibliothek als schwebendes Bedienfeld mit dem von Ihnen eingegebenen Dateinamen zusammen mit der vorher geöffneten Bibliothek in einer Bedienfeldgruppe.

2 Navigieren Sie auf Seite 3. Ziehen Sie das Logo »Ricky Records« mit dem Auswahlwerkzeug (⬚) in die Bibliothek, die Sie gerade angelegt haben. Damit haben Sie das Logo für die Verwendung in anderen InDesign-Dokumenten in der Bibliothek gespeichert.

3 Doppelklicken Sie in der Bibliothek »CD Projects« auf das Logo »Ricky Records«. Geben Sie in das Textfeld »Objektname« **Logo** ein und klicken Sie auf OK.

4 Ziehen Sie mit dem Auswahlwerkzeug den Textblock mit der Adresse in die Bibliothek »CD Projects«.

5 Doppelklicken Sie in der Bibliothek »CD Projects« auf den Textblock mit der Adresse, geben Sie in das Textfeld »Objektname« **Address** ein und klicken Sie auf OK.

▶ **Tipp:** Wenn Sie ein Objekt mit gedrückter Alt-Taste in eine Bibliothek ziehen, erscheint das »Objektinformationen«-Dialogfeld, und Sie können direkt einen eigenen Namen für das Objekt eingeben.

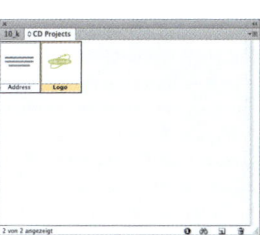

Jetzt enthält Ihre Bibliothek sowohl Text als auch eine Grafik. InDesign speichert Änderungen in einer Bibliothek sofort.

6 Schließen Sie beide Bibliotheken durch Klicken auf die Schließen-Schaltfläche oben in der Bedienfeldgruppe und wählen Sie **Datei: Speichern**.

Grafiken aus Adobe Bridge importieren

Adobe Bridge ist eine eigenständige Anwendung, die mit Adobe InDesign CS6 installiert wird. Als plattformübergreifende Anwendung erlaubt Ihnen Adobe Bridge neben vielen anderen Funktionen, Ihre Computer vor Ort und im Netzwerk nach Bildern zu durchsuchen und sie in InDesign zu platzieren.

▶ **Tipp:** Außer mit Adobe Bridge können Sie Grafiken auch über das Mini-Bridge-Bedienfeld importieren, das Sie mit **Fenster: Mini Bridge** öffnen können. Mit den Steuerungs-elementen in diesem Bedienfeld lokalisieren und wählen Sie die gewünschten Bilder und ziehen diese mit der Maus direkt ins Layout.

1 Wählen Sie **Datei: Bridge durchsuchen**, um Adobe Bridge zu starten.

   Oben links im Adobe Bridge-Fenster in den Registerkarten »Favoriten« und »Ordner« können Sie an zahlreichen Speicherorten nach Dokumenten in Adobe Bridge suchen.

2 Je nachdem, wo Sie den Lektionsordner *Lektion_10* platziert haben, führen Sie einen der beiden folgenden Schritte aus:

   • Wenn Sie den Ordner *Lektion_10* für diese Lektion auf Ihrem Desktop bzw. Schreibtisch platziert haben, klicken Sie in der Registerkarte »Favoriten« auf »Desktop« bzw. »Schreibtisch«, suchen im Adobe Bridge-Fenster nach dem Ordner und doppelklicken auf ihn, um seinen Inhalt zu betrachten.

   • Wenn Sie den Ordner *Lektion_10* an einem anderen Speicherort abgelegt haben, klicken Sie in der Registerkarte »Ordner« auf »Arbeitsplatz« (Windows) bzw. »Computer« (Mac OS) und dann auf das Dreieck links neben jedem Ordner, um zum Ordner *Lektion_10* zu gelangen. Durch Klicken auf ein Ordnersymbol können Sie dessen Inhalt im mittleren Adobe Bridge-Fenster einblenden.

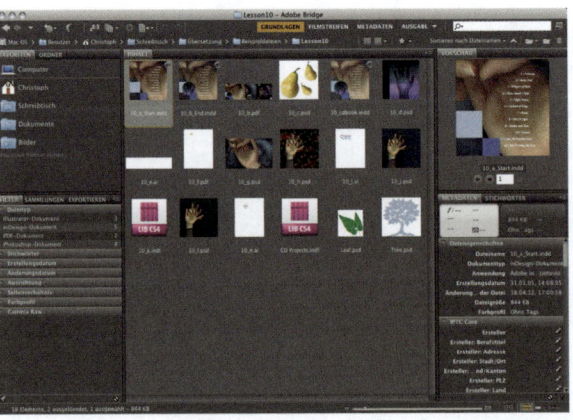

In Adobe Bridge können Sie Miniaturen von all Ihren Bildern betrachten.

3 Adobe Bridge bietet eine einfache Möglichkeit, nach Dateien zu suchen und sie umzubenennen. Klicken Sie einmal auf das Bild namens *Leaf.psd*; klicken Sie dann einmal auf den Dateinamen, um das Dateinamenfeld zu aktivieren. Geben Sie der Datei den neuen Namen *10_o.psd* und drücken Sie die Eingabetaste, um die Namensänderung zu übernehmen.

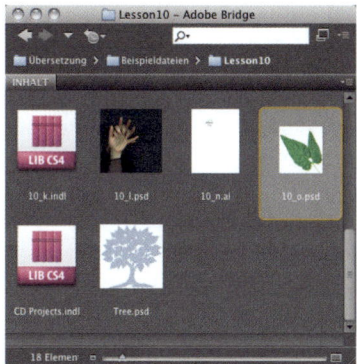

4 Verkleinern Sie das Bridge-Fenster, indem klicken Sie oben rechts im Fenster auf die Schaltfläche »In Kompaktmodus wechseln« (▣) klicken. Ziehen Sie dann die Datei *10_o.psd* auf die Montagefläche Ihres InDesign-Dokuments. Klicken Sie einmal ins Layout, um zu InDesign zurückzukehren und klicken Sie nochmals, um das Bild zu platzieren.

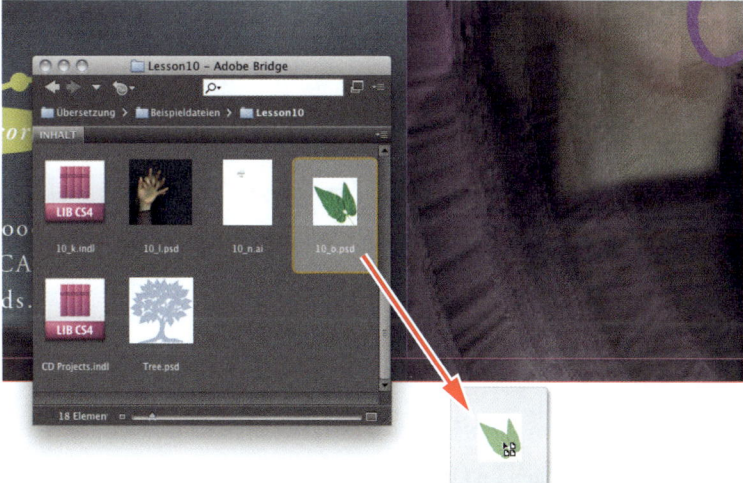

5 Klicken Sie in Adobe Bridge erneut oben rechts auf die Schaltfläche, die nun »In Vollmodus wechseln« heißt, um das Bridge-Fenster wieder zu vergrößern, und wählen Sie **Datei: Zurück zu Adobe InDesign**, um wieder zu InDesign zu wechseln.

6 Öffnen Sie das Ebenenbedienfeld. Das kleine rote Quadrat auf der »Text«-Ebene deutet darauf hin, dass sich die eben platzierte Grafik auf dieser Ebene befindet. Das liegt daran, dass Sie in InDesign zuletzt auf der »Text«-Ebene gearbeitet haben. Ziehen Sie das rote Quadrat nach unten auf die »Graphics«-Ebene. Beachten Sie, wie sich die Farbe der Rahmenhilfslinie von Rot in Grün (die Farbe der »Graphics«-Ebene) ändert.

7 Wählen Sie **Ansicht: Druckbogen in Fenster einpassen** und platzieren Sie mit dem Auswahlwerkzeug (➤) das Blattbild oben links auf Seite 4 auf den violetten Rahmen.

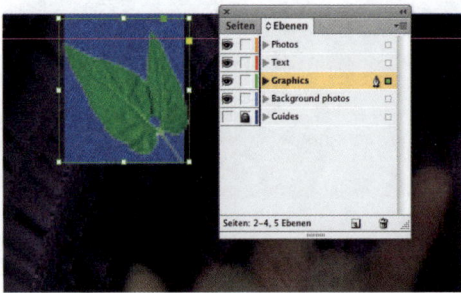

Nach dem Import der Grafikdateien in InDesign ermöglicht die enge Zusammenarbeit zwischen Adobe InDesign und Adobe Bridge sowohl die Suche als auch den mühelosen Zugriff auf die Originaldateien.

8 Wählen Sie die Datei »10_j.psd« im Verknüpfungenbedienfeld. Klicken Sie dann mit der rechten Maustaste auf die Verknüpfung und wählen Sie im Kontextmenü »In Bridge anzeigen«.

Auf diese Weise gelangen Sie von InDesign nach Adobe Bridge, die *Datei 10_j. psd* ist bereits markiert.

9 Kehren Sie wieder zu InDesign zurück und speichern Sie die Datei.

Glückwunsch! Sie haben in dieser Lektion ein CD-Booklet angelegt und dafür Bilder und Grafiken in verschiedenen Dateiformaten importiert, aktualisiert und verwaltet.

▶ **Tipp:** Wenn Sie die Datei *10_j.psd* lieber im Explorer (Windows) bzw. Finder (Mac OS) anzeigen möchten, wählen Sie im Kontextmenü »Im Explorer anzeigen« bzw. »Im Finder anzeigen«.

Eigene Übung

Da Sie nun einige Erfahrungen im Umgang mit importierten Bildern gesammelt haben, sollten Sie noch ein paar eigene Übungen durchführen.

1 Platzieren Sie unterschiedliche Dateiformate mit eingeschalteter Option »Importoptionen anzeigen« im Dialogfeld »Platzieren« und prüfen Sie, welche Optionen InDesign für das jeweilige Format bietet. Eine vollständige Beschreibung aller verfügbaren Optionen für jedes Format finden Sie in der InDesign-Hilfe.

2 Platzieren Sie eine mehrseitige PDF-Datei mit eingeschalteter Option »Importoptionen anzeigen« im Dialogfeld »Platzieren« und importieren Sie mehrere Seiten daraus.

3 Legen Sie Bibliotheken mit Text und Grafiken für Ihre Projekte an.

Fragen

1 Wie ermitteln Sie den Dateinamen eines importierten Bilds in einem Dokument?

2 Nennen Sie die vier Optionen im Dialogfeld »Beschneidungspfad«. Welche Merkmale muss ein importiertes Bild aufweisen, damit die jeweilige Option funktioniert?

3 Worin besteht der Unterschied zwischen dem Aktualisieren einer Dateiverknüpfung und dem Ersetzen einer Datei?

4 Es steht eine aktualisierte Version eines Bilds zur Verfügung. Wie sorgen Sie dafür, dass die aktuelle Version auch in Ihrem InDesign-Dokument vorhanden ist?

Antworten

1 Wählen Sie das Bild aus und dann **Fenster: Verknüpfungen**, um zu sehen, ob InDesign den Dateinamen des Bilds im Verknüpfungenbedienfeld hervorhebt. Das Bild erscheint im Verknüpfungenbedienfeld, wenn es entweder mit **Datei: Platzieren** importiert oder vom Explorer (Windows) bzw. Finder (Mac OS) oder von Bridge/Mini Bridge aus in das Dokument gezogen wurde.

2 Mit Hilfe des Dialogfelds »Beschneidungspfad« in InDesign können Sie einen Beschneidungspfad aus einem importierten Bild mit folgenden Optionen erstellen:

- »Kanten suchen«, wenn ein Bild einen einfarbigen weißen oder schwarzen Hintergrund enthält

- »Photoshop-Pfad«, wenn eine Photoshop-Datei einen oder mehrere Pfade enthält

- »Alpha-Kanal«, wenn ein Bild einen oder mehrere Alpha-Kanäle enthält

- die Option »Vom Benutzer geänderter Pfad«, die angezeigt wird, wenn der Beschneidungspfad verändert wurde

3 Eine Dateiverknüpfung aktualisieren Sie mit dem Verknüpfungenbedienfeld, um anschließend auf dem Bildschirm (und damit auch im Dokument) die neueste Version der Originaldatei zu sehen. Ein ausgewähltes Bild ersetzen Sie mit dem Befehl »Platzieren« und tauschen damit das im Dokument vorhandene Bild gegen ein anderes aus. Wenn Sie die Importoptionen eines Bilds ändern wollen, müssen Sie es ersetzen.

4 Prüfen Sie im Verknüpfungenbedienfeld, ob die entsprechende Datei mit einem Warnsymbol gekennzeichnet ist. Sehen Sie ein Warnsymbol, brauchen Sie die Verknüpfung nur auszuwählen und auf die Schaltfläche »Verknüpfung aktualisieren« zu klicken. Wurde die Datei jedoch zwischenzeitlich in ein anderes Verzeichnis verschoben, müssen Sie sie mit der Schaltfläche »Erneut verknüpfen« suchen und neu platzieren.

11 TABELLEN ERSTELLEN

Überblick

In dieser Lektion lernen Sie Folgendes:

- Text in Tabellen umwandeln, formatierte Tabellen aus anderen Anwendungen importieren und Tabellen neu erstellen

- Anzahl der Zeilen und Spalten verändern

- Zeilen- und Spaltenmaße anpassen

- Tabellen mit Konturen und Füllungen formatieren

- Kopf- und Fußzeilen einrichten, die sich in mehrseitigen Tabellen automatisch wiederholen

- Bilder in Tabellenzellen platzieren

- Tabellen- und Zellenformate einrichten und anwenden

 Für diese Lektion benötigen Sie ungefähr 45 Minuten.

Perfect Pizza Pickup

Check your preferences and write in any additional ingredients.
Hand this to your server.

CRUST (CIRCLE ONE): THIN REGULAR DEEP DISH			
INGREDIENT	LEFT SIDE	ENTIRE PIZZA	RIGHT SIDE
Pepperoni			
Ham			
Sausage 🌶			
Bacon			
Olives			
Green Peppers			
Jalapeños 🌶			
Mushrooms			
Pineapple			
Onions			

Pizzas are all large and cut into eight slices.
Deep Dish pizzas take an extra 15 minutes to cook.

Mit InDesign können Sie komfortabel Tabellen erstellen, Texte in Tabellen konvertieren oder Tabellen aus anderen Anwendungen importieren. Eine Fülle von Formatierungsoptionen, zum Beispiel Kopf- und Fußzeilen sowie abwechselnde Zeilen- und Spaltenmuster, können als Tabellen- und Zellenformate gespeichert werden.

Vorbereitungen

In dieser Lektion arbeiten Sie an einem Pizzabestellformular. Dieses soll ansprechend aussehen, einfach verwendbar und so aufgebaut sein, dass spätere Änderungen bequem möglich sind. Sie konvertieren Text in eine Tabelle und formatieren diese dann mit den Optionen im Menü »Tabelle« und dem Tabellenbedienfeld. Die Tabelle enthält eine Kopfzeile, die bei mehrseitiger Darstellung der Tabelle automatisch auf jeder Seite wiederholt wird. Zuletzt erzeugen Sie ein Tabellen- und ein Zellenformat, so dass die Formatierung schnell und konsistent auch anderen Tabellen zugewiesen werden kann.

● **Hinweis:** Bei Bedarf kopieren Sie jetzt die Lektionsdateien von der *Adobe InDesign CS6 Classroom in a Book*-DVD auf Ihre Festplatte. Informationen dazu finden Sie unter »Die Classroom in a Book-Dateien kopieren« auf Seite 2.

1   Damit die Voreinstellungen von InDesign CS6 wie in der Lektion funktionieren, bewegen Sie die Datei *InDesign Voreinstellungen* an einen anderen Speicherort. Näheres dazu finden Sie unter »Voreinstellungsdateien speichern und wiederherstellen« auf Seite 3.

2   Starten Sie Adobe InDesign CS6. Damit alle Bedienfelder und Menübefehle wie in dieser Lektion funktionieren, wählen Sie **Fenster: Arbeitsbereich: [Erweitert]** und dann **Fenster: Arbeitsbereich: Erweitert zurücksetzen**.

3   Öffnen Sie die Datei *11_Start.indd* im Ordnerpfad *Lektionen/Lektion_11* auf Ihrer Festplatte.

4   Wählen Sie **Datei: Speichern unter**, benennen Sie die Datei in *11_Tables.indd* und speichern Sie sie im Ordner *Lektion_11*.

5   Öffnen Sie die Datei *11_End.indd* in demselben Ordner, um das fertige Dokument zu betrachten. Sie können dieses Dokument während der Arbeit als Hilfe geöffnet lassen. Wenn Sie mit der Bearbeitung des Lektionsdokuments fortfahren möchten, klicken Sie oben links im Dokumentfenster auf den Reiter *11_Tables.indd*.

Text in eine Tabelle konvertieren

Eine Tabelle besteht aus einem Raster von in Spalten (senkrecht) und Zeilen (waagerecht) angeordneten Zellen. Oft liegt der Text für eine Tabelle bereits als »tabulatorgetrennter Text« vor, in dem die Spalteninformationen durch Tabulatoren und die Zeilen durch Absatzumbrüche getrennt sind. Im vorliegenden Fall wurde das Bestellformular aus einer E-Mail ins Dokument kopiert. Sie markieren diesen Text nun und konvertieren ihn in eine Tabelle.

▶ **Tipp:** Für das Erstellen, Formatieren und Bearbeiten von Tabellen verwenden Sie stets das Textwerkzeug.

1   Da die verborgenen Zeichen (**Schrift: Verborgene Zeichen einblenden**) in diesem Dokument angezeigt werden, können Sie erkennen, dass die Spalten durch Tabulatoren und die Zeilen durch Absatzumbrüche getrennt sind.

2   Markieren Sie mit dem Textwerkzeug (**T**) den Textbereich von »INGREDIENT« bis »Onions«. Vergessen Sie dabei den letzten Absatzumbruch nicht.

● **Hinweis:** Verändern Sie den Zoomfaktor für die Bearbeitung dieser Lektion nach Belieben.

3   Wählen Sie **Tabelle: Text in Tabelle umwandeln**.

Im Dialogfeld »Text in Tabelle umwandeln« geben Sie an, mit welchen Zeichen die Spalten und Zeilen im vorliegenden Text getrennt sind.

4   Wählen Sie im Popup-Menü »Spaltentrennzeichen« die Option »Tabstopp« und im Popup-Menü »Zeilentrennzeichen« die Option »Absatz«. Klicken Sie auf OK.

▶ **Tipp:** Sind im aktuellen Dokument bereits Tabelleformate vorhanden, können Sie bei der Textkonvertierung eines davon auswählen.

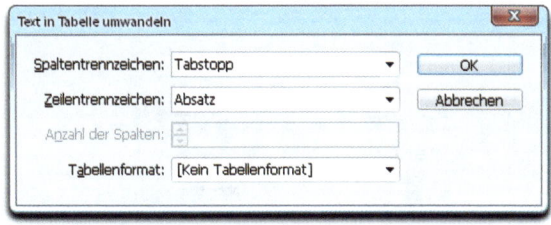

Die neu erstellte Tabelle wird automatisch im bestehenden Textrahmen verankert. Tabellen sind in InDesign grundsätzlich in Textrahmen verankert.

5   Wählen Sie **Datei: Speichern**.

Tabellen importieren

InDesign CS6 ermöglicht den Import von Tabellen aus anderen Programmen, etwa Microsoft Word und Microsoft Excel. Sie können sogar eine Verknüpfung mit diesen externen Daten anlegen, wodurch Sie Ihr InDesign-Dokument mühelos auf dem aktuellen Stand halten können, wenn Sie die Word- oder Excel-Dateien aktualisieren.

Mit folgenden Schritten importieren Sie eine Tabelle:

1 Wählen Sie das Textwerkzeug und platzieren Sie die Einfügemarke an der gewünschten Stelle in einem Textrahmen.

2 Wählen Sie **Datei: Platzieren**.

3 Schalten Sie im Dialogfeld »Platzieren« die Option »Importoptionen anzeigen« ein.

4 Wählen Sie ein Word-Dokument (.doc oder .docx), das eine Tabelle enthält, oder eine Excel-Tabelle (.xls oder .xlsx) aus.

5 Klicken Sie auf OK.

6 Geben Sie im Dialogfeld »Importoptionen« an, wie die Word-Tabelle formatiert werden soll. Bei Excel-Tabellen können Sie festlegen, welches Tabellenblatt und welcher Zellbereich importiert und wie die Formatierung gehandhabt wird.

So verknüpfen Sie importierte Tabellen:

1 Wählen Sie **Bearbeiten: Voreinstellungen: Dateihandhabung** (Windows) bzw. **InDesign: Voreinstellungen: Dateihandhabung** (Mac OS).

2 Wählen Sie im Abschnitt »Verknüpfungen« das Kontrollfeld vor der Option »Beim Platzieren von Text- und Tabellendateien Verknüpfungen erstellen« und klicken Sie auf OK.

3 Wenn sich die Quelldatei verändert hat, aktualisieren Sie die Tabelle im InDesign-Dokument mit dem Verknüpfungenbedienfeld.

Damit die importierten Tabellen in InDesign ihre Formatierung behalten, wenn die Excel-Datei aktualisiert wird, müssen alle Zellen in der InDesign-Tabelle mit Tabellen- und Zellenformaten formatiert sein. Kopf- und Fußzeilen müssen nach der Aktualisierung neu zugewiesen werden.

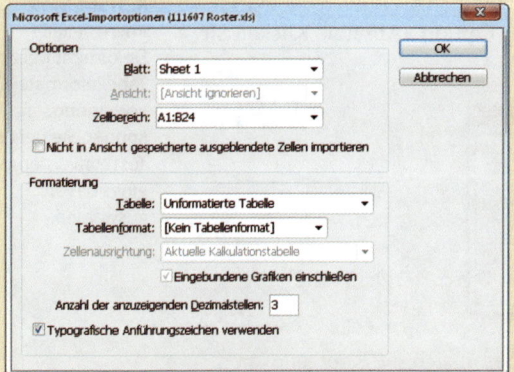
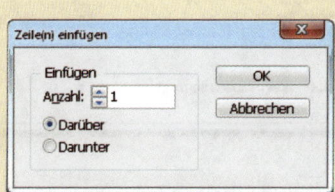

Das »Importoptionen«-Dialogfeld für den Import von Excel-Tabellenblättern

Eine Tabelle formatieren

Wie eingangs schon erwähnt besteht eine Tabelle aus einem Raster von in Zeilen (waagerecht) und in Spalten (senkrecht) angeordneten Zellen. Der Tabellenrahmen ist eine Kontur, die auf der äußeren Begrenzung der vollständigen Tabelle liegt. Zellenkonturen sind Linien innerhalb der Tabelle zum Trennen der einzelnen Zellen untereinander. InDesign bietet zahlreiche einfach zu bedienende Funktionen für die Tabellenformatierung. Mit diesen sorgen Sie für eine ansprechende Optik und vermitteln die Informationen verständlich. In diesem Abschnitt ergänzen und löschen Sie Tabellenzeilen, verbinden Zellen und definieren Konturen und Füllungen für die Tabelle.

Tabellenzeilen hinzufügen und löschen

Sie können Zeilen über oder unter der ausgewählten Zeile hinzufügen oder die ausgewählten Zeilen löschen, ebenso verhält es sich mit den Spalten. In dieser Übung fügen Sie in der Tabelle oben eine Zeile für die Kopfzeile ein und entfernen am unteren Ende eine überschüssige Zeile.

1 Klicken Sie mit dem Textwerkzeug (**T**) in die erste Tabellenzeile, die mit dem Text »INGREDIENT« beginnt, um diese auszuwählen.

2 Wählen Sie **Tabelle: Einfügen: Zeile**.

3 Geben Sie im Dialogfeld »Zeile(n) einfügen« im Zifferneingabefeld »Anzahl« den Wert **1** ein und klicken Sie auf »Darüber«. Mit einem anschließenden Klick auf OK fügen Sie die Zeile hinzu.

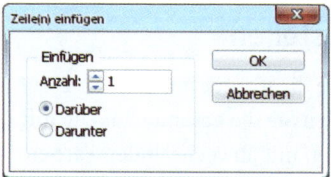

4 Klicken Sie in die letzte Zeile der Tabelle.

5 Wählen Sie **Tabelle: Löschen: Zeile**.

6 Wählen Sie **Datei: Speichern**.

Tabellenzellen verbinden und die Größe anpassen

Sie können benachbarte, ausgewählte Zellen zu einer einzigen Zelle verbinden. Sie verbinden jetzt die Zellen der obersten Zeile, damit sich die Kopfzeile über die ganze Tabellenbreite erstreckt.

▶ **Tipp:** Wenn Sie mehrere Zeilen zum Löschen auswählen möchten, positionieren Sie das Textwerkzeug an der linken Kante der Tabelle, bis das Pfeil-Symbol erscheint, und ziehen bei gedrückter Maustaste nach oben bzw. nach unten, um die Zeilen auszuwählen. Mehrere Spalten wählen Sie gleichzeitig aus, indem Sie das Textwerkzeug an der oberen Tabellenkante positionieren. Sobald das Pfeil-Symbol erscheint, ziehen Sie bei gedrückter Maustaste nach links bzw. nach rechts, um die Spalten auszuwählen.

1 Klicken Sie mit dem Textwerkzeug (**T**) in die erste Zelle der neuen Zeile und ziehen Sie, um alle Zellen in der Zeile auszuwählen.

2 Wählen Sie **Tabelle: Zellen verbinden**.

3 Klicken Sie in die neue, breitere Zelle und geben Sie **CRUST (CIRCLE ONE): THIN REGULAR DEEP DISH** ein. Trennen Sie die drei Krustenarten durch ein Geviert, indem Sie nach THIN und REGULAR die Tastenkombination Strg+Umschalt+M (Windows) bzw. Befehl +Umschalt+M (Mac OS) drücken.

4 Klicken Sie im Steuerungsbedienfeld auf die Schaltfläche »Zeichenformatierung« (A).

5 Markieren Sie den Text »CRUST (CIRCLE ONE):« und wählen Sie aus dem Schriftschnitt-Popup-Menü im Steuerungsbedienfeld »Bold«.

5 Positionieren Sie das Textwerkzeug wie abgebildet auf der Linie unter der ersten Tabellenzeile. Sobald das Doppelpfeil-Symbol (↕) erscheint, ziehen Sie diesen bei gedrückter Maustaste nach unten, um die Zeilenhöhe etwas zu vergrößern.

CRUST (CIRCLE ONE): THIN	REGULAR	DEEP DISH#	
INGREDIENT#	↕ LEFT SIDE#	ENTIRE PIZZA#	RIGHT SIDE#
Pepperoni#	#	#	#

Tabellenrahmen und Füllmuster erstellen

Zur besseren Anpassung einer Tabelle können Sie die Kontur um die Außenkante der Tabelle ändern. Zusätzlich können Sie die gesamte Tabelle mit einer Füllung versehen und die Zeilen oder Spalten mit abwechselnden Farben füllen. Zum Beispiel ist es möglich, jede zweite Zeile oder jede dritte Spalte mit einer anderen Farbe zu versehen. Sie statten die Tabelle nun mit einem Rahmen aus und versehen jede zweite Zeile mit einer Füllfarbe.

1 Positionieren Sie mit dem Textwerkzeug (**T**) den Mauszeiger auf der oberen linken Ecke der Tabelle, so dass ein diagonales Pfeil-Symbol (↘) erscheint. (Zoomen Sie, falls es Ihnen nicht gelingt, das diagonale Pfeil-Symbol anzuzeigen.) Klicken Sie einmal, um die gesamte Tabelle auszuwählen.

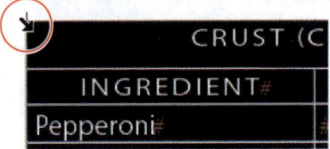

2 Wählen Sie **Tabelle: Tabellenoptionen: Tabelle einrichten**, um das Dialogfeld »Tabellenoptionen« anzuzeigen.

3 Geben Sie im Tabellenoptionen-Dialogfeld im Abschnitt »Tabellenrahmen« als Stärke **1,5** ein.

4 Wählen Sie im Popup-Menü »Farbe« das rote Farbfeld »C = 15, M = 100, Y = 100, K = 0«.

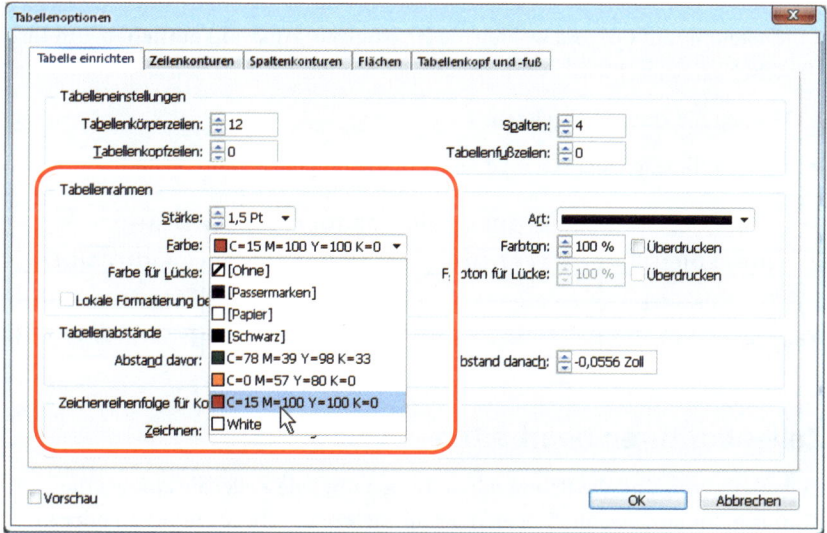

5 Klicken Sie oben im Dialogfeld auf das Register »Flächen« und treffen Sie folgende Einstellungen:

- Wählen Sie im Popup-Menü »Abwechselndes Muster« die Option »Nach jeder Zeile«.

- Im linken Popup-Menü »Farbe« wählen Sie das orangene Farbfeld »C = 0, M = 57, Y = 80, K = 0«. Vergewissern Sie sich, dass der Farbton auf 20 % steht.

- Vergewissern Sie sich, dass im rechten Popup-Menü »Farbe« die Option »[Ohne]« gewählt ist.

- Geben Sie im Zifferneingabefeld »Überspringen: Erste(n)« den Wert **2** ein, so dass das abwechselnde Muster in Zeile 3 beginnt (die ersten beiden Zeilen werden Kopfzeilen).

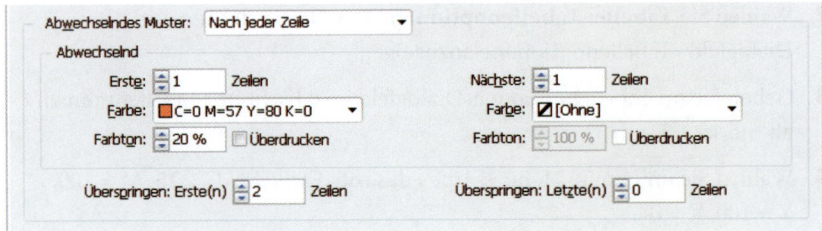

6 Klicken Sie auf OK und wählen Sie **Bearbeiten: Auswahl aufheben**, um Ihre Arbeit zu betrachten.

7 Wählen Sie **Datei: Speichern**.

Jede zweite Tabellenzeile hat jetzt einen blassorangenen Hintergrund.

CRUST (CIRCLE ONE): THIN ─ REGULAR ─ DEEP DISH#			
INGREDIENT#	LEFT SIDE#	ENTIRE PIZZA#	RIGHT SIDE#
Pepperoni#	#	#	#
Ham#	#	#	#
Sausage#	#	#	#

Zellenkonturen bearbeiten

Zellenkonturen sind die Rahmen bzw. Linien um jede Zelle. Sie können die Konturen für ausgewählte Zellen oder für die ganze Tabelle entfernen oder in der Strichstärke verändern. In dieser Übung passen Sie die Zellenkonturen dem neuen Tabellenrahmen an.

▶ **Tipp:** Aktivieren Sie im Dialogfeld Zellenoptionen das Kontrollfeld »Vorschau« und probieren Sie verschiedene Farbtöne aus. Prüfen Sie die Wirkung auf die Tabellenzellen.

1 Wählen Sie das Textwerkzeug (T) und positionieren Sie den Mauszeiger in der oberen linken Ecke der Tabelle, so dass das diagonale Pfeil-Symbol (↘) erscheint. Klicken Sie, um die gesamte Tabelle auszuwählen.

2 Wählen Sie **Tabelle: Zellenoptionen: Konturen und Flächen**.

3 Geben Sie im Abschnitt »Zellenkontur« als Stärke **1,5** ein.

4 Wählen Sie aus dem Menü »Farbe« das rote Farbfeld »C = 15, M = 100, Y = 100, K = 0«.

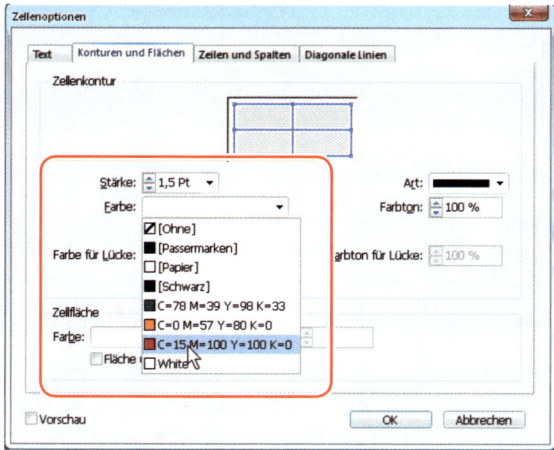

5 Klicken Sie auf OK und wählen Sie **Bearbeiten: Auswahl aufheben**, um das
   Resultat der Formatierung zu betrachten.

6 Wählen Sie **Datei: Speichern**.

Zeilenhöhe und Spaltenbreite anpassen

Standardmäßig passt sich die Höhe der Zellen automatisch dem Inhalt an –
wenn Sie also mehr Text eingeben, dehnt sie sich automatisch in der Höhe aus.
Allerdings können Sie auch eine feste Höhe vorgeben oder lassen InDesign die
Spalten- und Zeilengröße in der Tabelle vereinheitlichen. In dieser Übung legen
Sie eine feste Zeilenhöhe fest, richten den Text in den Zeilen aus und passen die
Spaltenbreiten an.

▶ **Tipp:** Auch das
Steuerungsbedienfeld
bietet bei der Arbeit
mit Tabellen viele
Einstellmöglichkeiten.

1 Klicken Sie mit dem Textwerkzeug (**T**) in die Tabelle und wählen Sie
   Tabelle: Auswählen: Tabelle.

2 Wählen Sie **Fenster: Schrift und Tabellen: Tabelle**, um das
   Tabellenbedienfeld zu öffnen.

3 Wählen Sie im Tabellenbedienfeld im Popup-Menü »Zeilenhöhe« (▯) die
   Option »Genau« und geben Sie in das Zifferneingabefeld daneben **0,5** ein.
   Bestätigen Sie die Einstellung mit der Eingabetaste.

4 Die Tabelle ist noch ausgewählt; klicken Sie auf die Schaltfläche »Zentrieren«
   im Tabellenbedienfeld.

Damit wird der Text innerhalb jeder Zelle vertikal zentriert.

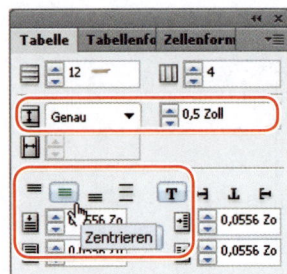

Tipp: Wenn Sie die Kontur zwischen zwei Spalten ziehen, ändern Sie die Spaltenbreite und drücken die übrigen Spalten nach außen oder nach innen (je nachdem, ob Sie die Spalten vergrößern oder verkleinern). Damit beim Ziehen die Gesamttabellengröße erhalten bleibt, halten Sie beim Ziehen die Umschalt-Taste gedrückt. Die angrenzenden Spalten werden nun vergrößert oder verkleinert, ohne dass die Tabellengröße verändert wird.

5 Klicken Sie an eine beliebige Stelle in der Tabelle, um die Auswahl der Zellen aufzuheben.

6 Wählen Sie das Textwerkzeug und positionieren Sie den Mauszeiger auf eine der vertikalen Spaltentrennlinien. Sobald der Doppelpfeil (↔) erscheint, ziehen Sie nach links oder rechts, um die Spaltenbreite zu verändern.

CRUST (CIRCLE ONE): THIN – REGULAR – DEEP DISH#			
INGREDIENT#	LEFT SIDE#	ENTIRE PIZZA#	RIGHT SIDE#
Pepperoni#	#	↔ #	#

7 Wählen Sie **Bearbeiten: Rückgängig: Spaltengröße ändern**.

8 Markieren Sie nochmals die gesamte Tabelle und wählen Sie **Tabelle: Spalten gleichmäßig verteilen**.

9 Wählen Sie **Bearbeiten: Auswahl aufheben** und dann **Datei: Speichern**.

CRUST (CIRCLE ONE): THIN – REGULAR – DEEP DISH#			
INGREDIENT#	LEFT SIDE#	ENTIRE PIZZA#	RIGHT SIDE#
Pepperoni#	#	#	#
Ham#	#	#	#
Sausage#	#	#	#
Bacon#	#	#	#
Olives#	#	#	#
Green Peppers#	#	#	#

Eine Kopfzeile erstellen

Der Tabellentitel und die Spaltenüberschriften werden häufig abweichend formatiert, um für eine optische Abgrenzung vom Rest der Tabelle zu sorgen. Dazu können Sie die Überschriftszeilen auswählen und entsprechend formatieren. Wenn sich eine Tabelle über mehrere Seiten erstreckt, sollten die Überschriftszeilen auf jeder Seite wiederholt werden. InDesign ermöglicht Ihnen die Definition von Kopf- und Fußzeilen, die bei einem Spalten-, Rahmen- oder Seitenumbruch automatisch wiederholt werden. Im Folgenden formatieren Sie die ersten beiden Zeilen der Tabelle – den Tabellentitel und die Spaltenüberschriften – und legen diese als Kopfzeilen fest, die automatisch wiederholt werden.

1   Wählen Sie das Textwerkzeug (T) und bewegen Sie den Mauszeiger auf den linken Rand der ersten Zeile, bis er sich in einen horizontalen Pfeil (→) ändert.

2   Klicken Sie, um die gesamte erste Zeile auszuwählen, und ziehen Sie bei gedrückter Maustaste nach unten, um auch die zweite Zeile auszuwählen.

▶ **Tipp:** Wenn Sie eine Kopfzeile bearbeiten, werden alle Kopfzeilen der Tabelle automatisch aktualisiert. Sie können nur die Kopfzeilen am Tabellenanfang bearbeiten; alle weiteren Vorkommen sind gesperrt.

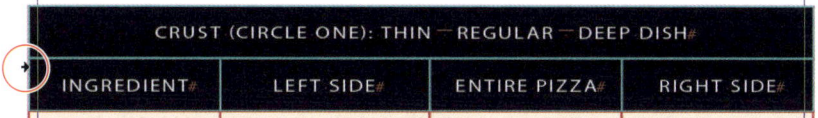

3   Wählen Sie **Tabelle: Zellenoptionen: Konturen und Flächen**.

4   Wählen Sie im Abschnitt »Zellfläche« im Popup-Menü »Farbe« das orangene Farbfeld »C = 0, M = 57, Y = 80, K = 0« aus.

5   Geben Sie im Zifferneingabefeld »Farbton« den Wert **50** ein und klicken Sie auf OK.

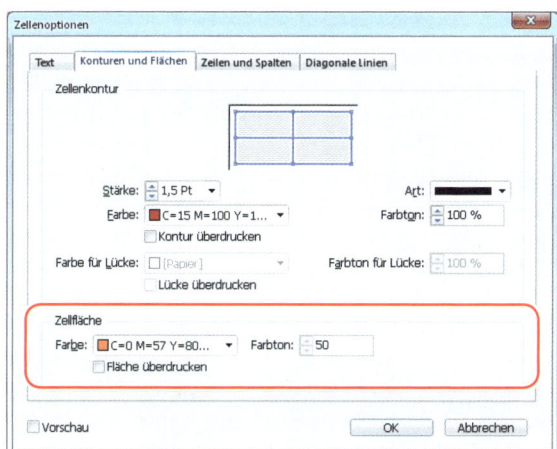

6 Die beiden Tabellenzeilen sind noch ausgewählt; wählen Sie **Tabelle: Zeilen umwandeln: In Tabellenkopf**.

Testen Sie die Kopfzeilen nun. Dazu ergänzen Sie weitere Tabellenzeilen, so dass die Tabelle in die zweite Seite fließt. Sie können die Texte für das Pizzabestellformular direkt in die Tabelle eingeben und mit der Tabulatortaste zwischen den einzelnen Zellen springen.

7 Klicken Sie in die letzte Zeile der Tabelle und wählen Sie **Tabelle: Einfügen: Zeile**.

8 Geben Sie im Dialogfeld »Zeile(n) einfügen« als Anzahl **15** ein, wählen Sie »Darunter« und klicken Sie auf OK.

▶ **Tipp:** Im Abschnitt »Tabellenkopf und -fuß« des Dialogfelds »Tabellenoptionen« können Sie festlegen, wann sich die Kopf- und Fußzeilen wiederholen.

9 Wählen Sie **Layout: Nächste Seite**, um auf der zweiten Seite die wiederholten Kopfzeilen in der Tabelle zu sehen. Kehren Sie anschließend zur ersten Dokumentseite zurück.

CRUST (CIRCLE ONE): THIN – REGULAR – DEEP DISH#			
INGREDIENT#	LEFT SIDE#	ENTIRE PIZZA#	RIGHT SIDE#

Beachten Sie, dass die abwechselnden Flächen, die Sie für die Zeilen eingerichtet haben, nach den Kopfzeilen beginnen. Deshalb haben wir nach den Kopfzeilen nun zwei transparente Zeilen. Passen Sie die Flächen nun an, damit sie mit einer einzelnen transparenten Zeile beginnt.

10 Klicken Sie mit dem Textwerkzeug in die erste Tabellenzeile, die mit »Pepperoni« beginnt.

11 Wählen Sie **Tabelle: Tabellenoptionen: Abwechselnde Flächen**. Geben Sie in das Feld »Überspringen: Erste(n)« **1** ein und klicken Sie auf OK.

12 Wählen Sie **Datei: Speichern**.

Bilder in Tabellenzellen platzieren

Sie können in InDesign sehr ansprechende Tabellen mit Texten, Fotos und Grafiken erstellen. Tabellenzellen verhalten sich im Wesentlichen wie kleine Textrahmen, so dass Sie Bilder einfach mit dem Text in einer Tabellenzelle verankern können. Verankerte Bilder in Zellen können zu Übersatztext führen, der mit einem roten Punkt in der Zelle angezeigt wird. Das Problem lässt sich lösen, indem Sie an den Kanten der Zelle ziehen, um sie bei Bedarf zu vergrößern. In dieser Übung fügen Sie nach den scharfen Zutaten ein Bomben-Symbol ein.

1 Wählen Sie **Ansicht: Seite in Fenster einpassen** oder doppelklicken Sie auf das Hand-Werkzeug. Links auf der Montagefläche sehen Sie das Bomben-Symbol.

2 Wählen Sie mit dem Auswahlwerkzeug (▸) das Bomben-Symbol auf der Montagefläche aus. Passen Sie den Zoomfaktor bei Bedarf an, damit Sie den Text in der Tabelle sehen können.

3 Wählen Sie **Bearbeiten: Kopieren**.

4 Wählen Sie das Textwerkzeug (T) (oder doppelklicken Sie in die Tabelle, um automatisch zum Textwerkzeug zu wechseln). Klicken Sie in der ersten Spalte (»INGREDIENT«) rechts neben »Sausage« in der dritten Tabellenkörperzeile.

5 Drücken Sie die Leertaste, um einen Abstand vor dem Symbol einzufügen, und wählen Sie **Bearbeiten: Einfügen**.

Alternativ zum Einfügen einer Grafik an der Einfügemarke können Sie auch **Datei: Platzieren** wählen, um ein Bild zu importieren und gleichzeitig in der Tabellenzelle zu verankern.

6 Wiederholen Sie die Schritte 4 und 5 für das Bomben-Symbol neben »Jalapeños« in der Spalte »INGREDIENT«.

▶ **Tipp:** Zum Platzieren und Einfügen von Inhalten in Tabellenzellen verwenden Sie das Textwerkzeug. Wenn Sie Objekte in Tabellenzellen ziehen, werden diese lediglich über oder unter der Tabelle positioniert; das Objekt wird jedoch nicht in die Zelle eingefügt.

▶ **Tipp:** Sie können vorübergehend vom Text- zum Auswahlwerkzeug wechseln, indem Sie die Strg- (Windows) bzw. Befehlstaste (Mac OS) gedrückt halten.

Ham#	#	#
Sausage 💣#	#	
Bacon#	#	#
Olives#	#	
Green Peppers#	#	
Jalapeños 💣#	#	#
Mushrooms #	#	#

7 Klicken Sie mit dem Auswahlwerkzeug auf das Bomben-Symbol auf der Arbeitsfläche und wählen Sie **Bearbeiten: Löschen**.

8 Wählen Sie **Datei: Speichern**.

Tabellen- und Zellenformate erstellen und zuweisen

Mit Tabellen- und Zellenformaten können Sie Tabellen schnell und einheitlich formatieren. Ein Tabellenformat bezieht sich auf eine komplette Tabelle, während Zellenformate auf ausgewählte Zellen, Zeilen und Spalten anwendbar sind. Sie legen nun ein Tabellenformat und ein Zellenformat an, so dass Sie die verwendete Formatierung bequem auf andere Bestellformulare anwenden können.

Tabellen- und Zellenformate erstellen

In dieser Übung erstellen Sie ein Tabellenformat für die grundlegende Formatierung der Tabelle und ein Zellenformat für die Kopfzeilen. Sie erstellen die Formatierung nicht direkt in den Formaten, sondern legen diese basierend auf der bestehenden Tabellenformatierung an.

1 Klicken Sie mit dem Textwerkzeug (**T**) an eine beliebige Stelle in der Tabelle.

2 Wählen Sie **Fenster: Formate: Tabellenformate**.

3 Wählen Sie im Tabellenformatebedienfeldmenü die Option »Neues Tabellenformat«.

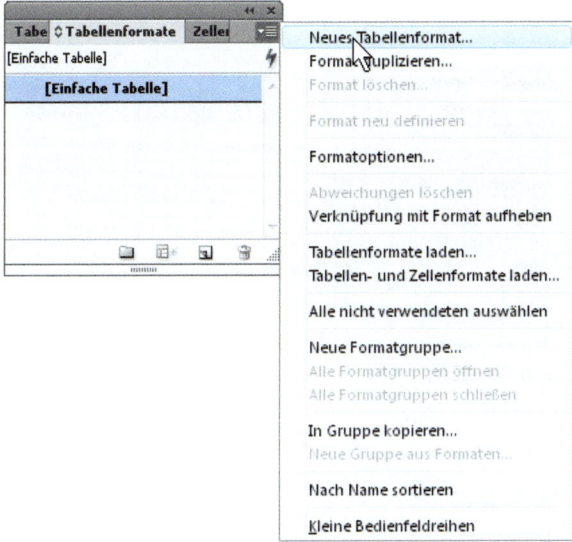

4 Geben Sie in das Eingabefeld »Formatname« **Menu Table** ein. Wenn Sie links in der Liste auf den Eintrag »Tabelle einrichten« klicken, sehen Sie, dass die Einstellungen für den Tabellenrahmen der ausgewählten Tabelle entsprechen.

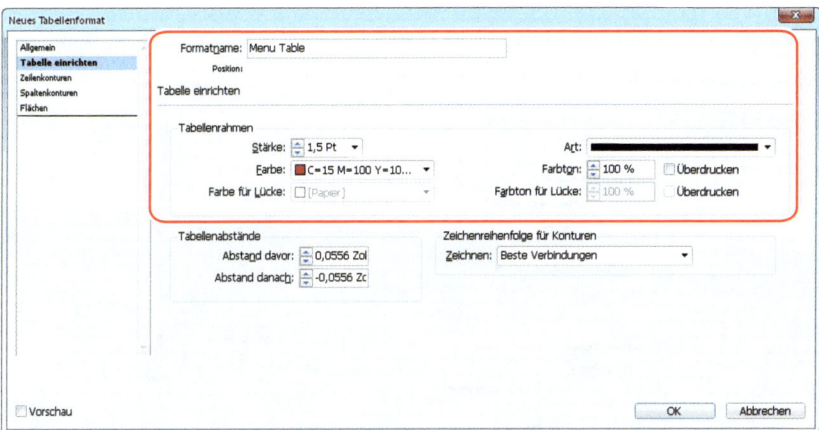

5 Klicken Sie auf OK. Das neue Format wird im Tabellenformatebedienfeld angezeigt.

6 Klicken Sie mit dem Textwerkzeug in eine der Kopfzeilen.

7 Wählen Sie **Fenster: Formate: Zellenformate**.

8 Wählen Sie im Zellenformatebedienfeldmenü die Option »Neues Zellenformat«.

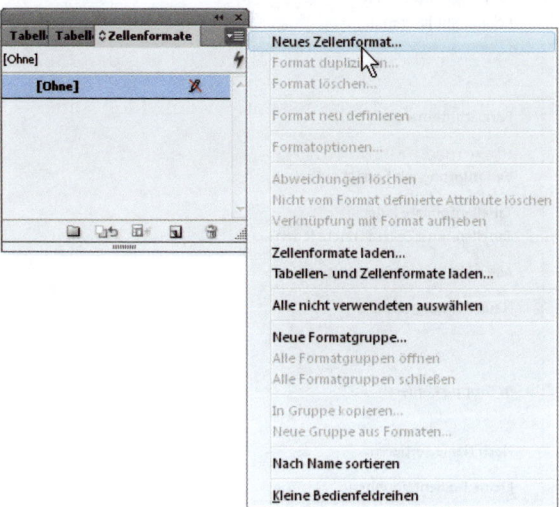

9 Geben Sie in das Eingabefeld »Formatname« **Header Rows** ein.

Sie definieren jetzt ein abweichendes Absatzformat für den Text in Zellen, die mit dem Zellenformat »Header Rows« formatiert sind.

10 Wählen Sie im Popup-Menü »Absatzformat« die Option »Table Header«. Dieses Absatzformat ist dem Text in den Kopfzeilen bereits zugeordnet.

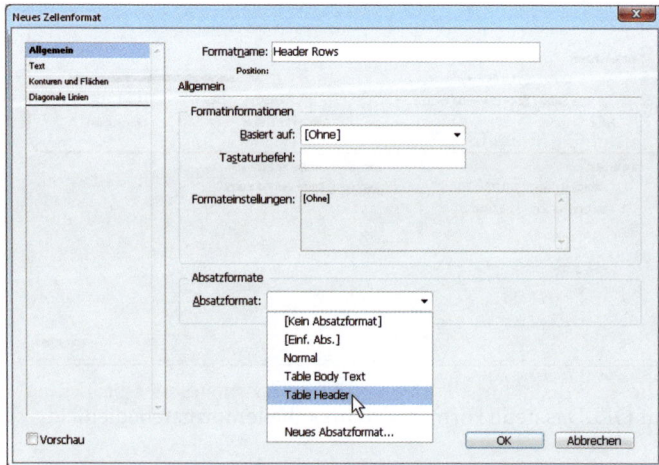

11 Klicken Sie auf OK. Das neue Format erscheint im Zellenformatebedienfeld.

12 Wählen Sie **Datei: Speichern**.

Tabellen- und Zellenformate anwenden

Jetzt wenden Sie die erzeugten Formate auf die Tabelle an. Wenn Sie später die Gestaltung verändern möchten, bearbeiten Sie einfach die Tabellen- und Zellenformate.

1 Klicken Sie mit dem Textwerkzeug (T) an eine beliebige Stelle in der Tabelle.

2 Wählen Sie im Tabellenformatebedienfeld das Format »Menu Table« aus.

3 Ziehen Sie mit dem Textwerkzeug über die Kopfzeilen (die ersten beiden Zeilen) der Tabelle, um sie auszuwählen.

4 Klicken Sie im Zellenformatebedienfeld auf das Format »Header Rows«.

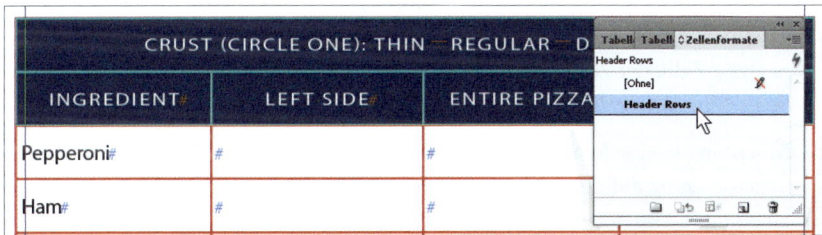

5 Klicken Sie mit dem Auswahlwerkzeug in die Montagefläche, um die Auswahl aufzuheben, wählen Sie **Ansicht: Seite in Fenster einpassen** und anschließend **Datei: Speichern**.

Endkontrolle

Im letzten Schritt betrachten Sie die Vorschau des Bestellformulars im momentanen Zustand. Sie können die Tabelle später um weitere Speisen und andere Elemente ergänzen.

1 Klicken Sie auf das Einblendmenü am unteren Ende des Werkzeugbedienfelds und wählen Sie die Option »Vorschau«.

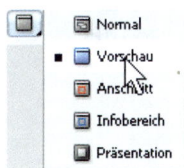

2 Drücken Sie die Tab-Taste, um alle Bedienfelder auszublenden. Überprüfen Sie Ihr fertiges Werk.

Glückwunsch. Damit haben Sie die Lektion erfolgreich abgeschlossen.

Eigene Übung

Da Sie sich jetzt mit den Grundlagen der Arbeit mit Tabellen in InDesign auskennen, sollten Sie mit anderen Techniken experimentieren, um Ihre Fähigkeiten im Umgang mit Tabellen zu erweitern.

1 Erstellen Sie zunächst ein neues Dokument. Das Seitenformat und die übrigen Parameter spielen an dieser Stelle keine Rolle. Ziehen Sie mit dem Textwerkzeug (**T**) einen neuen Textrahmen auf, um eine neue Tabelle anzulegen. Dann wählen Sie **Tabelle: Tabelle einfügen** und geben die Anzahl der gewünschten Zeilen und Spalten für Ihre Tabelle ein.

2 Vergewissern Sie sich, dass sich die blinkende Einfügemarke in der gewünschten Zelle befindet, und geben Sie Text ein. Möchten Sie in die nächste Zelle der Zeile gelangen, drücken Sie die Tab-Taste. In die Zelle eine Spalte darunter gelangen Sie mit der Pfeil-nach-unten-Taste.

3 Möchten Sie eine Spalte durch Ziehen hinzufügen, zeigen Sie mit dem Textwerkzeug auf den rechten Rand einer Tabellenspalte, bis der Mauszeiger zu einem Doppelpfeil (↔) wird. Halten Sie die Alt-Taste gedrückt und ziehen Sie etwa einen knappen Zentimeter nach rechts. Sobald Sie die Maustaste loslassen, fügt InDesign dort eine neue Spalte in der Breite ein, in der Sie die Maus gezogen haben.

4 Möchten Sie die Tabelle in Text konvertieren, wählen Sie **Tabelle: Tabelle in Text umwandeln**. Dabei können Sie die ursprünglichen Spalten durch Tabulatoren und die Zeilen durch Absatzumbrüche darstellen. Sie können diese Trennungsoptionen beliebig ändern. Auf ähnliche Weise konvertieren Sie durch Tabulatoren getrennten Text in eine Tabelle, indem Sie **Tabelle: Text in Tabelle umwandeln** wählen.

5 Sie können auch gedrehten Text erstellen. Dazu platzieren Sie die Einfügemarke mit dem Textwerkzeug in einer Tabellenzelle. Wählen Sie **Fenster: Schrift und Tabellen: Tabelle**, um das Tabellenbedienfeld zu öffnen, und klicken Sie auf die Schaltfläche »Text drehen um 270°« (◲). Geben Sie anschließend den gewünschten Text in die Zelle ein.

Fragen

1 Welche Vorteile haben Tabellen im Vergleich zur einfachen Texteingabe mit Tabulatoren zur Trennung von Spalten?

2 Wann könnten Sie eine Übersatzzelle erhalten?

3 Mit welchem Werkzeug arbeiten Sie in Tabellen am häufigsten?

Antworten

1 Tabellen bieten viel mehr Flexibilität und sind viel einfacher zu formatieren. Text wird in einer Tabellenzelle umbrochen, das heißt, Sie brauchen keine zusätzlichen Zeilen für Zellen mit vielen Wörtern hinzuzufügen. Außerdem können Sie einzelnen Zeilen, Spalten und Zellen Formate zuweisen, einschließlich Zeichen- und Absatzformate – jede Zelle verhält sich wie ein einzelner Textrahmen.

2 Übersatzzellen entstehen, wenn die Maße einer Zelle für den vorgesehenen Inhalt nicht ausreichen, etwa weil Sie die Höhe der Zelle genau festgelegt haben. Sonst umbricht InDesign in der Zelle platzierten Text innerhalb der Zelle, das heißt, die Zelle wird entsprechend höher, um den Text vollständig aufzunehmen. Wenn Sie ein Bild in einer zu kleinen Zelle platzieren, erweitert InDesign diese ebenfalls in der Höhe, aber nicht in der Breite, das bedeutet, die Spaltenbreite bleibt unverändert.

3 Für jede Arbeit in einer Tabelle muss das Textwerkzeug gewählt sein. Sie benötigen zwar für die Arbeit mit Bildern in Tabellenzellen andere Werkzeuge, aber für das Arbeiten mit der Tabelle selbst – wie das Auswählen von Zeilen und Spalten, das Einfügen von Text- und Bildinhalten, das Anpassen der Tabellenmaße usw. – verwenden Sie das Textwerkzeug.

12 TRANSPARENZ

Überblick

In dieser Lektion lernen Sie Folgendes:

- Ein importiertes Schwarzweißbild mit Farbe versehen
- Die Deckkraft von in InDesign gezeichneten Objekten ändern
- Transparenz für importierte Bilder einstellen
- Text mit Transparenz versehen
- Einander überlappende Objekte mit Füllmethoden versehen
- Objekten weiche Kanten zuweisen
- Mehrere Effekte auf ein Objekt anwenden
- Effekte bearbeiten und entfernen

 Für diese Lektion benötigen Sie ungefähr 45 Minuten.

Adobe InDesign CS6 beflügelt mit zahlreichen Transparenzfunktionen Ihre Fantasie und Kreativität. So
steuern Sie nicht nur die Deckkraft, weisen Effekte
und Füllmethoden zu, sondern arbeiten auch mit
importierten transparenten Dateien und weisen
weitere Transparenzeffekte zu.

Vorbereitungen

● **Hinweis:** Bei Bedarf kopieren Sie jetzt die Lektionsdateien von der *Adobe InDesign CS6 Classroom in a Book*-DVD auf Ihre Festplatte. Informationen dazu finden Sie unter »Die Classroom in a Book-Dateien kopieren« auf Seite 2.

Das Projekt in dieser Lektion ist eine Menükarte für das fiktive Restaurant »Bistro Nouveau«. Indem Sie mit Ebenen verschiedene Transparenzeffekte auf Objekte anwenden, erzeugen Sie ein raffiniertes und ansprechendes Design.

1 Damit die Voreinstellungen von InDesign CS6 wie in der Lektion funktionieren, bewegen Sie die Datei *InDesign Voreinstellungen* an einen anderen Speicherort. Näheres dazu finden Sie unter »Voreinstellungsdateien speichern und wiederherstellen« auf Seite 3.

2 Starten Sie Adobe InDesign CS6. Damit alle Bedienfelder und Menübefehle wie in dieser Lektion funktionieren, wählen Sie **Fenster: Arbeitsbereich: [Erweitert]** und dann **Fenster: Arbeitsbereich: Erweitert zurücksetzen**.

Sie öffnen zu Beginn ein vorhandenes und teilweise eingerichtetes InDesign-Dokument.

3 Wählen Sie **Datei: Öffnen** und öffnen Sie die Datei *12_a_Start.indd* im Ordnerpfad *Lektionen/Lektion_12* auf Ihrer Festplatte.

4 Wählen Sie **Datei: Speichern unter** und speichern Sie die Datei unter dem neuen Namen *12_Menu.indd* im Ordner *Lektion_12*.

InDesign zeigt die Menükarte zunächst als lange leere Seite an, da alle Ebenen ausgeblendet sind. Sie blenden diese Ebenen im Verlauf der Lektion nach Bedarf ein, damit Sie sich auf die jeweiligen Objekte und Aufgaben konzentrieren können.

5 Öffnen Sie die Datei *12_b_End.indd* in demselben Ordner, um das fertige Dokument zu betrachten.

6 Wenn Sie mit der Bearbeitung des Lektionsdokuments fortfahren möchten, können Sie die Datei *12_b_End.indd* schließen oder als Hilfe während dieser Lektion geöffnet lassen. Möchten Sie zu Ihrem Lektionsdokument zurückkehren, wählen Sie **Fenster: 12_Menu.indd** oder klicken oben links im Dokumentfenster auf das Register »12_Menu.indd«.

Ein Schwarzweißbild importieren und mit Farbe versehen

Sie beginnen mit der Hintergrundebene für die Menükarte, die als strukturierter Hintergrund dient, der durch die darauf angeordneten transparenten Objekte hindurchscheint. Sie können durchscheinende Objekte mit wechselnder Deckkraft anlegen, durch die darunterliegende Objekte hindurchscheinen.

Da sich im Ebenenstapel nichts mehr unter der Hintergrundebene befindet, müssen Sie deren Deckkraft auch nicht festlegen.

1 Wählen Sie **Fenster: Ebenen**, um das Ebenenbedienfeld zu öffnen.

2 Wählen Sie im Ebenenbedienfeld die Ebene »Background« (Hintergrund). Eventuell müssen Sie im Bedienfeld scrollen, um sie unten im Ebenenstapel zu sehen. Sie platzieren das zu importierende Bild in dieser Ebene.

3 Achten Sie auf die beiden Felder links neben dem Ebenennamen: Die Ebene soll sichtbar (das Auge-Symbol (👁) also zu sehen) und nicht gesperrt (kein Schloss-Symbol (🔒) eingeblendet) sein. Das Zeichenstift-Symbol (✒) rechts neben dem Ebenennamen zeigt, dass diese Ebene die Zielebene für importierte Objekte und für neu angelegte Rahmen ist.

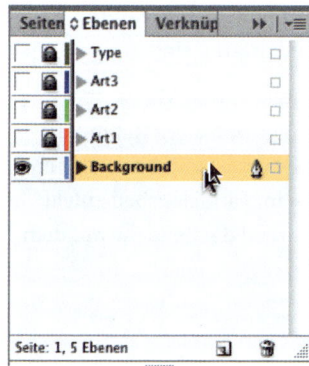

4 Wählen Sie **Ansicht: Raster und Hilfslinien: Hilfslinien einblenden**. Sie richten das zu importierende Hintergrundbild an den Hilfslinien aus.

5 Wählen Sie **Datei: Platzieren** und öffnen Sie die Graustufen-TIFF-Datei *12_c.tif* im Ordner *Lektion_12*.

6 Platzieren Sie das Geladene-Grafik-Symbol (⬚) etwas außerhalb der linken oberen Seitenecke und klicken Sie auf den Schnittpunkt der roten Beschnitthilfslinien, damit das Bild die komplette Seite bis zu den Beschnitträndern füllt. Lassen Sie das Bild anschließend ausgewählt.

7 Wählen Sie **Fenster: Farbe: Farbfelder**. Sie färben das Bild über das Farbfelderbedienfeld ein und passen zunächst den Farbton des zu verwendenden Farbfelds an.

▶ **Tipp:** Sie können auch die Fläche-Schaltfläche unten im Werkzeugbedienfeld verwenden.

8 Wählen Sie im Farbfelderbedienfeld das Fläche-Feld (⬛). Scrollen Sie in der Liste der Farbfelder nach unten, um dort die Farbe »Light Green« auszuwählen. Klicken Sie oben im Bedienfeld in das Popup-Menü »Farbton« und ziehen Sie den Regler auf 76 %.

Die weißen Bildbereiche sind jetzt mit dem hellgrünen 76 %-Farbton eingefärbt, während die grauen Bereiche unverändert grau sind.

9 Wählen Sie das Auswahlwerkzeug (▶) und bewegen Sie den Mauszeiger in das Inhaltsauswahlwerkzeug (den Kreisring in der Mitte des Rahmens). Sobald das Hand-Symbol (✋) erscheint, klicken Sie, um das Bild im Rahmen auszuwählen, und wählen die Farbe »Light Green« im Farbfelderbedienfeld aus. Jetzt ersetzt diese Farbe das Grau im Bild, während die Bereiche mit dem Farbton »Light Green 76 %« unverändert bleiben.

Rahmen mit zugewie-
sener Farbe und Farbton

Bildinhalt mit
zugewiesener Farbe

In InDesign können Sie Graustufen- oder Schwarzweißbildern Farben zuweisen, die in den Formaten PSD, TIFF, BMP oder JPEG vorliegen. Wenn Sie das Bild im Grafikrahmen auswählen und eine Füllfarbe zuweisen, wird diese auf die grauen Bildbestandteile statt wie in Schritt 8 auf den Rahmenhintergrund angewandt.

10 Klicken Sie im Ebenenbedienfeld in das leere Feld links neben der Ebenenbezeichnung »Background«, um die Hintergrundebene zu sperren. Lassen Sie die Ebene »Background« eingeblendet, damit Sie die Wirkung Ihrer Transparenzzuweisungen in den Ebenen darüber beobachten können.

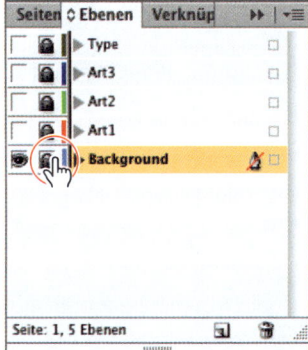

11 Wählen Sie **Datei: Speichern**, um Ihre Arbeit zu sichern.

Damit haben Sie eine schnelle und bequeme Möglichkeit zum Einfärben von Graustufenbildern kennengelernt. Auch wenn sich diese Methode gut für Composite-Bilder eignet, ist Adobe Photoshop CS6 mit seinen umfangreichen Farbsteuerungen für weiterführende Arbeiten die bessere Wahl.

Transparenzeinstellungen zuweisen

InDesign CS6 bietet umfangreiche Transparenzsteuerungen. Sie können zum Beispiel die Deckkraft von Objekten verringern, die in InDesign CS6 gezeichnet, importiert oder als Text eingegeben wurden (dazu gehören auch importierte Bilder und Text), und damit darunterliegende Objekte anzeigen, die sonst verdeckt würden. Zusätzliche Transparenzfunktionen wie Füllmethode, Schlagschatten, Schein und weiche Kanten sowie abgeflachte Kante und Relief bieten zahlreiche Optionen für besondere visuelle Effekte; Sie erfahren im Verlauf dieser Lektion mehr über diese Funktionen.

Im vorliegenden Projekt wenden Sie auf die einzelnen Ebenen der Menükarte eine Reihe von Transparenzoptionen an.

Das Effektebedienfeld

Mit dem Effektebedienfeld (**Fenster: Effekte**) bestimmen Sie die Deckkraft und die Füllmethode von Objekten und Gruppen, beschränken die Füllung auf bestimmte Gruppen, sparen Objekte in einer Gruppe aus oder weisen einen Transparenzeffekt zu.

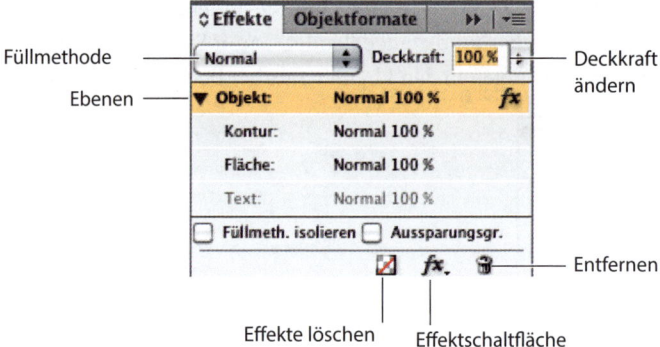

Das Effektebedienfeld im Überblick

Füllmethode – Legt fest, wie Farben überlappender Objekte miteinander verrechnet werden.

Ebene – Gibt die Deckkrafteinstellungen für »Objekt«, »Kontur«, »Fläche« und »Text« an und zeigt an, ob Transparenzeffekte angewendet wurden. Klicken Sie auf das Dreieck links neben dem Wort »Objekt« (oder »Gruppe« oder »Grafik«), um die einzelnen Ebenen ein- bzw. auszublenden. Nach dem Anwenden von Transparenzeinstellungen auf eine Ebene wird das Effekt-Symbol (fx) angezeigt. Durch Doppelklicken auf das Symbol können Sie die Einstellungen ändern.

Schaltfläche »Alles löschen« – Löscht Effekte auf Kontur, Fläche oder Text aus einem Objekt, stellt die Füllmethode auf »Normal« ein und legt die Deckkrafteinstellung für das gesamte Objekt auf 100 % fest.

Effektschaltfläche – Zeigt eine Liste der Transparenzeffekte an.

Papierkorb – Entfernt Effekte aus einem Objekt; Füllmethode und Deckkraft bleiben jedoch erhalten.

Deckkraft – Je niedriger die Deckkraft eines Objekts, desto durchsichtiger wird es und desto mehr wird von den darunterliegenden Objekten sichtbar.

Füllmethode isolieren – Wendet eine Füllmethode auf eine ausgewählte Gruppe von Objekten an und lässt darunterliegende Objekte, die nicht zur Gruppe gehören, unbeeinflusst.

Aussparungsmethode – Hiermit werden anhand der Deckkraft- und Angleichungsattribute der einzelnen Objekte in einer Gruppe die darunterliegenden Objekte in der Gruppe ausgespart, also optisch verdeckt.

Die Deckkraft einfarbiger Objekte ändern

Das Hintergrundbild ist fertig. Sie können nun den übrigen Ebenen im Stapel Transparenz zuweisen. Zuerst verwenden Sie dazu flächige, in InDesign CS6 gezeichnete Formen.

1 Wählen Sie im Ebenenbedienfeld die Ebene »Art1«, um sie zu aktivieren, und klicken Sie links neben dem Ebenennamen auf das Schloss-Symbol (🔒), um sie zu entsperren. Klicken Sie dann in derselben Ebene auf das leere Feld ganz links, damit dort das Auge-Symbol (👁) und somit auch die Ebene eingeblendet wird.

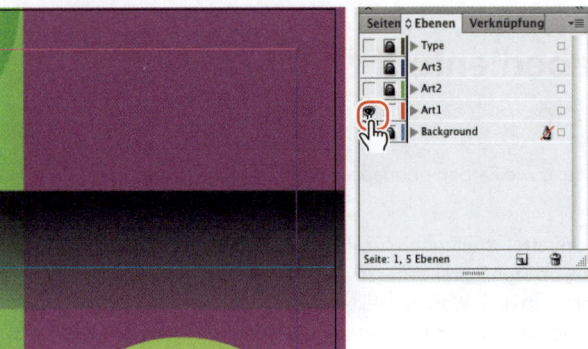

Hinweis: Wenn das Farbfelder-bedienfeld nicht noch vom vorigen Lektionsabschnitt her geöffnet ist, wählen Sie **Fenster: Farbfelder**, um es zu öffnen. Die Formen in dieser Lektion sind nach den Farbfeldern für die Füllung der Objekte benannt.

2   Klicken Sie mit dem Auswahlwerkzeug (↖) auf den vollständigen Kreis mit der Farbe »Yellow/Green« (Grüngelb) rechts auf der Seite. Dieser Ellipse-Rahmen mit einer einfarbigen Fläche wurde in InDesign gezeichnet.

3   Wählen Sie **Fenster: Effekte**, um das Effektebedienfeld zu öffnen.

4   Klicken Sie im Effektebedienfeld rechts neben der Deckkraftprozentzahl auf das kleine Dreieck, um den Deckkraftregler anzuzeigen. Ziehen Sie den Regler auf 70 %. Oder Sie geben in das Eingabefeld »Deckkraft« **70 %** ein und drücken die Eingabetaste.

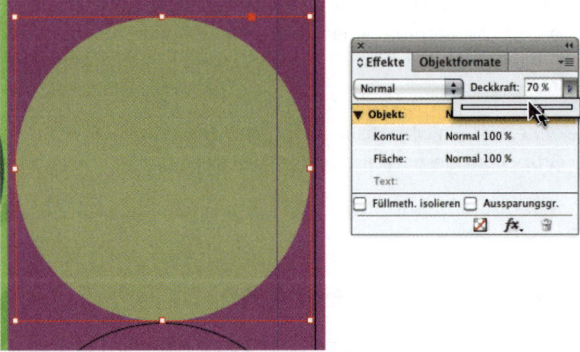

Anschließend scheint die vertikale violette Leiste durch den grüngelb gefüllten Kreis hindurch. Es ergibt sich eine Farbkombination aus der grüngelben Kreisfüllung und dem violetten Rechteck darunter, das die rechte Seitenhälfte bedeckt.

5   Wählen Sie den mit »Light Green« gefüllten Halbkreis oben links und stellen Sie den Deckkraftwert im Effektebedienfeld auf **50 %** ein. Jetzt ist der Halbkreis mit einer leicht vom Hintergrund abweichenden Farbe gefüllt.

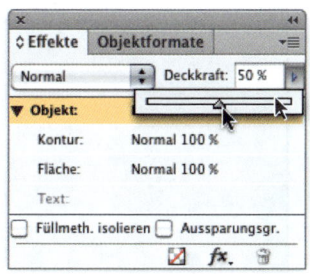

6   Wiederholen Sie Schritt 5 und ändern Sie die verbleibenden Kreise auf
    der Ebene »Art1«. Nehmen Sie dafür folgende Einstellungen vor, um die
    jeweilige Deckkraft zu ändern:

    •   Linke Seite, Mitte, Kreis gefüllt mit dem Farbfeld »Medium Green«,
        Deckkraft = 60 %

    •   Linke Seite, unten, Kreis gefüllt mit dem Farbfeld »Light Purple«,
        Deckkraft = 70 %

    •   Rechte Seite, unten, Halbkreis gefüllt mit dem Farbfeld »Light Green«,
        Deckkraft = 50 %

7   Wählen Sie **Datei: Speichern**, um Ihre Arbeit zu sichern.

Eine Füllmethode zuweisen

Mit einer Deckkraftreduzierung erzeugen Sie eine Farbkombination aus den
Farbwerten des Objekts und der Objekte dahinter. Eine andere Methode,
Wechselwirkungen zwischen übereinanderliegenden Ebenenobjekten zu erzeu-
gen, bieten Füllmethoden.

Im vorliegenden Fall weisen Sie drei Objekten auf der Seite verschiedene
Füllmethoden zu.

1   Klicken Sie mit dem Auswahlwerkzeug (⭡) auf den mit »Yellow/Green«
    gefüllten Kreis auf der rechten Hälfte der Seite.

2   Wählen Sie im Effektebedienfeld im Popup-Menü »Füllmethode« die Option
    »Ineinanderkopieren« und achten Sie auf die Farbänderung.

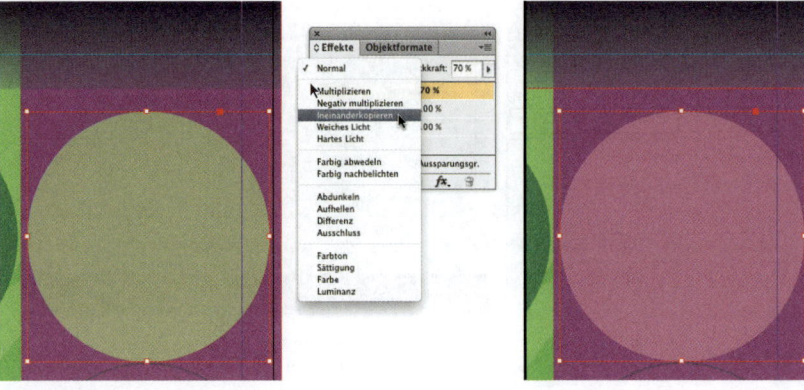

70 % Deckkraft   Deckkraft und Füllmethode

3   Wählen Sie den mit »Light Green« gefüllten Halbkreis unten rechts auf der
    Seite, halten Sie die Umschalt-Taste gedrückt und wählen Sie zusätzlich den
    mit »Light Green« gefüllten Halbkreis oben links auf der Seite aus.

4   Wählen Sie im Effektebedienfeld im Popup-Menü »Füllmethode« die Option
    »Multiplizieren«.

5   Wählen Sie **Datei: Speichern**.

Weitere Informationen über die unterschiedlichen Füllmethoden finden
Sie unter »Festlegen von Methoden für die Angleichung von Farben« in der
InDesign-Hilfe.

Transparenzeffekte auf importierte
Vektor- und Pixelgrafiken anwenden

Sie haben jetzt nur Objekten, die in InDesign gezeichnet wurden, verschiedene Transparenzeinstellungen zugewiesen. Sie können Deckkraftwerte und
Füllmethoden aber auch Bildern zuweisen, die aus anderen Programmen wie
etwa Adobe Illustrator oder Adobe Photoshop importiert wurden.

Transparenz auf Vektorgrafik anwenden

1   Entsperren Sie im Ebenenbedienfeld die Ebene »Art2« und blenden Sie sie
    ein.

2   Wählen Sie bei Bedarf das Auswahlwerkzeug (➤) im Werkzeugbedienfeld.

3   Markieren Sie links auf der Seite den Grafikrahmen mit der schwarzen
    Spirale. Klicken Sie ihn dazu erst an, wenn sich der Mauszeiger in das Pfeil-
    Symbol (➤.) verwandelt hat. (Klicken Sie nicht, während das Hand-Symbol

[👋] angezeigt wird, denn dann wählen Sie statt des Rahmens den Inhalt aus.) Dieser Rahmen befindet sich vor einem Kreis der Farbe »Medium Green«.

4   Lassen Sie den Rahmen mit der schwarzen Spirale markiert. Halten Sie die Umschalt-Taste gedrückt und klicken Sie in den Rahmen mit schwarzer Spirale im rechten Seitenbereich, um auch diesen auszuwählen. Dieser Rahmen befindet sich vor einem hellvioletten Kreis. Achten Sie wieder darauf, den Grafikrahmen und nicht dessen Bildinhalt auszuwählen. Jetzt sollten beide Grafikrahmen markiert sein.

5   Wählen Sie im Effektebedienfeld im Popup-Menü »Füllmethode« die Option »Farbig abwedeln« und verringern Sie die Deckkraft auf 30 %.

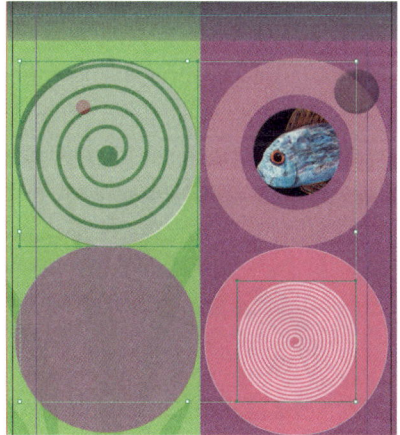

Die ausgewählten Rahmen vor der Zuweisung
von Füllmethode und Deckkraft

Nach Zuweisung von Füllmethode und
Deckkraft

Nun weisen Sie der Kontur um das Fischbild eine Füllmethode zu.

6   Klicken Sie mit dem Auswahlwerkzeug (➤) auf den Grafikrahmen mit dem Fisch rechts auf der Seite. Achten Sie wieder darauf, dass beim Klicken das Pfeil-Symbol (➤.) und nicht das Hand-Symbol (👋) angezeigt wird.

7   Klicken Sie im Effektebedienfeld unterhalb von »Objekt« auf die Option »Kontur«, um diese auszuwählen. Damit beschränken Sie alle Deckkraft- und Füllmethodenänderungen ausschließlich auf die Kontur des gewählten Objekts.

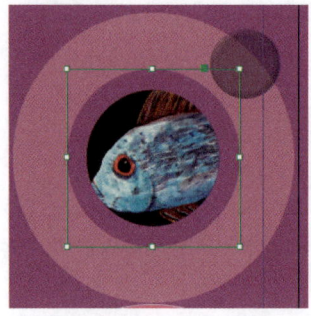
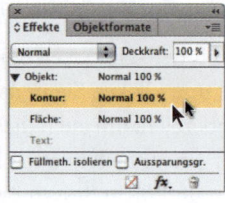

Das Effektebedienfeld zeigt die Objekt-, Kontur-, Füll- und Textdeck-krafteinstellungen des Objekts, die jeweilige Füllmethode und ob Transparenzeffekte zugewiesen wurden. Sie können diese Einstellungen ein- und ausblenden, indem Sie links neben dem Begriff »Objekt« (bzw. »Gruppe« oder »Grafik«) auf das kleine Dreieck klicken.

8 Wählen Sie im Popup-Menü »Füllmethode« die Option »Hartes Licht«.

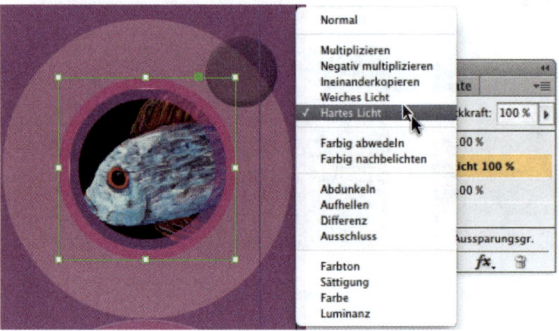

9 Wählen Sie **Datei: Speichern**, um Ihre Arbeit zu sichern.

Transparenz auf Pixelgrafik anwenden

Nun weisen Sie einem importierten Pixelbild Transparenz zu. Zwar kommt in diesem Beispiel ein monochromes Bild zum Einsatz; Sie können in InDesign jedoch auch mehrfarbigen Bildern Transparenzeinstellungen zuweisen. Der Vorgang ist der gleiche wie beim Zuweisen von Transparenzeffekten zu jedem anderen InDesign-Objekt.

1 Wählen Sie im Ebenenbedienfeld die Ebene »Art3«, entsperren Sie sie und blenden Sie sie ein. Blenden Sie nach Bedarf die Ebenen »Art1« und »Art2« aus, um das Arbeiten mit der Ebene »Art3« zu erleichtern. Lassen Sie aber mindestens eine dahinterliegende Ebene eingeblendet, um die Ergebnisse der Transparenzzuweisungen sehen zu können.

2 Klicken Sie mit dem Auswahlwerkzeug (▶) auf den Grafikrahmen mit dem schwarzen Sternbild oben rechts auf der Seite.

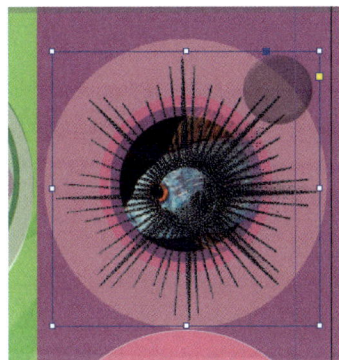

3 Geben Sie im Effektebedienfeld den Deckkraftwert **70 %** ein und drücken Sie die Eingabetaste.

4 Bewegen Sie den Mauszeiger auf das Inhaltsauswahlwerkzeug in der Mitte des Sternbilds, so dass er sich in das Hand-Symbol (🖑) verwandelt, und klicken Sie einmal, um die Grafik im Rahmen auszuwählen.

5 Klicken Sie im Farbfelderbedienfeld auf das Fläche-Feld (▣) und wählen Sie das Farbfeld »Red«, um den schwarzen Bildbereich durch Rot zu ersetzen.

Falls hinter der Ebene »Art3« andere Ebenen eingeblendet sind, sehen Sie den Stern jetzt dunkelorange. Sind keine weiteren Ebenen eingeblendet, ist der Stern rot.

6 Sollte das Sternbild nicht mehr ausgewählt sein, so wählen Sie es mit einem Klick in das Inhaltsauswahlwerkzeug erneut aus.

7 Wählen Sie im Effektebedienfeld im Popup-Menü »Füllmethode« die Option »Negativ multiplizieren« und übernehmen Sie den Deckkraftwert 100 %. Je nachdem, welche Ebenen eingeblendet werden, verändert sich die Farbe des Stern.

8 Wählen Sie **Datei: Speichern**, um Ihre Arbeit zu sichern.

Illustrator-Dateien mit Transparenz importieren und anpassen

Wenn Sie Adobe Illustrator-Dateien (.ai) in Ihr InDesign-Layout importieren, erkennt InDesign CS6 in Illustrator zugewiesene Transparenzen und übernimmt sie auch. Außerdem können Sie die Transparenz eines importierten Bilds in InDesign weiter verändern, indem Sie dem Bild weitere Einstellungen für Deckkraft, Füllmethoden und andere Transparenzeffekte zuweisen.

Jetzt platzieren Sie ein Bild mit mehreren Gläsern und passen anschließend seine Transparenz an.

1 Vergewissern Sie sich, dass im Ebenenbedienfeld die Ebene »Art3« die aktive Ebene ist und die Ebenen »Art3«, »Art2«, »Art1« und »Background« eingeblendet sind.

2 Sperren Sie die Ebenen »Art2«, »Art1« und »Background«, damit diese nicht versehentlich geändert werden können.

3 Wählen Sie das Auswahlwerkzeug (▶) im Werkzeugbedienfeld und **Bearbeiten: Auswahl aufheben**, um das zu importierende Bild nicht in einem vorhandenen Objekt zu platzieren.

4 Wählen Sie **Ansicht: Seite in Fenster einpassen** oder doppelklicken Sie auf das Hand-Werkzeug.

5 Wählen Sie **Datei: Platzieren**. Schalten Sie unten im Dialogfeld »Platzieren« die Option »Importoptionen anzeigen« ein.

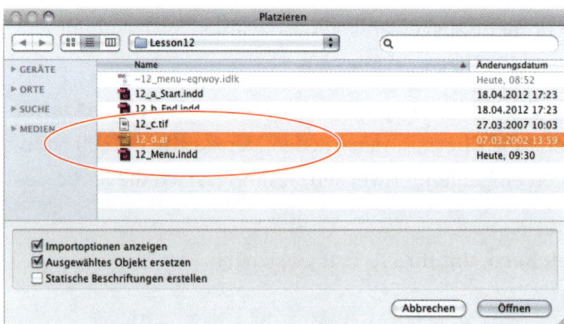

6 Doppelklicken Sie im Ordner *Lektion_12* auf die Datei *12_d.ai*, um sie zu platzieren.

7 Achten Sie im Dialogfeld »PDF platzieren« darauf, dass im Popup-Menü »Beschneiden auf« die Option »Bounding Box (alle Ebenen)« und weiter unten das Kontrollfeld »Transparenter Hintergrund« gewählt sind.

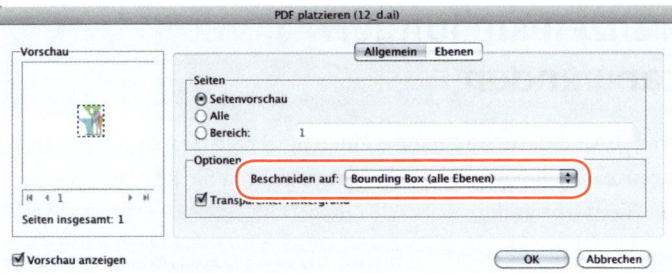

8 Klicken Sie auf OK. InDesign schließt das Dialogfeld und ändert den Mauszeiger in das Geladene-Grafik-Symbol ().

9 Positionieren Sie das Geladene-Grafik-Symbol () auf dem violetten Kreis mit der hellen Spirale rechts auf der Seite. Klicken Sie, um das Bild zu platzieren. Bei Bedarf verschieben Sie das Bild, um es auf dem violetten Kreis zu positionieren.

▶ **Tipp:** Wenn Sie das Bild innerhalb des violetten Kreises neu platzieren, helfen Ihnen die intelligenten Hilfslinien beim Zentrieren.

10 Blenden Sie im Ebenenbedienfeld die Ebenen »Art2«, »Art1« und »Background« aus, damit nur noch die Ebene »Art3« mit dem platzierten Bild zu sehen ist und Sie die Auswirkungen der Transparenzen innerhalb des Illustrator-Bilds beobachten können.

11 Blenden Sie die Ebenen »Art2«, »Art1« und »Background« wieder ein. Die weiße Olivenform ist undurchsichtig, während die Formen der Gläser teilweise transparent sind.

12 Das Bild mit den Gläsern ist noch gewählt; ändern Sie die Deckkrafteinstellung im Effektebedienfeld auf 60 % und lassen Sie das Bild ausgewählt.

13 Wählen Sie im Effektebedienfeld im Popup-Menü »Füllmethode« die Option »Farbig nachbelichten«. Die Farben und die Verrechnung des Bilds mit seinem Untergrund haben sich grundlegend geändert.

14 Wählen Sie **Datei: Speichern**.

▶ **Tipp:** Möchten Sie nur die Ebene »Art3« betrachten und alle anderen Ebenen verbergen, klicken Sie im Ebenenbedienfeld mit gedrückter Alt-Taste auf ihr Auge-Symbol.

Transparenzeinstellungen auf Text anwenden

Die Deckkraft von Text ändern Sie genauso einfach, wie Sie Grafikobjekten im Layout Transparenzeinstellungen zuweisen. Das probieren Sie jetzt aus, wenn Sie außerdem die Textfarbe ändern.

1 Sperren Sie im Ebenenbedienfeld die Ebene »Art3«, entsperren Sie die Ebene »Type« und blenden Sie sie ein.

2 Wählen Sie im Werkzeugbedienfeld das Auswahlwerkzeug (🔧) und klicken Sie auf den Textrahmen »I THINK, THEREFORE I DINE«. Bei Bedarf zoomen Sie, um den Text gut lesen zu können.

Bevor Sie Transparenzeinstellungen auf Text oder auf einen Textrahmen und seinen Inhalt anwenden können, müssen Sie den Rahmen mit dem Auswahlwerkzeug wählen. Transparenzoptionen lassen sich nicht bei aktiviertem Textwerkzeug zuweisen.

3 Markieren Sie im Effektebedienfeld die Zeile »Text«, damit sich Änderungen der Deckkraft und der Füllmethode nur auf den Text auswirken.

4 Wählen Sie »Ineinanderkopieren« im Popup-Menü »Füllmethode« und verringern Sie die Deckkraft auf 70 %.

5 Wählen Sie **Bearbeiten: Auswahl aufheben**.

Jetzt ändern Sie die Deckkraft einer Textrahmenfläche.

6 Vergewissern Sie sich, dass im Werkzeugbedienfeld das Auswahlwerkzeug (🔧) gewählt ist, und klicken Sie unten auf der Seite auf den Textrahmen mit dem Inhalt »Boston | Chicago | Denver | Houston | Minneapolis«. Zoomen Sie bei Bedarf, damit Sie den Text gut lesen können.

7 Markieren Sie im Effektebedienfeld die Zeile »Fläche« und verringern Sie die Deckkraft auf 70 %.

8 Wählen Sie **Bearbeiten: Auswahl aufheben** und dann **Datei: Speichern**.

Effekte

Nun haben Sie gelernt, Transparenz durch Ändern der Füllmethoden und der Deckkraft von in InDesign gezeichneten Objekten, importierten Bildern und Text zuzuweisen. Außerdem können Sie aus neun Transparenzeffekten wählen; viele der Einstellungen und Optionen der unterschiedlichen Effekte sind einander ähnlich.

Während Sie als Nächstes der Menükarte den letzten Schliff geben, experimentieren Sie mit einigen dieser Effekte.

Transparenzeffekte

Schlagschatten – Fügt einen Schatten hinzu, der hinter das Element (Objekt, Kontur, Fläche oder Text) fällt.

Schatten nach innen – Fügt einen Schatten hinzu, der knapp in die Kanten des Elements (Objekt, Kontur, Fläche oder Text) fällt, so dass der Eindruck einer Vertiefung entsteht.

Schein nach außen, Schein nach innen – Fügen einen Lichtschein hinzu, der von den äußeren bzw. inneren Kanten des Elements (Objekt, Kontur, Fläche oder Text) ausstrahlt.

Abgeflachte Kante und Relief – Fügt verschiedene Kombinationen von Lichtern und Schatten hinzu, damit Text und Bilder dreidimensional aussehen.

Glanz – Fügt einen Schatten nach innen hinzu, der den Eindruck einer samtig glänzenden Oberfläche entstehen lässt.

Einfache weiche Kante, Direktionale weiche Kante, Weiche Verlaufskante – Bewirken ein Weichzeichnen der Objektkanten durch Ausblenden in Transparenz.

– Aus der InDesign-Hilfe

Einfache weiche Kante auf Bildränder anwenden

Weiche Kanten sind eine weitere Möglichkeit, Objekte mit Transparenz zu versehen. Sie bewirken im Bereich der Objektkanten einen weichen Übergang von Farbe zu Transparenz, so dass weiter hinten liegende Objekte oder der Seitenhintergrund durch den Bereich der weichen Kante sichtbar sind. InDesign CS6 bietet drei Arten weicher Kanten:

- »Einfache weiche Kante« bewirkt ein Weichzeichnen (Verblassen) der Objektkanten über einen von Ihnen festgelegten Abstand.

- »Direktionale weiche Kante« bewirkt ein Weichzeichnen der Kanten eines Objekts durch Ausblenden der Kanten bis hin zur Transparenz, wobei Sie die Richtung des Ausblendens festlegen.

- »Weiche Verlaufskante« blendet das Objekt bis hin zur Transparenz aus.

Im ersten Teil weisen Sie eine einfache weiche Kante und später eine weiche Verlaufskante zu.

1 Bei Bedarf entsperren Sie im Ebenenbedienfeld die Ebene »Art1«.

2 Wählen Sie bei Bedarf **Ansicht: Seite in Fenster einpassen**, um die gesamte Seite zu überblicken.

3 Wählen Sie mit dem Auswahlwerkzeug (⬆) den mit »Light Purple« gefüllten Kreis links auf der Seite.

4 Wählen Sie **Objekt: Effekte: Einfache weiche Kante**. Das Dialogfeld »Effekte« wird geöffnet. In seinem linken Bereich sehen Sie eine Liste der Transparenzeffekte und rechts die entsprechenden Einstellmöglichkeiten.

5 Nehmen Sie im Bereich »Optionen« im Dialogfeld »Effekte« folgende Einstellungen vor:

- Geben Sie in das Feld »Breite der weichen Kante« **0,375 Zoll** ein.

- Ändern Sie die Werte für »Abschwächen« und »Rauschen« jeweils in **10 %**.

- Übernehmen Sie im Popup-Menü »Ecken« die Option »Verschwommen«.

6 Vergewissern Sie sich, dass die Option »Vorschau« eingeschaltet ist, und verschieben Sie das Dialogfeld bei Bedarf so, dass Sie das Ergebnis Ihrer Einstellungen prüfen können. Die Ränder des violetten Kreises laufen jetzt verschwommen aus.

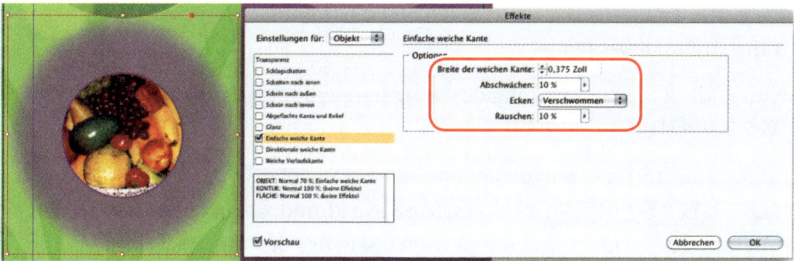

7 Klicken Sie auf OK, um die Einstellungen zuzuweisen und das Dialogfeld »Effekte« zu schließen.

8 Wählen Sie **Datei: Speichern**.

Weiche Verlaufskante zuweisen

Mit dem Effekt »Weiche Verlaufskante« können Sie ein Objekt von deckend nach transparent überblenden.

1 Klicken Sie mit dem Auswahlwerkzeug (▶) auf die mit »Light Purple« gefüllte vertikale Leiste auf der rechten Seite.

2 Klicken Sie unten im Effektebedienfeld auf die Effektschaltfläche (*fx.*) und wählen Sie im Popup-Menü die Option »Weiche Verlaufskante«.

Das Dialogfeld »Effekte« mit Optionen für den Effekt »Weiche Verlaufskante« wird angezeigt.

3 Klicken Sie im Dialogfeld »Effekte« im Bereich »Verlaufspunkte« auf die Schaltfläche »Verlauf umkehren« (⬛), um die Verlaufsfarben »Deckend« und »Transparent« umzukehren.

● **Hinweis:** Sie können Transparenzeffekte auch über **Objekt: Effekte** und die jeweilige Option im Untermenü zuweisen. Alternativ wählen Sie im Effektebedienfeldmenü die Option im Popup-Menü »Effekte« oder betätigen die FX-Schaltfläche unten im Effektebedienfeld und wählen dann eine Option aus dem Untermenü.

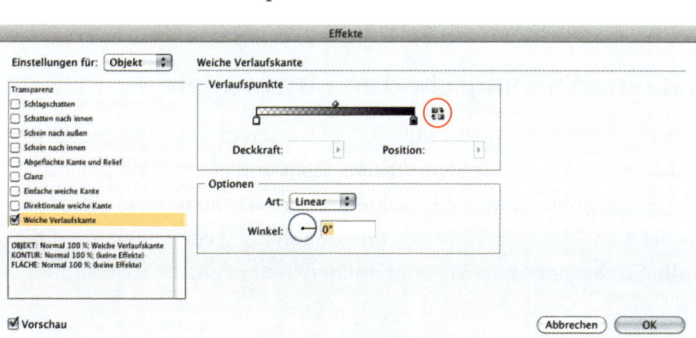

4 Klicken Sie auf OK. Das violette Rechteck wird nun von rechts nach links transparent ausgeblendet.

Nun ändern Sie die Richtung des Transparenzübergangs mit dem Weiche-Verlaufskante-Werkzeug.

5 Klicken Sie im Werkzeugbedienfeld auf das Weiche-Verlaufskante-Werkzeug (◼). Halten Sie die Umschalt-Taste gedrückt und ziehen Sie den Mauszeiger im violetten Rechteck von unten nach oben, um die Verlaufsrichtung entsprechend zu ändern.

6 Wählen Sie **Bearbeiten: Auswahl aufheben** und dann **Datei: Speichern**.

Nun wenden Sie mehrere Effekte auf ein Objekt an und bearbeiten diese anschließend.

Einem Text einen Schlagschatten hinzufügen

Mit einem Schlagschatten fügen Sie einem Objekt einen dreidimensionalen Effekt hinzu, durch den es auf der Seite zu schweben und einen Schatten auf die Seite und die darauf befindlichen Objekte zu werfen scheint. Schlagschatten können Sie beliebigen Objekten zuweisen und unabhängig voneinander auf die Kontur oder die Fläche eines Objekts oder auf den Text in einem Textrahmen anwenden.

Das probieren Sie jetzt aus und weisen dem Text »bistro« einen Schlagschatten zu.

1   Klicken Sie mit dem Auswahlwerkzeug (⬆) auf den Textrahmen mit dem Wort »bistro«. Vergrößern Sie den Rahmen mit dem Zoomwerkzeug (🔍) oder bei gedrückter Z-Taste, damit Sie den Text gut lesen können.

2   Wählen Sie im Effektebedienfeld die Zeile »Text« aus.

3   Klicken Sie unten im Effektebedienfeld auf die Effektschaltfläche (*fx.*), und wählen Sie im Popup-Menü die Option »Schlagschatten«.

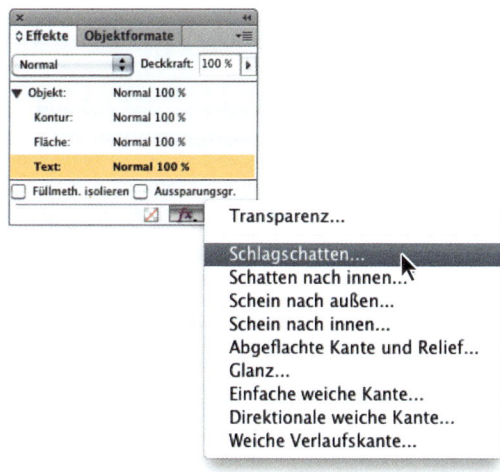

4   Geben Sie im Dialogfeld »Effekte« im Bereich »Optionen« für »Größe« **0,125 Zoll** und für »Übergriff« **20 %** ein. Vergewissern Sie sich, dass die Schaltfläche »Vorschau« eingeschaltet ist, damit Sie den Effekt schon vorher auf der Seite beobachten können.

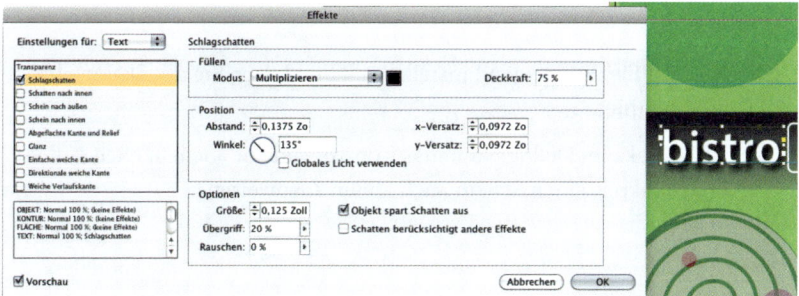

5   Klicken Sie auf OK, um dem Text den Schlagschatten zuzuweisen.

6   Wählen Sie **Datei: Speichern**, um Ihre Arbeit zu sichern.

Mehrere Effekte auf ein Objekt anwenden

Sie können mehrere unterschiedliche Transparenzeffekte auf ein Objekt anwenden. Mit zwei Effekten erzeugen Sie beispielsweise den Eindruck, dass das Objekt dreidimensional und mit einem Schein versehen ist.

In dieser Übung weisen Sie den beiden Halbkreisen auf der Seite einen Reliefeffekt und einen Schein nach außen zu.

1 Wählen Sie **Ansicht: Seite in Fenster einpassen** oder doppelklicken Sie auf das Hand-Werkzeug.

2 Markieren Sie mit dem Auswahlwerkzeug (⬆) den mit »Light Green« gefüllten Halbkreis oben links auf der Seite.

3 Klicken Sie unten im Effektebedienfeld auf die Effektschaltfläche (*fx.*) und wählen Sie im Popup-Menü die Option »Abgeflachte Kante und Relief«.

4 Achten Sie im Dialogfeld »Effekte« darauf, dass die Option »Vorschau« eingeschaltet ist, damit Sie die Änderungen sofort auf der Seite beobachten können. Nehmen Sie dann im Bereich »Struktur« folgende Einstellungen vor:

- Größe: **0,3125 Zoll**

- Weichzeichnen: **0,3125 Zoll**

- Tiefe: **30 %**

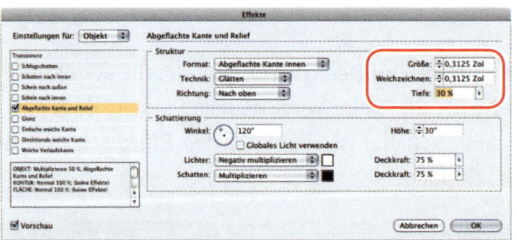 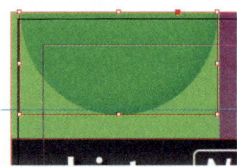

5 Übernehmen Sie die übrigen Einstellungen und lassen Sie das Dialogfeld »Effekte« geöffnet.

6 Klicken Sie links im Dialogfeld in das Kontrollfeld vor »Schein nach außen«, um dem Halbkreis einen Schein nach außen zuzuweisen.

7 Klicken Sie auf den Begriff »Schein nach außen«, um den Effekt zu bearbeiten, und nehmen Sie folgende Einstellungen vor:

- Modus: **Multiplizieren**

- Deckkraft: **80 %**

- Größe: **0,25 Zoll**

- Übergriff: **10 %**

8 Klicken Sie rechts neben dem Popup-Menü »Modus« auf die Schaltfläche »Glanzfarbe festlegen«. Vergewissern Sie sich, dass im Dialogfeld »Effektfarbe« im Popup-Menü »Farbe« die Option »Farbfelder« gewählt ist. Markieren Sie die Farbe »[Schwarz]« und klicken Sie auf OK.

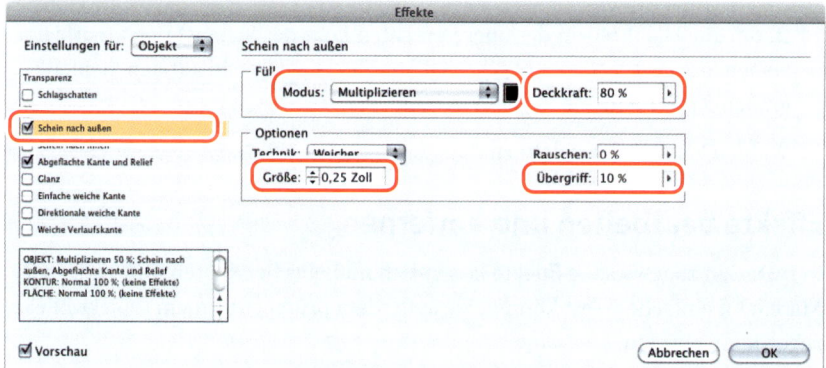

● **Hinweis:** Im Dialogfeld »Effekte« können Sie einem Objekt mehrere Effekte zuweisen oder ablesen, welche Effekte einem ausgewählten Objekt bereits zugewiesen wurden. (Sie erkennen das an den Häkchen in der Liste auf der linken Seite des Dialogfelds).

9 Klicken Sie auf OK, um die Einstellungen für mehrere Effekte zuzuweisen.

Nun weisen Sie dem anderen Halbkreis auf der Seite die gleichen Einstellungen zu, indem Sie das FX-Symbol aus dem Effektebedienfeld einfach auf den Halbkreis ziehen.

10 Doppelklicken Sie auf das Hand-Werkzeug (🖑), um die Seite in das Dokumentfenster einzupassen.

11 Wählen Sie im Werkzeugbedienfeld das Auswahlwerkzeug (▶). Bei Bedarf markieren Sie den grünen Halbkreis oben links auf der Seite.

12 Das Effektebedienfeld ist geöffnet; ziehen Sie das FX-Symbol (𝘧𝘹) rechts neben der Option »Objekt« aus dem Effektebedienfeld direkt auf den grünen Halbkreis unten rechts auf der Seite.

● **Hinweis:** Falls Sie den Halbkreis nicht beim ersten Versuch markieren können, wählen Sie **Bearbeiten: Rückgängig: Objekteffekte verschieben** und versuchen Sie es erneut.

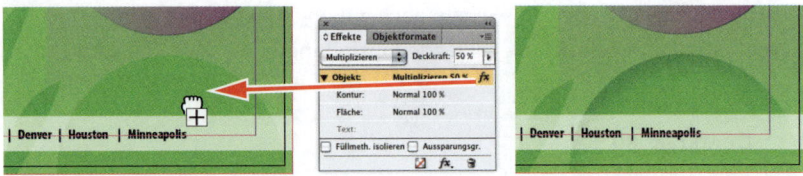

Das Ziehen des FX-Symbols auf den Halbkreis (links und Mitte) führt zum rechts gezeigten Ergebnis.

Jetzt wenden Sie die gleichen Effekte auf den kleinen grauen Kreis auf der Seite an.

13 Klicken Sie im Ebenenbedienfeld auf das Auge-Symbol (👁) der Ebene »Art3«, um sie auszublenden, und entsperren Sie dann die Ebene »Art2«.

14 Der grüne Halbkreis in der oberen rechten Ecke der Seite ist noch markiert; ziehen Sie das FX-Symbol (*fx*) aus dem Effektebedienfeld auf den kleinen grauen Kreis rechts über dem Fischbild.

15 Wählen Sie **Datei: Speichern**.

Effekte bearbeiten und entfernen

In InDesign zugewiesene Effekte lassen sich mühelos bearbeiten und entfernen. Mit einem einfachen Test können Sie außerdem prüfen, ob einem Objekt Effekte zugewiesen wurden.

Sie bearbeiten nun zunächst den Verlauf hinter dem Restaurantnamen und entfernen dann die auf einen Kreis angewendeten Effekte.

1 Vergewissern Sie sich, dass im Ebenenbedienfeld die Ebene »Art1« entsperrt und eingeblendet ist.

2 Klicken Sie mit dem Auswahlwerkzeug (▶) auf den Rahmen mit dem Verlauf hinter dem Text »bistro Nouveau«.

3 Das Effektebedienfeld ist geöffnet; klicken Sie unten im Bedienfeld auf die Effektschaltfläche (*fx.*). Im angezeigten Popup-Menü ist der Effekt »Weiche Verlaufskante« eingeschaltet (mit einem Häkchen versehen). Wählen Sie im Popup-Menü diesen Effekt aus (»Weiche Verlaufskante«).

4 Klicken Sie im Dialogfeld »Effekte« im Bereich »Verlaufspunkte« auf das Farbfeld (das kleine weiße Quadrat) am rechten Rand des Verlaufsbalkens. Ändern Sie die Deckkraft in **30 %** und den Winkel in **90°**.

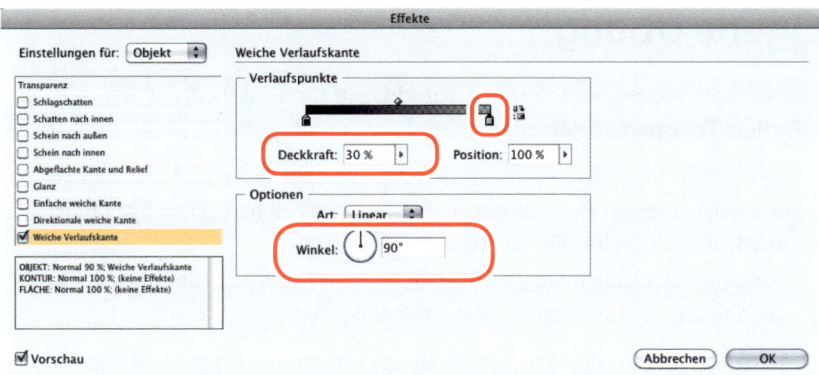

5 Klicken Sie auf OK, um die Verlaufsoptionen zu aktualisieren.

Jetzt entfernen Sie alle einem Objekt zugewiesenen Effekte.

6 Blenden Sie im Ebenenbedienfeld alle Ebenen ein.

7 Klicken Sie mit dem Auswahlwerkzeug (⭢) auf den kleinen grauen Kreis oben rechts über dem Fischbild auf der rechten Seitenhälfte.

8 Klicken Sie unten im Effektebedienfeld auf die Schaltfläche »Effekte löschen« (⬚), um alle dem Kreis zugewiesenen Effekte zu löschen.

● **Hinweis:** Die Schaltfläche »Effekte löschen« entfernt auch die Füllmethode und die Deckkrafteinstellung des Objekts.

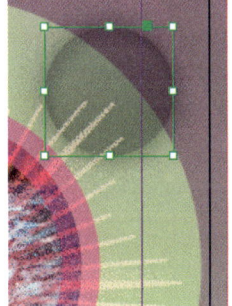 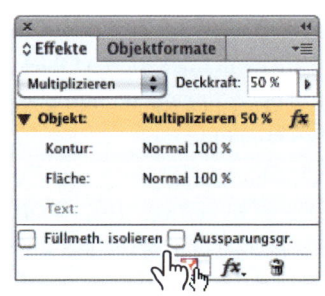 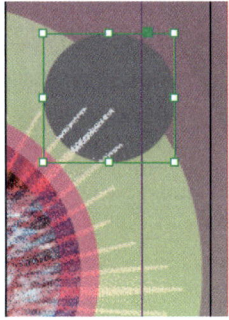

9 Wählen Sie **Datei: Speichern**.

Glückwunsch! Damit haben Sie die Lektion erfolgreich abgeschlossen.

Eigene Übung

Experimentieren Sie mit folgenden Vorschlägen für die Arbeit mit den InDesign-Transparenzoptionen:

1   Scrollen Sie auf einen leeren Bereich der Montagefläche und erstellen Sie einige Formen auf einer neuen Ebene (mit den Zeichenwerkzeugen oder durch Importieren weiterer Instanzen der in dieser Lektion verwendeten Bilddateien). Ordnen Sie die Formen so an, dass sie sich zumindest teilweise überlappen, und arbeiten Sie dann folgendermaßen:

    • Wählen Sie das oberste Objekt Ihrer Formen und experimentieren Sie mit anderen Füllmethoden im Effektebedienfeld wie »Luminanz«, »Hartes Licht« oder »Differenz«. Wählen Sie dann ein anderes Objekt, benutzen Sie die gleichen Füllmethoden und vergleichen Sie die Ergebnisse. Wählen Sie anschließend wieder alle Objekte und die Füllmethode »Normal«.

    • Ändern Sie im Effektebedienfeld die Deckkraftwerte einiger Objekte. Wählen Sie verschiedene Objekte, benutzen Sie die Befehle **Objekt: Anordnen: In den Hintergrund** und **Objekt: Anordnen: In den Vordergrund** und sehen Sie sich die Auswirkungen an.

    • Experimentieren Sie mit Kombinationen aus unterschiedlichen Deckkraftwerten und Füllmethoden, die Sie einem Objekt zuweisen. Führen Sie die gleichen Schritte dann mit anderen Objekten aus, die das erste Objekt teilweise überlappen, um einen Eindruck von den zahllosen möglichen Effekten zu erhalten.

2   Doppelklicken Sie im Seitenbedienfeld auf das Symbol der Seite 1, um die Seite im Dokumentfenster zu zentrieren. Klicken Sie dann nacheinander auf das Auge-Symbol der »Art«-Ebenen, um die unterschiedlichen Auswirkungen auf das Gesamtprojekt zu betrachten.

3   Vergewissern Sie sich, dass im Ebenenbedienfeld alle Ebenen entsperrt sind. Klicken Sie auf das Bild mit den Gläsern, um es zu markieren, und weisen Sie mit dem Effektebedienfeld einen Schlagschatten zu.

Fragen

1 Wie ändern Sie die Farbe von weißen Bereichen in einem Graustufenbild? Und wie die grauen Bereiche?

2 Wie ändern Sie Transparenzeffekte, ohne dabei den Deckkraftwert eines Objekts zu ändern?

3 Warum ist die Stapelfolge von Ebenen sowie von Objekten auf Ebenen wichtig, wenn Sie mit Transparenz arbeiten?

4 Wie können Sie am einfachsten dieselben auf ein Objekt bereits angewendeten Transparenzeffekte auf ein anderes Objekt übertragen?

Antworten

1 Sie ändern die weißen Bereiche, indem Sie den Grafikrahmen mit dem Auswahlwerkzeug und dann die gewünschte Farbe im Farbfelderbedienfeld auswählen. Zum Ändern der grauen Bereiche wählen Sie den Objektinhalt mit dem Inhaltsauswahlwerkzeug aus und klicken dann auf die gewünschte Farbe im Farbfelderbedienfeld.

2 Neben dem Wählen eines Objekts und dem Ändern seines Deckkraftwerts im Transparenzbedienfeld können Sie Transparenzeffekte beispielsweise auch mit Füllmethoden, weichen Kanten und Schlagschatten mit Transparenzeinstellungen zuweisen. Füllmethoden bestimmen, wie die Grundfarbe und die Angleichungs-farbe für die Ergebnisfarbe kombiniert werden.

3 Die Transparenz eines Objekts beeinflusst die Ansicht der in der Stapelfolge darunter (dahinter) befindlichen Objekte. Beispielsweise sind Objekte hinter einem halbtransparenten Objekt sichtbar – wie Objekte hinter einer farbigen Folie. Objekte mit 100 % Deckkraft verhindern die Sicht auf den Bereich hinter der Stapelfolge, egal, ob die Objekte dahinter mit reduzierter Deckkraft, weichen Kanten oder Füllmethoden versehen sind.

4 Wählen Sie ein Objekt, dem Sie Transparenzeffekte zugewiesen haben, und ziehen Sie sein FX-Symbol am rechten Rand des Effektebedienfelds auf das andere Objekt.

13 AUSGABE UND EXPORT

Überblick

In dieser Lektion lernen Sie Folgendes:

- Ein Dokument auf mögliche Druckprobleme untersuchen

- Sicherstellen, dass eine InDesign-Datei mit allen zugehörigen Elementen druckfertig ist

- Alle benötigten Dateien für den Druck bzw. die Weitergabe an einen Druckdienstleister zusammenstellen

- Eine Adobe PDF-Datei für den Proof erzeugen

- Ein Dokument vor dem Druck in der Vorschau betrachten

- Passende Druckeinstellungen für Schriften und Bilder wählen

- Einen Proof des Dokuments drucken

- Eine Druckvorgabe zur Automatisierung des Druckvorgangs erstellen

- Die Dokumentfarben verwalten

 Für diese Lektion benötigen Sie ungefähr 45 Minuten.

Adobe InDesign CS6 bietet ausgefeilte Einstellungen für Druck und Druckvorstufe. Sie können Ihre Druckeinstellungen unabhängig vom Ausgabegerät verwalten. Geben Sie Ihre Arbeit anschließend komfortabel auf einem Laser- oder Tintenstrahldrucker oder einem hochauflösenden Film- bzw. Computer-to-Plate-Belichter aus.

Vorbereitungen

● **Hinweis:** Bei Bedarf kopieren Sie jetzt die Lektionsdateien von der *Adobe InDesign CS6 Classroom in a Book*-DVD auf Ihre Festplatte. Informationen dazu finden Sie unter »Die Classroom in a Book-Dateien kopieren« auf Seite 2.

In dieser Lektion arbeiten Sie an einem Zeitschriften-Cover. Es enthält ein vierfarbiges Bild sowie eine Volltonfarbe. Zu Proofing-Zwecken soll das Dokument auf einem Farbtinten- oder -laserdrucker gedruckt und außerdem auf einem hochauflösenden Belichtungsgerät wie einem Computer-to-Plate- oder Filmbelichter ausgegeben werden. Vor dem Druck soll eine Korrekturfahne des Dokuments im PDF-Format verschickt werden. Diese werden Sie direkt aus Adobe InDesign CS6 heraus exportieren.

1   Damit die Voreinstellungen von InDesign CS6 wie in der Lektion funktionieren, bewegen Sie die Datei *InDesign Voreinstellungen* an einen anderen Speicherort. Näheres dazu finden Sie unter »Voreinstellungsdateien speichern und wiederherstellen« auf Seite 3.

2   Starten Sie Adobe InDesign CS6. Damit alle Bedienfelder und Menübefehle wie in dieser Lektion funktionieren, wählen Sie **Fenster: Arbeitsbereich: [Erweitert]** und dann **Fenster: Arbeitsbereich: Erweitert zurücksetzen**.

3   Wählen Sie **Datei: Öffnen** und doppelklicken Sie auf die Datei *13_Start.indd* im Ordnerpfad *Lektionen/Lektion_13* auf Ihrer Festplatte.

4   InDesign warnt Sie, dass das Dokument Verknüpfungen zu fehlenden oder geänderten Dateien enthält. Klicken Sie auf »Verknüpfungen nicht aktualisieren«. Sie lösen dieses Problem weiter hinten in dieser Lektion.

▶ **Tipp:** Mit einer Voreinstellungsoption in InDesign CS6 können Sie wählen, ob ein Warndialogfeld erscheinen soll, wenn Sie ein Dokument mit fehlenden oder geänderten Verknüpfungen öffnen. Um die Warnung zu deaktivieren, schalten Sie die Option »Verknüpfungen vor dem Öffnen des Dokuments überprüfen« in der Kategorie »Dateihandhabung« der InDesign-Voreinstellungen aus.

Wenn Sie ein InDesign-Dokument drucken oder eine Adobe PDF-Datei erzeugen möchten, benötigt InDesign CS6 Zugriff auf die im Layout platzierten Originalgrafiken. Wenn die Originalabbildungen verschoben bzw. ihre Dateinamen geändert wurden oder wenn der ursprüngliche Speicherort nicht mehr verfügbar ist, teilt InDesign Ihnen mit, dass die Originalgrafiken nicht gefunden werden können oder geändert wurden. Diese Warnung erscheint nicht nur beim Öffnen, Drucken und Exportieren eines Dokuments, sondern auch, wenn Sie es mit dem Preflight-Bedienfeld vor dem Druck überprüfen. InDesign zeigt den Status aller für die Ausgabe benötigten Dateien im Verknüpfungenbedienfeld an.

5   Wählen Sie **Datei: Speichern unter** und speichern Sie die Datei unter dem neuen Namen *13_Cover.indd* im Ordner *Lektion_13*.

Der Preflight

Adobe InDesign CS6 enthält Funktionen, mit denen Sie Qualität und Vollständigkeit eines Dokuments prüfen können, bevor Sie es drucken oder an einen Dienstleister weitergeben. *Preflight* ist der branchenübliche Begriff für diesen Vorgang. Im Abschnitt »Preflight während der Arbeit« in Lektion 2 haben Sie erfahren, wie Sie mit den Live-Preflight-Funktionen in InDesign CS6 arbeiten und zu Beginn der Arbeit am Dokument ein Preflight-Profil anlegen. Auf diese Weise überwachen Sie Ihr Dokument von Anfang an und verhindern mögliche Ausgabeprobleme schon im Ansatz.

Mit dem Preflight-Bedienfeld können Sie prüfen, ob alle in der Datei verwendeten Grafiken und Schriften für die Ausgabe verfügbar sind, und sicherstellen, dass es keinen Übersatztext gibt. In dieser Übung suchen Sie mit dem Preflight-Bedienfeld im Beispiel-Layout nach fehlenden Bildern.

1 Wählen Sie **Fenster: Ausgabe: Preflight**.

2 Vergewissern Sie sich im Preflight-Bedienfeld, dass das Kontrollfeld »Ein« eingeschaltet ist. Im Popup-Menü »Profil« sollte die Option »[Grundprofil] (Arbeitsprofil)« ausgewählt sein. InDesign zeigt eine Fehlermeldung: »VERKNÜPFUNGEN«. Die dahinter in Klammern stehende 3 teilt Ihnen mit, dass es drei Verknüpfungsfehler gibt.

Beachten Sie, dass InDesign im Bereich »Fehler« keine Fehler für »TEXT« anzeigt. Das Dokument enthält demnach weder Übersatztext noch fehlen Schriften.

▶ **Tipp:** Eine andere Möglichkeit, das Preflight-Bedienfeld zu öffnen, ist ein Doppelklick auf die »3 Fehler« am unteren Dokumentrand.

3 Klicken Sie auf das Dreieck links neben »VERKNÜPFUNGEN«. Anschließend klicken Sie auf das Dreieck neben »Fehlende Verknüpfung«, um die Namen der beiden fehlenden Grafikdateien anzuzeigen. Doppelklicken Sie auf den Verknüpfungsnamen »Title_Old. ai«. Damit zentrieren Sie die Grafikdatei im Dokumentfenster und wählen den Grafikrahmen aus.

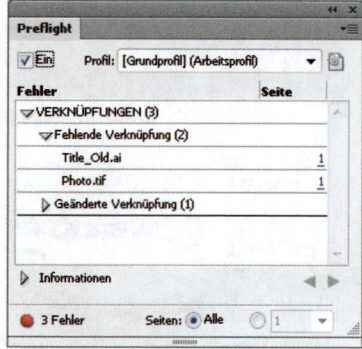

4 Klicken Sie am unteren Rand des Preflight-Bedienfelds auf das Dreieck neben »Informationen«, um Informationen zur fehlenden Datei anzuzeigen.

Hier ist eine fehlende Grafikdatei das Problem. Als Lösung schlägt InDesign vor, die verknüpfte Datei mit Hilfe des Verknüpfungenbedienfelds zu suchen. Sie ersetzen jetzt die nicht mehr aktuelle Covergrafik durch eine überarbeitete Version mit veränderten Farben.

5 Klicken Sie auf das Symbol des Verknüpfungenbedienfelds oder wählen Sie **Fenster: Verknüpfungen**, um das Verknüpfungenbedienfeld zu öffnen. Vergewissern Sie sich, dass die Datei *Title_Old.ai* im Verknüpfungenbedienfeld ausgewählt ist. Wählen Sie dann im Bedienfeldmenü den Befehl »Erneut verknüpfen«. Navigieren Sie zum Ordner *Links* im Ordner *Lektion_13* und doppelklicken Sie auf die Datei *Title_New.ai*. Die neue Datei ist nun verknüpft und ersetzt die ursprüngliche Datei.

6 Beachten Sie, dass das neue Cover nun eine andere Farbe hat und in niedriger Auflösung dargestellt wird – dies ist die Standardeinstellung für importierte Illustrator-Dateien. Damit das Cover mit hoher Auflösung dargestellt wird, wählen Sie den Grafikrahmen mit dem Auswahlwerkzeug (➤) und anschließend **Objekt: Anzeigeleistung: Anzeige mit hoher Qualität**.

7 Wiederholen Sie die Schritte 5 und 6, um das Bild *Photo.tif* neu zu verknüpfen und es mit hoher Qualität anzuzeigen.

8 Aktualisieren Sie die Verknüpfung zur geänderten Grafik *Tagline.ai*, indem Sie sie im Verknüpfungenbedienfeld anklicken und dann »Verknüpfung aktualisieren« aus dem Bedienfeldmenü wählen.

9 Wählen Sie **Datei: Speichern**, um die Änderungen an Ihrem Dokument zu sichern.

Dateien verpacken

Mit dem Verpacken-Befehl erzeugen Sie eine Kopie Ihres InDesign-Dokuments mit allen verknüpften Elementen, auch den Grafiken, in einem einzigen, handlichen Ordner. InDesign kopiert auch die für die Ausgabe benötigten Schriften. Als Vorbereitung für die Übergabe an Ihren Druckdienstleister verpacken Sie jetzt die Dateien für das Zeitschriften-Cover. Damit sorgen Sie dafür, dass Sie alle für die Ausgabe erforderlichen Bestandteile des Projekts mitliefern.

1   Wählen Sie **Datei: Verpacken**. Im Abschnitt »Übersicht« des Dialogfelds »Paket« erkennen Sie zwei weitere druckrelevante Probleme:

   - InDesign macht Sie darauf aufmerksam, dass das Dokument ein RGB-Bild enthält. Sie werden dieses Bild bei der Ausgabe weiter hinten in dieser Lektion in CMYK konvertieren.

   - Außerdem enthält das Dokument zwei identische Volltonfarben. Diese Duplikate dienen nur zur Demonstration und verursachen bei der Ausgabe keine Fehler. Weiter hinten in dieser Lektion sehen Sie, wie Sie dieses Problem mit dem Druckfarben-Manager lösen.

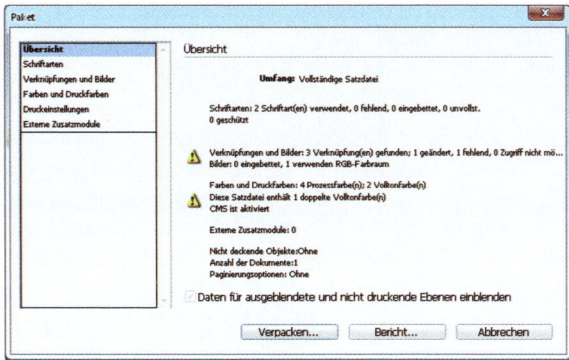

2   Klicken Sie auf »Verpacken«.

3   Geben Sie im Dialogfeld »Druckanleitungen« einen Dateinamen für die dem InDesign-Dokument beigefügte Anleitungsdatei ein (zum Beispiel »Informationen für die Druckerei«). Geben Sie auch Ihre Kontaktdaten ein. Klicken Sie auf »Fortfahren«.

InDesign erzeugt aus diesen Informationen eine Textdatei mit Anweisungen, die der InDesign-Datei, den verknüpften Dateien und den Schriftarten im Paketordner beigefügt wird. Der Empfänger des Pakets kann diesen Informationen Ihre genauen Wünsche entnehmen und erfährt, wie er Sie bei eventuellen Rückfragen erreichen kann.

Ein Preflight-Profil erzeugen

Wenn Sie die Preflight-Funktion aktivieren (indem Sie im Preflight-Bedienfeld das Kontrollfeld »Ein« aktivieren), wird das Standard-Arbeitsprofil mit dem Namen »[Grundprofil]« für den Preflight Ihrer InDesign-Dokumente verwendet. Dieses Profil prüft Ihr Dokument auf grundlegende Ausgabefehler, etwa fehlende oder geänderte Grafikdateien, Übersatztext und fehlende Schriften.

Sie können auch Ihr eigenes Preflight-Profil anlegen oder die von Ihrem Druckdienstleister oder einer anderen Quelle zur Verfügung gestellten Profile laden. Wenn Sie ein eigenes Preflight-Profil erstellen, legen Sie die Bedingungen fest, die Sie prüfen möchten. So erstellen Sie ein Profil, das Sie auf die Verwendung von Nicht-CMYK-Farben in Ihrem Layout aufmerksam macht:

1   Wählen Sie **Fenster: Ausgabe: Preflight** und dann im Preflight-Bedienfeldmenü den Befehl »Profile definieren«.

2   Klicken Sie unten links im Dialogfeld »Preflight-Profile« auf die Schaltfläche »Neues Preflight-Profil« (⊕), um ein neues Preflight-Profil anzulegen. Geben Sie in das Feld »Profilname« **Nur CMYK-Farben** ein.

3   Klicken Sie auf das Dreieck links neben »FARBE«, um die Farboptionen einzublenden. Aktivieren Sie dort das Kontrollfeld »Unzulässige Farbräume und -modi«.

4   Klicken Sie auf das Dreieck links neben »Unzulässige Farbräume und -modi« und aktivieren Sie alle Farbräume außer CMYK (»RGB«, »Grau«, »Lab« und »Volltonfarbe«).

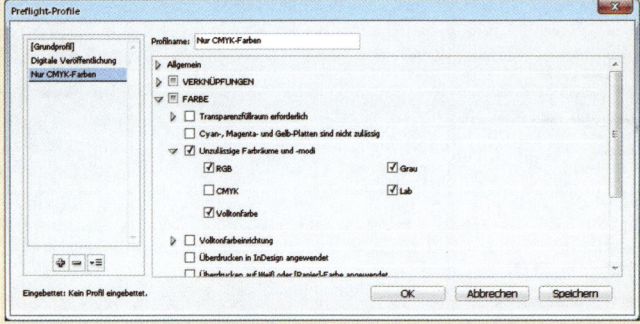

5   Übernehmen Sie die übrigen Preflight-Kriterien für »VERKNÜPFUNGEN«, »BILDER und OBJEKTE«, »TEXT« und »DOKUMENT«; klicken Sie auf »Speichern« und dann auf OK.

6   Wählen Sie nun »Nur CMYK-Farben« im Popup-Menü »Profil«. InDesign führt weitere Fehler im Preflight-Bedienfeld auf.

7   Klicken Sie auf das Dreieck neben »FARBE«, um die Anzeige zu erweitern, und dann auf das Dreieck neben »Unzulässiger Farbraum«, um eine Liste mit Objekten einzublenden, die nicht den CMYK-Farbraum nutzen. Klicken Sie auf verschiedene Objekte, um Informationen über das jeweilige Problem und die Lösungen einzublenden. (Achten Sie darauf, dass der Informationsabschnitt im Preflight-Bedienfeld sichtbar ist. Blenden Sie diesen ansonsten mit einem Klick auf das Dreieck neben »Informationen« ein.)

8   Wählen Sie im Popup-Menü »Profil« das Profil »[Grundprofil] (Arbeitsprofil)«, um zum Standardprofil für diese Lektion zurückzukehren.

4 Navigieren Sie im Dialogfeld »Satzdatei verpacken« (Windows) bzw. »Verpackungsordner erstellen« (Mac OS) zum Ordner *Lektion_13*. Der Paketordner hat bereits den Namen »13_Cover Ordner« erhalten. InDesign benennt den Ordner automatisch nach dem Dokumentnamen, den Sie im Abschnitt »Vorbereitungen« in dieser Lektion vergeben haben.

5 Vergewissern Sie sich, dass die folgenden Optionen eingeschaltet sind:

- Schriftarten kopieren (außer CJK)

- Verknüpfte Grafiken kopieren

- Grafikverknüpfungen des Pakets aktualisieren

6 Klicken Sie auf »Verpacken«.

▶ **Tipp:** Wenn im Dialogfeld »Verpackungs-ordner erstellen« die Option »Schriftarten kopieren (außer CJK)« gewählt ist, erzeugt InDesign im Verpackungsordner einen Ordner namens »Document fonts«. Sobald Sie nun ein InDesign-Dokument öffnen, das sich in demselben Ordner wie der Ordner »Document fonts« befindet, aktiviert InDesign automatisch die enthaltenen Schriftarten, wobei diese nur im jeweiligen Dokument verfügbar sind. Wenn Sie das Dokument schließen, werden die Schriften wieder deaktiviert.

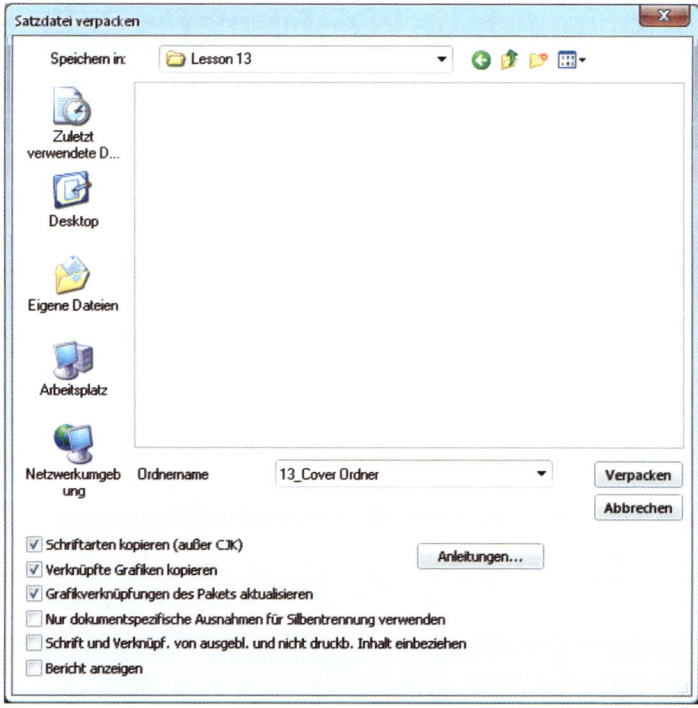

7 Lesen Sie die Warnmeldung, die Sie über mögliche Lizenzbeschränkungen für das Kopieren von Schriftarten informiert. Klicken Sie anschließend auf OK.

8 Wechseln Sie zum Explorer (Windows) bzw. Finder (Mac OS) und navigieren Sie zum Unterordner *13_Cover Ordner* im Ordner *Lektionen/Lektion_13* auf Ihrer Festplatte. Öffnen Sie den Ordner.

Sie sehen, dass InDesign in diesem Ordner ein Duplikat des Dokuments sowie alle Schriften, Grafiken und sämtliche sonstigen für die hochqualitative Ausgabe benötigten Dateien erstellt hat. Da Sie die Option »Grafikverknüpfungen des Pakets aktualisieren« eingeschaltet hatten, verweisen die Verknüpfungen in der duplizierten InDesign-Datei nun auch nicht mehr auf die Originaldateien, sondern auf die kopierten Grafikdateien im Paketordner. Dies erleichtert dem Druckdienstleister den Umgang mit dem Dokument; zudem ist das Paket ideal zur Archivierung geeignet.

9 Nachdem Sie den Inhalt des Paketordners betrachtet haben, schließen Sie ihn und kehren zu InDesign zurück.

Einen Proof im Adobe PDF-Format erstellen

Wenn Ihre Dokumente auch von anderen überprüft werden sollen, können Sie ihnen Dateien im PDF-Format (Portable Document Format) liefern. Dieses bequeme Format bietet mehrere Vorteile: Die Dateien werden komprimiert, so dass sie weniger Speicherplatz beanspruchen. Sämtliche Schriften und verknüpften Elemente befinden sich in einer einzigen Gesamtdatei und können sowohl am PC als auch am Mac identisch dargestellt und ausgegeben werden. PDF-Dateien lassen sich direkt aus InDesign exportieren.

Auch für den Druck hat es viele Vorteile, wenn Sie Ihr Dokument als PDF-Gesamtdatei speichern: Sie erzeugen damit eine kompakte, zuverlässige Datei, die Sie oder Ihr Dienstleister betrachten, bearbeiten, verwalten und proofen können. Anschließend kann Ihr Dienstleister entweder die Adobe PDF-Datei direkt ausgeben oder mit verschiedenen Werkzeugen für Nachbearbeitungsaufgaben wie Preflight-Prüfungen, Überfüllungen, Ausschießen oder Farbauszüge weiterverarbeiten.

Sie erstellen jetzt eine PDF-Datei, die zur Überprüfung und als Proof geeignet ist.

Hinweis: Die im Popup-Menü zur Verfügung stehenden PDF-Vorgaben eignen sich für verschiedene Anwendungszwecke: »Kleinste Dateigröße« beispielsweise eignet sich gut für die Anzeige am Bildschirm; »Druckausgabequalität« ist auch für die hochauflösende Ausgabe geeignet.

1 Wählen Sie **Datei: Exportieren**.

2 Wählen Sie im Popup-Menü »Dateityp« (Windows) bzw. »Format« (Mac OS) die Option »Adobe PDF (Druck)« und geben Sie als Dateinamen **13_Cover_ Proof.pdf** ein. Navigieren Sie gegebenenfalls zum Ordner *Lektion_13* und klicken Sie auf »Speichern« (Windows) bzw. »Sichern« (Mac OS). InDesign öffnet das Dialogfeld »Adobe PDF exportieren«.

3 Wählen Sie im Popup-Menü »Adobe PDF-Vorgabe« die Option »[Qualitativ hochwertiger Druck]«. Mit dieser Vorgabe erzeugen Sie PDF-Dateien für die Ausgabe auf Desktop- und Proof-Druckern sowie für den Softproof am Bildschirm.

4 Im Popup-Menü »Kompatibilität« wählen Sie die Option »Acrobat 6 (PDF 1.5)«. Dies ist die erste PDF-Version, die Ihnen erweiterte Funktionen wie etwa Ebenen in der PDF-Datei bietet.

5 Aktivieren Sie im Bereich »Optionen« die folgenden Kontrollfelder:

- PDF nach Export anzeigen
- Acrobat-Ebenen erstellen

Mit der Option »PDF nach Export anzeigen« zeigt Ihnen Adobe Acrobat bzw. der Adobe Reader das Exportergebnis sofort an. »Acrobat-Ebenen erstellen« konvertiert die Ebenen Ihrer InDesign-Layoutdatei in Ebenen, die Sie auch in der exportierten PDF-Datei betrachten und auswählen können.

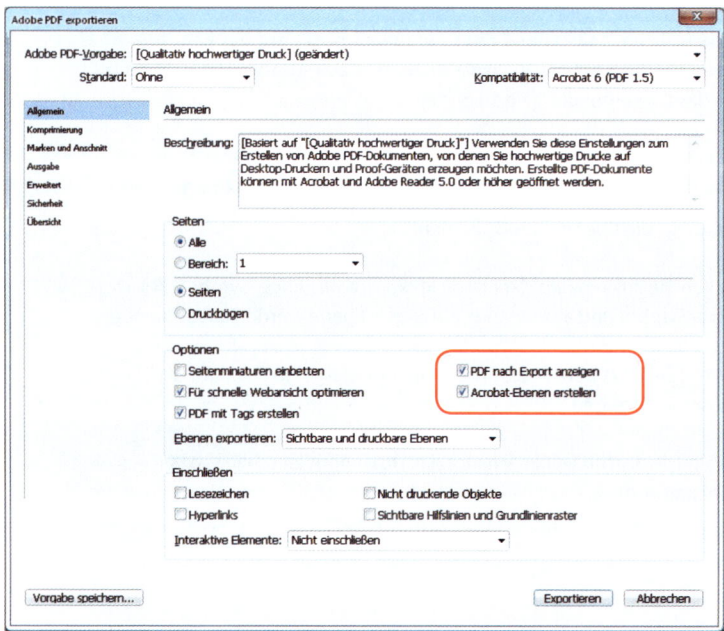

● **Hinweis:** Der PDF-Export findet in InDesign im Hintergrund statt. Sie können also während der Erstellung der PDF-Datei weiterarbeiten. Wenn Sie versuchen, Ihr Dokument noch während des Export-vorgangs im Hintergrund zu schließen, erhalten Sie eine Warnmeldung.

Im Popup-Menü »Ebenen exportieren« können Sie wählen, welche Ebenen beim Erstellen der PDF-Datei exportiert werden sollen. Für diese Übung wählen Sie die Standardoption »Sichtbare und druckbare Ebenen«.

6 Klicken Sie auf »Exportieren«. InDesign erzeugt eine PDF-Datei und zeigt sie in Adobe Acrobat oder im Adobe Reader auf Ihrem Bildschirm an.

7 Prüfen Sie die Adobe-PDF-Datei und kehren Sie zu Adobe InDesign CS6 zurück.

▶ **Tipp:** Den Fort-schritt des Exports können Sie im Bedienfeld **Fenster: Hilfsprogramme: Hintergrundauf-gaben** verfolgen.

Eine PDF-Datei mit Ebenen in Adobe Acrobat X anzeigen

Zur Organisation von Text- und Grafikelementen in Ihrem InDesign-Dokument bieten sich Ebenen (**Fenster: Ebenen**) an. Beispielsweise können Sie alle Textelemente auf einer Ebene platzieren und alle Grafikelemente auf einer anderen. Noch mehr Kontrolle über die Elemente in Ihrem Layout erhalten Sie durch die Möglichkeit, Ebenen ein- und auszublenden sowie zu sperren und zu entsperren. Auch in Adobe Acrobat X können Sie die Ebenen von aus InDesign erzeugten PDF-Dokumenten ein- und ausblenden. Mit den folgenden Schritten betrachten Sie die Ebenen in der soeben aus InDesign exportierten PDF-Datei *13_Cover_Proof.pdf*:

- Klicken Sie am linken Rand des Dokumentfensters auf das Register »Ebenen«. Alternativ wählen Sie **Anzeige: Navigationsfenster: Ebenen**, um das Ebenenbedienfeld zu öffnen.

- Klicken Sie im Ebenenbedienfeld auf das Plus-Symbol (Windows) bzw. das Dreieck (Mac OS) links neben dem Dokumentnamen.

Acrobat zeigt die Ebenen des Dokuments an.

- Klicken Sie links neben der Ebene »Text« auf das Auge-Symbol (👁). Das Auge-Symbol und alle Objekte auf dieser Ebene werden ausgeblendet.

- Klicken Sie links neben der Ebene »Text« in das leere Feld, um die Textebene wieder anzuzeigen.

- Wählen Sie **Datei: Schließen**, um das Dokument zu schließen. Kehren Sie zu InDesign zurück.

Separationen voranzeigen

Wenn Sie für den Offsetdruck Farbseparationen benötigen, können Sie mit dem Separationsvorschaubedienfeld die Druckausgabe der einzelnen Bestandteile des Dokuments vorab prüfen. Probieren Sie diese Funktion nun aus:

1 Wählen Sie **Fenster: Ausgabe: Separationsvorschau**.

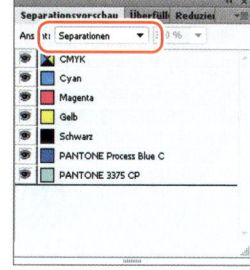

2 Wählen Sie im Popup-Menü »Ansicht« des Separationsvorschaubedienfelds die Option »Separationen«. Verschieben Sie das Bedienfeld so, dass Sie die dahinterliegende Seite sehen können. Passen Sie die Höhe des Separationsvorschaubedienfelds so an, dass Sie alle darin enthaltenen Farben sehen können. Wählen Sie gegebenenfalls **Ansicht: Seite in Fenster einpassen**.

3 Klicken Sie auf das Auge-Symbol (👁) neben CMYK, um alle Seitenelemente in CMYK-Farben auszublenden und nur die Objekte in Pantone-Volltonfarben anzuzeigen.

4 Klicken Sie auf das Auge-Symbol neben der Farbe PANTONE 3375 C. Die Seite ist nun leer. Sie erkennen daran, dass diese Farbe allen verbleibenden Elementen zugewiesen ist.

Vielleicht ist Ihnen aufgefallen, dass drei der Pantone-Farben dieselbe Nummernbezeichnung haben. Diese Farben ähneln einander zwar; es sind aber doch drei verschiedene Druckfarben, die für verschiedene Ausgabezwecke gedacht sind. Dies kann bei der Ausgabe zu Problemen führen oder Mehrkosten durch unerwünschte zusätzliche Druckplatten verursachen. Weiter hinten in dieser Lektion werden Sie dies mit dem Druckfarben-Manager korrigieren.

5 Wählen Sie im Popup-Menü »Ansicht« des Separationsvorschaubedienfelds die Option »Aus«, um wieder alle Farben einzuschalten.

Die Reduzierungsvorschau

Wenn ein Dokument Transparenzeffekte wie eine reduzierte Deckkraft oder Füllmethoden verwendet, muss normalerweise vor der Ausgabe oder dem Export eine so genannte Transparenzreduzierung erfolgen. Dabei werden die transparenten Layoutelemente in Vektor- und Pixelbereiche zerlegt.

● **Hinweis:** Die Firma Pantone LLC definiert Ihre Druckfarben mit Hilfe des Pantone Matching Systems (PMS). Die Ziffer steht für den Farbton; der Buchstabe für die Papiersorte. Identische PMS-Ziffern mit unterschiedlichen Buchstaben bedeuten identische Farben, die aber für unterschiedliche Papiersorten bestimmt sind. U steht für ungestrichene (»uncoated) Papiere, C für glänzend gestrichene (»coated«) Papiere und M für matt gestrichene Papiere.

Manche Objekte des Zeitschriften-Covers wurden mit Transparenzfunktionen gestaltet. Prüfen Sie nun mit der Reduzierungsvorschau, welchen Objekten Transparenzeffekte zugewiesen wurden und welche Bereiche der Seite von der Transparenz betroffen sind.

1 Wählen Sie **Fenster: Ausgabe: Reduzierungsvorschau**.

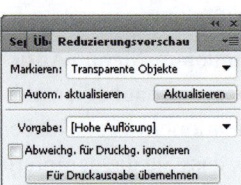

2 Doppelklicken Sie auf das Hand-Werkzeug (✍), um das Dokument an die aktuelle Fenstergröße anzupassen, und positionieren Sie das Reduzierungsvorschaubedienfeld so, dass Sie die ganze Seite sehen können.

3 Wählen Sie im Popup-Menü »Markieren« des Reduzierungsvorschaubedienfelds die Option »Transparente Objekte«.

4 Falls noch nicht ausgewählt, wählen Sie im Popup-Menü »Vorgabe« die Option »[Hohe Auflösung]«. Diese Einstellung verwenden Sie auch weiter hinten in dieser Lektion, wenn Sie die Datei ausgeben.

Beachten Sie, dass einige Seitenelemente nun rot hervorgehoben sind. Dies sind Objekte mit Transparenzeffekten wie Verlaufskanten, reduzierter Deckkraft oder Füllmethoden. Diese Markierung zeigt Ihnen Layoutbereiche, die möglicherweise versehentlich durch die Transparenz beeinflusst werden. Sie können dann entweder Ihr Layout oder aber die Transparenzeinstellungen entsprechend anpassen.

Transparenz kann in Photoshop, Illustrator oder direkt in InDesign CS6 zugewiesen werden. Die Reduzierungsvorschau erkennt alle transparenten Objekte – egal, ob sie in InDesign erstellt oder aus einem anderen Programm importiert wurden.

5 Wählen Sie im Popup-Menü »Markieren« die Option »Ohne«, um die Reduzierungsvorschau auszuschalten.

Vorgaben für die Transparenzreduzierung

Wenn Sie regelmäßig Dokumente drucken oder exportieren, die Transparenzeffekte enthalten, können Sie den Reduzierungsvorgang automatisieren, indem Sie die Reduzierungseinstellungen in einer *Vorgabe für Transparenzreduzierung* speichern. Sie können diese Einstellungen sowohl auf den Ausdruck als auch auf das Speichern und Exportieren von Dateien in die Formate PDF 1.3 (Acrobat 4.0), EPS und PostScript anwenden. Darüber hinaus können Sie diese Einstellungen in Illustrator anwenden, wenn Sie Dateien in ältere Versionen von Illustrator speichern oder Dateien in die Zwischenablage kopieren. In Acrobat können Sie die Einstellungen bei der Optimierung von PDF-Dateien anwenden.

Mit diesen Einstellungen können Sie auch den Reduzierungsvorgang beim Export in Formate steuern, die keine Transparenz unterstützen.

Sie können eine Reduzierungsvorgabe aus der Kategorie »Erweitert« des Dialogfelds »Drucken« oder aus dem formatspezifischen Dialogfeld auswählen, das nach den anfänglichen Dialogfeldern »Exportieren« oder »Speichern unter« angezeigt wird. Sie können eigene Reduzierungsvorgaben erstellen oder diese aus den Standardoptionen auswählen, die im Lieferumfang der Software enthalten sind. Die Einstellungen dieser Vorgaben ergeben eine auf den vorgesehenen Zweck des Dokuments abgestimmte Balance zwischen Qualität und Geschwindigkeit des Reduzierungsvorgangs einerseits und einer angemessenen Auflösung für gerasterte Transparenzbereiche andererseits:

»[Hohe Auflösung]« eignet sich für die Endausgabe auf einer Druckerpresse und für hochwertige Proofs wie separationsbasierte Farb-Proofs.

»[Mittlere Auflösung]« eignet sich für Desktop-Proofs und Dokumente, die bei Bedarf auf PostScript-Farbdruckern gedruckt werden.

»[Niedrige Auflösung]« eignet sich für die Ausgabe schneller Proofs auf Schwarzweiß-Desktop-Druckern und für Dokumente, die im Web veröffentlicht oder in das SVG-Format exportiert werden.

– Aus der InDesign-Hilfe

Die Seitenvorschau

Nachdem Sie die Farbseparationen und Transparenzen Ihres Layouts betrachtet haben, zeigen Sie als Nächstes das ganze Zeitschriften-Cover in der Vorschau an, um eine bessere Vorstellung vom Druckergebnis zu bekommen.

1 Wird die Dokumentseite nicht formatfüllend im Dokumentfenster angezeigt, doppelklicken Sie auf das Hand-Werkzeug (✋).

▶ **Tipp:** Auch über die Schaltfläche in der Anwendungsleiste können Sie zwischen den unterschiedlichen Ansichtsmodi wechseln.

2 Klicken Sie im unteren Bereich des Werkzeugbedienfelds auf die Schaltfläche »Vorschaumodus« (⬛) und wählen Sie aus dem Menü die Option »Vorschau« (⬛). Alle Hilfslinien, Rahmenkanten und sonstigen nichtdruckenden Elemente werden ausgeblendet.

3 Halten Sie die Maustaste auf der Schaltfläche »Vorschaumodus« gedrückt und wählen Sie »Anschnitt« (⬛). InDesign zeigt um das eigentliche Seitenformat zusätzlichen Raum an. Dadurch wird angezeigt, dass der farbige Hintergrund über die Dokumentränder hinaus gedruckt wird. So stellen Sie sicher, dass die Farbe in der fertig gedruckten Auflage bis an die Papierränder reicht und es keine Blitzer gibt. Dieser zusätzliche Bereich wird nach dem Druck auf die tatsächliche Dokumentgröße beschnitten.

▶ **Tipp:** Normalerweise richten Sie Anschnitt- und Infobereich schon beim Erstellen eines neuen InDesign-Dokuments ein. Wählen Sie dazu **Datei: Neu: Dokument** und klicken Sie im Dialogfeld »Neues Dokument« auf die Schaltfläche »Mehr Optionen«, um die Eingabefelder für den Anschnitt und den Infobereich anzuzeigen.

4 Klicken Sie im unteren Bereich des Werkzeugbedienfelds auf die Schaltfläche »Vorschaumodus« und wählen Sie die Option »Infobereich« (⬛). Nun sehen Sie außerhalb der Beschnittkanten einen zusätzlichen Bereich. Diesen können Sie beispielsweise für Produktionsanweisungen zum Druckauftrag nutzen. Verwenden Sie die Bildlaufleiste rechts neben dem Dokumentfenster, um diesen Bereich anzuzeigen. Richten Sie diese Bereiche in einem vorhandenen Dokument mit dem Befehl **Datei: Dokument einrichten** ein. Klicken Sie auf die Schaltfläche »Mehr Optionen«, um die zugehörigen Optionen anzuzeigen.

5 Doppelklicken Sie auf das Hand-Werkzeug (✋), um die Seite in das Dokumentfenster einzupassen.

Sobald Sie sich davon überzeugt haben, dass das Dokument gut aussieht, können Sie es ausgeben.

Einen Laser- oder Tintenstrahl-Proof drucken

InDesign gibt Ihre Dokumente problemlos auf den verschiedensten Ausgabegeräten aus. In diesem Abschnitt legen Sie eine Druckvorgabe an, damit Sie die Einstellungen für ein bestimmtes Ausgabegerät nicht jedes Mal wieder von Neuem eingeben müssen. So sparen Sie zukünftig Zeit.

1 Wählen Sie **Datei: Drucken**.

2 Aus dem Popup-Menü »Drucker« wählen Sie Ihren Tintenstrahl- oder Laserdrucker.

Beachten Sie, dass InDesign gegebenenfalls automatisch die PPD (Druckerbeschreibungsdatei) wählt, die dem Drucker während der Installation zugewiesen wurde.

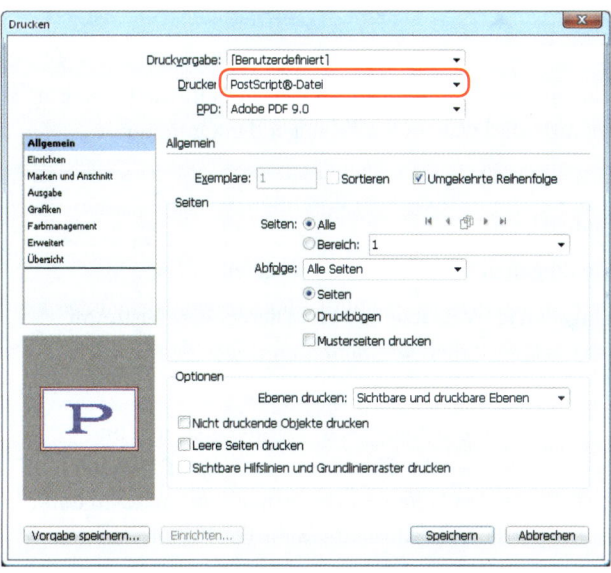

● **Hinweis:** Wenn Sie statt eines vorhandenen Druckers die Option »PostScript®-Datei« und die PPD »Geräte-unabhängig« gewählt haben, lässt sich die Option »Auflösung reduzieren« nicht ändern, da dieser geräteunabhängige Treiber keine Informationen über einen möglicherweise später zu verwendenden Drucker enthält.

3 Aktivieren Sie im linken Bereich des Dialogfelds »Drucken« die Kategorie »Einrichten« und wählen Sie im rechten Bereich die folgenden Optionen:

- Papierformat: DIN A4

- Ausrichtung: Hochformat (⬛)

- Auf Seitengröße skalieren

Der Vorschaubereich links unten zeigt, wie der Seitenbereich, die Druckmarken und der Anschnitt gedruckt werden.

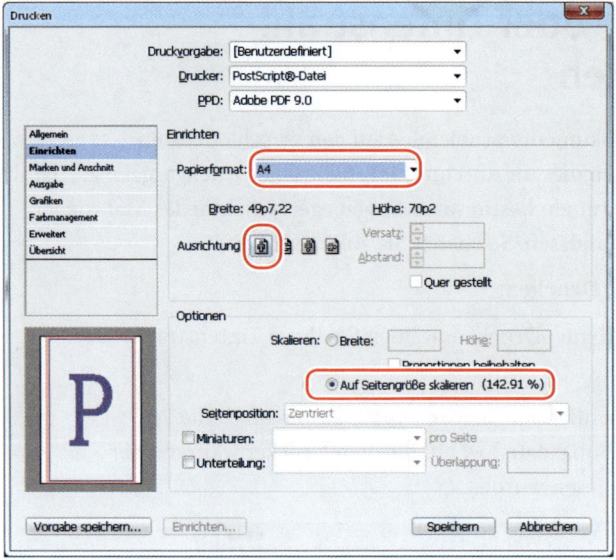

● **Hinweis:** Falls Ihnen kein Drucker zur Verfügung steht, wählen Sie in der Druckerliste den Eintrag »PostScript®-Datei« und im Menü »PPD« den Eintrag »Adobe PDF«. So können Sie auch ohne Drucker die Schritte in dieser Lektion nachvollziehen. Wenn keine anderen PPDs verfügbar sind, können Sie den Eintrag »Geräte-unabhängig« wählen. Jedoch können Sie dann weder das Papierformat noch die Skalierung oder die Ausrichtung der Datei ändern.

4 Aktivieren Sie im linken Bereich des Dialogfelds »Drucken« die Kategorie »Marken und Anschnitt« und wählen Sie die folgenden Optionen:

• Schnittmarken

• Seiteninformationen

• Anschnittseinstellungen des Dokuments verwenden

5 Geben Sie in das Eingabefeld »Versatz« **1p3** ein. Dieser Wert bestimmt den Abstand der gewählten Marken und Seiteninformationen von den Seitenrändern.

Die Schnittmarken werden außerhalb der Seitenränder gedruckt und zeigen anhand von Hilfslinien, wo das Dokument nach dem Drucken beschnitten werden soll. Mit den Seiteninformationen fügt InDesign unter dem Dokument automatisch den Dokumentnamen, das Datum und den Zeitpunkt der Ausgabe ein. Da die Schnittmarken und Seiteninformationen außerhalb der Seitenränder liegen, ist die Option »Auf Seitengröße skalieren« erforderlich, damit alles auf einen DIN-A4-Bogen passt.

Durch die Beschnittzugabe und die Seiteninformationen muss InDesign Objekte außerhalb des Seitenbereichs drucken. Durch die Option »Auf Seitengröße skalieren« müssen Sie sich nicht selbst um den zusätzlichen Raum für diese Objekte kümmern.

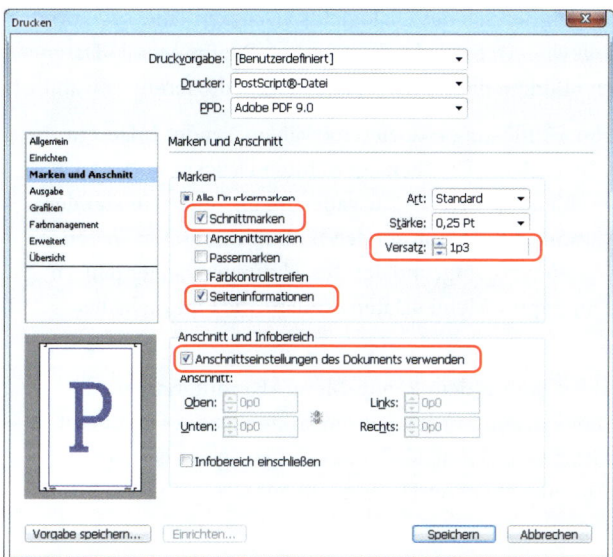

Hinweis: InDesign kann auch die im Auftrag verwendeten Farben beibehalten, wenn Sie im Popup-Menü »Farbe« den Eintrag »Composite unverändert« wählen. Falls Sie als Druckdienstleister oder Servicebüro Farbseparationen aus InDesign CS6 drucken müssen, können Sie je nach Arbeitsablauf im selben Popup-Menü auch den Eintrag »Separationen« oder »In-RIP-Separationen« wählen. Außerdem verhindern manche Drucker, beispielsweise RGB-Proof-Drucker, die Wahlmöglichkeit »Composite-CMYK«.

6 Klicken Sie im linken Bereich des Dialogfelds »Drucken« auf die Kategorie »Ausgabe«. Wählen Sie »Composite-CMYK« aus dem Popup-Menü »Farbe«. (Wenn Sie einen Schwarzweißdrucker haben, wählen Sie »Composite-Grau«.)

Durch die Einstellung »Composite CMYK« konvertiert InDesign alle RGB-Farben, auch die von RGB-Grafiken, beim Drucken in CMYK. Die Originaldatei und die verknüpften Grafiken bleiben dabei unverändert.

Tipp: Wenn Ihr Dokument Transparenzen enthält, die während der Ausgabe reduziert werden, aktivieren Sie für das beste Druckergebnis »Überdrucken simulieren«.

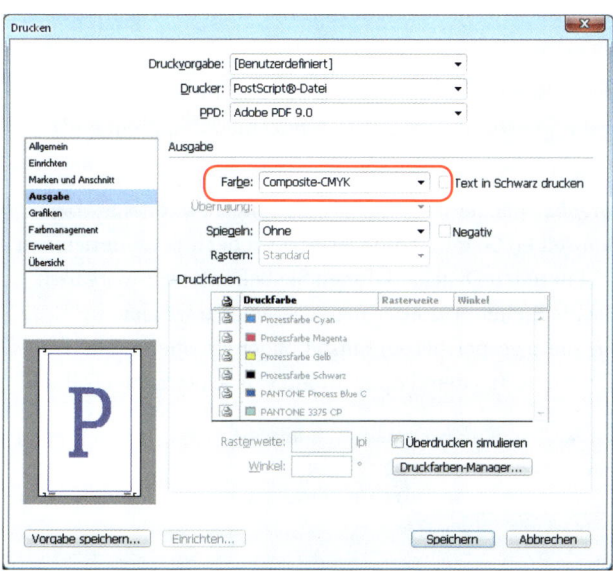

7 Aktivieren Sie im linken Bereich des Dialogfelds »Drucken« die Kategorie »Grafiken« und vergewissern Sie sich, dass aus dem Popup-Menü »Daten senden« im Bereich »Bilder« die Option »Auflösung reduzieren« gewählt ist.

Wenn Sie die Option »Auflösung reduzieren« wählen, sendet InDesign nur die für den im Dialogfeld »Drucken« gewählten Drucker notwendigen Daten. Dadurch beschleunigt sich der Ausgabevorgang unter Umständen. Wenn Sie die vollständigen hochauflösenden Bildinformationen an den Drucker senden wollten (was aufgrund der Berechnungen länger dauern kann), würden Sie im Popup-Menü »Daten senden« die Option »Alle« wählen.

8 Gegebenenfalls wählen Sie aus dem Popup-Menü »Herunterladen« die Option »Untergruppe«. Dann werden nur die tatsächlich im Dokument verwendeten Schriftarten und Zeichen an das Ausgabegerät gesandt. Insbesondere die Ausgabe kleinerer Dokumente mit wenig Text wird dadurch beschleunigt.

9 Aktivieren Sie im linken Bereich des Dialogfelds die Kategorie »Erweitert« und wählen Sie im Bereich »Transparenzreduzierung« aus dem Popup-Menü »Vorgabe« die Option »[Mittlere Auflösung]«.

Die Transparenzreduzierungsvorgabe bestimmt die Druckqualität platzierter Grafiken oder Bilder mit Transparenz. Außerdem beeinflusst sie die Druckqualität von Objekten, die Sie direkt in InDesign mit Transparenzen und Effekten wie Schlagschatten oder weichen Kanten versehen haben. (Die drei vorgegebenen Einstellungen für die Transparenzreduzierung werden im Kasten »Vorgaben für die Transparenzreduzierung« weiter vorne in dieser Lektion ausführlich erläutert.)

▶ **Tipp:** Möchten Sie schnell mit Hilfe einer Vorgabe drucken, wählen Sie **Datei: Druckvorgaben** und anschließend die gewünschte Vorgabe. Halten Sie dabei die Umschalt-Taste gedrückt, erfolgt die Ausgabe unter Umgehung des Dialogfelds »Drucken«.

10 Klicken Sie im unteren Bereich des Dialogfelds »Drucken« auf die Schaltfläche »Vorgabe speichern«, geben Sie den Namen **Proof** ein und klicken Sie auf OK.

Mit einer Druckvorgabe speichern Sie Ihre Einstellungen, so dass Sie bei der Ausgabe auf demselben Gerät nicht jedes Mal wieder alle Optionen neu auswählen müssen. Für jeden Drucker können Sie beliebig viele Vorgaben anlegen, um unterschiedlichen Anforderungen gerecht zu werden. In Zukunft können Sie diese gespeicherten Einstellungen im oberen Bereich des Dialogfelds »Drucken« aus dem Popup-Menü »Druckvorgabe« wählen.

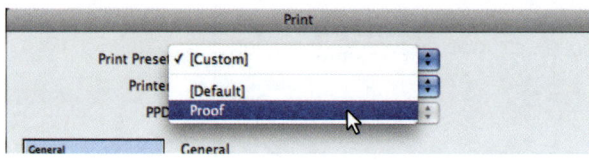

11 Klicken Sie auf »Drucken«. Wenn Sie eine PostScript-Datei erzeugen, klicken Sie auf »Speichern« (Windows) bzw. »Sichern« (Mac OS) und navigieren zum Ordner *Lektion_13*. Speichern Sie die Datei unter dem Namen *13_End.indd.ps*. Die PostScript-Datei können Sie anschließend an Ihren Druckdienstleister senden oder mit Adobe Acrobat Distiller in eine Adobe PDF-Datei konvertieren.

Optionen zum Drucken von Grafiken

Beim Exportieren oder Drucken von Dokumenten mit komplexen Grafiken (zum Beispiel hochauflösenden Bildern, EPS-Grafiken, PDF-Seiten oder Transparenzeffekten) müssen Sie häufig die Auflösungs- und Rastereinstellungen anpassen, um optimale Ausgabeergebnisse zu erzielen. Wählen Sie im Dialogfeld »Drucken« im Bereich »Grafiken« aus folgenden Optionen, um zu bestimmen, wie Grafiken gedruckt werden.

Daten senden: Steuert, wie viele Bilddaten an den Drucker oder die Datei gesendet werden.

Alle: Sendet Daten mit voller Auflösung. Diese Option ist für das Drucken mit hoher Auflösung oder das Drucken von Graustufen- oder Farbbildern mit hohen Kontrasten, wie zum Beispiel bei Schwarzweißtext mit einer Volltonfarbe geeignet. Diese Option benötigt den meisten Speicherplatz.

Auflösung reduzieren: Sendet gerade genügend Bilddaten, um die Grafik in der bestmöglichen Auflösung für das Ausgabegerät zu drucken. (Ein hochauflösender Drucker erfordert mehr Daten als ein Desktopmodell mit niedriger Auflösung.) Wählen Sie diese Option, wenn Sie mit hochauflösenden Grafiken arbeiten und zum Drucken von Proofs einen Desktop-Drucker verwenden.

Hinweis: InDesign verwendet auch dann keine Abtastauflösung für EPS- oder PDF-Grafiken, wenn »Auflösung reduzieren« ausgewählt ist.

Bildschirmversion: Sendet Versionen der platzierten Bitmap-Bilder mit der Bildschirmauflösung (72 dpi), wodurch die Druckzeit reduziert wird.

Ohne: Entfernt vorübergehend alle Grafiken beim Drucken und ersetzt sie durch Grafikrahmen mit einem X, wodurch die Druckzeit reduziert wird. Die Grafikrahmen haben dieselbe Größe wie die importierten Grafiken und Beschneidungspfade bleiben erhalten, so dass Sie Größe und Positionierung weiterhin überprüfen können. Das Unterdrücken von importierten Grafiken ist nützlich, wenn Sie Textprobedrucke an Redakteure oder Korrekturleser weitergeben möchten. Der Druck ohne Grafiken ist außerdem hilfreich, wenn Sie die Ursache eines Druckproblems herausfinden möchten.

– Aus der InDesign-Hilfe

Optionen zum Laden von Schriftarten in den Drucker

Wählen Sie im Dialogfeld »Drucken« im Bereich »Grafiken« aus folgenden Optionen, um festzulegen, wie Schriftarten in den Drucker geladen werden.

Ohne: Lädt nur die Verweise auf die Schriftarten in der PostScript-Datei, wodurch dem RIP oder einem Postprozessor übermittelt wird, wo die Schriftarten verwendet werden sollen. Diese Option ist ideal, wenn sich die Schriftarten auf dem Drucker befinden. Um jedoch sicherzustellen, dass die Schriftarten korrekt interpretiert werden, verwenden Sie eine der anderen Optionen zum Herunterladen von Schriftarten, zum Beispiel die Option für Untergruppen oder zum Herunterladen von PPD-Schriftarten.

Vollständig: Lädt zu Beginn des Druckauftrags alle benötigten Schriftarten. Alle Glyphen und Zeichen der Schriftart werden geladen, auch wenn sie im Dokument nicht vorkommen. InDesign lädt Schriftarten, die mehr als die im Dialogfeld »Voreinstellungen« angegebene maximale Zahl von Glyphen (Zeichen) enthalten, automatisch in Untergruppen.

Untergruppe: Lädt nur die Zeichen (Glyphen) herunter, die im Dokument verwendet werden. Glyphen werden einmal pro Seite geladen. Bei einseitigen Dokumenten oder kurzen Dokumenten mit wenig Text erhalten Sie mit dieser Option in der Regel schnellere und kleinere PostScript-Dateien.

PPD-Schriftarten herunterladen: Lädt alle im Dokument verwendeten Schriftarten herunter, selbst wenn diese druckerresident sind. Mit dieser Option stellen Sie sicher, dass InDesign die Schriftkonturen des Computers für gebräuchliche Schriften wie Helvetica und Times verwendet. Hierdurch können Probleme mit verschiedenen Schriftartenversionen vermieden werden, zum Beispiel verschiedene Zeichensätze auf dem Computer und dem Drucker oder verschiedene Überfüllungskonturen. Für das Drucken von Entwürfen auf einem Desktop-Drucker benötigen Sie diese Option jedoch nur, wenn Sie häufig erweiterte Zeichensätze verwenden.

– Aus der InDesign-Hilfe

Druckfarben verwalten

Der Druckfarben-Manager ermöglicht die Steuerung der Druckfarben bei der Ausgabe. Änderungen im Druckfarben-Manager wirken sich nur auf die Ausgabe und nicht auf die Definition der Farben im InDesign-Dokument aus.

Die Optionen der Druckfarbenverwaltung sind besonders für Druckdienstleister bei der Ausgabe von Farbseparationen für mehrfarbige Dokumente wichtig. Soll ein Dokument beispielsweise in CMYK-Prozessfarben gedruckt werden, enthält aber eine Volltonfarbe, so kann der Druckdienstleister die Volltonfarbe durch die entsprechende CMYK-Prozessfarbe ersetzen. Enthält ein Dokument zwei ähnliche Volltonfarben, wovon nur eine benötigt wird, oder enthält das Dokument dieselbe Volltonfarbe mit zwei unterschiedlichen Bezeichnungen, so kann der Dienstleister die beiden Volltonfarben zu einer einzigen Druckfarbe zusammenfassen.

Sie erfahren nun, wie Sie mit dem Druckfarben-Manager eine Vollton- in eine CMYK-Prozessfarbe konvertieren und ein Druckfarbenalias erzeugen, so dass bei der Ausgabe der Separationen die gewünschte Anzahl Farbauszüge entsteht.

1   Klicken Sie auf das Symbol des Farbfelderbedienfelds oder wählen Sie **Fenster: Farbe: Farbfelder**. Wählen Sie im Farbfelderbedienfeldmenü die Option »Druckfarben-Manager«.

● **Hinweis:** Sie können den Druck-farben-Manager auch öffnen, indem Sie »Druckfarben-Manager« aus dem Separationsvorschau-bedienfeldmenü wählen.

2   Klicken Sie im Dialogfeld »Druckfarben-Manager« auf das Volltonfarben-Symbol (⬤) links neben dem Farbfeld »PANTONE 3375 C«. Es wird zu einem CMYK-Symbol (✖). Die Farbe wird nun nicht mehr in einem eigenen Farbauszug ausgegeben, sondern als Kombination aus CMYK-Farben gedruckt.

   Dies ist eine gute Lösung, um die Ausgabe auf vier Prozessfarben zu beschränken, ohne dafür die Volltonfarbe in den Quelldateien konvertieren zu müssen. Wenn Sie alle Volltonfarben in Prozessfarben umwandeln möchten, aktivieren Sie das Kontrollfeld »Alle Volltonfarben in Prozessfarben umwandeln« im unteren Dialogfeldbereich.

3   Klicken Sie auf das CMYK-Symbol (✖), das nun links neben dem Farbfeld »PANTONE 3375 C« angezeigt wird, um diese Farbe in eine Volltonfarbe zurückzuwandeln.

4   Klicken Sie auf das Farbfeld »PANTONE 3375 M« und wählen Sie im Popup-Menü »Druckfarbenalias« die Farbe »PANTONE 3375 C«.

   Wenn Sie Druckfarbenalias zuweisen, werden alle Objekte mit der Farbe PANTONE 3375 M auf denselben Auszug ausgegeben wie die zugehörige Aliasfarbe (PANTONE 3375 C). Sie erhalten statt zwei einzelner Farbauszüge nur einen einzigen Auszug.

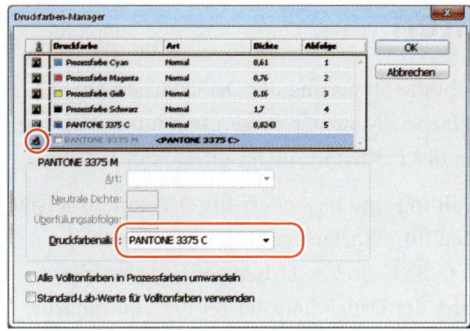

5　Klicken Sie auf das Farbfeld »PANTONE 3375 U« und wählen Sie
»PANTONE 3375 C« aus dem Popup-Menü »Druckfarbenalias«. Nun
werden alle Layoutobjekte, die eine der drei Versionen von PANTONE 3375
aufweisen, in demselben Farbauszug ausgegeben. (Im Beispieldokument
wird nur 3375 C verwendet.) Sie müssen sich nicht mit »PANTONE Process
Blue« beschäftigen. Weiter vorne hatten Sie die fehlende Grafik für den Titel
mit einer anderen Grafik verknüpft, so dass das Dokument keine Elemente
mehr mit Pantone Process Blue C enthält.

6　Klicken Sie auf OK, um das Dialogfeld »Druckfarben-Manager« zu
schließen.

7　Sichern Sie Ihre Arbeit mit **Datei: Speichern** und schließen Sie die Datei
dann.

Glückwunsch! Sie haben diese Lektion erfolgreich abgeschlossen.

Eigene Übung

1　Legen Sie über **Datei: Druckvorgaben: Definieren** neue Druckvorgaben für
verschiedene Farb- oder Schwarzweiß-Ausgabegeräte an.

2　Öffnen Sie die Datei *13_Cover.indd* und blenden Sie mit dem Separationsvorschaubedienfeld die einzelnen Farbseparationen ein bzw. aus. Wechseln
Sie in demselben Bedienfeld zur Ansicht »Farbauftrag«. Prüfen Sie, wie sich
die Einstellungen auf die Ausgabe verschiedener Bilder auswirken.

3　Die Datei *13_Cover.indd* ist noch geöffnet. Wählen Sie **Datei: Drucken**.
Klicken Sie anschließend im linken Bereich des Dialogfelds »Drucken«
auf die Kategorie »Ausgabe« und schauen Sie sich die verschiedenen
Auswahlmöglichkeiten zum Drucken von Farbdokumenten an.

4　Wählen Sie im Farbfelderbedienfeldmenü den Befehl »Druckfarben-
Manager« und experimentieren Sie mit neuen Druckfarbenaliasen für
Volltonfarben und mit der Konvertierung von Vollton- in Prozessfarben.

Fragen

1 Nach welchen Problemen sucht InDesign, wenn Sie im Preflight-Bedienfeld das »[Grundprofil] (Arbeitsprofil)« auswählen?

2 Welche Elemente sammelt InDesign beim Verpacken einer Datei?

3 Welche Option wählen Sie, wenn Sie ein eingescanntes Bild auf einem niedrig auflösenden Laser- oder Proof-Drucker in bestmöglicher Qualität ausgeben möchten?

Antworten

1 Mit dem Befehl **Datei: Ausgabe: Preflight** prüfen Sie, ob alle für den hochauflösenden Druck notwendigen Elemente zur Verfügung stehen. Standardmäßig prüft InDesign, ob alle im Dokument verwendeten und in Grafiken eingebetteten Schriftarten verfügbar sind. Weiterhin prüft das Programm, ob verknüpfte Grafik- oder Textdateien seit dem Import verändert wurden; InDesign weist außerdem auf Textrahmen mit Übersatztext hin.

2 InDesign verpackt eine Kopie des InDesign-Dokuments zusammen mit Kopien aller im Originaldokument verwendeten Schriftarten und Grafiken. Die Originaldateien bleiben dabei unverändert.

3 Standardmäßig sendet InDesign nur die von einem Ausgabegerät benötigten Bilddaten. Wenn Sie die vollständigen Bilddaten senden wollen, obwohl dies die Druckdauer erheblich verlängern kann, können Sie in der Kategorie »Grafiken« des Dialogfelds »Drucken« den Eintrag »Alle« aus dem Popup-Menü »Daten senden« wählen.

14

ADOBE PDF-DATEIEN MIT FORMULARFELDERN ERZEUGEN

Überblick

In dieser Lektion über das Erstellen von Adobe PDF-Dateien mit Formularfeldern lernen Sie Folgendes:

- Verschiedene Arten von PDF-Formularfeldern erstellen

- Vorgefertigte Formularfelder nutzen

- Einem Formularfeld eine Beschreibung hinzufügen

- Die Tabulatorfolge von Formularfeldern festlegen

- Einem Formular eine Senden-Schaltfläche hinzufügen

- Eine interaktive Adobe PDF-Datei mit Formularfeldern erzeugen und testen

 Für diese Lektion benötigen Sie ungefähr 45 Minuten.

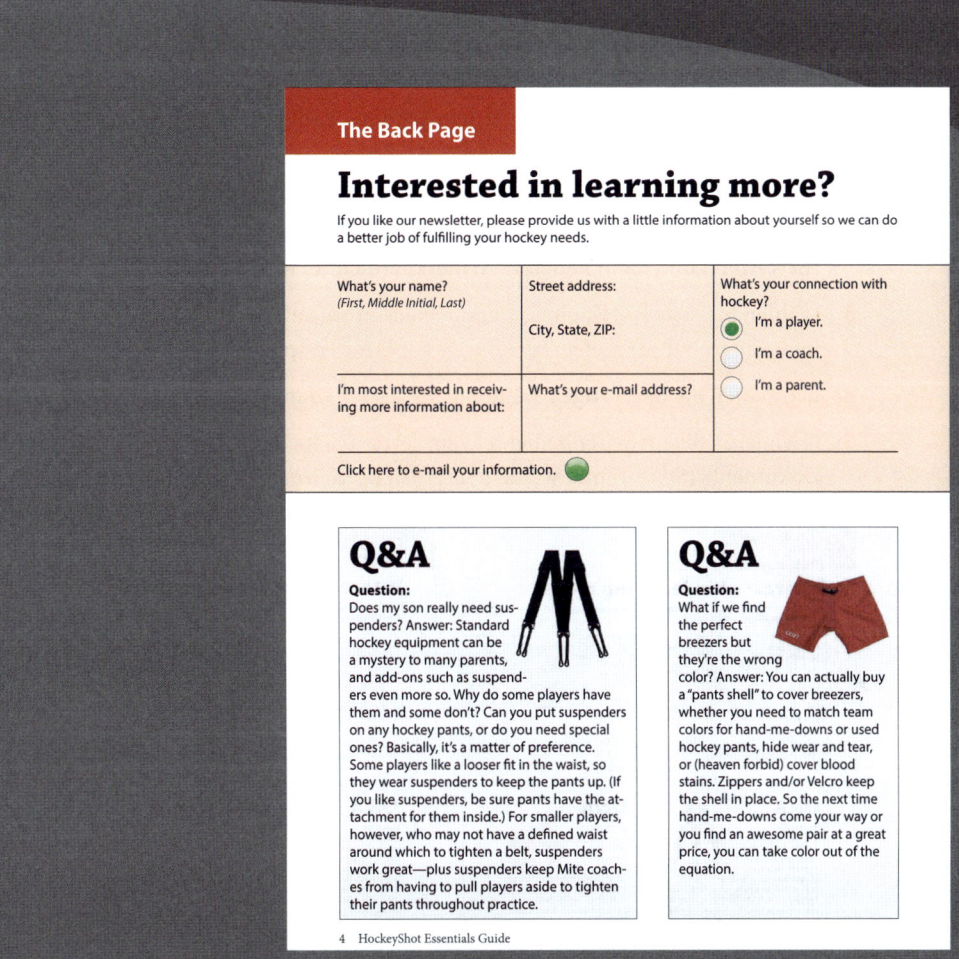

In den früheren Versionen von InDesign musste der Anwender
Platzhalterobjekte für Formularfelder erzeugen und dann
Adobe Acrobat nutzen, um den Feldern interaktive Funktionen
hinzuzufügen. InDesign CS6 bietet alle Werkzeuge, die Sie zum
Erstellen einfacher Formulare benötigen. Selbstverständlich kön-
nen Sie das fertige Formular nach wie vor in Adobe Acrobat um
Funktionen erweitern, die in InDesign nicht zur Verfügung stehen.

Vorbereitungen

● **Hinweis:** Bei Bedarf kopieren Sie jetzt die Lektionsdateien von der *Adobe InDesign CS6 Classroom in a Book*-DVD auf Ihre Festplatte. Informationen dazu finden Sie unter »Die Classroom in a BookDateien kopieren« auf Seite 2.

In dieser Lektion fügen Sie einem Newsletter verschiedene Formularfeldarten hinzu, exportieren eine interaktive Adobe PDF-Datei, öffnen die exportierte Datei anschließend und testen die Felder, die Sie in InDesign erzeugt haben.

1 Stellen Sie sicher, dass die InDesign-Voreinstellungen den in dieser Lektion verwendeten entsprechen. Dazu verschieben Sie die Datei *InDesign-Voreinstellungen* an einen anderen Speicherort. Genaue Informationen dazu finden Sie im Abschnitt »Voreinstellungsdateien speichern und wiederherstellen« auf Seite 3.

2 Starten Sie Adobe InDesign CS6. Damit alle Bedienfelder und Menübefehle wie in dieser Lektion funktionieren, wählen Sie **Fenster: Arbeitsbereich: [Erweitert]** und dann **Fenster: Arbeitsbereich: Erweitert zurücksetzen**.

3 Wählen Sie **Datei: Öffnen** und doppelklicken Sie auf die Datei *14_Start.indd* im Ordnerpfad *Lektionen/Lektion_14* auf Ihrer Festplatte.

4 Betrachten Sie das fertige Dokument *14_End.indd* im Ordner *Lektion_14*.

5 Navigieren Sie im Seitenbedienfeld zur letzten Seite des Newsletter-Dokuments (Seite 4) und wählen Sie **Ansicht: Seite in Fenster einpassen**.

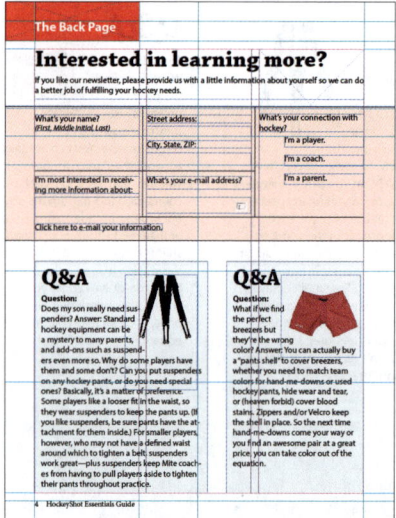

Ausgangsdatei

Fertiges Dokument

6 Schließen Sie die Datei *14_End.indd*, nachdem Sie sie betrachtet haben, oder lassen Sie sie als Hilfe geöffnet.

7 Wählen Sie **Datei: Speichern unter**, geben Sie dem Dokument den Namen *14_PDF_Form.indd* und speichern Sie es im Ordner *Lektion_14*.

Formularfelder hinzufügen

Einige Arbeiten an den Formularfeldern sind bereits fertiggestellt. Sie vervollständigen das Formular, indem Sie weitere Felder hinzufügen und dann einige davon bearbeiten.

Ein Textfeld hinzufügen

Ein Textfeld in einem PDF-Formular ist der Bereich, in den der Formularnutzer Text eingeben kann.

1 Wählen Sie **Fenster: Arbeitsbereich: Interaktiv für PDF**. Damit optimieren Sie die Bedienfeldanordnung für die Aufgaben in dieser Lektion und haben einen schnellen Zugriff auf die benötigten Bedienelemente.

2 Aktivieren Sie das Textwerkzeug (T) und erzeugen Sie direkt unter dem Textrahmen mit der Überschrift »What's your name?« einen neuen Textrahmen. Richten Sie die Oberkante des Rahmens an der horizontalen Linealhilfslinie unter dem vorhandenen Rahmen aus. Die Unterkante des Rahmens richten Sie an der nächsten horizontalen Linealhilfslinie aus. Als Rahmenbreite wählen Sie eine Spalte.

3 Aktivieren Sie das Auswahlwerkzeug (↖). Der neue Textrahmen ist ausgewählt.

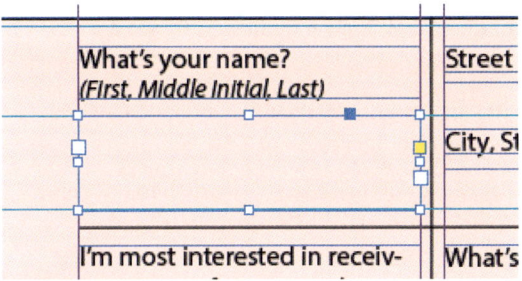

4 Wählen Sie **Fenster: Interaktiv: Schaltflächen und Formulare** oder klicken Sie auf das Symbol des Schaltflächen-und-Formulare-Bedienfelds, um dieses anzuzeigen.

5 Im Schaltflächen-und-Formulare-Bedienfeld wählen Sie aus dem Popup-Menü »Typ« die Option »Textfeld«. Weisen Sie der Schaltfläche einen Namen zu, indem Sie **Full Name** in das Feld »Name« eingeben. Drücken Sie die Eingabetaste, um die Änderungen zuzuweisen.

Nachdem der Textrahmen in ein Textfeld konvertiert wurde, erscheint in seiner rechten unteren Ecke ein kleines Textfeld-Symbol.

▶ **Tipp:** Bei Bedarf zoomen Sie den hellroten horizontalen Rahmen in der oberen Seitenhälfte. Hier werden wir in dieser Lektion arbeiten.

● **Hinweis:** Beachten Sie beim Gestalten eines Kombinations-, Listen-, Text- oder Unterschriftenfelds, dass beim PDF-Export nur ein durchgezogener Rahmen und eine einfache Flächenfarbe berücksichtigt werden. Diese Eigenschaften sind in einer exportierten PDF-Datei sichtbar, wenn die Option »Felder markieren« in Adobe Acrobat bzw. im Adobe Reader beim Öffnen des Formulars deaktiviert ist.

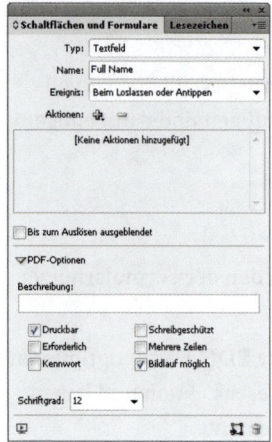

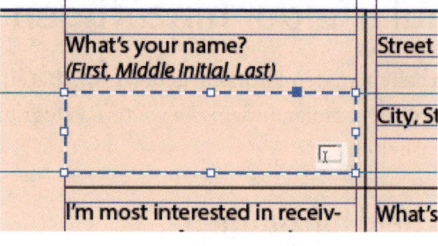

6   Wählen Sie **Datei: Speichern**.

Optionsfelder hinzufügen

Optionsfelder stellen den Formularnutzer vor zwei oder mehr Wahlmöglichkeiten, wobei nur eine davon gleichzeitig ausgewählt sein kann. Häufig werden Optionsfelder als einfache Kreise dargestellt. In InDesign können Sie jedoch Ihre eigenen, optisch ansprechenderen Optionsfelder gestalten. Alternativ wählen Sie aus verschiedenen, mit InDesign ausgelieferten Beispieloptionsfeldern. In dieser Lektion verwenden Sie eines der Beispieloptionsfelder.

1   Wählen Sie **Ansicht: Seite in Fenster einpassen** und zoomen Sie in den Bereich »What's your connection with hockey?« auf Seite 4.

2   Wählen Sie aus dem Schaltflächen-und-Formulare-Bedienfeldmenü den Befehl »Beispielschaltflächen und -formulare«. Das Beispielschaltflächen-und-formulare-Bedienfeld wird geöffnet. Bei Bedarf verschieben Sie das Bedienfeld, so dass Sie den Formularbereich »What's your connection with hockey?« erkennen können.

3   Ziehen Sie das Optionsfeld »016« aus dem Beispielschaltflächen-und-formulare-Bedienfeld unter den Textrahmen mit dem Text »What's your connection with hockey?«. Richten Sie den oberen Rand des obersten Optionsfelds an der horizontalen Linealhilfslinie unter dem Textrahmen aus. Die linke Kante des Optionsfelds richten Sie am linken Rand der dritten Spalte aus.

4 Im Steuerungsbedienfeld vergewissern Sie sich, dass der linke obere Bezugspunkt im Bezugspunkt-Symbol (⊞) ausgewählt ist. In das Feld »x-Skalierung (Prozentsatz)« geben Sie **60 %** ein. Drücken Sie die Eingabetaste.

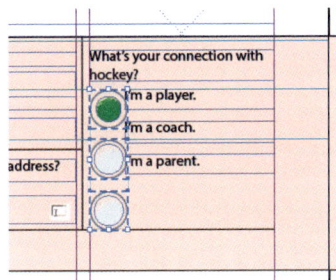 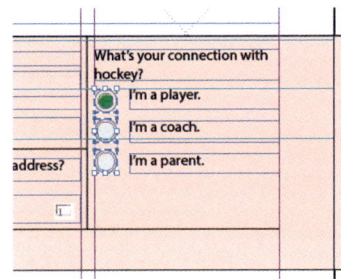

Optionsfelder vor der Skalierung   Nach der Skalierung auf 60 %

5 Im Schaltflächen-und-Formulare-Bedienfeld geben Sie in das Feld »Name« **Hockey Connection** ein und drücken die Eingabetaste.

6 Wählen Sie **Bearbeiten: Auswahl aufheben** oder klicken Sie auf einen leeren Bereich der Seite bzw. der Montagefläche.

7 Mit dem Auswahlwerkzeug (▶) wählen Sie das erste Optionsfeld (links neben »I'm a player.«).

8 In Schaltflächen-und-Formulare-Bedienfeld geben Sie **Player** in das Feld »Schaltflächenwert« ein und drücken die Eingabetaste.

9 Wiederholen Sie die Schritte 7 und 8, wobei Sie das mittlere Optionsfeld »Coach« nennen, das untere »Parent«.

10 Wählen Sie **Datei: Speichern**.

Ein Kombinationsfeld hinzufügen

Ein Kombinationsfeld ist ein Drop-down-Menü mit mehreren vordefinierten Auswahlmöglichkeiten. Der Betrachter des Formulars kann nur eine der Optionen auswählen. Erstellen Sie jetzt ein Kombinationsfeld mit drei Auswahlmöglichkeiten.

1 Klicken Sie mit dem Auswahlwerkzeug(▶) auf den Textrahmen unter der Überschrift »I'm most interested in receiving more information about:«.

2 Im Schaltflächen-und-Formulare-Bedienfeld wählen Sie in dem Popup-Menü »Typ« die Option »Kombinationsfeld«. Geben Sie **More Information** in das Feld »Name« ein.

● **Hinweis:** Ähnlich wie bei Listenfeldern können Sie auch Kombinationsfeldern Listenelemente hinzufügen. Allerdings können Sie im PDF-Kombinationsfeld immer nur ein einziges Element auswählen. Wenn Sie jedoch bei einem Listenfeld das Kontrollfeld »Mehrfachauswahl« aktivieren, kann der Formularnutzer mehrere Elemente zugleich auswählen.

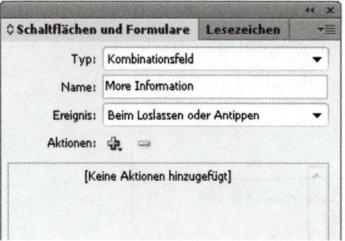

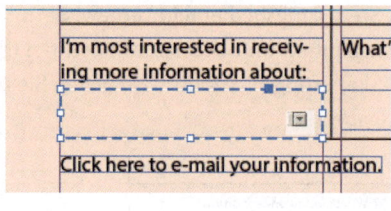

Fügen Sie jetzt drei Listenelemente hinzu, damit der Betrachter des PDF-Formulars mehrere Wahlmöglichkeiten hat.

3 In der unteren Hälfte des Schaltflächen-und-Formulare-Bedienfelds geben Sie in das Feld »Listenelemente« **Hockey Camps** ein. Anschließend Sie klicken auf das Pluszeichen rechts neben dem Feld. Beachten Sie, dass der eingegebene Text nun in der Liste unter dem Feld angezeigt wird.

4 Wiederholen Sie diese Schritte, um »Hockey Equipment« und »Hockey Videos/DVDs« zur Liste hinzuzufügen.

▶ **Tipp:** Um Listenelemente alphabetisch zu sortieren, wählen Sie im Schaltflächen-und-Formulare-Bedienfeld das Kontrollfeld »Elemente sortieren«. Sie können auch die Reihenfolge der Listenelemente ändern, indem Sie sie nach oben oder unten ziehen.

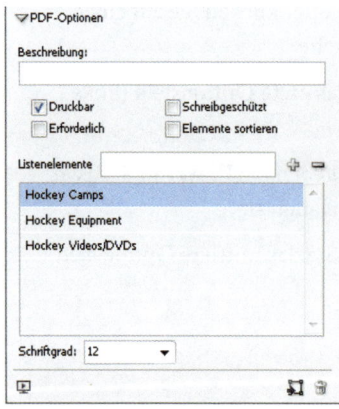

5 Klicken Sie in der Liste auf »Hockey Camps«, damit dieser Eintrag standardmäßig ausgewählt ist. Wenn ein Betrachter die exportierte PDF-Datei öffnet, wird »Hockey Camps« bereits ausgewählt sein.

6 Wählen Sie **Datei: Speichern**.

Eine Beschreibung zu einem Formularfeld hinzufügen

Mit Beschreibungen können Sie dem Formularnutzer weitere Hilfestellungen bieten. Sie werden angezeigt, wenn der Mauszeiger auf ein Feld mit einer Beschreibung zeigt. Fügen Sie einem der Formularfelder nun eine Beschreibung hinzu.

1 Mit dem Auswahlwerkzeug (▶) wählen Sie das Textfeld unter dem Textrahmen mit der Überschrift »City, State, ZIP«.

2 Im Schaltflächen-und-Formulare-Bedienfeld geben Sie in das Feld »Beschreibung« **Please provide your four-digit ZIP code extension if possible** ein und drücken die Eingabetaste.

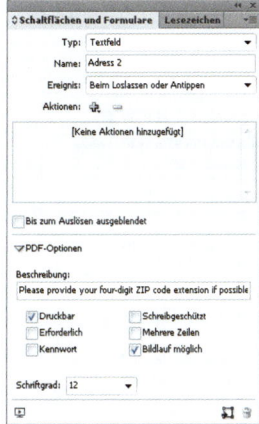

3 Wählen Sie **Datei: Speichern**.

Die Aktivierreihenfolge der Felder einrichten

Die für das PDF-Formular eingerichtete Aktivierreihenfolge bestimmt die Reihenfolge, in der die Felder ausgewählt werden, wenn der Formularnutzer die Tab-Taste drückt. Nun richten Sie die Aktivierreihenfolge für die Felder auf der Seite ein.

1 Wählen Sie **Objekt: Interaktiv: Aktivierreihenfolge festlegen**.

2 Im Dialogfeld »Aktivierreihenfolge« klicken Sie auf »Full Name« (das ist der Name des von Ihnen erzeugten Textfelds für den Namen des Formularnutzers) und anschließend dreimal auf »Nach oben«, um das Feld an den Anfang der Liste zu verschieben. Klicken Sie auf OK, um das Dialogfeld zu schließen.

▶ **Tipp:** Alternativ ändern Sie die Aktivierreihenfolge, indem Sie die Listenelemente im Dialogfeld »Aktivierreihenfolge« nach oben oder unten ziehen, oder indem Sie das Artikelbedienfeld (**Fenster: Artikel**) nutzen.

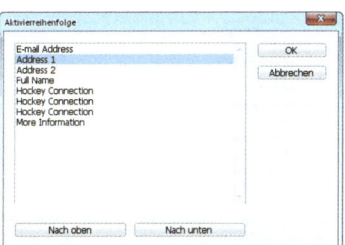 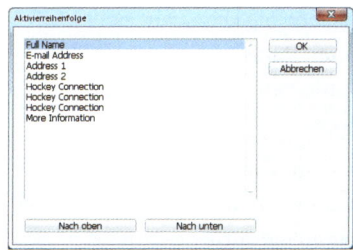

3 Wählen Sie **Datei: Speichern**.

Eine Schaltfläche zur Formularübermittlung hinzufügen

Wenn Sie ein PDF-Formular verteilen, benötigen Sie eine Möglichkeit, mit der die Nutzer das Formular an Sie zurücksenden können. Erstellen Sie jetzt eine Schaltfläche, die das ausgefüllte PDF-Format an Ihre E-Mail-Adresse sendet.

1 Ziehen Sie den grünen Button »110« aus dem Beispielschaltflächen-und-formulare-Bedienfeld und platzieren Sie ihn rechts neben dem Textrahmen mit dem Text »Click here to e-mail your information«.

2 Im Steuerungsbedienfeld stellen Sie sicher, dass der linke obere Bezugspunkt im Bezugspunkt-Symbol (🔳) ausgewählt ist. Geben

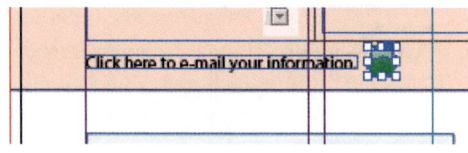

Sie in das Feld »X-Skalierung« **60 %** ein und drücken Sie die Eingabetaste.

3 Mit dem Auswahlwerkzeug (↖) positionieren Sie die Schaltfläche etwas rechts neben dem Textrahmen. Eine horizontale intelligente Hilfslinie hilft Ihnen, die vertikalen Mitten des Textrahmens und der Schaltfläche aneinander auszurichten.

4 Lassen Sie den Button ausgewählt und geben Sie in das Feld »Name« des Schaltflächen-und-Formulare-Bedienfelds **Submit Form** ein.

5 Klicken Sie auf »Gehe zu URL« und dann auf das Symbol »Ausgewählte Aktion löschen« (➖). Bestätigen Sie den Löschvorgang mit einem Klick auf OK.

6 Klicken Sie auf das Symbol »Neue Aktion für ausgewähltes Ereignis hinzufügen« (➕) und wählen Sie »Formular senden« aus dem Popup-Menü.

7 In das Feld »URL« geben Sie **mailto:** ein. Vergewissern Sie sich, dass Sie einen Doppelpunkt nach »mailto« eingegeben haben. Geben Sie kein Leerzeichen bzw. keinen Punkt vor oder nach dem Doppelpunkt ein.

8 Geben Sie Ihre E-Mail-Adresse nach »mailto:« ein (zum Beispiel: pat_smith@ domain.com). Damit wird das ausgefüllte Formular an Sie zurückgesandt.

9 Drücken Sie die Eingabetaste, um die Änderungen zuzuweisen, und wählen Sie **Datei: Speichern**.

Eine interaktive Adobe PDF-Datei exportieren

Nachdem Sie die Arbeit an den Formularfeldern fertiggestellt haben, exportieren Sie eine interaktive Adobe PDF-Datei und testen diese anschließend.

1 Wählen Sie **Datei: Exportieren**.

2 Im Dialogfeld »Exportieren« wählen Sie aus dem Menü »Dateityp« (Windows) bzw. »Format« (Mac OS) die Option »Adobe PDF (Interaktiv)«. Belassen Sie den standardmäßig vergebenen Namen für die Datei (*14_PDF_Form.pdf*) und speichern Sie das Dokument im Ordnerpfad *Lektionen/Lektion_14* auf Ihrer Festplatte. Klicken Sie auf »Speichern« (Windows) bzw. »Sichern« (Mac OS).

3 Im Dialogfeld »Als interaktive PDF exportieren« geben Sie **4** in das Feld »Bereich« ein. (Nur Seite 4 des Dokuments enthält PDF-Formularfelder; zum Testen ist es also überflüssig, die übrigen Seiten zu exportieren.) Stellen Sie sicher, dass »Alles einschließen« für »Formulare und Medien« sowie »Nach Export anzeigen« aktiviert ist. Lassen Sie alle übrigen Einstellungen unverändert und klicken Sie auf OK.

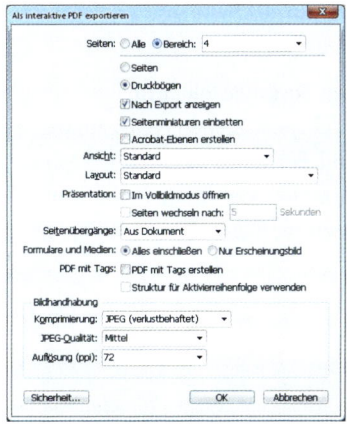

● **Hinweis:** Wenn Sie eine interaktive PDF-Datei mit Formularfeldern exportieren, müssen Sie die Datei in Adobe Acrobat X Professional öffnen und **Datei: Speichern unter: PDF mit erweiterten Reader-Funktionen** speichern, damit die Datei mit Adobe Reader ausgefüllt und versandt werden kann. In Acrobat 9 wählen Sie **Erweitert: Funktionen in Adobe Reader erweitern**.

Wenn Adobe Acrobat Professional bzw. der Adobe Reader auf Ihrem Computer installiert ist, wird die exportierte PDF-Datei automatisch geöffnet und Sie können die zuvor erstellten Felder testen. Sobald Sie damit fertig sind, klicken Sie auf die Schaltfläche, mit der Sie das ausgefüllte Formular per E-Mail an sich selbst übermitteln. Kehren Sie zu InDesign zurück.

4 Wählen Sie **Datei: Speichern**.

Glückwunsch! Sie haben ein PDF-Formular erstellt.

Eigene Übung

Nachdem Sie jetzt ein einfaches PDF-Formular erstellt haben, experimentieren Sie noch etwas mit anderen Formularfeldtypen und mit selbst gestalteten Buttons.

1 Erzeugen Sie einen Textrahmen und konvertieren Sie ihn über das Schaltflächen-und-Formulare-Bedienfeld in ein Unterschriftenfeld. Dies ist ein Formularfeld, mit dem der Nutzer das PDF-Dokument digital unterzeichnen kann. Weisen Sie einen Feldnamen zu und exportieren Sie dann eine interaktive PDF-Datei. Testen Sie das Unterschriftenfeld, indem Sie hineinklicken und den am Bildschirm angezeigten Anweisungen folgen.

2 Aktivieren Sie das Ellipse-Werkzeug (○) und erzeugen Sie einen kleinen, kreisförmigen Rahmen. Füllen Sie ihn über das Verlaufsbedienfeld mit einem radialen Farbverlauf. Wenn Sie möchten, ändern Sie die Farben des Verlaufs über das Farbfelderbedienfeld. Konvertieren Sie den Rahmen über das Schaltflächen-und-Formulare-Bedienfeld in eine Schaltfläche. Weisen Sie der Schaltfläche die Aktion »Gehe zu erster Seite« zu. Sobald Sie diese Schaltfläche in der exportierten PDF-Datei anklicken, wird die Titelseite des vierseitigen Newsletters angezeigt. (Wenn Sie diese Schaltfläche testen möchten, vergewissern Sie sich, dass Sie nicht nur die Seite 4, sondern alle Seiten in den interaktiven PDF-Export einschließen.)

3 Probieren Sie eines der anderen vordefinierten Formularfelder im Beispielschaltflächen-und-formulare-Bedienfeld aus. Ziehen Sie es auf die Seite und betrachten Sie im Schaltflächen-und-Formulare-Bedienfeld seine Eigenschaften. Sie können das Element unverändert verwenden oder sein Aussehen und/oder einige seiner Eigenschaften verändern. Exportieren Sie die Datei und testen Sie das Ergebnis.

Fragen

1 Mit welchem Bedienfeld können Sie ein Objekt in ein PDF-Formularfeld konvertieren und Einstellungen für Formularfelder festlegen?

2 Welche Aktion weisen Sie einer Schaltfläche zu, wenn der Nutzer der fertigen PDF-Datei eine Kopie des ausgefüllten Formulars an eine E-Mail-Adresse senden soll?

3 Mit welchen Programmen können Sie ein Adobe PDF-Formular öffnen und ausfüllen?

Antworten

1 Mit dem Schaltflächen-und-Formulare-Bedienfeld (**Fenster: Schaltflächen und Formulare**) können Sie Objekte in PDF-Formularfelder konvertieren und Einstellungen für diese vornehmen.

2 Damit der Betrachter eines PDF-Formulars ein ausgefülltes Formular zurücksenden kann, weisen Sie der Schaltfläche über das Schaltflächen-und-Formulare-Bedienfeld die Aktion »Formular senden« zu. Danach geben Sie **mailto:** und eine E-Mail-Adresse (beispielsweise mailto:pat_smith@domain.com) in das Feld »URL« ein.

3 Sie können PDF-Formulare mit Adobe Acrobat Professional oder Adobe Reader öffnen und ausfüllen. Acrobat Professional bietet zudem weitere Funktionen für die Arbeit mit PDF-Formularfeldern.

15 EIN E-BOOK ERSTELLEN UND EXPORTIEREN

Überblick

In dieser Lektion über das Erstellen und Exportieren eines InDesign-Dokuments als EPUB-Datei, die auf elektronischen Lesegeräten betrachtet werden kann, lernen Sie Folgendes:

- Ein Dokument mit verankerten Grafiken versehen, Absatz- und Zeichenformaten Exporttags zuordnen und ein Inhaltsverzeichnis erstellen

- Die Inhalte bestimmen, die in die exportierte EPUB-Datei aufgenommen werden sollen, und die Reihenfolge der Inhalte ändern

- Dem InDesign-Dokument und der EPUB-Datei Metadateninformationen hinzufügen

- Eine EPUB-Datei exportieren und anzeigen

 Für diese Lektion benötigen Sie ungefähr 45 Minuten.

Adobe InDesign CS6 bietet neue und verbesserte Funktionen für den EPUB-Export. Dieser vereinfacht die Produktion von elektronischen Publikationen und bietet mehr Kontrolle über die Gestaltung ansprechender E-Books. Diese können auf den unterschiedlichsten elektronischen E-Readern, Tablets und Smartphones betrachtet werden.

Vorbereitungen

Hinweis: Bei Bedarf kopieren Sie jetzt die Lektionsdateien von der *Adobe InDesign CS6 Classroom in a Book*-DVD auf Ihre Festplatte. Informationen dazu finden Sie unter »Die Classroom in a Book-Dateien kopieren« auf Seite 2.

Hinweis: Zum Zeitpunkt der Drucklegung unterstützt Amazon Kindle das EPUB-Format nicht, kann aber EPUB-Dateien in das proprietäre Kindle-Format konvertieren.

Hinweis: Manche Ausgabegeräte unterstützen EPUB-Dateien mit festem Layout. Diese sind aber nicht Thema dieser Lektion.

Tipp: Am Ende dieser Lektion exportieren Sie eine EPUB-Datei. Mit der Software Adobe Digital Editions für Windows oder Mac OS können Sie EPUB-Dateien sowie andere digitale Veröffentlichungen betrachten und verwalten. Adobe Digital Editions ist als kostenloser Download auf der Adobe-Website verfügbar (www.adobe.com).

In dieser Lektion nehmen Sie den Feinschliff an einer Broschüre mit Rezepten vor, exportieren das Dokument als EPUB-Datei und betrachten das fertige E-Book dann.

Elektronische Publikationen unterscheiden sich in mehrfacher Hinsicht grundlegend von gedruckten Publikationen. Deshalb sind einige grundlegende Informationen über EPUB-Dokumente hilfreich, bevor Sie diese Lektion durcharbeiten.

Der EPUB-Standard wurde für die Darstellung von Inhalten mit automatischem Textumbruch entwickelt, die auf den verschiedensten elektronischen Lesegeräten und Anwendungen angezeigt werden können, die das .epub-Format unterstützen – beispielsweise Barnes & Noble Nook, Kobo eReader, Apple iBooks für iPad, iPhone, Sony Reader und Adobe Digital Editions. Weil die Größe der Darstellung sich in jedem Gerät unterscheidet und der Inhalt sich in einem einzigen, fortlaufenden Textabschnitt befindet, braucht die Seitengröße des InDesign-Dokuments keiner bestimmten Bildschirmgröße entsprechen. Deshalb verwenden wir in dieser Lektion eine normale Seitengröße von 8.5" x 11", wie sie in den USA üblich ist.

1   Damit die InDesign-Voreinstellungen den in dieser Lektion verwendeten entsprechen, verschieben Sie die Datei *InDesign-Voreinstellungen* an einen anderen Speicherort. Genaue Informationen dazu finden Sie im Abschnitt »Voreinstellungsdateien speichern und wiederherstellen« auf Seite 3.

2   Starten Sie Adobe InDesign CS6. Damit alle Bedienfelder und Menübefehle wie in dieser Lektion funktionieren, wählen Sie **Fenster: Arbeitsbereich: [Erweitert]** und dann **Fenster: Arbeitsbereich: Erweitert zurücksetzen**.

3   Wählen Sie **Datei: Öffnen** und doppelklicken Sie auf die Datei *15_Start.indd* im Ordnerpfad *Lektionen/Lektion_15* auf Ihrer Festplatte.

4   Schauen Sie sich das fertige Dokument *15_End.indd* im Ordner *Lektion_15* an.

5   Blättern Sie durch die Seiten des fertigen Dokuments, um die Titelseite und die vier folgenden Rezepte zu betrachten.

6   Schließen Sie die Datei *15_End.indd*, nachdem Sie sie betrachtet haben. Sie können dieses Dokument auch zu Vergleichszwecken geöffnet lassen.

7   Aktivieren Sie wieder das Dokument *15_Start.indd.* Wählen Sie **Datei: Speichern unter**, geben Sie dem Dokument den Namen *15_RecipesBooklet. indd* und speichern Sie es im Ordner *Lektion_15*.

Die Broschüre fertigstellen

Bevor das Dokument für den EPUB-Export bereit ist, müssen Sie ein paar letzte Arbeitsschritte vornehmen. Sie fügen zunächst einige Grafiken hinzu, verankern sie im Text und formatieren die Absätze mit den verankerten Grafiken mit Hilfe eines Absatzformats, das automatisch Seitenumbrüche in der exportierten EPUB-Datei erzeugt. Zuletzt erstellen Sie ein einfaches Inhaltsverzeichnis und fügen einige Metadaten hinzu.

Verankerte Grafiken einfügen

Die Broschüre enthält vier Rezepte: eine Vorspeise, ein Hauptgericht, eine Gemüseplatte und ein Dessert. Die Rezepte sind in einem einzigen Textabschnitt enthalten. Sie verankern nun ein Bild von jedem Gericht vor dem jeweiligen Rezeptnamen und weisen dann ein Absatzformat zu. Dieses wird verwendet, um Seitenumbrüche in der exportierten EPUB-Datei zu erzeugen. Damit diese Aufgabe einfacher wird, sind die Grafikdateien in einer Bibliothek gespeichert.

1 Wählen Sie **Datei: Öffnen** und öffnen Sie die Datei *15_Library.indl* im Ordner *Lektion_15*.

2 Navigieren Sie mit dem Seitenbedienfeld zu Seite 3 oder Sie drücken Strg+J (Windows) bzw. Befehl+J (Mac OS), geben **3** in das Feld »Seite« ein und klicken auf OK.

3 Aktivieren Sie das Textwerkzeug (T), platzieren Sie die Einfügemarke vor der Überschrift »Guacamole« und drücken Sie die Eingabetaste.

4 Ziehen Sie mit dem Auswahlwerkzeug (▶) das Bibliothekselement *Avocados. tif* auf die Montagefläche. Gegebenenfalls müssen Sie die Grafik neu verknüpfen.

5 Drücken Sie die Umschalt-Taste und ziehen Sie das blaue Quadrat an der oberen rechten Ecke des Grafikrahmens auf die leere Textzeile, die Sie in Schritt 3 erzeugt haben. Geben Sie die Maustaste frei, wenn über der Überschrift eine kurze vertikale Linie erscheint. Der Grafikrahmen ist nun verankert und wird mit dem umgebenden Text umbrochen.

▶ **Tipp:** Bei Bedarf zeigen Sie für diese Lektion die verborgenen Zeichen an, zum Beispiel Absatzumbrüche und Leerzeichen. Dazu wählen Sie **Schrift: Verborgene Zeichen einblenden**.

▶ **Tipp:** Wenn Sie Bibliothekselemente als verankerte Grafiken einfügen, können Sie auch die Einfügemarke in den Text setzen, das Element in der Bibliothek auswählen und dann »Objekt(e) platzieren« aus dem Bedienfeldmenü der Bibliothek wählen. Das Element wird automatisch als verankerte Grafik eingefügt.

6 Mit dem Textwerkzeug klicken Sie links oder rechts neben die verankerte Grafik, um die Einfügemarke dort zu platzieren.

7 Wählen Sie **Schrift: Absatzformate** oder klicken Sie im Bedienfelddock auf das Symbol »Absatzformate«, um das Absatzformatebedienfeld zu öffnen.

8 Klicken Sie in der Liste der Absatzformatnamen auf »Graphics«, um dem Absatz mit der verankerten Grafik dieses Format zuzuweisen.

Wenn Sie weiter hinten in dieser Lektion die EPUB-Datei exportieren, werden die vier Rezepte mit Hilfe des Absatzformats »Graphics« in vier einzelne (HTML-)Dateien aufgeteilt. Durch diese Unterteilung eines langen Dokuments in kleinere Abschnitte wird die Anzeige der EPUB-Datei effizienter und außerdem beginnt jedes Rezept auf einer neuen Seite.

9 Wiederholen Sie die Schritte 4 bis 8, um die drei verbleibenden Bibliothekselemente (*Salmon.tif*, *Asparagus.tif* und *Strawberries.tif*) vor den Überschriften der drei übrigen Rezepte zu platzieren. Sorgen Sie dafür, dass auf jeden Grafikrahmen ein Absatzumbruch folgt, und weisen Sie das Absatzformat »Graphics« dem einzeiligen Absatz mit dem Rahmen zu.

10 Wählen Sie **Datei: Speichern**.

Die Exportoptionen für verankerte Grafiken anpassen

Außer globalen Exportoptionen für Objekte wie Bilder, die Sie während des EPUB-Exports einstellen, können Sie auch schon vorher Exporteinstellungen für einzelne Objekte festlegen. Jetzt definieren Sie benutzerdefinierte Exporteinstellungen für die vier verankerten Grafiken.

1 Navigieren Sie zu Seite 3.

2 Mit dem Auswahlwerkzeug wählen Sie den Grafikrahmen aus, der das Bild *Avocados.tif* enthält.

3 Wählen Sie **Objekt: Objektexportoptionen**.

4 Im Dialogfeld »Objektexportoptionen« aktivieren Sie das Register »EPUB und HTML«.

5 Wählen Sie »Benutzerdefinierte Rasterung«. Im Popup-Menü »Größe« wählen Sie die Option »Relativ zur Seitenbreite« und aus dem Popup-Menü »Auflösung (PPI)« die Option »150«.

▶ **Tipp:** Wenn Sie aus dem Popup-Menü »Größe« die Option »Relativ zur Seitenbreite« wählen, bestimmen Sie, dass das Bild keine feste Größe hat, sondern proportional zur Breite des elektronischen Lesegeräts skaliert wird.

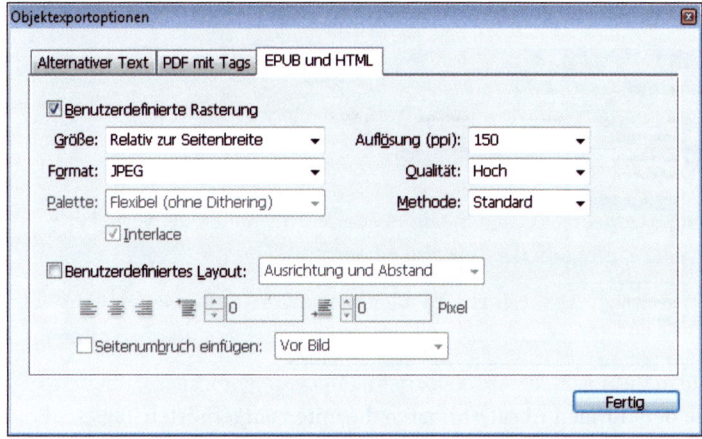

6 Lassen Sie das Dialogfeld »Objektexportoptionen« geöffnet und navigieren Sie nacheinander zu den drei übrigen verankerten Grafiken. Wählen Sie die einzelnen Grafikrahmen aus und wiederholen Sie jeweils Schritt 5.

7 Klicken Sie auf »Fertig«, um das Dialogfeld zu schließen.

8 Wählen Sie **Datei: Speichern**.

Zeichen- und Absatzformaten Exporttags zuweisen

EPUB ist ein HTML-basiertes Format. Damit Sie besser kontrollieren können, wie der Text in Ihrer EPUB-Datei während des Exports formatiert wird,
können Sie den Absatz- und Zeichenformaten in Ihrer Datei HTML-Tags
und CSS-Klassen zuweisen. Als Nächstes weisen Sie einigen Absatz- und
Zeichenformaten in Ihrem Dokument HTML-Tags zu.

1 Wählen Sie **Schrift: Absatzformate** oder klicken Sie im Bedienfelddock auf
   Absatzformate.

2 Wählen Sie aus dem Absatzformatebedienfeldmenü »Alle Exporttags
   bearbeiten«.

3 Vergewissern Sie sich, dass im Dialogfeld »Alle Exporttags bearbeiten« das
   Register »EPUB und HTML« aktiviert ist, und klicken Sie rechts neben
   dem Format »Main Headlines« auf »[Automatisch]«. Aus dem zugehörigen
   Popup-Menü wählen Sie »h1«. Beim EPUB-Export wird damit allen
   Absätzen, die mit dem Format »Main Headlines« formatiert sind, das
   h1-HTML-Tag (für die größten Überschriften) zugewiesen.

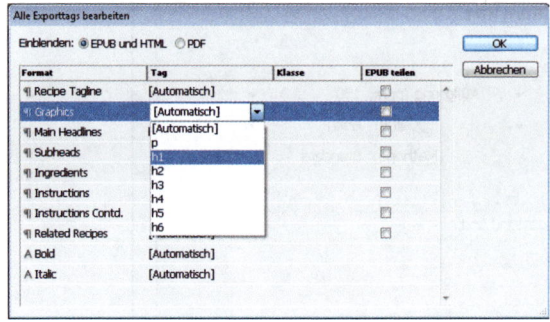

4 Weisen Sie den übrigen Absatzformaten die unten aufgeführten Tags zu. Bei
   Bedarf vergrößern Sie das Dialogfeld, indem Sie seine rechte untere Ecke
   ziehen.

   • Recipe Tagline: h4

   • Graphics: [Automatisch]

   • Subheads: h3

   • Ingredients: p

- Instructions: [Automatisch]

- Instructions Continued: [Automatisch]

- Related Recipes: [Automatisch]

Das Dokument enthält auch zwei Zeichenformate, die unter den Absatzformaten aufgeführt werden. Auch diesen weisen Sie nun Tags zu.

5 Weisen Sie dem Zeichenformat »Bold« das strong-Tag zu und dem Zeichenformat »Italic« das em-Tag. Das strong-Tag sorgt für die Fettformatierung der Rezepte und das em-Tag (Verstärkung) für die Kursivformatierung der Untertitel unter den Rezeptüberschriften.

Bevor Sie das Dialogfeld »Alle Exporttags bearbeiten« schließen, kümmern Sie sich noch um etwas anderes: Das Absatzformat »Graphics« soll das E-Book in kleinere HTML-Dokumente unterteilen. Jedes Rezept soll in der EPUB-Datei als eigene HTML-Datei gespeichert werden und somit auf einer neuen Seite mit einem Bild des Gerichts beginnen.

6 Wählen Sie das Absatzformat »Graphics« und aktivieren Sie das zugehörige Kontrollfeld »EPUB teilen«.

● **Hinweis:** Der EPUB-Export generiert als Bestandteil des EPUB-Formats HTML-Seiten. Nicht alle Lesegeräte können gut mit umfangreichen HTML-Seiten umgehen. Wenn Sie jedoch im Dialogfeld »Alle Exporttags bearbeiten« für ein Absatzformat »EPUB teilen« wählen, wird jedes Mal eine neue HTML-Datei erzeugt, wenn das Absatzformat im Dokument verwendet wird. Sie erhalten auf diesem Wege eine EPUB-Datei, die nicht aus einem einzigen umfangreichen, sondern aus mehreren kleineren HTML-Dokumenten besteht.

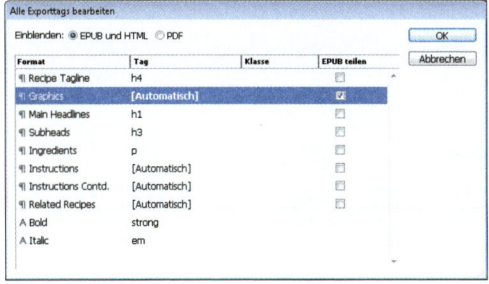

7 Klicken Sie auf OK, um das Dialogfeld zu schließen.

Beim Export des Dokuments würden die Rezeptnamen (mit dem Absatzformat »Main Headlines« formatiert) und die Untertitel unter den Rezeptnamen (mit dem Absatzformat »Recipe Taglines« formatiert) nicht mehr zentriert, sondern linksbündig ausgerichtet dargestellt. Dies ist die in E-Readern übliche automatische Ausrichtung für Überschrift-Tags wie h1 und h4. Beim Festlegen der Exporteinstellungen sorgen Sie dafür, dass diese Textelemente auch in der EPUB-Datei zentriert dargestellt werden.

● **Hinweis:** Das Dialogfeld »Alle Exporttags bearbeiten« enthält eine Liste mit allen Absatz- und Zeichenformaten, die im Dokument verwendet werden. Sie können hier allen Formaten Tags und Klassen zuweisen. Außerdem können Sie beim Bearbeiten und Erstellen einzelner Zeichen- und Absatzformate bestimmen, dass ihnen beim Export Tags zugewiesen werden.

Ein Inhaltsverzeichnis hinzufügen

Wenn Sie ein InDesign-Dokument als EPUB exportieren, können Sie optional ein navigierbares Inhaltsverzeichnis erzeugen. Dieses gibt dem Betrachter die Möglichkeit, bequem zu bestimmten Stellen innerhalb des EPUB-Dokuments zu springen. Es basiert auf dem im folgenden Schritt in InDesign erzeugten Inhaltsverzeichnis.

1 Wählen Sie **Layout: Inhaltsverzeichnisformate**.

2 Im Dialogfeld »Inhaltsverzeichnisformate« klicken Sie auf »Neu«, um das Dialogfeld »Neues Inhaltsverzeichnisformat« anzuzeigen.

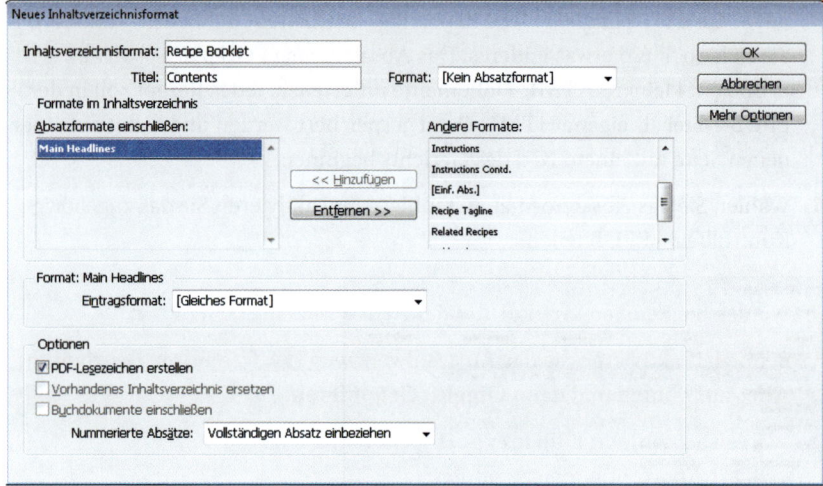

3 Im Dialogfeld »Neues Inhaltsverzeichnisformat« geben Sie **Recipes Booklet** in das Feld »Inhaltsverzeichnisformat« ein. Mit der Bildlaufleiste zeigen Sie das Absatzformat »Main Headlines« in der Liste »Andere Formate« an und markieren es. Klicken Sie auf die Schaltfläche »Hinzufügen«, um dieses Absatzformat in die Liste »Absatzformate einschließen« zu verschieben. Lassen Sie alle anderen Einstellungen unverändert und klicken Sie zweimal auf OK, um die Dialogfelder zu schließen.

4 Wählen Sie **Datei: Speichern**.

Den Inhalt eines E-Books auswählen

Das Artikelbedienfeld bietet eine einfache Möglichkeit, die Inhalte (Text- und Grafikrahmen, nicht zugewiesene Rahmen usw.) auszuwählen, um sie in die EPUB-Datei einzuschließen. Sie können hier auch die Reihenfolge festlegen, in der Objekte exportiert werden. Nun fügen Sie dem Artikelbedienfeld drei Artikel hinzu, benennen diese und ändern die Reihenfolge zweier Elemente.

Die Titelseite hinzufügen

Wenn Sie ein EPUB exportieren, können Sie entweder die erste Dokumentseite oder eine externe JPEG-Grafikdatei als Cover auswählen. In dieser Lektion verwenden Sie die erste Dokumentseite. Weil diese jedoch mehrere Objekte enthält und Sie das Aussehen der Seite beibehalten möchten, werden Sie den Inhalt der Titelseite nicht als Einzelobjekte, sondern als einzelne Grafik exportieren. Damit dies funktioniert, gruppieren Sie alle Objekte auf Seite 1 und definieren dann Exportoptionen, mit denen die Gruppe beim Export in eine einzige Grafik konvertiert wird.

1 Navigieren Sie zu Seite 1 des Dokuments.

2 Wählen Sie **Fenster: Artikel**, um das Artikelbedienfeld zu öffnen.

3 Bei Bedarf aktivieren Sie das Auswahlwerkzeug (▶), wählen Sie **Bearbeiten: Alles auswählen** und dann **Objekt: Gruppieren**.

4 Wählen Sie **Objekt: Objektexportoptionen**, um das Dialogfeld »Objektexportoptionen« zu öffnen.

5 Im Register »EPUB und HTML« aktivieren Sie das Kontrollfeld »Benutzerdefinierte Rasterung«, wählen aus dem Popup-Menü »Größe« die Option »Relativ zur Seitenbreite« und aus dem Popup-Menü »Auflösung (PPI)« den Wert »150«. Klicken Sie auf »Fertig«, um das Dialogfeld zu schließen.

6 Ziehen Sie die Objektgruppe auf Seite 1 in das Artikelbedienfeld. Im Dialogfeld »Neuer Artikel« geben Sie **Cover Page** in das Feld »Name« ein. Vergewissern Sie sich, dass das Kontrollfeld »Beim Exportieren berücksichtigen« aktiviert ist, und klicken Sie auf OK.

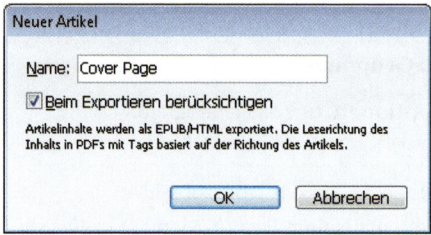

Beachten Sie, dass der Artikel »Cover Page« dem Artikelbedienfeld hinzugefügt wurde.

7 Wählen Sie **Datei: Speichern**.

Die Titelseite hinzufügen und ihren Inhalt neu sortieren

Seite 2 des Dokuments ist eine einfache Titelseite, die nur ein paar Objekte enthält. Weil sie kein ausgefeiltes Design aufweist, muss sie im Gegensatz zur ersten Seite nicht in eine Grafik umgewandelt werden. Statt die Objekte also vor dem Erstellen eines neuen Artikels zu gruppieren und dann benutzerdefinierte Exporteinstellungen zu festzulegen, ziehen Sie sie einfach komplett in das Artikelbedienfeld. Sie bearbeiten den Artikel, indem Sie zwei seiner Elemente neu anordnen.

▶ **Tipp:** Neue Artikel können Sie auch über den Bedienfeldmenübefehl »Neuer Artikel« oder mit einem Klick auf das Symbol »Neuen Artikel erstellen« (⬛) am unteren Bedienfeldrand erzeugen.

1 Navigieren Sie zu Seite 2 des Dokuments.

2 Aktivieren Sie das Auswahlwerkzeug (▶) oder wählen Sie **Bearbeiten: Alles auswählen**, um alle Objekte auf der Seite auszuwählen. Ziehen Sie die Objekte in das Seitenbedienfeld unter den Artikel »Cover Page« und geben Sie dem neuen Artikel den Namen »Title Page«. (Klicken Sie auf OK, um das Dialogfeld »Neuer Artikel« zu schließen.)

Die Objektreihenfolge in der Titelseite basiert auf der Reihenfolge, in der die Objekte erstellt wurden. Wenn Sie das Dokument nun exportieren würden, wären die beiden waagerechten Linien die beiden letzten Objekte auf der Seite, weil sie zuletzt erstellt wurden. Da diese Seite beim Export nicht in eine Grafik konvertiert wird, müssen Sie die Reihenfolge der Elemente in diesem Artikel ändern, um sicherzustellen, dass sie sich beim Export in der richtigen Reihenfolge befinden.

▶ **Tipp:** Wenn Sie mehrere Objekte auf der Seite mit gedrückter Umschalt-Taste auswählen und dann einen Artikel erstellen, spiegelt die Reihenfolge der Inhalte im Artikelbedienfeld die Auswahlreihenfolge der Objekte wider.

3 Ziehen Sie im Artikelbedienfeld das oberste der beiden <line>-Elemente in der Liste nach oben. Sobald eine waagerechte schwarze Linie über »Everything you need … ,« erscheint, geben Sie die Maustaste frei. Sie erhalten eine horizontale Linie über und unter dem Textrahmen mit dem Text »Everything you need … ,« (damit die Anordnung der InDesign-Seite entspricht).

4 Ziehen Sie gegebenenfalls das Element *Strawberries.tif* an das Ende der Liste, um es unter allen anderen Elementen im Artikel zu positionieren. Damit verschieben Sie die Grafik im EPUB an das Ende der Titelseite. Das Layout dieser Seite wird im EPUB also etwas anders sehen als das Layout im InDesign-Dokument.

5 Wählen Sie **Datei: Speichern**.

Die Rezepte hinzufügen

Der Rest des Buchs – die vier Rezepte – befindet sich in einem einzigen Textabschnitt. Nun erstellen Sie einen weiteren Artikel, der die Rezepte enthält. Zuerst aber werfen Sie einen Blick auf den Text.

Wenn Sie in den Text mit den Rezepten klicken, stellen Sie fest, dass der gesamte Text mit Absatzformaten gestaltet ist. Damit gewährleisten Sie problemlos, dass die Gestaltung beim Export beibehalten wird. Die Aufzählungen und Nummerierungen wurden mit Absatzformaten formatiert, die automatisch Aufzählungszeichen und Nummern zuweisen. (Würden Sie die Aufzählungen und Nummerierungen manuell hinzufügen, würden diese in der exportierten EPUB-Datei nicht beibehalten.)

1 Navigieren Sie zu Seite 3. Aktivieren Sie das Auswahlwerkzeug (☞) und ziehen Sie den Textrahmen mit den Rezepten in das Artikelbedienfeld unter dem Artikel »Title Page«. Geben Sie ihm den Namen **Recipes**.

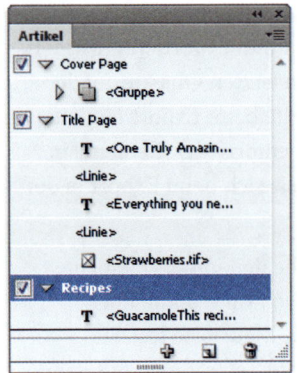

Beachten Sie, dass der Artikel »Recipes« nur ein einziges Element enthält: einen Textrahmen. Die Grafiken, die Sie zuvor verankert haben, sind nicht separat aufgeführt, weil sie Teil des Rezepttextes sind.

2 Wählen Sie **Datei: Speichern**.

Metadaten hinzufügen

Metadaten sind ein Satz von standardisierten Informationen über eine Datei, zum Beispiel ihr Titel, der Name des Autors, eine Beschreibung und Schlüsselwörter. Wenn Sie eine EPUB-Datei exportieren, können Sie solche Metadaten automatisch in die EPUB-Datei einschließen. Diese Daten werden beispielsweise verwendet, um Titel und Autor eines Dokuments in der EPUB-Bibliothek auf elektronischen Lesegeräten anzuzeigen. Nun fügen Sie dem InDesign-Dokument solche Metadaten hinzu. Diese Informationen werden in die exportierte EPUB-Datei eingeschlossen und beim Öffnen des Dokuments angezeigt.

1 Wählen Sie **Datei: Dateiinformationen**.

2 Im Dialogfeld »Dateiinformationen« geben Sie **One Truly Amazing Meal** in das Feld »Dokumenttitel« ein und Ihren Namen in das Feld »Autor«. Klicken Sie auf OK, um das Dialogfeld zu schließen.

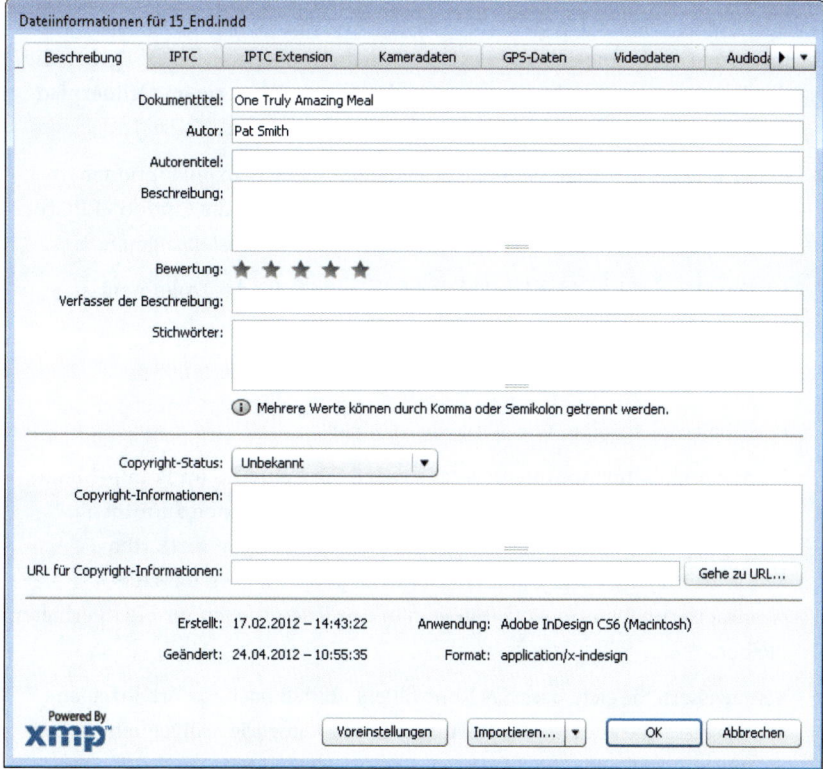

3 Wählen Sie **Datei: Speichern**.

Eine EPUB-Datei exportieren

Nachdem Sie die Vorbereitungen abgeschlossen haben, kann das Dokument als EPUB-Datei exportiert werden. Zum Abschluss dieser Lektion legen Sie verschiedene benutzerdefinierte Exportoptionen fest, um von der zuvor in dieser Lektion vorgenommenen Dokumentoptimierung für den EPUB-Export zu profitieren.

Exporteinstellungen festlegen

Ganz ähnlich wie die Einstellungen im Dialogfeld »Drucken« das Aussehen der gedruckten Seiten bestimmen, kontrollieren Sie mit den EPUB-Exporteinstellungen das Erscheinungsbild des EPUB-Dokuments. Sie legen jetzt verschiedene allgemeine und dann einige spezielle Einstellungen fest.

1 Wählen Sie **Datei: Exportieren**.

2 Im Dialogfeld »Exportieren« wählen Sie »EPUB« aus dem Popup-Menü »Dateityp« (Windows) bzw. »Format« (Mac OS).

3 Im Feld »Dateiname« (Windows) bzw. »Sichern unter« (Mac OS) geben Sie der Datei den Namen **15_Recipes.epub** und speichern sie im Ordnerpfad *Lektionen/Lektion_15* auf Ihrer Festplatte.

4 In der Kategorie »Allgemein« des Dialogfelds »EPUB-Exportoptionen« vergewissern Sie sich, dass im Popup-Menü »Version« die Option »EPUB 2.0.1« ausgewählt ist. Legen Sie dann die folgenden Einstellungen fest:

- Deckblatt: Ohne (das Deckblatt ist die erste Seite des Dokuments)

- Inhaltsverzeichnisformat: Recipes Booklet

- Ränder: 24

- Inhaltsreihenfolge: Wie Artikelbedienfeld

5 Im Abschnitt »Textoptionen« vergewissern Sie sich, dass im Popup-Menü »Aufzählungszeichen« die Option »Nicht sortierten Listen zuordnen«, im Popup-Menü »Nummerierung« die Option »Statisch sortierten Listen zuordnen« ausgewählt ist. Damit ist gewährleistet, dass die Nummerierungen und Aufzählungen in den Rezepttexten im EPUB erhalten bleiben.

6 Vergewissern Sie sich, dass das Kontrollfeld »EPUB nach Export anzeigen« aktiviert ist. Alle anderen Einstellungen in der Kategorie »Allgemein« lassen Sie unverändert.

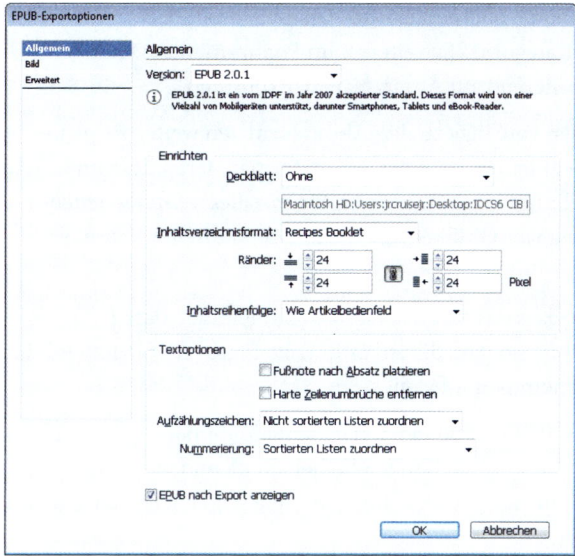

▶ **Tipp:** Das Kontrollfeld »Objekt-exporteinstellungen ignorieren« in der Kategorie »Bild« des Dialogfelds »EPUB-Exportoptionen« gibt Ihnen die Möglichkeit, sämtliche Einstel-lungen, die Sie einzelnen Objekten und Gruppen zugewiesen haben, außer Kraft zu setzen.

7 Aktivieren Sie in der linken oberen Ecke das Dialogfelds »EPUB-Exportoptionen« die Kategorie »Bild«. Vergewissern Sie sich, dass das Kontrollfeld »Aussehen aus Layout beibehalten« ausgewählt ist. Damit stellen Sie sicher, dass die Beschneidung der nicht verankerten Bilder und ihre Eigenschaften wie Drehung und Transparenzeffekte beibehalten werden.

8 Aus dem Popup-Menü »Bildgröße« wählen Sie »Relativ zur Seite«. Alle anderen Einstellungen lassen Sie unverändert.

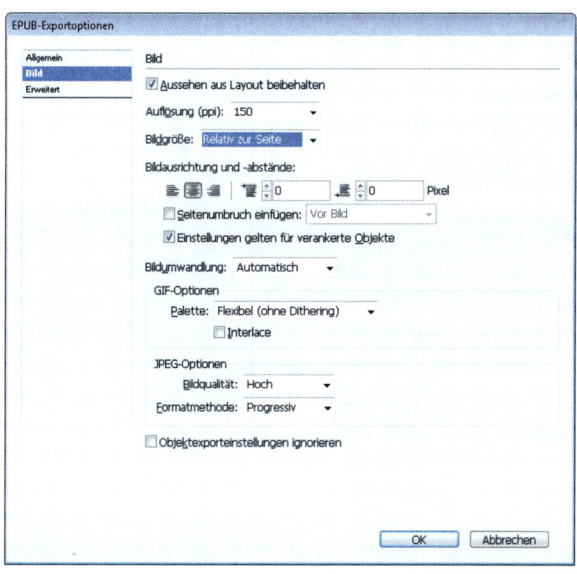

● **Hinweis:** Wenn Sie viele zugewiesene Absatz- und Zeichenformate mit manuellen Formatierungen außer Kraft gesetzt haben, kann das aktivierte Kontrollkästchen »Lokale Abweichungen beibehalten« die HTML- und CSS-Dateien, die InDesign beim EPUB-Export erzeugt, beträchtlich aufblähen. Wenn Sie diese Option deaktiviert lassen, müssen Sie wahrscheinlich die CSS-Datei bearbeiten, um das Aussehen Ihrer EPUB-Datei zu verbessern. Mit der Bearbeitung von CSS-Stilen können wir uns in diesem Buch nicht beschäftigen.

Hinweis: InDesign erzeugt automatisch eine eindeutige ID für die EPUB-Datei. Bei kommerziellen EPUB-Dateien würden Sie in das Feld jedoch die ISBN-Nummer eingeben.

Hinweis: Nicht alle E-Reader unterstützen die Schrifteinbettung. Testen Sie Ihre EPUB-Datei möglichst auf verschiedenen Geräten. Mehr Kontrolle über die Darstellung der HTML-Tags und CSS-Klassen erhalten Sie, wenn Sie die CSS-Datei bearbeiten.

▶ **Tipp:** Eine Alternativmethode für das Unterteilen eines langen Dokuments in kleinere HTML-Dateien besteht im Erstellen einzelner InDesign-Dokumente für jeden Abschnitt der EPUB-Datei. Kombinieren Sie diese in einem InDesign-Buch und wählen Sie anschließend aus dem Buchbedienfeldmenü den Befehl »Buch als EPUB exportieren«.

9 Aktivieren Sie in der linken oberen Ecke des Dialogfelds »EPUB-Exportoptionen« die Kategorie »Erweitert«. Im Popup-Menü »Dokument teilen« wählen Sie »Basierend auf Absatzformat-Exporttags«.

Weil Sie beim Zuweisen von Tags zu den Absatzformaten weiter vorne in dieser Lektion festgelegt haben, dass das Absatzformat »Graphics« im EPUB kleinere HTML-Abschnitte erzeugt, erzielen Sie mit dieser Option einen Seitenumbruch vor den vier Grafiken, die Sie mit den Rezepten verankert haben.

10 Vergewissern Sie sich, dass das Kontrollfeld »Dokumentmetadaten einbeziehen« aktiviert ist, so dass die zuvor hinzugefügten Metadaten mit in die EPUB-Datei aufgenommen werden.

11 Stellen Sie sicher, dass die Kontrollfelder »Formatdefinitionen berücksichtigen«, »Lokale Abweichungen beibehalten« und »Einbettbare Schriftarten einbeziehen« ausgewählt sind. Anschließend klicken Sie auf »Stylesheet hinzufügen«.

12 Wählen Sie die Datei *Recipes.css* im Ordner *Lektion_15* aus und klicken Sie auf »Öffnen«.

Dieses CSS-Stylesheet enthält etwas Code, der die Überschrift-Tags h1 und h4 zentriert statt linksbündig ausrichtet.

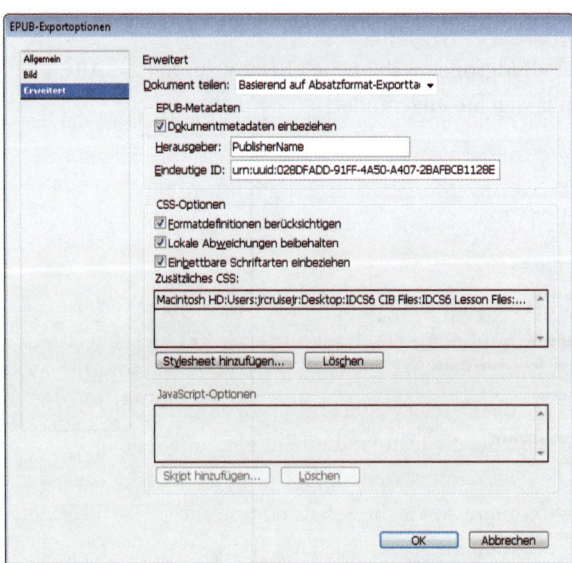

13 Klicken Sie auf OK, um eine EPUB-Datei zu exportieren.

Falls Adobe Digital Editions auf Ihrem Computer installiert ist, wird die EPUB-Datei automatisch geöffnet und Sie können hindurchscrollen, um den Inhalt zu betrachten. Alternativ öffnen Sie die EPUB-Datei in einer beliebigen Anwendung, die das EPUB-Format unterstützt.

14 Kehren Sie zu InDesign zurück.

15 Wählen Sie **Datei: Speichern**.

Glückwunsch! Sie haben eine elektronische Publikation erzeugt, die auf einer Vielzahl von elektronischen Lesegeräten betrachtet werden kann.

Eigene Übung

Nachdem Sie nun eine EPUB-Datei erstellt haben, wählen Sie **Datei: Speichern unter** und speichern das fertige InDesign-Dokument unter dem Namen *15_Practice.indd*. Sie können dieses Übungsdokument verwenden, um die Aufgaben aus dieser Lektion mit verschiedenen Einstellungen auszuprobieren.

1 Kehren Sie zum Dialogfeld »Alle Exporttags bearbeiten« zurück und versuchen Sie, einigen Absatzformaten andere HTML-Tags zuzuweisen. Exportieren Sie Ihre neue Version und vergleichen Sie die Textänderungen mit der ursprünglich exportierten EPUB-Datei.

2 Exportieren Sie ein weiteres EPUB-Dokument. Verwenden Sie dieses Mal nicht das Artikelbedienfeld, um die Inhalte und die Reihenfolge der EPUB-Datei festzulegen, sondern wählen Sie in der Kategorie »Allgemein« des Dialogfelds »EPUB-Exportoptionen« aus dem Popup-Menü »Inhaltsreihenfolge« die Option »Basierend auf Seitenlayout«. Vergleichen Sie diese Version mit dem Original.

● **Hinweis:** Es gibt verschiedene Bearbeitungs-programme für EPUB-Dateien, zum Beispiel der <oXygen/> XML Editor sowie Bare Bones Software TextWrangler.

3 Wenn Sie besonders unternehmungslustig sind, können Sie eine EPUB-Datei »öffnen« und ihre Komponenten betrachten. Eine EPUB-Datei ist grundsätzlich eine komprimierte Datei, die verschiedene Ordner und Dateien enthält. Wenn Sie die Dateierweiterung .epub einer EPUB-Datei durch .zip ersetzen, können Sie die Datei mit einem entsprechenden Programm entpacken. Sie werden feststellen, dass das Paket Ordner mit den Bildern im InDesign-Dokument sowie die Schriften und die CSS-Stylesheet-Datei enthält. Außerdem sehen Sie sieben XHTML-Dateien – eine für jede der sieben Seiten der EPUB-Datei. Sie können diese Seiten in Dreamweaver öffnen, um den Quellcode einzusehen, eine Vorschau der Webseite anzuzeigen und gegebenenfalls weitere Informationen und Funktionen hinzuzufügen.

Über die Adobe Digital Publishing Suite

Die Adobe Digital Publishing Suite ist eine Komplettlösung für Designer, Mediengestalter, Werbeagenturen und Firmen jeder Größe, die ansprechende Inhalte und Publikationen für Tablet-Geräte erstellen, vertreiben und optimieren möchten.

* Die Enterprise Edition ist eine anpassbare Lösung für Verlagshäuser, Medienkonzerne und internationale Werbeagenturen, die ihren Digital-Geschäftsbereich umstrukturieren möchten, um neue Umsatzquellen zu nutzen, Kunden enger zu binden und Tablets als Zielmedium zu erschließen.

* Die Professional Edition ist eine Komplettlösung für die Entwicklung und Veröffentlichung von Tablet-Inhalten. Sie erfüllt die Ansprüche traditioneller Medienunternehmen, Verlage und Werbeagenturen mittlerer Größe. Mit der Suite lassen sich hochwertige, ansprechende Inhalte gestalten und über führende Online-Marktplätze und Endgeräte gewinnbringend vertreiben.

* Die Single Edition bietet kleinen bis mittelgroßen Agenturen und freiberuflich tätigen Designern eine einfache und kostengünstige Methode zur Bereitstellung von Apps für iPads, beispielsweise Broschüren, Portfolios oder visuell aufwendige eBooks. Dabei müssen sie weder Code verfassen noch Entwickler zurate ziehen. Mit Hilfe vertrauter Adobe InDesign® CS6-Werkzeuge können Anwender ihrer Kreativität freien Lauf lassen und interaktive Inhalte entwickeln, die einen bleibenden Eindruck hinterlassen.

Weitere Informationen über die Adobe Digital Publishing Suite finden Sie auf www.adobe.com/de/products/digital-publishing-suite-family.html.

Informationen über die Entwicklung professioneller Veröffentlichungen für Tablets sowie Ressourcen für Entwickler finden Sie im Digital Publishing Suite Developer Center auf www.adobe.com/devnet/digitalpublishingsuite.html.

iPad-Tutorial auf der CD

Neben den 16 Lektionen im vorliegenden Buch finden Sie eine weitere Lektion auf der beigefügten CD. Diese Bonus-Lektion 17, »Eine iPad-Veröffentlichung erstellen«, zeigt Ihnen, wie Sie Slideshows, Panoramen, Audio und Video in Ihr Layout integrieren, Grafiken schwenken und zoomen sowie andere Elemente hinzufügen und wie Sie Dateien erzeugen, die auf einem iPad angezeigt werden können.

Fragen

1 Wie stellen Sie bei der Gestaltung eines für den EPUB-Export bestimmten Dokuments sicher, dass eine Grafik ihre Position relativ zum umgebenden Text beibehält?

2 Was sind Metadaten und welche Arten von Metadaten kann eine EPUB-Datei enthalten?

3 Welches Bedienfeld gibt Ihnen die Möglichkeit, die Inhalte einer EPUB-Datei festzulegen und die Reihenfolge, in der die Elemente exportiert werden, zu bestimmen?

4 Welche Option müssen Sie beim Export einer EPUB-Datei wählen, wenn die Inhaltsreihenfolge nicht vom Seitenlayout, sondern über das Artikelbedienfeld bestimmt werden soll?

5 Sie haben benutzerdefinierte Exporteinstellungen für verschiedene Grafikrahmen festgelegt. Wie können Sie die Exporteinstellungen für diese Objekte während des EPUB-Exports außer Kraft setzen?

Antworten

1 Soll eine Grafik in der EPUB-Datei ihre Position relativ zu einem Text beibehalten, verankern Sie sie im Text.

2 Metadaten sind Informationen über eine Datei, zum Beispiel ihr Titel, ihr Autor, eine Beschreibung und Schlüsselwörter. Eine EPUB-Datei kann Metadaten für den Dokumenttitel und den Namen des Autors beinhalten.

3 Im Artikelbedienfeld (**Fenster: Artikel**) können Sie festlegen, welche Inhalte in einer EPUB-Datei erscheinen sollen, und die Exportreihenfolge bestimmen.

4 Um sicherzustellen, dass die inhaltliche Reihenfolge nicht vom Seitenlayout, sondern vom Artikelbedienfeld bestimmt wird, wählen Sie aus dem Popup-Menü in der Kategorie »Allgemein« des Dialogfelds »EPUB-Exportoptionen« die Option »Wie Artikelbedienfeld«.

5 Wenn Sie in der Kategorie »Bild« des Dialogfelds »EPUB-Exportoptionen« das Kontrollfeld »Objektexporteinstellungen ignorieren« aktivieren, ignoriert InDesign alle von Ihnen festgelegten benutzerdefinierten Exporteinstellungen und die in der Kategorie »Bild« festgelegten Einstellungen werden allen Bildern zugewiesen.

16 UMFANGREICHE DOKUMENTE BEARBEITEN

Überblick

In dieser Lektion lernen Sie Folgendes:

- Mehrere InDesign-Dokumente zu einem Buch zusammenfassen

- Seitennummerierung in einem Buch über mehrere Dokumente festlegen

- Fortlaufende (automatische) Kopf- und Fußzeilen anlegen

- Fußnoten einfügen

- Querverweise anlegen

- Ein Dokument als Quelle für Formate bestimmen

- Ein Inhaltsverzeichnis für ein Buch erzeugen

- Einen formatierten Index erzeugen

 Für diese Lektion benötigen Sie ungefähr 40 Minuten.

CONTENTS

Umfangreiche Publikationen wie Bücher und Zeitschriften bestehen meistens aus einem Dokument pro Kapitel bzw. Artikel. InDesign bietet zum Zusammenfassen solcher Dokumente eine Buchfunktion. Damit können Sie beispielsweise die Seiten automatisch über mehrere Kapitel nummerieren, Inhalts- und Stichwortverzeichnisse sowie Querverweise und Fußnoten erzeugen, Formate global aktualisieren und das Buch schließlich in eine einzige Datei ausgeben.

Vorbereitungen

● **Hinweis:** Bei Bedarf kopieren Sie jetzt die Lektionsdateien von der *Adobe InDesign CS6 Classroom in a Book*-DVD auf Ihre Festplatte. Informationen dazu finden Sie unter »Die Classroom in a Book-Dateien kopieren« auf Seite 2.

Sie fassen in dieser Lektion mehrere Dokumente zu einer InDesign-Buchdatei zusammen, mit der Sie viele Funktionen – zum Beispiel ein Inhaltsverzeichnis erstellen oder Formate aktualisieren – in allen zugehörigen Dokumenten ausführen und trotzdem jedes einzelne Dokument individuell öffnen und bearbeiten können. Zu den vier Beispieldokumenten, mit denen Sie in dieser Lektion arbeiten, gehören das Inhaltsverzeichnis, das erste und das zweite Kapitel sowie das Stichwortverzeichnis eines Buchs. Die Kenntnisse, die Sie in dieser Lektion erwerben, können Sie auf umfangreiche Dokumente wie Berichte und auf Projekte mit mehreren Dokumenten anwenden, wie etwa Bücher.

1 Damit die Voreinstellungen von InDesign CS6 wie in dieser Lektion funktionieren, verschieben Sie die Datei *InDesign Voreinstellungen* an einen anderen Speicherort. Näheres dazu finden Sie unter »Voreinstellungsdateien speichern und wiederherstellen« auf Seite 3.

2 Starten Sie Adobe InDesign CS6. Damit alle Bedienfelder und Menübefehle wie in dieser Lektion funktionieren, wählen Sie **Fenster: Arbeitsbereich: [Erweitert]** und dann **Fenster: Arbeitsbereich: Erweitert zurücksetzen**.

Ein Buch zusammenstellen

Ein Buch ist in InDesign eine besondere Datei, deren Bedienfeld ähnlich wie eine Bibliothek aufgebaut ist. Das Buchbedienfeld zeigt die zum Buch hinzugefügten Dokumente und bietet schnellen Zugriff auf die meisten buchrelevanten Funktionen. Sie erstellen im nächsten Abschnitt eine Buchdatei, fügen Dokumente (Kapitel) ein und legen die Seitennummerierung für die Kapitel fest.

Eine Buchdatei anlegen

Bevor Sie mit einer Buchdatei beginnen, sollten Sie alle für das Buch benötigten InDesign-Dokumente in einem Projektordner zusammenfassen. Außerdem können Sie dort die Schriften, Bilddateien, Bibliotheken, Preflight-Profile, Farbprofile und alle anderen für die Publikation benötigten Dateien sammeln.

▶ **Tipp:** Buchdateien öffnen und schließen Sie wie Bibliotheken. Mit **Datei: Öffnen** öffnen Sie das Buch und durch Klicken auf die Schließen-Schaltfläche des Bedienfelds schließen Sie ein Buch.

In dieser Lektion befinden sich bereits alle InDesign-Dokumente im Lektionsordner. Sie erstellen nun eine neue Buchdatei und speichern sie ebenfalls im Lektionsordner.

1 Wählen Sie **Datei: Neu: Buch**.

2 Geben Sie im Dialogfeld »Neues Buch« in das Feld »Sichern unter« **CIB.indb** ein. Klicken Sie auf »Speichern« (Windows) bzw. »Sichern« (Mac OS), um die Datei im Ordner *Lektion_16* zu sichern. InDesign öffnet das neue Buchbedienfeld mit dem Namen »CIB«.

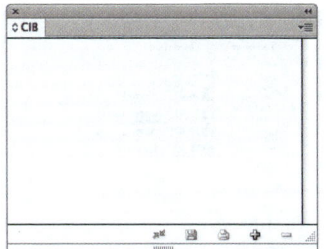

3 Schließen Sie gegebenenfalls den InDesign-Willkommensbildschirm, damit er das Buchbedienfeld nicht verdeckt.

Dokumente in eine Buchdatei einfügen

Das Buchbedienfeld zeigt Verknüpfungen für jedes einzelne Dokument im Buch an – die Dokumente sind jedoch nicht wirklich in der Buchdatei enthalten. Die Dokumente lassen sich je nach Verfügbarkeit einzeln hinzufügen oder alle auf einmal. Auch wenn Sie mit ein paar Dateien beginnen und erst später weitere Dokumente einfügen, können Sie ihre Reihenfolge jederzeit ändern und beispielsweise die Seitennummerierung, Formate und das Inhaltsverzeichnis nach Bedarf aktualisieren. Die Möglichkeit, Kapitel hinzuzufügen und neu zu organisieren, macht die Buchfunktion zu einem idealen Werkzeug für das Zusammenstellen von Dokumenten verschiedener Nutzer zu einer einzigen Veröffentlichung. In dieser Lektion fügen Sie dem Buch alle vier Dokumente auf einmal hinzu.

▶ **Tipp:** Sie können auch unten im Buchbedienfeld auf die Schaltfläche »Dokument hinzufügen« klicken, um Dokumente in ein Buch einzufügen.

1 Wählen Sie im Buchbedienfeldmenü die Option »Dokument hinzufügen«.

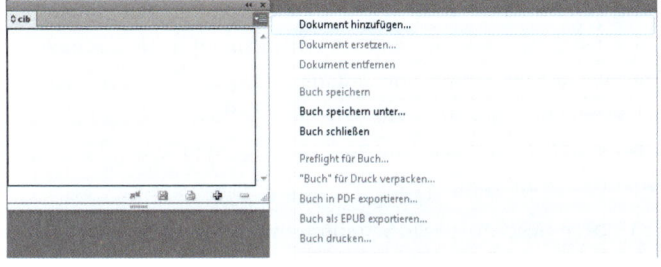

● **Hinweis:** InDesign führt die Dokumente im Buchbedienfeld in der Reihenfolge auf, in der sie in das Buch eingefügt wurden. Sie können die Dokumente im Bedienfeld nach oben oder unten ziehen, um die Reihenfolge anzupassen. Häufig werden die Dokumente aus Gründen der Übersichtlichkeit mit 00 für die Titelei, 01 für das erste Kapitel, 02 für das zweite Kapitel usw. benannt.

2 Wählen Sie im Dialogfeld »Dokumente hinzufügen« alle vier InDesign-Dateien im Ordner *Lektion_16*. Möchten Sie mehrere aufeinander folgende Dateien auswählen, klicken Sie mit gedrückter Umschalt-Taste auf die erste und die letzte Datei in der Liste.

3 Klicken Sie auf »Öffnen«, um die Dokumente im Buchbedienfeld anzuzeigen. Falls InDesign für jedes Dokument das Dialogfeld »Speichern unter« aufruft, klicken Sie jeweils auf »Speichern«.

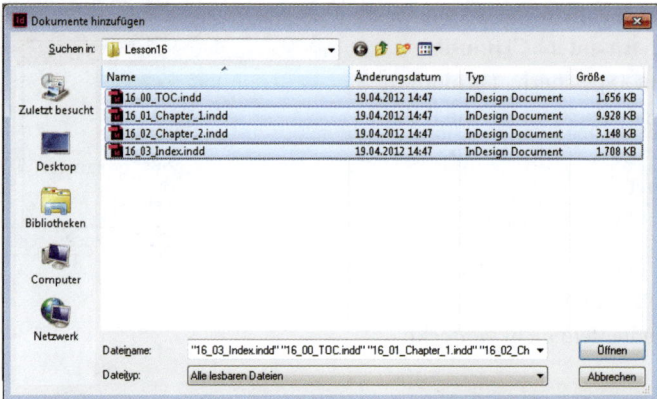

4 Verschieben Sie die Kapitel im Bedarfsfall im Bedienfeld, so dass sie in folgender Reihenfolge erscheinen: »16_00_TOC«, »16_01_Chapter_1«, »16_02_Chapter_2«, »16_03_Index«.

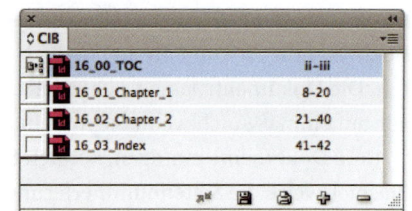

5 Wählen Sie im Buchbedienfeldmenü die Option »Buch speichern«.

Seitennummerierung im Buch festlegen

Eine Herausforderung in Publikationen mit mehreren Dokumenten ist die Seitennummerierung über mehrere individuelle Dateien hinweg. Mit Hilfe der Buchfunktion lässt sich die Seitennummerierung in einem Buch, das aus mehreren Dokumenten besteht, jedoch von Anfang bis Ende automatisieren. Falls erforderlich, können Sie die Seitennummerierung aufheben, indem Sie die Nummerierungsoptionen für ein Dokument ändern oder einen neuen Bereich innerhalb eines Dokuments anlegen.

In diesem Teil der Lektion bestimmen Sie Seitennummerierungsoptionen, mit denen Sie auch dann für eine einheitliche aktuelle Seitennummerierung sorgen, wenn Kapitel hinzugefügt oder neu angeordnet werden.

1 InDesign zeigt die Seitennummerierung im Buchbedienfeld neben jedem Kapitel an.

2 Wählen Sie im Buchbedienfeldmenü die Option »Seitennummerierungsoptionen für Buch«.

3 Wählen Sie im Dialogfeld »Seitennummerierungsoptionen für Buch« im Bereich »Seitenabfolge« die Option »Auf nächster gerader Seite fortfahren«.

4 Schalten Sie »Leere Seite einfügen« ein, damit jedes Kapitel mit einer rechten Seite endet. Endet ein Kapitel mit einer linken Seite, so fügt InDesign dann automatisch eine leere Seite (Vakatseite) ein.

5 Bei Bedarf wählen Sie »Seitenzahlen und Abschnittsnummerierung automatisch aktualisieren«, damit InDesign die Seitenzahlen im gesamten Buch automatisch aktualisiert.

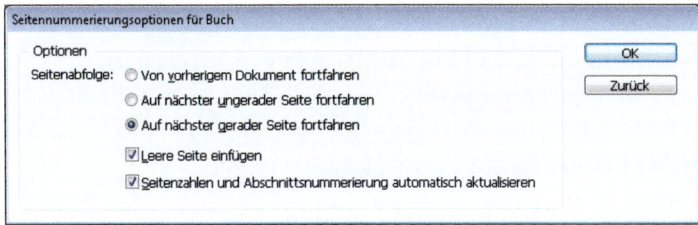

6 Klicken Sie auf OK. Sie sehen, dass jedes Dokument im Buchbedienfeld nun mit einer geraden Seitenzahl beginnt.

7 Wählen Sie im Buchbedienfeldmenü die Option »Buch speichern«.

Seitennummerierung anpassen

Das Inhaltsverzeichnis enthält bereits römische Ziffern: die Seiten ii und iii. In Kapitel 1 beginnt ein neuer Abschnitt auf Seite 8. Hier werden arabische Ziffern verwendet. Von hier an ist die Seitennummerierung fortlaufend. In dieser Übung passen Sie den Abschnitt im Kapitel 1 so an, dass er mit Seite 4 beginnt.

1 Klicken Sie im Buchbedienfeld auf das erste Kapitel: »16_01_Chapter_1«.

2 Wählen Sie im Buchbedienfeldmenü die Option »Nummerierungsoptionen für Dokument«.

3 InDesign öffnet das Dialogfeld »Nummerierungsoptionen für Dokument«. Ändern Sie die »8« im Feld »Seitennummerierung beginnen bei« in **4**.

4 Wählen Sie im Popup-Menü »Format« des Bereichs »Seitenzahlen« die Option »1, 2, 3, 4« (arabische Ziffern).

5 Klicken Sie auf OK, wählen Sie **Datei: Speichern** und schließen Sie das Dokument.

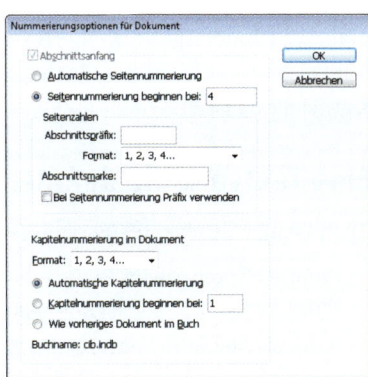

● **Hinweis:** Wenn Sie im Buchbedienfeldmenü die Option »Nummerierungsoptionen für Dokument« wählen, wird das ausgewählte Dokument automatisch geöffnet. Sie können Dokumente auch mit einem Doppelklick im Buchbedienfeld öffnen.

▶ **Tipp:** Beim Hinzu-
fügen, Bearbeiten
und Neuanordnen
von Kapiteln können
Sie die Seiten-
nummerierung
auch mit einem der
»Nummerierung
aktualisieren«-
Befehle im Buch-
bedienfeldmenü
aktualisieren.

6 Betrachten Sie wieder die
Seitennummerierung im Buch.
Das erste Dokument mit dem
Inhaltsverzeichnis ist nach wie
vor von ii-iii nummeriert,
während die verbleibenden
Dokumente von Seite 4 bis zum
Ende nummeriert sind. Ziehen
Sie das letzte Dokument in der Liste, »16_03_Index«, nach oben über
»16_02_Chapter_2« und beachten Sie, wie sich die Seitennummerierung
ändert, wenn Sie die Dokumente in einer Buchdatei neu anordnen. Wenn Sie
damit fertig sind, stellen Sie die ursprüngliche Reihenfolge wieder her.

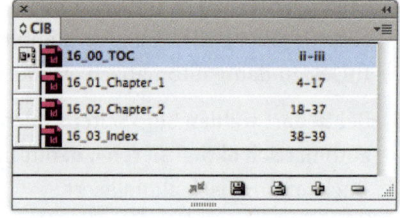

Eine fortlaufende Fußzeile anlegen

▶ **Tipp:** Fortlaufende
Kopf- und Fuß-
zeilen sind nur eine
mögliche Text-
variablenfunktion.
Sie können mit
einer Textvariablen
beispielsweise auch
das Datum in ein
Dokument einfügen
und automatisch
aktualisieren lassen.

Eine fortlaufende Kopf- oder Fußzeile ist Text, der auf Kapitelseiten wiederholt
wird, etwa die Kapitelnummer in der Kopfzeile und der Titel des Kapitels in der
Fußzeile. InDesign kann für den Text einer fortlaufenden Fußzeile automatisch
die Kapitelüberschrift übernehmen. Dafür legen Sie jetzt eine Textvariable
für die fortlaufende Fußzeile an, in der in diesem Fall die Kapitelüberschrift
(Quelltext) erscheinen soll. Dann platzieren Sie die Textvariable auf der
Musterseite in der Fußnote (oder dort, wo sie im Dokument erscheinen soll).

Eine Textvariable bietet hier gegenüber dem Eintippen des Textes auf der
Musterseite den Vorteil, dass InDesign die Fußzeile automatisch aktualisiert,
falls die Kapitelüberschrift geändert wird (oder Sie ein neues Kapitel auf der
Grundlage der Musterseite beginnen). Da Sie Textvariablen beliebig platzieren
können, ist das Vorgehen für Kopf- und Fußzeilen identisch.

In dieser Übung legen Sie eine Textvariable für die Kapitelüberschrift in Kapitel
2 an, platzieren sie auf der Musterseite und sehen sich an, wie sie alle Seiten im
Kapitel aktualisiert.

Eine Textvariable definieren

Zuerst legen Sie eine Textvariable für die Kapitelüberschrift an.

1 Doppelklicken Sie im Buchbedienfeld auf das Dokument »16_02_
Chapter_2«. Bei Bedarf doppelklicken Sie im Seitenbedienfeld auf die
Miniaturseite der Seite 18, um diese im Dokumentfenster zu zentrieren.

2 Wählen Sie **Schrift: Absatzformate**, um das Absatzformatebedienfeld zu
öffnen.

3 Wählen Sie das Textwerkzeug (T) und klicken Sie damit in die Kapitelüberschrift »Setting Up a Document and Working with Pages«, um das zugewiesene Absatzformat zu ermitteln: »Chapter Title«.

Mit dieser Information erstellen Sie die Textvariable, die bestimmt, dass jeglicher mit dem Absatzformat »Chapter Title« formatierte Text in die Fußzeile übernommen werden soll.

4 Schließen Sie das Absatzformatebedienfeld.

5 Wählen Sie **Schrift: Textvariablen: Definieren**.

6 Klicken Sie im Dialogfeld »Textvariablen« auf die Schaltfläche »Neu«.

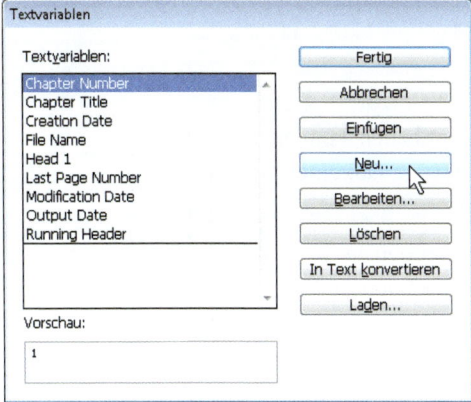

7 Geben Sie in das Eingabefeld »Name« **Chapter Title for Footer** ein.

Jetzt legen Sie fest, dass ein mit einem bestimmten Absatzformat formatierter Text als fortlaufende Kopfzeile (bzw. in diesem Fall als fortlaufende Fußzeile) verwendet werden soll.

8 Wählen Sie im Popup-Menü »Art« die Option »Lebender Kolumnentitel (Absatzformat)«. Im Popup-Menü »Format« führt InDesign alle im Dokument verwendeten Absatzformate auf.

Sie wählen das der Kapitelüberschrift zugewiesene Absatzformat.

9 Wählen Sie im Popup-Menü »Format« die Option »Chapter Title«.

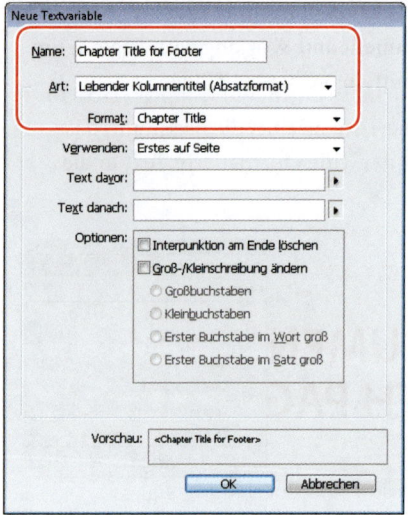

10 Übernehmen Sie alle übrigen Standardeinstellungen und klicken Sie auf OK. InDesign fügt die neue Textvariable in die Variablenliste ein. Klicken Sie auf »Fertig«, um das Dialogfeld »Textvariablen« zu schließen.

11 Wählen Sie **Datei: Speichern**.

Eine Textvariable einfügen

Nachdem Sie die Textvariable angelegt haben, können Sie sie in die Musterseite (oder beliebig im Dokument) einfügen.

1 Klicken Sie unten links im Dokumentfenster in das Seitenzahlmenü, scrollen Sie nach unten zu den Musterseiten und wählen Sie die Musterseite »B-Body«.

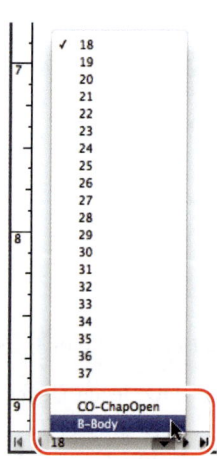

2 Zoomen Sie sich in die linke untere Ecke der linken Musterseite ein.

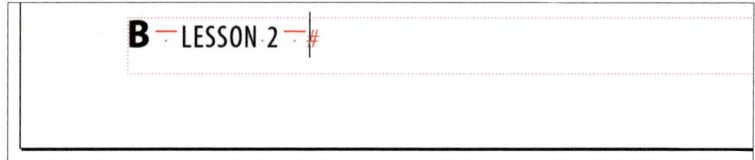

3 Klicken Sie mit dem Textwerkzeug (T), um die Einfügemarke hinter das Geviertzeichen (⌐) zu setzen. Dort soll die Variable platziert werden.

4 Wählen Sie **Schrift: Textvariablen: Variable einfügen: Chapter Title for Footer.**

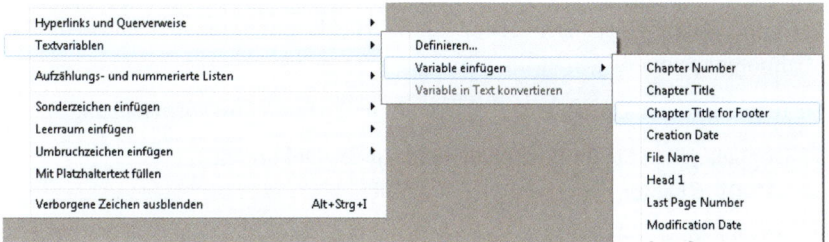

Ein Platzhalter für die Textvariable wird in Klammern angezeigt <>.

B — LESSON 2 — <Chapter Title for Footer>#

5 Wählen Sie unten links im Dokumentfenster im Seitenzahlmenü die Seite »20«.

InDesign platziert die Kapitelüberschrift in der fortlaufenden Fußzeile auf Seite 20.

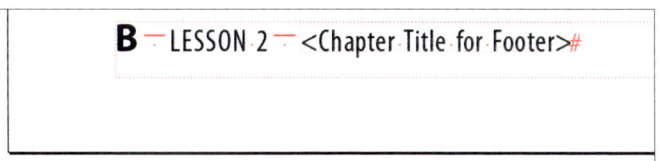

20 — LESSON 2 — Setting Up a Document and Working with Pages#

6 Wählen Sie **Ansicht: Druckbogen in Fenster einpassen** und scrollen Sie durch die Seiten. Sie stellen fest, dass InDesign die fortlaufende Fußzeile überall aktualisiert hat.

7 Wählen Sie **Datei: Speichern**. Lassen Sie das Kapitel für eine andere Übung geöffnet.

Sie können die Textvariable für alle Kapitel im Buch verwenden, die dann jeweils entsprechend ihrer Kapitelüberschriften eine andere fortlaufende Fußzeile benötigen.

▶ **Tipp:** Jede Änderung des Quelltextes – hier das erste Vorkommen von mit dem Absatzformat »Chapter Title« formatiertem Text – ändert automatisch die fortlaufende Fußzeile auf jeder Seite.

● **Hinweis:** Beachten Sie, dass sich Textvariablen wie einzelne Zeichen verhalten. Das bedeutet, dass sie einzeilig bleiben, auch wenn der enthaltene Text sehr lang ist.

Eine Fußnote einfügen

Sie können in InDesign Fußnoten eingeben oder aus dem importierten Text eines Microsoft Word-Dokuments oder einer RTF-Datei (Rich Text Format) importieren. Aus importiertem Text übernimmt InDesign Fußnoten automatisch und platziert sie; anschließend können Sie die Fußnoten im Dialogfeld »Fußnotenoptionen« genau abstimmen.

Sie fügen in dieser Übung eine Fußnote ein und passen ihre Formatierung an.

1 Doppelklicken Sie im Buchbedienfeld auf das Dokument »16_01_Chapter_1«.

2 Wählen Sie aus dem Seitenmenü in der linken unteren Ecke des Dokumentfensters die Seite 9.

3 Bei Bedarf vergrößern Sie die Ansicht auf den Haupttextabsatz unter der Unterüberschrift »Reviewing the document window«.

4 Markieren Sie mit dem Textwerkzeug (T) den vorletzten Satz, der mit »Bleeds are used« beginnt.

5 Wählen Sie **Bearbeiten: Ausschneiden**. Dieser Text soll in einer Fußnote statt im Fließtext laufen.

Reviewing the document window¶

The document window contains all the pages in the document. Each page or spread is surrounded by its own pasteboard, which can store objects for the document as you create a layout. Objects on the pasteboard do not print. The pasteboard also provides additional space along the edges of the document for extending objects past the page edge, which is called a bleed. Bleeds are used when an object must print to the edge of a page. Controls for switching pages in the document are in the lower left of the document window.¶

---

6 Positionieren Sie die Texteinfügemarke direkt hinter dem Wort »bleed«.

● **Hinweis:** Fuß-
noten lassen sich
nicht in Tabellen oder
andere Fußnoten
einfügen.

7 Wählen Sie **Schrift: Fußnote einfügen**.

InDesign fügt eine Fußnotenverweisnummer in den Text ein. Außerdem zeigt InDesign unten auf der Seite einen Fußnotentextrahmen und einen Platzhalter mit einer blinkenden Texteinfügemarke rechts neben der entsprechenden Fußnotenzahl an.

8 Wählen Sie **Bearbeiten: Einfügen**.

---

1 » Bleeds are used when an object must print to the edge of a page.#

---

9 Die Texteinfügemarke steht weiterhin in der Fußnote. Wählen Sie **Schrift: Optionen für Dokumentfußnoten**.

Betrachten Sie die zahlreichen Optionen für die Fußnotennummerierung und -formatierung. Hier können Sie das Nummerierungsformat und das Erscheinungsbild der Fußnotenverweisnummern und des Fußnotentextes im Dokument steuern.

10 Wählen Sie im Dialogfeld »Fußnotenoptionen« unter »Fußnotenformatierung« das Absatzformat »Tip/Note Text«. Klicken Sie auf »Vorschau«, um die Änderung der Fußnotentextformatierung zu betrachten.

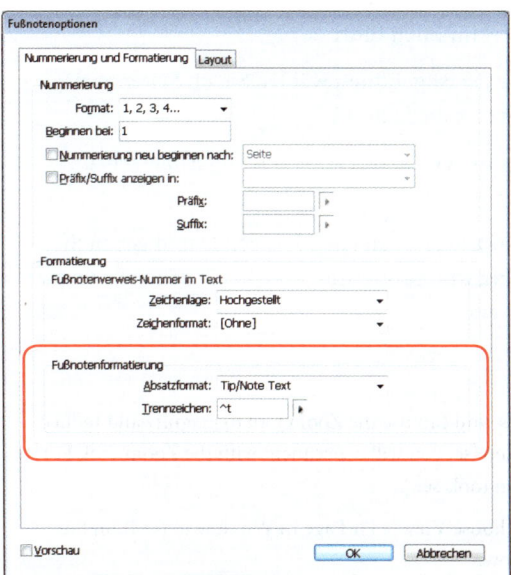

11 Klicken Sie auf das Register »Layout«, um alle Optionen für die Platzierung und Formatierung von Fußnoten in einem Dokument anzusehen. Übernehmen Sie alle Standardwerte.

12 Klicken Sie auf OK, um die Fußnote zu formatieren.

1 ﹍ **Bleeds are used when an object must print to the edge of a page.** #

13 Wählen Sie **Datei: Speichern**. Lassen Sie das Kapitel für den nächsten Teil der Lektion geöffnet.

Einen Querverweis einfügen

Querverweise, üblich in technischen Büchern, verweisen auf einen anderen Bereich eines Buchs mit weiterführenden Informationen. Das Aktualisieren von Querverweisen während der Bearbeitung und Korrektur der Kapitel eines Buchs kann eine umständliche und zeitraubende Angelegenheit sein. Mit InDesign CS6 können Sie automatische Querverweise einfügen, die sich über alle Dokumente einer Buchdatei aktualisieren. Sie können sowohl den in einem Querverweis verwendeten Text als auch sein Erscheinungsbild bestimmen.

● **Hinweis:** Scrollen Sie gegebenenfalls durch die Seiten, um die Unterüberschrift »Using the Zoom tool« zu suchen.

In dieser Übung fügen Sie einen Querverweis ein, der den Leser auf einen Bereich in einem anderen Kapitel im Buch führt.

1 Das Kapitel »16_01_Chapter_1« ist geöffnet; wählen Sie im Seitenmenü unten links im Dokumentfenster die Seite 13.

2 Zoomen Sie im Bedarfsfall, um den Absatz unter der Unterüberschrift »Using the Zoom tool« gut zu sehen.

3 Klicken Sie mit dem Textwerkzeug (T) an das Absatzende und geben Sie **For information on selecting the Zoom tool, see** ein. Geben Sie nach dem Wort »see« ein Leerzeichen ein.

Using the Zoom tool¶

In addition to the view commands, you can use the Zoom tool to magnify and reduce the view of a document. In this exercise, you will experiment with the Zoom tool. For information on selecting the Zoom tool, see ¶

1 » Scroll to page 1. If necessary, choose View > Fit Page In Window to position the page in the center of the window.¶

---

4 Wählen Sie **Schrift: Hyperlinks und Querverweise: Querverweis einfügen**.

5 Übernehmen Sie im Dialogfeld »Neuer Querverweis« die Einstellung »Absatz« im Popup-Menü »Verknüpfen mit«.

Sie verknüpfen den Querverweis nun mit Text in diesem Kapitel, der mit einem bestimmten Absatzformat formatiert wurde.

▶ **Tipp:** Innerhalb jedes Dokuments oder Buchkapitels können Sie Querverweise anlegen. Zusätzlich können Sie Querverweise auch auf andere Kapitel in demselben Buch erzeugen.

6 In der linken Liste wählen Sie »Head 2«, um das Absatzformat des Textes, auf den Sie verweisen möchten, festzulegen.

Der Querverweis, den Sie erstellen, verweist auf einen Abschnittsnamen, der mit dem Format »Head 2« formatiert ist. InDesign führt in der Liste rechts alle Absätze auf, die mit dem Absatzformat »Head 2« formatiert wurden. In dieser Übung wissen Sie, dass der Text, auf den der Querverweis zielt, sich unter der Unterüberschrift »About the Tools panel« befindet. Beim Anlegen von Querverweisen müssen Sie möglicherweise zunächst den referenzierten Text betrachten, um zu ermitteln, wie er formatiert wurde.

7 Wählen Sie in der Liste rechts den Eintrag »About the Tools panel«.

8 Vergewissern Sie sich, dass unter »Querverweisformat« im Popup-Menü »Format« die Option »Full Paragraph & Page Number« ausgewählt ist.

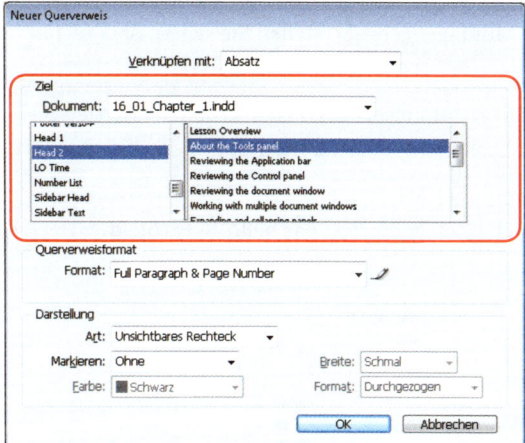

9 Klicken Sie auf OK, um den Querverweis zu erstellen und das Dialogfeld zu schließen.

10 Geben Sie nach »page 7« einen Punkt (.) ein.

Using the Zoom tool¶

In addition to the view commands, you can use the Zoom tool to magnify and reduce the view of a document. In this exercise, you will experiment with the Zoom tool. For information on selecting the Zoom tool, see "About the Tools panel" on page 7.¶

1 » Scroll to page 1. If necessary, choose View > Fit Page In Window to position the page in the center of the window.¶

---

11 Wählen Sie **Datei: Speichern**. Lassen Sie das Kapitel für die nächste Übung geöffnet.

Ein Buch synchronisieren

Damit die Dokumente in einer Buchdatei konsistent bleiben, können Sie ein Dokument als Quelldokument für Einstellungen wie Absatzformate, Farbfelder, Objektformate, Textvariablen und Musterseiten festlegen. Anschließend können Sie ausgewählte Dokumente mit dem Quelldokument synchronisieren.

▶ **Tipp:** Wenn der Text bearbeitet und neu umbrochen wird, werden die darin enthaltenen Querverweise bei Bedarf automatisch aktualisiert.

● **Hinweis:** Beim Synchronisieren von Dokumenten vergleicht InDesign alle Formate eines Dokuments mit denen im Quelldokument. Dabei fügt InDesign alle fehlenden Formate hinzu und aktualisiert Abweichungen vom Quellkapitel, ändert allerdings keine zusätzlichen Formate, die nicht im Quelldokument vorkommen.

In dieser Übung ändern Sie die Farbe, die in einem Überschrift-Absatzformat verwendet wird, und synchronisieren anschließend das Buch, damit die Farbe konsistent verwendet wird.

1 Das Dokument »16_01_Chapter_1« ist geöffnet; wählen Sie **Ansicht: Seite in Fenster einpassen**. Es ist gleichgültig, welche Seite InDesign anzeigt.

2 Wählen Sie **Schrift: Absatzformate**, um das Absatzformatebedienfeld zu öffnen. Klicken Sie auf die Montagefläche. So stellen Sie sicher, dass nichts markiert ist.

3 Doppelklicken Sie auf »Head 1«, um das Format zu bearbeiten. Wählen Sie links in den Kategorien im Dialogfeld »Absatzformatoptionen« die Kategorie »Zeichenfarbe«.

4 Wählen Sie rechts im Bereich »Zeichenfarbe« das hellrote Farbfeld.

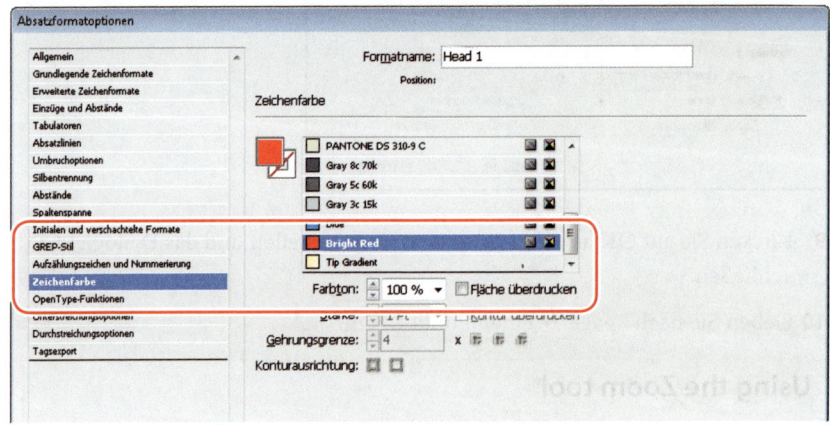

● **Hinweis:** Sie werden merken, dass die Unterüberschriften ebenfalls eine andere Farbe erhalten. Der Grund ist, dass in der Vorlage für dieses Buch die Formate »Head 2« und »Head 3« auf »Head 1« basieren, so dass sich alle Änderungen an der Formatierung des Formats »Head 1« auch auf sie auswirken.

5 Klicken Sie auf OK, um das Absatzformat zu aktualisieren.

6 Wählen Sie **Datei: Speichern**, um die Änderung im Dokument zu sichern.

Jetzt legen Sie das aktuelle Kapitel, »Introducing the Workspace«, als Quelldokument für das Buch fest.

7 Klicken Sie im Buchbedienfeld links neben dem Kapitelnamen »16_01_ Chapter_1« in das leere Feld.

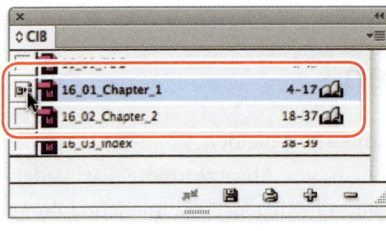

8 Wählen Sie im Buchbedienfeldmenü die Option »Synchronisierungsoptionen«. Betrachten Sie die verfügbaren Optionen im Dialogfeld »Synchronisierungsoptionen«. Danach klicken Sie auf »Abbrechen«, da Sie nichts ändern müssen.

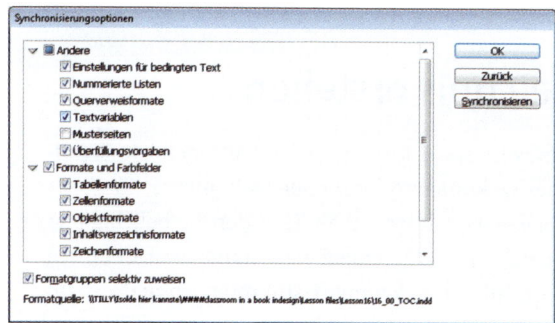

Nun wählen Sie die zu synchronisierenden Kapitel aus – in dieser Übung die beiden Hauptkapitel, nicht das Inhaltsverzeichnis und den Index.

9 Klicken Sie mit gedrückter Umschalt-Taste auf »16_01_Chapter_1« und »16_02_Chapter_2«, um beide Dateien auszuwählen.

10 Wählen Sie im Buchbedienfeldmenü den Befehl »Ausgewählte Dokumente synchronisieren«.

▶ **Tipp:** Sie können die Musterseiten eines Buchs synchronisieren. Wenn Sie beispielsweise einer Musterseite einen farbigen Balken hinzufügen, können Sie die Musterseiten synchronisieren, damit die Änderungen alle Kapitel betreffen.

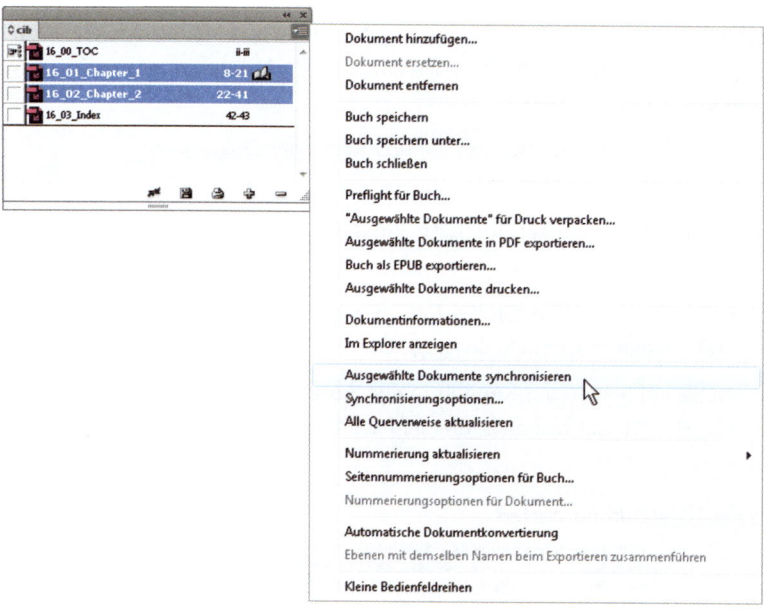

11 Klicken Sie im Meldungsfenster, das den Abschluss des Vorgangs mitteilt, auf OK.

12 Wählen Sie im Buchbedienfeldmenü den Befehl »Buch speichern«.

13 Klicken Sie im Dokumentfenster auf den Reiter des Dokuments »16_02_ Chapter_2«. Wie Sie erkennen können, sind die Überschriften und Unterüberschriften nicht mehr schwarz, sondern ebenfalls rot.

Ein Inhaltsverzeichnis erstellen

Mit InDesign können Sie ein vollständig formatiertes Inhaltsverzeichnis mit Seitenzahlen für ein einzelnes Dokument oder für alle Dokumente einer Buchdatei erstellen. Das Inhaltsverzeichnis enthält Text, den Sie beliebig platzieren können – am Dokumentanfang oder in einem eigenständigen Dokument in einer Buchdatei. Dafür kopiert InDesign den mit bestimmten Absatzformaten formatierten Text, ordnet die Texteinträge neu und formatiert den Text mit neuen Absatzformaten um. Die Richtigkeit eines Inhaltsverzeichnisses hängt folglich von korrekt zugewiesenen Absatzformaten ab.

In dieser Übung erzeugen Sie ein Inhaltsverzeichnis für das Buch.

Vorbereitungen für das Inhaltsverzeichnis

▶ **Tipp:** Obwohl die Funktion »Inhaltsverzeichnis« heißt, können Sie sie zum Erzeugen von beliebigen Listen mit Text verwenden, der mit bestimmten Absatzformaten formatiert wurde. Die Liste muss keine Seitenzahlen enthalten und kann auch alphabetisch sortiert werden. Wenn Sie zum Beispiel an einem Kochbuch arbeiten, können Sie mit der Inhaltsverzeichnisfunktion eine alphabetische Liste der Rezepte im Buch anlegen.

Damit Sie ein Inhaltsverzeichnis anlegen können, müssen Sie wissen, welche Absatzformate im Text dafür verwendet werden. In diesem Fall erzeugen Sie ein zweistufiges Inhaltsverzeichnis aus den Kapitelnamen und Hauptüberschriften. Sie öffnen jetzt ein Kapitel, um die darin enthaltenen Absatzformate zu betrachten.

1 Klicken Sie im Dokumentfenster auf den Reiter des Dokuments »16_01_Chapter_1«.

2 Wählen Sie **Schrift: Absatzformate**, um das Absatzformatebedienfeld aufzurufen.

3 Klicken Sie auf Seite 4 im Kapitel 1 in die Kapitelüberschrift. InDesign zeigt im Absatzformatebedienfeld das zugewiesene Absatzformat »Chapter Title«.

4 Klicken Sie auf Seite 6 des Kapitels in den Abschnittsnamen »Getting started«. Das Absatzformatebedienfeld zeigt das zugewiesene Format »Head 1«.

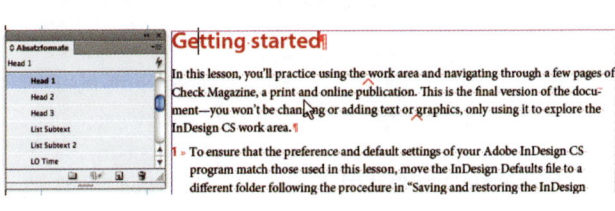

5 Schließen und speichern Sie die Dokumente *16_01_Chapter_1* und *16_02_Chapter_2*.

6 Doppelklicken Sie im Buchbedienfeld auf das Dokument »16_00_TOC«, um es zu öffnen.

Sie legen in den nächsten beiden Übungen ein eigenes Inhaltsverzeichnis an.

Das Inhaltsverzeichnis erstellen

Nachdem Sie sich nun mit den Absatzformaten für das Inhaltsverzeichnis vertraut gemacht haben, übernehmen Sie diese in das Dialogfeld »Inhaltsverzeichnis«. In dieser Übung legen Sie fest, welche Absatzformate übernommen werden sollen und wie das fertige Inhaltsverzeichnis formatiert werden soll.

1 Wählen Sie **Layout: Inhaltsverzeichnis**.

2 Vergewissern Sie sich im Dialogfeld »Inhaltsverzeichnis«, dass das Feld »Titel« leer ist. In dieser Dokumentvorlage befindet sich die Überschrift des Inhaltsverzeichnisses auf der Musterseite.

3 Scrollen Sie im Bereich »Formate im Inhaltsverzeichnis« durch das Listenfeld »Andere Formate« und suchen Sie dort nach dem Format »Chapter Title«. Markieren Sie es und klicken Sie auf »Hinzufügen«.

4 Wiederholen Sie den vorigen Schritt und wählen Sie das Format »Head 1«. Klicken Sie auf »Hinzufügen« und lassen Sie das Dialogfeld geöffnet.

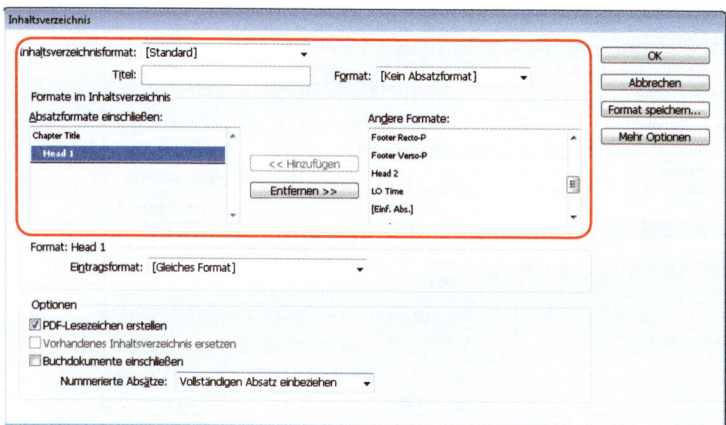

> ▶ **Tipp:** Bei Absatzformaten für die Formatierung von Inhaltsverzeichnissen und Listen macht man häufig ausgiebig Gebrauch von verschachtelten Formaten und Tabulatorfüllzeichen, um automatisch ein komplexes Erscheinungsbild zu erzielen. Inhaltsverzeichnisse beginnen oft mit einer fett gedruckten Kapitelzahl, gefolgt vom Kapitelnamen, einem benutzerdefinierten Tabulatorfüllzeichen und fett gedruckten Seitenzahlen.

Nachdem Sie festgelegt haben, welche Texte in das Inhaltsverzeichnis übernommen werden sollen – Texte, die mit dem Format »Chapter Title« gefolgt vom Format »Head 1« formatiert sind –, bestimmen Sie nun, wie sie im Inhaltsverzeichnis aussehen sollen. Die Absatzformate für die Formatierung des Inhaltsverzeichnisses sind in der Dokumentvorlage bereits angelegt. Wenn

Sie diese Formate nicht im Voraus angelegt haben, können Sie aus dem Popup-Menü »Eintragsformat« die Option »Neues Absatzformat« wählen.

5 Wählen Sie links im Dialogfeld »Inhaltsverzeichnis« im Listenfeld »Absatzformate einschließen« das Format »Chapter Title«.

6 Unter »Format: Chapter Title« wählen Sie »TOC Chapter« aus dem Popup-Menü »Eintragsformat«.

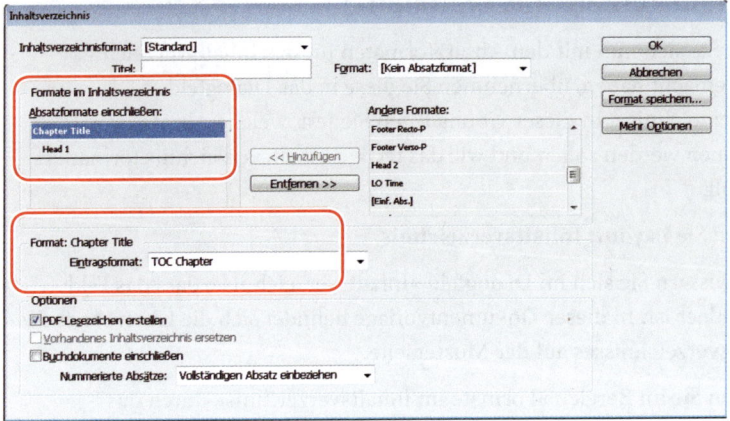

7 Wählen Sie im Listenfeld »Absatzformate einschließen« das Format »Head 1« und im Bereich »Format: Head 1« wählen Sie im Popup-Menü »Eintragsformat« das Format »TOC Head 1«.

8 Schalten Sie die Option »Buchdokumente einschließen« ein, um das Inhaltsverzeichnis für alle Kapitel in der Buchdatei zu erzeugen.

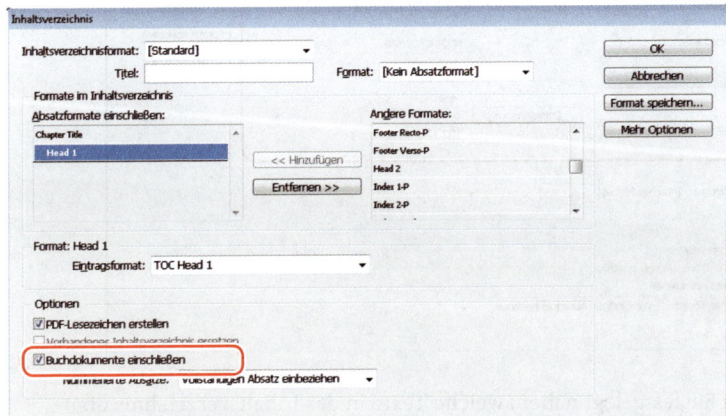

9 Klicken Sie auf OK. (Falls nun ein Meldungsfenster mit der Frage erscheint, ob Sie Elemente im Übersatztext einschließen möchten, klicken Sie auf »Ja«.) InDesign lädt den Inhaltsverzeichnistext in den Mauszeiger.

Das Inhaltsverzeichnis einfließen lassen

Sie lassen das Inhaltsverzeichnis genauso wie andere importierte Texte einfließen. Entweder klicken Sie dafür in einen vorhandenen Textrahmen oder Sie ziehen mit dem Geladener-Text-Symbol einen neuen Textrahmen auf.

1   Klicken Sie in den Textrahmen unter dem Wort »Contents«. Das Inhaltsverzeichnis fließt in den Textrahmen.

2   Wählen Sie **Datei: Speichern** und schließen Sie das Dokument.

▶ **Tipp:** Wenn dem Buch weitere Kapitel hinzugefügt werden, die bearbeitet und neu umbrochen werden, können Sie das Inhaltsverzeichnis mit **Layout: Inhaltsverzeichnis aktualisieren** auf den neuesten Stand bringen. Beachten Sie aber: Wenn im Inhaltsverzeichnis – und somit am Anfang der Buchdatei – Seiten hinzufügt werden, müssen Sie gegebenenfalls das Inhaltsverzeichnis aktualisieren, um Änderungen der Seitennummerierung im Rest des Buches Rechnung zu tragen.

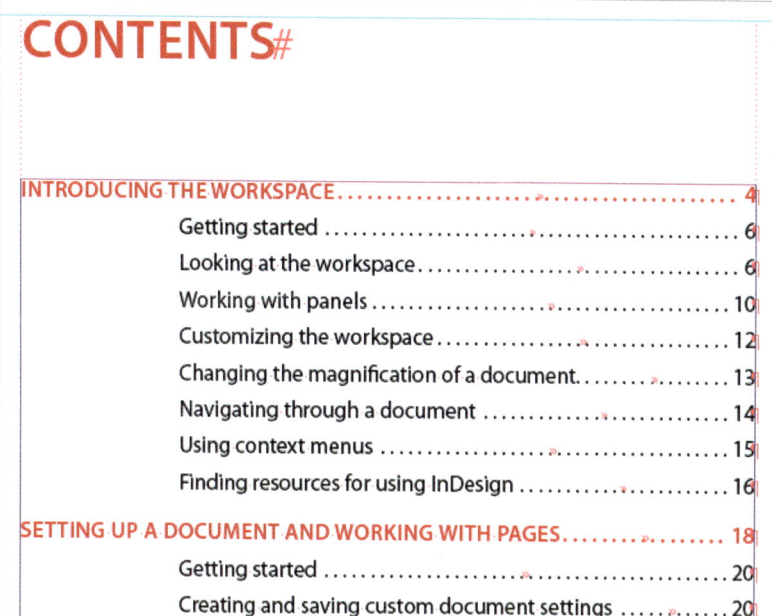

3   Klicken Sie im Buchbedienfeldmenü auf »Buch speichern«. Damit speichern Sie alle an der Buchdatei vorgenommenen Änderungen.

Ein Buch indexieren

▶ **Tipp:** Bei der
Arbeit mit langen
Dokumenten wählen
Sie **Fenster: Arbeits-
bereich: Buch**, um
die Bedienfelder
Index, Bedingter
Text, Hyperlinks
und Lesezeichen
anzuzeigen.

Bevor Sie in InDesign einen Index erzeugen, weisen Sie dem Text nichtdruckende Indexmarken zu. Diese bezeichnen die Indexthemen – also den Text,
der im Stichwortverzeichnis erscheint. Indexmarken können auch Referenzen
bezeichnen – Seitenbereiche oder Querverweise, die im Index aufgeführt
werden. Sie können einen Index mit bis zu vier Ebenen mit Querverweisen für
ein einzelnes Dokument oder für eine Buchdatei anlegen. Beim Erstellen des
Stichwortverzeichnisses weist InDesign Absatz- und Zeichenformate zu und
fügt Satzzeichen ein. Obwohl das Indexieren Übung und Fachkenntnisse erfordert, können auch Designer einfache Indexe anlegen und einen Index aus Text
mit Indexmarken erzeugen.

Indexeinträge betrachten

In dieser Übung betrachten Sie vorhandene Indexeinträge, um sich mit ihnen
vertraut zu machen.

1 Doppelklicken Sie im Buchbedienfeld auf »16_01_Chapter_1«, um dieses
Kapitel zu öffnen. Zoomen Sie auf den ersten Absatz auf Seite 7.

2 Wählen Sie **Fenster: Schrift und Tabellen: Index**, um das Indexbedienfeld
zu öffnen.

3 Achten Sie auf die Indexmarken (⌃) im Text und die im Indexbedienfeld
aufgeführten Indexthemen. Klicken Sie auf die Dreiecke im Indexbedienfeld,
um die Indexthemen anzuzeigen.

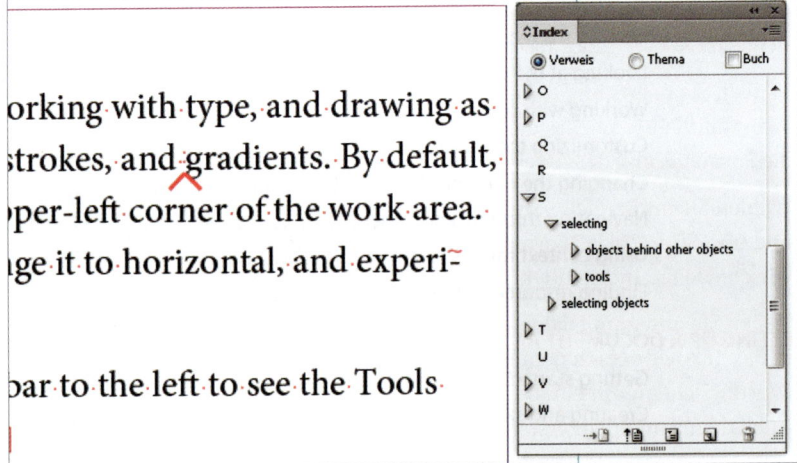

4 Schließen Sie *16_01_Chapter_1*.

Einen Index generieren

Wie beim Inhaltsverzeichnis sollten Sie auch für das Erstellen eines Stichwortverzeichnisses Absatzformate festlegen. Sie können dem Index auch mit Zeichenformaten und eigener Zeichensetzung den letzten Schliff geben. Zwar bietet InDesign Standardformate für den Index, doch diese können Sie nach dem Erzeugen des Index noch anpassen. Alternativ verwenden Sie die Formate, die für das Buch eigens eingerichtet wurden.

In der folgenden Übung erzeugen Sie den formatierten Index, wobei Sie vorhandene Formate verwenden.

1. Doppelklicken Sie im Buchbedienfeld auf »16_03_Index«, um das Indexdokument zu öffnen.

2. Schalten Sie im Indexbedienfeld oben rechts das Kontrollfeld »Buch« ein, um den Index für alle Kapitel im Buch anzuzeigen.

3. Wählen Sie im Bedienfeldmenü des Indexbedienfelds den Befehl »Index generieren«.

4. Löschen Sie im Dialogfeld »Index generieren« das hervorgehobene Wort »Index« im Textfeld »Titel«. Der Titel für den Index wurde auf der Seite bereits in einem anderen Textrahmen platziert.

5. Klicken Sie auf »Mehr Optionen«, um alle Indexfunktionen anzuzeigen.

6. Schalten Sie oben im Dialogfeld die Option »Buchdokumente einschließen« ein, um alle Kapitel in den Index einzubeziehen.

7. Schalten Sie die Option »Indexabschnittsüberschriften einschließen« ein, um Anfangsbuchstaben wie etwa A, B, C usw. einzufügen. Vergewissern Sie sich, dass »Leere Indexabschnitte einschließen« deaktiviert ist.

8. Wählen Sie rechts im Dialogfeld im Bereich »Indexformat« im Popup-Menü »Abschnittsüberschrift« die Überschrift »Index Head-P«. Damit legen Sie die Formatierung der Abschnittsüberschriften fest.

9. Wählen Sie im Bereich »Stufenformat« für »Stufe 1« das Format »Index1-P« und für »Stufe 2« das Format »Index2-P«, um die Absatzformate für die verschiedenen Indexstufen zu bestimmen.

10. Geben Sie unten im Dialogfeld im Bereich »Eintragstrennzeichen« in das Textfeld »Nach dem Thema« ein Komma gefolgt von einem Wortzwischenraum ein. Damit legen Sie die Zeichensetzung nach einem Indexthema und dem ersten Verweis fest.

▶ **Tipp:** InDesign ermöglicht den Import einer Liste mit Indexthemen aus einem anderen InDesign-Dokument. Außerdem können Sie unabhängig von Indexverweisen eine Themenliste erstellen, der Sie anschließend sofort Verweise hinzufügen können.

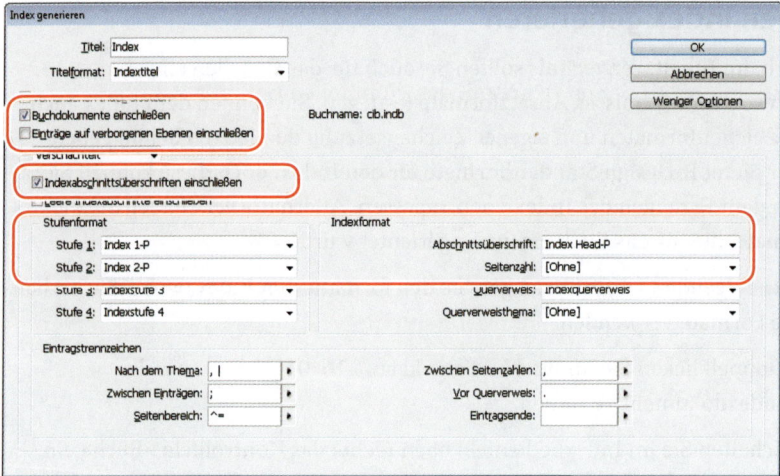

11 Klicken Sie auf OK. Nun lassen Sie den Index in den Textrahmen einfließen.

12 Klicken Sie mit dem Geladener-Index-Symbol in den Haupttextrahmen, um den Index dort einfließen zu lassen.

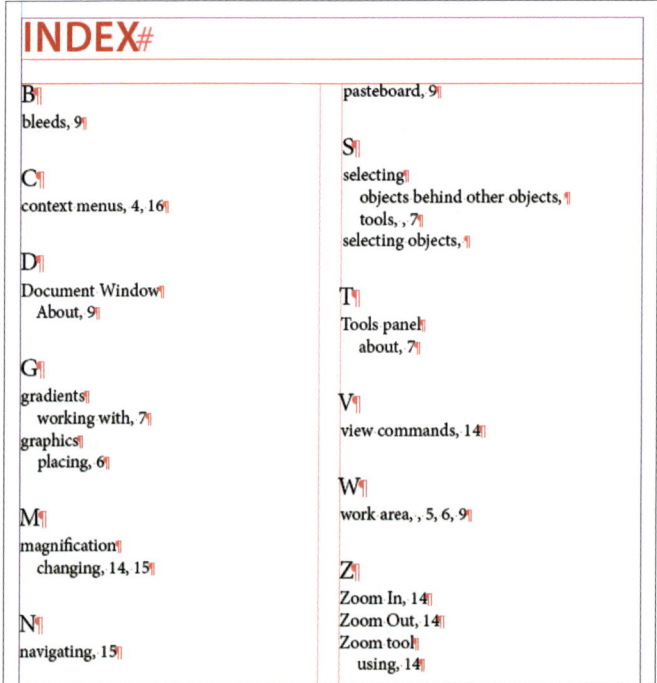

13 Wählen Sie **Datei: Speichern** und schließen Sie das Dokument.

Glückwunsch! Damit haben Sie die Lektion erfolgreich abgeschlossen.

Eigene Übung

Experimentieren Sie nun weiter mit den Funktionen für umfangreiche Dokumente. Probieren Sie Folgendes aus:

- Löschen Sie einige Seiten aus einem Dokument einer Buchdatei und fügen Sie neue hinzu, um zu beobachten, wie sich die Seitenzahlen im Buchbedienfeld automatisch aktualisieren.

- Ändern Sie ein Objekt auf einer Musterseite im Quelldokument. Wählen Sie anschließend »Synchronisierungsoptionen« im Buchbedienfeldmenü und schalten Sie im Dialogfeld »Synchronisierungsoptionen« die Option »Musterseiten« ein. Synchronisieren Sie das Buch, um zu beobachten, wie InDesign alle Seiten aktualisiert, die auf dieser Musterseite basieren.

- Fügen Sie eine neue Fußnote ein und experimentieren Sie mit den Layout- und Formatierungsoptionen.

- Erzeugen Sie verschiedene Querverweise im Buch, mit denen Sie auf eine Kapitelüberschrift oder eine Abschnittsüberschrift verweisen, statt auf eine Seitenzahl.

- Fügen Sie weitere Indexmarken und -verweise in verschiedenen Ebenenstufen ein.

Fragen

1 Welche Vorteile bietet die Buchfunktion?

2 Beschreiben Sie die Vorgehensweise und die Ergebnisse für das Verschieben einer Kapiteldatei in einem Buch.

3 Warum sollten Sie sich die Mühe machen, ein automatisches Inhaltsverzeichnis oder einen automatischen Index einzurichten?

4 Wie erzeugen Sie fortlaufende Kopf- und Fußzeilen?

Antworten

1 Mit der Buchfunktion können Sie mehrere Dokumente zu einer einzelnen Publikation mit der entsprechenden Seitennummerierung und einem vollständigen Inhaltsverzeichnis und Index zusammenführen. Außerdem ermöglicht sie die Ausgabe mehrerer Dateien in einem Schritt.

2 Möchten Sie eine Datei in einem Buch verschieben, wählen Sie sie im Buchbedienfeld und ziehen sie in der Liste der Buchdateien nach oben oder unten. InDesign nummeriert die Seiten anschließend automatisch neu.

3 Die Funktionen für ein automatisches Inhaltsverzeichnis oder einen automatischen Index erfordern zwar einige Vorüberlegungen und Einstellungen, belohnen aber mit einer automatischen Formatierung, sind genau und lassen sich mühelos aktualisieren.

4 Eine fortlaufende Kopf- oder Fußzeile legen Sie mit der Textvariablen »Lebender Kolumnentitel« auf einer Musterseite an. InDesign aktualisiert den Text auf jeder Dokumentseite entsprechend der Definition der Textvariablen.

INDEX